JN447142

時代를 넘어 未來를 열다

時代를 넘어 未來를 열다

2011년 9월 29일 초판 1쇄 발행
2011년 10월 31일 초판 2쇄 발행

지은이 | 장충식
펴낸이 | 장호성
기 획 | 김상배 · 신종한
제 작 | 김남필
편 집 | 성두현 · 박보혜 · 임현수
디자인 | 김문영
펴낸곳 | 노스보스
등 록 | 1968년 6월 27일 제03-00095호
주 소 | 경기도 용인시 수지구 죽전동 126
전 화 | 031-8005-2403~5
팩 스 | 031-8021-7154

값 26,000원

© 장충식, 2011

ISBN 978-89-7092-466-3 04810
ISBN 978-89-7092-465-6 (전4권)

• 잘못 만들어진 책은 구입하신 서점에서 교환해 드립니다.
• 이 책을 무단 복사, 복제, 전재하는 것은 저작권법에 저촉됩니다.

* 'NOSVOS'는 라틴어 'Nos(우리가)'와 'Vos(당신을)'의 합성어로
지혜로운 삶을 지향하는 분들에게 유익한 도서를 펴내겠다는 의지를 담고 있습니다.

中齋 張忠植 回顧錄

時代를 넘어 未來를 열다

nosvos

단국대학교 죽전 캠퍼스 전경

단국대학교

단국대학교 천안 캠퍼스 전경

목차

I. 거센 파도 속에서 희망을 만들다

5·16 군사 정변과 대학의 수난

종합대학 승격의 막전막후

II. 좌절을 딛고 펼친 도약의 날개

내곡동 부지와 영동 캠퍼스 좌절

농촌 개발과 천안 캠퍼스의 성공

강남바람 속 부속 중·고교 개교

III. 기억나는 사람, 잊고 싶은 사람

석주선 박사의 헌신적 인생

'지성'을 앞세워 '이기'를 챙기는 군상

IV. 신의와 봉사는 내 삶의 기둥

'나'를 버리고 '대의'에 충실하라

권력의 압력과 대학병원 개원

죽전 캠퍼스 시대를 열다

마침내 실현한 『한한대사전』

I

거센 파도 속에서 희망을 만들다

5·16 군사 정변과 대학의 수난

심야의 전화 한 통

5·16 군사 정변이 일어나고 얼마 지나지 않아서 장도영 장군(당시 육군참모총장)이 반혁명 사건(1961년 8월)으로 구속되었을 때 모든 국민들은 놀랐다. 정변 당시만 해도 그는 육군의 최고 책임자가 아니었던가. 그뿐만 아니라 정변 초기 그는 계엄사령관으로서 자신의 이름으로 '혁명 공약'을 발표했었다. 그런 그가 반혁명 세력의 주도자라니 놀라지 않을 수 없었다.

세상은 어수선했고 한 치 앞을 내다볼 수 없는 상황이었다. 모든 국민이 불안해했고 태풍이 어디로 불어올지 모르는 상황이었다. 급기야 단국대학에도 태풍이 몰아쳤다.

어느 날 막 잠자리에 들려는데 아버지(설립자 범정 장형 선생)로부터 전화가 걸려 왔다. 자정이 넘은 시간이었다. 아버지는 나에게 통금이 해제되면 곧바로 아버지 집으로 오라고 하셨다. 음성이 퍽 다급하신 듯했다. 평소 아버지께서는 나에게 직접 전화를 거시는 일이 없었다. 대부분 비서를 통해서 연락을 주시곤 했다. 심야에 아버지가 직접 전화를 거시는 일이 처음 있는 일인 데다 새벽 통금 시간이 해제되면 곧장 오라는 말씀에 예삿일이 아니라 생각하였다.

다음 날 나는 새벽 4시에 택시를 잡아타고 아버지 댁으로 쏜살같이 달려갔다. 대문에 들어서자 어머니의 표정이 근심과 걱정으로 굳어 있었다. 내가 집에 들어설 때 아버지는 벌써 한복 차림으로 외출할 준비를 마친 뒤 나를 기다리고 계셨다. 아버지는 어두운 표정이셨다. 나를 보자 반기시면서 재촉하듯 서두르셨다.

"왔구나, 어서 가자."

"새벽인데 어디에 가십니까?"

나의 물음에 아버지는 차에서 얘기하자며 단장을 들고 앞장서 가셨다. 나는 불안과 근심으로 가득 찬 어머니의 배웅을 받으면서 아버지를 따라 집을 나섰다. 차를 타는 순간까지 아버지는 아무 말씀도 없었다. 차가 출발하자 김익보 이사(당시 변호사, 김승규 전 법무장관, 국가정보원장 장인) 댁으로 가자고 하기에 궁금해서 아버지께 여쭈었다.

"무슨 일이신데 새벽부터 남의 집에 가십니까?"

아버지는 무겁게 가라앉은 음성으로 입을 여셨다.

"중앙정보부에서 나를 오늘 아침 체포하러 온다고 잠시 피신하라는구나."

"누가 그러는데요?"

나는 무언가 심상치 않은 일이 벌어지고 있음을 직감했다. 다급한 심정으로 아버지를 바라보았다. 아버지는 그런 내게 잠시 눈길을 주셨다.

"중앙정보부의 간부를 잘 아는 사람으로부터 심야에 내게 급한 전화가 걸려 왔어. 내일 새벽 통금이 해제되면 당장 피신하라고 했다. 그래서 급한 김에 김익보 이사 댁으로 가기로 했어."

그래서 급히 내게 전화를 하셨다는 것이다. 대체 무엇 때문에 아버지를 체포한다는 말인가. 나는 까닭을 알 수 없었다.

"무엇 때문이랍니까?"

나는 궁금함을 참을 수가 없었다. 아버지는 굳게 입을 다문 채 지그시 눈을 감고 생각에 잠기시더니 무겁게 입을 여셨다.

"내가 장도영 장군의 반혁명 사건에 자금을 댄 반혁명 공모자라는구나."

건국실천 양성소 설립기념 사진. 백범 김구 선생과 장형 선생(앞줄 좌측)

너무도 어이없는 일이었다. 아버지와 장도영 장군과는 만난 적이 없는 사이라는 것은 아들인 내가 누구보다 잘 아는데 반혁명 자금의 제공자로 체포 대상이 되다니, 누군가의 모략과 중상이 있지 않고는 일어날 일이 아니라는 생각이 들었다. 아버지도 같은 생각이신 모양이었다.

"누굴까, 누가 그런……."

"무슨 말씀이세요?"

아버지의 얼굴에는 무엇인가 짚이는 것이 있다는 표정이었지만 말을 아끼셨다. 워낙 신중한 성격이라 의중을 쉽게 입 밖에 내지 않으실 것을 잘 알기에 나는 더 묻지 않았다.

김익보 이사 댁에서 몇 시간을 머무셨다. 그런데 정오가 되자 아버지는 내게 거처를 옮겨야겠다고 하셨다.

"내가 이 댁에 오래 있을 수가 없구나. 더구나 김익보 이사는 검사 출신이고 변호사인데 만약에 내가 혁명재판이라도 받게 되어 범인 은닉죄로 피해를 받으면 법조인 입장에서 곤란하지 않겠니?"

결국 다음 날 안동 장 씨인 장기팔 선생의 장남 집으로 피신처를 옮겼다. 오랜 교분을 갖고 있었고, 장기팔 선생의 장남은 당시 중앙일보 기자로 있었기에 군사정부의 엄중한 감시에서 비교적 자유롭다는 판단의 결과였다. 피신처에 들어서자마자 아버지는 나에게 내수동 집으로 돌아가서 동정을 살피라고 하셨다. 나는 그 길로 아버지 댁으로 향했다.

도착한 시간은 아침 8시가 좀 넘은 시각이었다. 집에 들어와 조금 있으려니까 점퍼를 입은 40대 중반으로 보이는 세 사람이 대문 안으로 들어섰다. 그들은 집 안으로 들어서자마자 신발도 벗지 않은 채 아버지가 거처하는 방으로 들어갔다. 어머니가 그들을 향해 꾸짖으며 항의를 했다.

"누구신데 신발도 벗지 않고 남의 집 안방에 함부로 들어오는 거요. 이런 경우가 어디 있소?"

그러자 그중 나이가 제일 많은 사람이 미안하다는 말을 하면서도 다그치듯 물었다.

"영감님 어디 있어요?"

어제 집에 돌아오시지 않았다고 어머니가 말씀하시니까 그는 무슨 거짓말이냐고 소리를 버럭 지르면서 집 안 구석구석을 다 뒤져보고 아버지가 없는 것을 확인하고는 나에게 누구냐고 물었다. 아들이라고 대답을 하니까 아버지가 어디로 도망갔느냐고 다그치며 물었다. 난 전혀 모른다고 했다. 내 말에 거칠게 생긴 한 사람이 이런 식으로 비협조적으로 나오면 재미없다고 고함을 지르고 잠시 쏘아보았다.

아무래도 소용이 없다고 생각했는지 그들은 우리 집에서 나갔다. 하지만 언제 다시 그들이 들이닥칠지 몰라 불안했다. 나중에 안 일이지만 그 길로 그들은 우리 형제며 친척 집들을 모두 이 잡듯이 뒤졌다고 한다. 그들이 집을 나간 후 나는 1시간쯤 있다가 집에서 나와 피신 중인 아버지께 가서 자초지종을 보고했다. 아버지한테 보고하고 나서 무슨 일로 저들이 아버지를 찾는 것일까 생각해 보았다.

1961년 5·16 군사 정변 지지 가두 행진에 나선 육군 사관학교 생도들

나는 장면 전 총리와의 관계가 원인이 아닐까 라는 생각이 들었다. 아버지는 5·16 군사 정변이 일어나기 전까지 장면 총리와 자주 만나는 사이였고 장면 박사가 부통령으로 재직 시에도 자주 만나면서 물심양면으로 장면 박사를 도와준 사실을 우리 가족들도 알고 있었다. 군사 정변이 일어나기 직전에 총리를 지낸 장면 박사를 정치적으로 몰락시키려는 공작의 일환으로 아버지를 지목한 것이 아닌가, 혹시 반혁명 자금 지원자로 몰아서 희생시킬 의도에서 체포하려는 것이 아닌가 하는 생각이 들기도 했다.

그러나 아버지는 70세가 넘은 고령에 정치적 야심을 가지신 것도 아니고 장면 박사를 도와주었다는 것은 장씨 가문의 족장으로서 지극히 사적인 일일 뿐이지 않은가. 그러나 이미 헌법에 입각하여 세워진 정권마저 무너진 비상시국인데 그들의 힘을 어찌 피할 수 있을지 아들의 입장에서는 걱정만 커질 뿐이었다.

중정분실에서 당한 고문

당시로부터 5년 전 한 경찰관이 명동에서 장면 부통령을 권총으로 저격, 암살하려던 사건이 있었다. 물론 미수에 그쳤으나 국민들은 정부와 경찰에 혐의를 두고 그들의 만행을 성토하였다. 그때 아버지는 이승만 정부에 대해서 맹렬한 비판을 가했다. 대학의 설립자이자 재단 이사장으로서 당시 이승만 대통령과 정부를 공개 석상에서 비판하고 공격한다는 것은 대학 존폐를 몰고 올 만큼 위험에 처할 수도 있는 일이다. 그럼에도 불구하고 정부를 공격한 것을 정치적 활동으로 오해할 수도 있지 않을까 하는 생각도 들었다. 이런저런 실마리를 찾아보려 백방으로 고민을 해 보았지만 의문은 풀리지 않았다.

나중에 안 일이지만 5·16 군사 정변 후 장도영 장군이 반혁명 사건으로 체포, 투옥되자 장도영 장군의 일가친척 또는 신의주 지방 평북 도민 가운데 그와 가까이 지낸 사람들이 체포되어 고생을 하였다고 했다. 그런 와중에 우리 아버지는 장면 박사의 후원자로서가 아니라 장도영 장군의 5·16 반혁명 사건에 자금을 지원해 주었다는 혐의로 체포하려 한다는 해석도 있었다. 장도영 장군과는 가까운 친척은 아니지만 혹시 장도영 장군이 참모총장이 될 때, 장도영 장군을 장면 총리에게 추천한 것이 내 아버지가 아닌가 하는 의심에서 아버지를 체포하려는 것일지도 모른다는 생각도 들었다.

5·16 군사 정변 후 군사정부는 중앙정보부를 가장 먼저 창설했다. 동시에 많은 인사들이 체포되어 조사를 받았는데 상당한 사람들이 고문을 받았다는 소문이 나돌기 시작했다. 나 역시 그런 소문을 자주 들었기에 아버지가 체포되었을 경우 지독한 고문을 당하리라는 생각이 들어서 아버지를 더 깊이 숨겨야겠다고 결심했다. 그래서 장기팔 선생의 장남 집에 숨어 있는 아버지를 서대문 안산 중턱에 있는 사학과 지동식 교수의 처가로 피신시켰다. 나 또한 집에는 물론 학교에도 가지 않았다. 중앙정보부는 한 달이 되어도 아버지를 체포하지 못하자 지명수배를 내렸다.

지명수배가 내려지면 범인을 은닉한 사람도 형사처분을 받게 된다. 그래서 지동식 교수의 가족과 그의 처가 가족들에게 범인은닉죄가 적용되는 날이면 정말 남에게 못할 짓이라고 생각되어 아버지의 피신처로 다른 장소를 물색하고 있었다.

그러던 중 내가 숨어 있는 장소로 김용진 대학원장과 재단의 장익위 상무로부터 나를 봤으면 좋겠다는 연락이 왔다. 내가 어디 있는지 백방으로 찾았다고 했다. 다음 날 아침 일찍 학교로 나가서 김용진 대학원장을 만났다. 그 자리에는 장익위 상무이사와 몇 분의 대학 간부들이 합석하였다. 대학원장실에 들어가 인사를 마치고 이야기를 하는 중 중앙정보부 요원들이 대학원장실로 들어왔다. 그들은 대뜸

학교에서 장형 이사장을 숨겨 놓고 끝내 내놓지 않으면 당신들을 그냥 두지 않겠다고 고함을 질렀다. 김용진 대학원장이 당혹스러운 표정으로 말했다.

"장형 이사장이 어디 숨어 있는지 내가 어떻게 알겠소. 그분의 아들이면 혹 알 수도 있을지 모르지만……."

"장형의 아들이 누구요?"

수사 요원들이 들이닥쳐 추궁을 할 때 나는 밖으로 나가려고 하던 참이었다. 심상치 않은 분위기에 위험을 느꼈던 것이다. 그런데 김용진 대학원장이 그런 나를 지목했다.

"저 사람이 장형 이사장의 아들이오."

그 순간 중정 요원들은 얼굴에 핏대를 세우면서 나에게 다가왔다.

"당신이 장형의 아들이야, 너 그동안 어디 있다가 왔어?"

대뜸 반말로 욕을 하면서 아버지의 은신처를 대라고 고함을 질렀다. 내가 모른다고 하자 그들은 나를 그 자리에서 체포하여 중정 서울분실로 데리고 갔다.

중정분실에 끌려가서 나는 사람의 대접을 받지 못하는 인권 부재의 처지에서 온갖 신체적 고통을 감수해야만 했다. 아버지의 행방을 모른다고 부인하자 그들은 나를 구타하며 아버지의 은신처를 실토하라고 압박을 가해 왔다. 나는 끝까지 모른다고 잡아뗐다. 한 차례 고문이 끝난 뒤 나는 화장실에 갔을 때 거울에 비친 내 모습을 보고 몹시 놀랐다. 매를 맞은 것도 분하지만 얼굴에 난 상처가 심했다. 그들은 매질도 기술적으로 하는 것 같았다. 부러지거나 찢어지지는 않았지만 온통 멍이 든 얼굴은 은연중에 나 자신에게 앞으로 당할 고문은 더 심할 수 있다는 공포를 갖게 했다. 그러나 자식 된 입장에서 아버지를 체포당하게 협조할 수는 없지 않은가. 공포에 굴하지 않겠다고 마음을 굳게 먹은 나는 때리면 맞는다는 식으로 그저 모른다는 말을 반복할 뿐이었다. 수사 요원들은 내가 큰 범죄라도 저지른 죄인이기

1956년 3월 10일 한남동 교사 신축에 앞서 설립자 장형 선생, 박정숙 선생, 윤택중 학장과 이사·교직원들이 푯말을 세우고 있다.

라도 한 듯 귀가시키지 않고 감금했다.

결국 내 입을 통해서 아버지의 은신처를 알아낼 수 없음을 알자 이번에는 내 작은형과 어머니와 아내를 연행해 왔다. 이미 통금이 지난 시각이었다. 입술이 터지고 얼굴이 일그러진 내 모습을 본 어머니는 노기에 찬 음성으로 중정 요원들에게 항의하였다.

"내 아들보고 아버지를 팔아먹으란 말이냐! 설혹 알아도 말할 수가 없지 않은가. 너희 같으면 제 아버지를 잡으러 왔는데 잡아가라고 숨은 장소를 대 줄 수 있단 말이냐!"

노령이신 어머니의 노기 띤 목소리가 커지자 사복 입은 장교가 방에 들어와서는 어머니의 마음을 진정시켰다. 그렇게 어머니의 큰 목소리, 분노에 찬 음성을 들은 것은 난생처음이었다. 그 전에도 그 후에도 나는 어머니의 그런 음성을 들은 적도 본 적도 없었다.

다음 날 나는 어머니를 모시고 작은형과 함께 중정에서 내 준 지프에 실려 귀가했다. 돌아오는 차 안에서도 어머니는 분노에 차 손을 떠시었다. 나 역시 가슴이 답답하고 속이 쓰라렸다. 나는 다음 날 저녁에 다시 불려 갔다.

군납업자의 검은 욕심

이번엔 해군 장교라는 사람이 나와 독대하였다. 수사 요원을 물린 그는 자기의 직책과 이름을 말했다. 그는 중정분실 윤 실장이었다.

사뭇 정중한 태도였다. 그는 물리적으로 압박을 가한 일에 대해서 미안하다는 말을 하면서 조사를 해 본 결과 당신 아버지는 반혁명 사건과는 관련이 없다는 사실을 확인했다고 말하며 말을 이었다.

"일단 지금까지 여기서 당한 일은 잊읍시다. 고문당한 일을 말하지 말아 달라는 것이죠. 그리고 또 하나 지금부터 내가 하는 말은 절대로 밖에 나가서 입 밖으로 내지 않았으면 좋겠소. 지킬 수 있으시오?"

나는 일단 받아들였다. 아니 거부한다고 달리 방법이 있는 것도 아니었다. 그는 솔직하게 경과를 설명했다.

그가 파악한 사건의 시말은 이랬다. 이 사건은 단국대 재단과 금전 관계에 있는 몇 군납업자들의 모함에 의한 사건이라는 것, 그 사람들은 아주 질이 나쁜 사람들인데 주동자는 훗날 증권파동의 원흉이라고 지목된 윤응상이고 또 다른 사람은 승 씨 형제라는 것이다. 그들이 군납 사업을 하며 군인들과 두터운 친분을 맺었던 차에 군사정변이 일어났고 혁명 세력에 줄을 대어 반혁명을 사찰하는 중앙정보부의 힘을 이용해 단국대 이사장이 반혁명 사건에 연루되었다는 식으로 일을 꾸며 정치 사범으로 만들려 한다는 것이다.

그는 비교적 낮은 목소리로 말했다. 중앙정보부가 한 개인의 이해관계 때문에 움직여서는 안 되는 일인데 이와 같은 일에는 자신도 회의를 느낀다고 했다. 더구나 아무런 죄 없는 사람을 체포하기 위해서 여러 사람을 고생시키는 일에 대해서 참으로 분통이 터지는 일이라고 했다. 그러면서 자신의 부하들이 나를 고문한 것에 대해서 사과하였다. 그리고 자신은 해군 장교로 곧 부대로 돌아갈 사람이라는 말도 했다.

나는 매맞은 고통보다 이번 불상사의 원인을 알았다는 점에서 오히려 안도의 숨을 내쉴 수 있었다. 원인을 알면 해결책도 알 수 있기 때문이다.

경위를 설명한 윤 실장은 나에게 부탁을 하듯이 해결책을 제의했다.

"이런 일은 시간을 끌수록 아버지께 불리해집니다. 빨리 대화를 해서 군납업자들을 돕는 이들이 더 큰 일을 꾸미지 못하도록 해야 합니다. 그러니 아버지를 설득해서 자수하는 형식을 밟도록 합시다. 그렇게 되면 우리도 수사를 속히 마무리하고 아버지를 곧 석방시키겠소."

그의 말을 들으면서 나는 이들이 혹시 유화책으로 아버지를 찾아내려는 술수가 아닌가 하는 의심이 들었다. 순간 잘못했다가는 크게 말려들지도 모른다는 생각에 의혹에 찬 눈빛으로 그를 살펴보았다. 누구와 상의를 할 수도 없는 형편에서 수사 책임자인 윤 실장의 말을 수용하느냐, 거부하느냐만이 내가 선택할 수단인 셈이었다. 내가 침묵을 지키고 있자, 그는 간곡한 표정으로 자신을 믿어 달라고 말했다. 그의 표정은 자못 진지한 듯했다.

나는 그에게 물었다.

"그러면 아버지가 자수를 하신 뒤 이 사건의 해결 방법을 좀 더 구체적으로 말씀해 주십시오."

그의 말인즉 이러했다.

단국대 재단과 승 씨 간에 민사소송 사건이 있는데 승 씨가 청량리 소재 목재소를 단국대에 담보로 제공하고 돈을 빌려 가서 군납 사업을 하였다는 것이다.

"그렇다면 어떻게 해서 승 씨가 단국대에서 돈을 빌려 갔는지 아십니까?"

내 물음에 그는 차근차근 소상히 말했다.

수사 과정에서 드러난 일인데 단국대 재단의 장익위 상무이사 소개로 승 씨가 단국대 재단에서 돈을 빌려 갔는데 그 후 원금을 반만 갚고 나서 담보로 제공한 목재소를 돌려 달라고 했다는 것이다. 그러나 단국대 재단 이사장인 아버지께서 빌려 간 돈 전액을 다 갚아야 담보물을 돌려줄 수 있다고 거절했다는 것이다. 거절당하자 그들은 소송을 걸었지만 당연히 민사 소송 1심에서 승 씨가 패소했고, 고등법원에서도 패소할 것은 뻔한 일인데 마침 장도영 반혁명 사건이 터지자 여기에 아버지를 엮어서 아버지가 반혁명의 자금을 제공한 인물이라고 투서를 했다는 것이다. 수사하는 가운데 이런 내용이 파악되었다고 했다.

그러면서 혁명이란 법을 초월한 개혁을 하자고 군인들이 나선 것이니 지금 상황에서 옳고 그름을 세세히 따질 상황이 아니라고 덧붙였다. 결국 아버지께 말씀 드려서 재판 중에 있는 사건을 중단하고 담보물인 목재소를 돌려주면 당장 그날로 아버지는 무혐의로 처리될 터이니 그리 하라고 나에게 협조를 요청하였다.

윤 실장으로부터 사건의 전말을 듣고는 그의 말에 어느 정도 신뢰가 느껴졌다. 사건의 전말이 너무도 정확했기 때문이다.

그 길로 나는 정보부에서 나와 아버지가 은신하고 계시는 곳으로 달려갔다. 택시를 무려 다섯 번이나 갈아타고 이 골목 저 골목으로 돌아서 갔다. 한 시간이면 도착할 거리였지만 혹 정보부 요원의 미행이 있을 것 같아서 두 시간을 뺑뺑 돌다가 아버지한테 가서 사건의 전말을 보고했다.

아버지는 비로소 자신이 악덕 업자의 올가미에 걸렸음을 알았다며 고민을 하셨다.

"그 윤 실장이라는 사람이 그나마 양심적인 사람이라고 판단이 되는구만. 그렇지만 이미 그들이 재판을 걸어 송사가 걸린 담보물을 어떻게 돌려주겠어? 내가 대학 경영을 책임지는 사람인데 재단에서 빌려 간 돈을 다 돌려받지도 않고 내 임의로 재단의 재산을 처리하는 것은 옳지 않아."

아버지는 이 같은 불상사를 야기한 현실에 대한 분노에 더 힘들어하셨다.

"민사 재판이 걸려 있는 개인의 송사에 중앙정보부가 국가 권력을 이용하여 사사로이 끼어들어 재판을 방해하고 나를 반혁명의 주동자로 모함하는 이런 일을 어떻게 묵과하고 넘어갈 수 있겠어?"

결국 아버지는 분개하시면서 소송을 취하하는 일은 있을 수가 없다고 하셨다.

권력이 빼앗아 간 정의

5·16 군사 정변 후에 정부 기관이 행하는 일에는 원칙이 없는 행정 명령과 지시가 허다하였다. 권력을 잡은 사람들의 뜻이 곧 법이고 원칙이었다. 그러나 이 또한 외면할 수 없는 현실이었다.

아버지의 의지를 아들이 훼손할 수는 없지만 그렇다고 수수방관할 수도 없는 일이었다. 그 길로 나는 학교에 가서 장익위 상무이사를 만났다. 아버지를 만났다는 얘기는 하지 않았다. 다만 중앙정보부 서울 분실에 잡혀가서 고문당한 얘기와 아버지를 반혁명 사건으로 고발한 사람은 윤 씨와 평북 출신 승 씨 형제라는 것, 아버지에 대한 반혁명 사건이 무마될 수 있는 길은 승 씨가 단국대 재단에 담보로 제공한 목재소를 돌려주고 아버지한테 자수를 권하여 자진 출두하는 것이라고 한 말, 그리고 그렇게 하면 아무 일도 없을 것이고 단 하루만 형무소에 들어가서 적부심사를 받으면 당장 석방될 수 있으니 더 이상 아버지를 고생시키지 말라고 한 중앙정보부 서울 분실의 윤 실장의 말을 그대로 옮겨서 보고하였다.

내 말을 전해 들은 장익위 재단 상무이사는 자신의 소개로 승 씨가 단국대 재단에서 사업 자금을 빌려 간 일이라 담보를 풀어서라도 아버지의 반혁명 사건 혐의를 없도록 하는 것이 급선무라고 했다. 상무이사는 아버지의 동의를 얻지 않은 상태에서 긴급 이사회를 소집하고 승 씨의 담보를 풀기로 했다.

당시 소송을 담당하고 있던 변호사는 사건이 거의 다 승소하게 되었는데 포기하는 것은 있을 수 없는 일이라고 했다. 빌려 간 원금도 회수하지 못한 채 담보물을 돌려준다는 것은 말이 안 된다고 극렬히 반대했다. 이사들은 아버지의 안전과 대학의 앞날을 위해서 부득이 한 조치로 이사회 결의를 이해하라고 변호사를 설득했다. 결국 담보를 풀어 주었다.

이사회에서 승 씨의 재산을 돌려준다는 결의를 한 후에 장익위 상무이사는 나보고 명동에 있는 모 증권회사를 찾아가면 승 씨와 그의 형, 그리고 이번 이 사건을 꾸민 윤 씨가 기다리고 있을 것이니 재단 이사회에서 승 씨의 재산에 대한 담보를 풀어 주기로 결의했다는 사실을 알리고 속히 아버지의 안전 귀가를 약속받고 오라고 지시하였다.

나는 모 증권회사로 승 씨를 찾아 갔다. 증권회사에 들어서자 승 씨 형제가 반갑게 맞이했고 사장실에서 대기하고 있던 윤 씨에게 나를 안내하였다. 이미 전화를 통해서 장익위 상무이사로부터 재단 이사회의 결정을 모두 다 들은 것 같았다. 소송에서 패소할 사건을 중앙정보부의 권력을 악용하여 아무런 혐의가 없는 아버지를 장도영 반혁명 사건의 자금책으로 고발하여 채무이행 요구를 포기시킨 그들이었다.

그러면서도 승 씨 형제와 윤 씨는 득의만만한 표정으로 아버지의 문제는 우리와 아무런 상관이 없는 일인데 왜 재판을 포기했는가, 끝까지 진행할 일이지, 하면서 자신들과는 상관없는 일이라고 잡아떼었다. 참으로 뻔뻔한 자들이었다. 그렇다고 나를 믿고 말해 준 서울 분실장의 말은 입 밖에 내놓지 않았다. 속은 분노로 들끓었지만 일을 확대할 수 없었다.

이사회에서 승 씨의 담보를 풀어 주기로 결의한 소식이 알려진 후로는 나를 미행하는 사람은 없었다. 승 씨 형제를 만난 후에 나는 아버지가 피신하고 계신 곳으로 달려가서 아버지에게 모든 사실을 보고하였다. 내 말을 듣고 아버지는 몹시 괴로워하셨다. 정의감이 강하신 아버지로서는 현실을 받아들이기 힘들었지만 막강한 권력 앞에서 개인의 분노를 앞세울 수도 없었을 것이다.

아버지는 "돈을 빌려 간 자들이 원금을 갚지 않고 담보물을 빼앗아 가기 위해 나를 반혁명의 주동자로 몰아서 처형하고자 하다니 중앙정보부란 곳이 공산당과 다를 것이 무어냐."고 몹시 분개하셨다.

나는 아버지를 위로하고 서울 분실장이 말한 대로 아버지를 명동에 있는 가톨릭병원에 입원하시도록 했다. 이미 중앙정보부에서 사전에 예약을 해 놓은 조치라 모든 것이 순조롭게 진행되었다. 현관에서 대기하고 있던 중앙정보부 요원 몇 사람이 아버지를 중정이 예약해 놓은 특별 병실로 안내하였다. 의사와 간호사의 병실 출입도 금지시켰다. 아버지께서 입원하신 병실은 병실이라기보다는 특별한 사람들을 입원시켜 놓고 조사하는 곳인 듯했다. 수사 요원들은 아버지에게 매우 친절하고 예의 바르게 대하였다. 그리고 한 수사관은 아버지에게 상부에서 시키는 일이라며 이해해 달라고 양해를 구하였다.

잠시 간호사가 들어와 아버지의 체온과 혈압을 체크했다. 곧 이상이 없다는 간호사의 말을 듣고 두 사람만이 병실에 남아서 심문을 시작하였다. 나머지 중정 요원과 나는 옆 입원실로 자리를 옮겼다. 옆 입원실에서 아버지가 심문을 받는 동안 중정 요원은 내가 묻지도 않은 내용을 털어놓았다. 상부에 대한 일종의 불만을 토로하는 것이었다. 중앙정보부가 왜 민간인들의 소송사건에 간섭을 하느냐는 것이다. 한 요원은 자기는 경찰관 출신으로 정보부에 차출되어 왔지만 반혁명 사건과는 아무런 관련이 없는 노령의 애국지사를 체포해 오라니 이것이 될 말이냐고 불평을 토로하면서 그동안 고생이 많았다고 나를 위로하였다. 그 자리에는 나를 고문한 요원은 없었다.

그들 중 한 사람은 아버지를 체포하라는 상부의 지시에 대해서 매우 부정적이고 불만이 많았다. 아버지를 반혁명 사건으로 체포하도록 일을 꾸민 사람은 윤 씨고, 이 사건을 조작해서 아버지를 체포하도록 서울 분실에 지시한 일은 중앙정보부 차장이 주도했다는 것이다. 중정 차장이 육군 모 부대에 근무하고 있을 적에 승 씨는 군납업자로 그와 매우 가까운 사이였다고 일러 주었다. 자신들의 개인적 이익을 위해서 국가의 정보기관을 이용하여 죄 없는 민간인을 체포해서 재산을 탈취하는 일에 요원들을 동원하는 행위는 훗날 시국이 안정되면 국민으로부터 크게 지탄을 받게 될 것이라고 하면서 자기는 원대로 복귀 신청을 했는데 보내 주지 않는다고 푸념을 토하기도 했다.

그러면서도 내가 대학의 과장직에 있다는 사실을 알고 내 인격을 믿고 그 조작된 사건의 전말을 알려 주면서 그 중정 요원은 자기가 한 말은 절대로 비밀로 해 달라고 당부하였다.

서너 시간 심문을 마친 다음 아버지는 피곤하다고 침대에 누우셨다. 그리고 곧 잠이 드셨다. 반혁명 사건과는 무관하다는 사실에 대해서 세세한 심문에 협조해 준 데 대해 조사관은 만족한 기분으로 서울 분실로 돌아갔다. 그러나 아버지에 대한 요원들의 감시는 풀어지지 않았고 다음 날 아버지는 중정에서 보낸 지프를 타고 서대문 구치소로 송치되었다.

나는 아버지가 서대문 구치소로 송치되는 지프를 따라갔다. 그런데 이상한 일은 아버지가 명동 가톨릭병원에서 나와 중정 지프에 탈 때는 분명히 아버지 손목에 수갑이 채워져 있지 않았는데 서대문 구치소 출입문 앞에서 하차할 때는 손목에 수갑이 채워져 있었다. 그 순간 중정 요원들에게 속았구나 하는 생각이 들어서 항의했다. 그러자 조사부장이라는 사람이 구치소 수감 절차상 수갑을 안 채울 수가 없었다며 연행하는 지프 안에서 수갑을 채웠다고 말하였다.

일제시대에 독립운동하다 사상범으로 수감되었던 바로 그 서대문 형무소에 이번에는 군사혁명을 반대하는 반군사혁명에 자금을 제공한 주범 중의 한 사람이라는 구실로, 70세가 넘은 노구에 모시 바지 저고리를 입고 수갑을 찬 채 형무관에게 인도되는 장면을 보는 순간 나는 울컥 눈물이 쏟아졌다. 아버지는 눈물을 흘리고 있는 나를 보시면서 말없이 돌아섰다. 순간 나는 입술을 깨물었다. 언제고 이 같은 부당한 일들을 반드시 백일하에 드러내고 권력으로 정의를 파묻은 이들에게 책임을 지도록 하겠다는 결심을 했다.

중정 서울 분실의 윤 실장이 약속한 대로 다음 날 법원에서 적부

심사가 진행되었다. 어느 변호사가 법정대리인을 맡았는지는 기억이 나지 않으나 그가 누구든 승 씨가 재단에 담보물로 제공했던 목재소를 돌려준 이상 중정의 시나리오대로 사건은 진행되었다. 적부심사에서 아버지는 불구속으로 처리되었다. 반혁명 사건의 자금 제공자로 고발되어 체포되었던 아버지는 그 이후로 검사의 조사를 받은 적도 물론 없었고 재판에 회부되지도 않았다.

이렇게 불상사는 억울한 피해자만 만들고 마무리되었지만 군사정부의 주도 세력 안에서 아버지와 단국대학을 바라보는 이들의 곱지 않은 시선이 있음을 뚜렷이 체감할 수 있었다. 이 같은 엉뚱한 모함이 쉽게 성립할 수 있었던 데는 윤 씨, 승 씨 형제의 농간도 문제지만 대학 설립자인 아버지의 사회적 배경이 군사정부로서는 달갑지 않았던 데도 한 원인이 있었을 것이다.

군사 정변에 의해 붕괴된 민주당 정권의 정치인들, 특히 장면 총리는 아버지와 상당한 친분이 있었다. 아버지는 실제로 이승만 정권의 독재체제를 비판했고, 이를 민주적으로 대체할 유일한 야당의 지도자인 장면 박사에게 후원을 하고 있었다. 또한 '반혁명 사건'의 주범으로 내몰린 장도영 장군과 같은 평북 용천 출신에 인동 장 씨라는 인연과 친분을 갖고 있었다. 비단 이번 일이 아니라도 군사정부로서는 자신들의 혁명 기반을 조속히 사회 각계에 구축해야 했고, 반대로 그렇지 않은 쪽에는 언제든 반혁명의 굴레를 씌워 내쫓아야 할 필요성이 있었다. 그것이 권력의 속성이고, 이를 잘 아는 이들은 아버지와 단국대학을 행정적으로 말살하고자 하는 음모가 진행되고 있는 것이 아닌가 하는 불안감을 당연히 실감하고 있었다.

그러한 불안감은 이내 지극히 비상식적이고 도저히 이해하기 힘든 엉뚱한 사건으로 현실화되었다.

대학 정비령을 둘러싼 소문

아버지에 대해서 한때 반혁명 사건과 관련된 음해로 오해가 있어서 중앙정보부의 조사를 받은 사실은 있었으나 혐의가 없다는 것이 확인된 후에는 단국대학 경영진은 군사정부의 별다른 조치가 없을 것이라 기대하는 분위기가 일반적이었다.

대학 경영진이 또 하나 믿는 언덕은 김기석 학장(당시는 종합대학 승격 전이므로 총장이 아닌 학장 직제였음)이었다. 김기석 교수는 일본에서 철학을 전공하고 서울대 사범대 학장을 거쳐 단국대 학장으로 부임했다. 도덕재무장운동(MRA) 한국 대표이기도 한 김 학장은 군인들을 위한 정훈 강의로 유명해 군부와의 인연이 각별했다. 그분의 그러한 위치가 단국대학을 사시로 바라보는 군사정부와의 관계 개선에 도움이 되리라 기대를 갖게 한 것도 사실이었다.

그래서 학장으로 군사정부에 대해서 많은 힘을 써 줄 것으로 기대했다. 그분이 문교부 장관이 될 것이라는 소문이 돌기도 했다. 실제로 김 학장은 취임 직후 대학 간부들에게 말하기를 우리 대학에 대하여 군부에서 왈가왈부하지만 학장 자신이 잘 설명하고 해명해서 아

김기석 학장 취임(1960. 8)

무런 걱정이 없을 것이라고 하였다. 그런저런 정황으로 봐서 행정적으로는 별로 다른 어려움이 없을 것이라고 믿고 이사장을 비롯한 대학의 간부들도 다들 긍정적인 생각을 가지고 있었다.

당시 대학가에는 군사정부에서 폐교 조치를 포함한 대학 정비를 강력히 추진한다는 말이 많이 돌았다. 6·25 한국전쟁 후 대학들이 우후죽순처럼 많이 생겼기 때문에 국민소득과 국가재정 형편에 비해 대학 수가 너무 많다는 것이 이유라고 했다. 하지만 수긍하기 어려운 것이었다. 특히 대학을 정상적으로 다니지 못했던 장성들 가운데는 대학을 정비하여야 한다는 의견을 가진 사람들이 많았다고 한다.

당시엔 많은 젊은이들, 특히 농촌의 젊은이들까지도 대학에 입학하면 4년간 병역 징집이 보류되는 혜택을 받았다. 그 때문에 시골의 농민들이 소와 토지를 팔아 자녀들을 대학에 보내 공부를 시키는 형편이었지만 대학 교육을 시키는 사실 자체가 잘못된 것은 아니었다. 그러나 산업 시설이 부족한 데다 나라 경제 사정이 어려웠던 시기라 대학을 졸업하고도 많은 젊은이들이 취업을 못하는 실정이었다. 좋은 대학에서 우수한 성적으로 졸업을 하고도 취직이 되지 않아서 자살하는 대학 졸업자도 있었다. 그런 사회적인 분위기에서 대학이 실업자만 양산한다는 여론이 비등했던 것 또한 사실이었다.

당시에 대학을 두고 '우골탑'이라고 하는 신조어가 나왔다. 소를 팔아 대학 등록금을 댔고, 그 돈으로 대학의 건물을 지었다고 해서 생긴 풍자였다. 하지만 그때 대학 교육을 받은 사람들이 70, 80년대의 산업 역군으로 나라를 일으키는 데 중추적 역할을 했던 것을 생각하면 많은 사람이 대학 교육의 혜택을 받을수록 거시적으로는 사회 발전에 긍정적 기반이 된다는 것은 이후 역사가 입증한 사실이었다.

군사정부가 추진하는 대학 정비 정책에 대해 내 부친이자 대학 설립자로서 이사장을 맡고 계신 범정 선생은 비판적이었으며, 이러한 범정 선생에 대한 군부의 시각은 매우 부정적이었다. 해방 전 독립운동을 한 사람들은 해방 후에 미군 군정청이 친일파를 대거 기용하는 것에 맹렬히 반대하였다. 특히 일제강점기에 독립운동하는 사람들에게 가혹한 행위를 한 친일 경찰 출신을 정부가 대거 기용하여 치안을 맡겼고, 국방경비대를 창설하는 데 있어서는 일본군과 만주

군 장교 출신을 중심으로 조직을 강화하였다.

특히 독립운동하던 분 가운데서도 이승만 박사의 건국 사업에 협조하는 사람들은 친일파 경찰과 군인들에 대해서 온건한 견해를 가졌으나 백범 김구 선생을 중심으로 한 임시정부 계열과 광복군 출신들, 그리고 기타 국내에서 좌파로 독립운동을 하던 여운형 선생 같은 분은 친일파 기용에 대해서 맹렬히 반대하였다. 이런 입장에서 단국대 설립자인 아버지는 미군정의 친일파 기용에 강한 불만을 가지셨

김구와 범정. 일제에 대한 항거를 통해 부친인 범정 선생은 실천적인 민족주의를 체득했다.

고, 특히 이승만 박사가 남한에 단독 정부를 세우는 일에는 백범 김구 선생보다도 더 극렬히 반대하였다.

그런가 하면 6·25 사변 후엔 김홍일 장군과 함께 국민의 주권이 강해야 한다는 취지로 민강회(民强會)라는 사회단체를 조직하여 회장직을 맡아서 활동하였다. 김홍일 장군이 누구인가, 일제 치하에서는 조선의용군을 이끌어 항일 무장투쟁을 주도했고, 정치에 입신해서는 여당인 자유당에 대항하는 민주당의 당수를 지낸 분이었다. 아버지와 김홍일 장군은 같은 평북 용천 출신으로 호형호제를 하며 강한 민족주의적 실천 운동에 뜻을 같이했다. 민강회 청장년들의 중심 조직원 중에는 단국대학 출신들이 많았는데 자연히 일제 치하에서 일본군 출신들이 주력이 된 당시 군부의 주류 세력과 대립각을 세우고 있었다. 그러나 그것은 어디까지나 건국 운동 과정에서 진행된 문제이지 그런 사실들이 단국대학 같은 사학에까지 불리하게 작용하리라고는 생각하지 않았다.

한편 5·16 군사 정변이 일어났을 때 군부에는 단국대 야간부 출신 영관급 졸업생들이 현직에 많이 있었기 때문에 단국대에 대하여는 많은 도움을 줄 것이라고 기대했었다. 그러나 이러한 기대는 물거품이 되었다.

1961년 9월 군사정부는 '교육에 관한 임시특례법'을 공표하고 대학 정비에 본격적으로 나섰다. 대학의 사활이 걸린 일이니 모두들 관심을 갖고 탐문을 하였다. 당시 군사정부 내에 단국대 출신들이 많아서 기대를 갖고 수소문했지만 들려오는 소식은 그 반대였다. 오히려 단국대 출신 장교들이 단국대 주간부 폐교에 앞장섰다는 소문이 파다하게 퍼졌고 실제로 그러한 현상이 현실로 나타났다.

주간부 폐교와 무정한 동문

당시 대학 정비를 담당한 군사정부 국가재건최고회의의 내무위원회에는 단국대학 법과 졸업생인 손창규 대령이 위원장직을 맡고 있었다. 그리고 이 위원회에는 우리 대학 김기석 학장도 위원으로 있었다. 비록 우리 대학이 군사정부의 주도 세력과 원만한 관계가 아니었지만 동문과 학장이 주무 기구의 실무를 맡고 있는데 단국대 주간부가 폐교되리라고는 어느 누구도 생각하지 못했던 일이었다.

그러나 기대는 무참히 무너졌다. 같은 해 11월에 대학 정비령을 발표하고 세부 조치가 공개되었다. 어이없게도 단국대 주간부를 폐교한다는 내용이 포함되어 있었다. 폐교시키는 이유를 물어보니 더욱 터무니없고 기가 막혔다. 폐교의 이유가 기준령이 요구하는 교수 충원이 부족하다는 것이었는데, 그것도 딱 1명이 부족하다는 것이었다. 교수 1명이 부족하다고 3천여 명이 넘는 학생이 재학하고 있는 대학을 하루아침에 문을 닫으라고 하다니…….

하지만 더욱 어처구니없는 일은 이런 청천벽력 같은 일이 일어났는데도 대학 정비령이 발표되는 날 김기석 학장이 일본으로 출국한 것이었다. 자신이 학장으로 있는 대학이, 더욱이 자신이 위원으로 있는 기구에서 자신이 근무하는 대학의 주간부를 폐교하라고 하는데 정작 최고 책임자는 학교를 떠나 있다는 것은 이해할 수 없는 처신이 아닌가.

당시 나는 일개 교직원에 불과했지만 방관할 수 없었다. 학장을 대신해 문교부 고등교육국장 양 모 소령을 찾아갔다. 양 소령은 단국대 야간부 정치학과를 졸업한 당시 현역 해군 소령이었다. 나는 양 소령에게 항의를 했다.

"교수 1명이 부족하면 1명을 채용하라고 할 일이지, 그러면 내일이라도 부족한 교수 1명을 채용해서 보강하면 될 일이 아닙니까. 법에도 눈물이 있다고 하는데 이런 일로 주간부 폐교를 하면 지금 다니는 학생들이랑 교직원들은 어디로 가라는 겁니까? 그리고 자신이 졸업한 대학을 어떻게 교수 1명 부족이라는 이유로 이처럼 냉정하게 버릴 수 있단 말이오?"

흥분을 감추지 않고 강력히 항의했지만 당시 문교부의 고등교육국장을 맡고 있던 양 소령은 오히려 짜증을 내었다. 교수가 한 명 부족해서 폐교됐으면 그만이지 달리 무슨 말이 필요하느냐고 오히려 역정을 내는 것이었다. 다시 한 번 생각해 달라고 사정도 하고 화도 내 보았지만 그는 요지부동이었다. 귀찮다는 표정으로 자신이 할 수 있는 일이 아니라면서 규정상 부족해서 폐교된 것이라는 말만 거듭할 뿐이었다.

나는 다시 따졌다.

"그렇다면 모 2년제 대학은 길가에 있는 데다 운동장도 없고 교육용 건물도 빌딩 하나밖에 없는데 그 전문대는 4년제 대학으로 승격시킨 것은 규정에 맞는 일입니까. 그런 대학은 오히려 승격을 시키고 유독 우리 대학만을 폐교시키는 것이 말이 되는 거요? 이것도 대학 정비령에 의한 것이오? 도대체 이런 불공평한 일이 어디 있소!"

그러자 양 소령 하는 말이, 그 대학 설립자는 박정희 장군의 부인되는 육영수 여사의 배화여고 선배로서 '빽'이 있으니까 된 것이 아니냐고 오히려 반문했다. 그리고 자기는 그 이상 모르겠다고 대화 중에 자리를 피하였다.

어이가 없고 분을 참을 수 없었지만 항의 말고 어찌 해 볼 여력이 없는 상황이었다. 우리 대학과 직결된 문제는 아니었지만 이후로도 파장은 계속되었다. 내가 문교부에 가서 항의를 한 뒤 단국대학만 폐교시킨 것이 군사정부로서는 부담이 되었던지 며칠 후에 몇 대학을 추가하여 폐교 대상으로 발표하였다. 국민대학과 국학대학을 폐교한다고 발표하였다.

여기서 한 가지 기억하고 싶은 것은 당시 폐교 조치를 당한 대학들의 공통점이다. 단국대를 비롯한 3개의 대학은 모두 대학 교명에 '나라 국(國)'자를 쓰고 있었다. 이름의 공통점이 아니라 이 같은 교명을 채택한 이념적 배경이 모두 강한 민족주의적 뿌리를 갖고 있다는 점이다. 단국대의 설립자인 범정 선생, 국민대학의 설립자인 해공 신익희, 국학대학의 설립자인 정의채 등은 모두 항일운동이나 건국운동에서 백범 김구 선생과 뜻을 같이했던 분들이었다. 따라서 김구 선생과 함께 신생 독립국의 군부와 경찰에서 친일파들을 추방해야 한다고 주장한 분들이었다.

겉으로 드러나지는 않았지만 이 우연의 일치 속에는 신생 대한민국의 건국 과정에서 권력을 잡은 이들과 그렇지 못한 이들이 갖고 있던 사상적 좌표가 무언의 영향을 끼쳤다고 짐작된다.

당시 나는 갓 서른의 젊은 나이였다. 사회 초년병이나 마찬가지로 누구에게 의지할 만한 인맥도, 자구책을 펼칠 힘도 갖지 못했다. 대학이 갖고 있는 가장 큰 자산이 무엇인가? 결국 사람이 아닌가? 그중에서 동문은 대학이 어려울 때 의지할 수 있는 유일한 자산이나 마찬가지이다. 패기가 전부인 나 역시 그랬다. 양 소령 외에도 야간부 출신의 고급 장교들이 군사정부에 몸을 담고 있었다. 그들을 찾아가 도움을 호소하기도 했지만 누구 한 사람 나서서 자기 모교를 구하고자 하는 사람은 없었다. 오히려 군사정부 요직에 앉은 사람들은 자기 모교를 폐교하는 일에 앞장섰다. 그 사람들은 야간부 법과 졸업생 손창규 대령과 문교부 고등교육국장 양 소령이었다. 그들은 졸업장 한 장만이 필요했던 사람들이었다. 대학을 졸업했다는 증명만 필요한 사람들이었다.

나는 당시 양 소령한테 오기에 찬 말을 하였다.

"언젠가 단국대학이 폐교에서 살아나 복원되는 날이면 양 소령 당신은 모교를 짓밟은 가장 불쌍한 졸업생이 될 것이오. 10년이 지난 후 오늘 만난 이 자리에서 같은 시간에 다시 만납시다. 만나서 꼭 확인시키고 싶소."

나는 학교를 살려 놓고 그의 얼굴을 똑바로 보고 싶었다. 이런 억울한 일을 당할수록 좌절하기보다 학교를 살리겠다는 강한 의지를 다지고 있었다. 복수의 심정도 물론 있었다. 양 소령도 좋다고 자신감에 찬 표정으로 동의하였다. 나는 그의 그런 태도에 더욱 역겨움을 느꼈다.

10년이 되기도 전에 나는 폐교됐던 주간부를 복원시켰고 이어 종합대학으로 승격시켰다. 내가 장담했던 그날이 되어 그 장소에서 나는 그를 기다렸다. 30분을 기다려도 양 소령은 나타나지 않았다. 1시간이 지나도 나타나지 않았다. 비겁한 인간이었다. 수소문 끝에 양 소령이 모 석유공사 부장직에 있다고 들어서 전화를 걸었으나 전화를 받지 않았다. 자기가 졸업한 대학을 '교수 1명' 부족의 이유로 기준 미달이라며 폐교시키는 것이 군행정이라고 주장한 사람이다. 그것이 문교부 고등교육국장 해군 소령, 양 소령의 지론이었다.

이렇게 악연으로 끝나지 않은 좋은 인연도 있었다. 단국대학을 폐교시킬 당시 문교부 장관이었던 문희석(文熙奭) 해병대 대령은 그 후 건국대학교 총장으로 부임하였다. 그분은 건국대학교 총장으로 부임하자 나를 찾았다.

자기가 문교부 장관 재직 시 단국대학교를 폐교시킨 것이 자책이 되어 단 하루도 마음이 편안한 날이 없었다고 당시의 일을 사과하였다. 자신이 사립대학인 건국대학교 총장직에 앉고 보니 사학 운영이 얼마나 어려운가를 실감하고 있다고 심중을 토로하였다. 자기는 건강이 좋지 않아 오래 살지 못할 것이라고 말하며 단국대학을 폐교시킨 장관으로서 사죄하고 그때 일에 사죄하는 뜻에서 자기 소장의 모든 장서를 단대 도서관에 기증하고 싶다고 하였다.

건국대학교 총장이 자신의 장서를 건국대학교에 기부한 것이 아니라 단국대학교에 기부하였다. 쉽지 않은 일이라 생각되었다. 사실 공부하는 이가 자신의 손때가 묻은 장서를 기증하는 일은 미덕인 동시에 그 대상 기관에 대한 애정을 표시하는 일이다. 자신이 총장으로 봉직한 대학이 아닌 다른 대학에 도서를 기증하면 건국대에서 서운한 일이 아니겠는가. 만류를 했지만 문 총장의 뜻은 확고했다. 기쁜 마음으로 받는 것이 그분의 마음속 부담감을 덜어 드리는 일이라 생각했다. 그래서 나는 감사한 마음으로 장서를 접수하고 감사패를 전달하였다.

그분은 온양에 사슴 목장을 운영하고 있었다. 자신이 사사로이 운영하는 사슴 목장의 사슴들을 단대 청양농장에 기부하고 싶다고 해서 사슴도 받아들였다. 단, 전부가 아니고 꽃사슴 암수 한 쌍만 받아들였다. 그리고 얼마 있지 않아 문희석 전 문교부 장관은 1977년 10월 향년 56세로 세상을 떠났다.

종합대학 승격의 막전막후

추락하는 교세와 끝없는 사재 매각

1961년 단국대학 주간부가 폐교되고 2년이 지난 후 주간부는 2년제 초급 대학으로 복원되었다. 4년제 학부가 2년제로 격하된 것이 굴욕적인 것이기는 하나 복원되었다는 사실만으로도 받아들이지 않을 수 없는 형편이었다. 그런 가운데도 단국대학과 이사장인 아버지에 대한 군부의 심술이 이만저만이 아니었다. 사소한 문교부의 행정적 승인이나 인가 등이 원하는 대로 진행되지 않았다.

반면에 김기석 학장은 단국대학이 폐교될 무렵 문교부 장관에 임명될 것이라는 소문이 돌았다. 그는 MRA(도덕재무장운동) 활동을 하면서 군 정훈 교육의 전담 강사로 이름을 떨치며 군인들로부터 존경을 받기는 했지만 대학 내에서는 물론 동창들의 심한 항의를 받았다.

교수 한 명 부족한 것이 폐교의 이유가 될 수 있는가? 그동안 학장은 과연 무엇을 하고 있었는가? 문교부의 대학 정비위원회에 위원으로 있으면서도 학교가 폐교되도록 내버려 둔 학장에 대한 성토의 열기는 뜨겁게 끓어올랐다. 김기석 학장이 문교부 장관이 될 것이라는 소문은 더욱더 그에 대한 의혹을 갖게 했고 동문들이나 대학 내부 사람들을 분노케 했다. 그러나 소문과는 달리 문교부 장관에 임명되지도 못했다.

그 이후로 김기석 학장은 대학을 떠났다. 그는 서울대학교 사범대학 학장을 지낸 분이었다. 내가 사범대학 재학 시절에는 서울대 사범대학 학장 서리였다. 그런 그가 서울대에서 단국대학 학장으로 부임하게 된 데는 오랜 인연이 있었다.

김기석 학장은 우리 집안 선대부터의 고향인 평안북도 용천군 출신이었고 김 학장의 부친은 우리 아버지와 죽마고우였다. 충북 제천(堤川)에는 우리 아버지 소유의 산이 있었다. 아버지께서 직접 마련한 산은 아니었고 할아버지께서 오래전에 마련해 두신 것이다. 내가 이 세상에 태어나기 전부터 가지고 있던 것으로 백만 평이 넘는다고 들었다. 해방 후 우리나라에는 목재 부족 현상이 심해서 강원도와 충북 산간 지방에는 도벌꾼이 많았다. 도벌을 막기 위해서는 산을 지켜야 했는데 김 학장의 부친에게 그 일을 맡겼고 후에 단국대학 관리과장으로 있던 김봉명 씨와 함께 산을 관리했다.

백만 평이 넘는다는 산에는 낙엽송이 울창하여 낮에도 산림 속은 어두웠다. 나는 여름 방학이면 그곳 산장에 가서 며칠이고 놀다 온 적이 있었는데 밤에는 맹수가 산장 앞뜰에 출현하기도 했다. 나중에 아버지는 단국대학을 세우면서 이 산의 목재를 팔아서 재단 설립 사업에 필요한 현금을 마련하였다. 이러한 부친 간의 인연으로 서울대학 사범대학 학장을 지낸 김기석 씨가 단국대학 학장으로 부임하게 된 것이다.

그런데 5·16 군사 정변 후 단국대가 폐교되면서 김기석 학장은 소문만 무성한 채 문교부 장관에는 임명되지도 못하고 단국대 동문과 교직원 그리고 학생들로부터 많은 비난을 받으며 학장 자리에서 물러나게 된 것이다. 김기석 학장은 학교를 떠난 후 군사정부의 고문을 지내기도 하고 지방 대학의 학장으로 가기도 했지만 노후가 순탄치 않아 불우하게 말년을 보냈다.

김기석 학장의 사직 이후 김용진 대학원장이 1962년 말 학장직을 계승하였다. 주간부가 폐쇄되자 대학의 운영은 무척 어려워졌다. 무엇보다 심각한 것은 재학생들의 이탈이었다. 주간부가 없어지니 학생들이 한양대, 경희대, 이웃에 있는 동국대에 대거 편입해 갔다. 장차 학교의 운명이 어떻게 될지도 모르는 상태에서 그런 학교에 더 이상 적을 두고 싶지 않았을 것이다. 교무과의 창구 앞에는 재학증명서와 성적증명서를 떼어 달라는 학생들로 붐볐다. 폐교 후 재학생 수는 종전보다 80%가 줄었다. 대부분의 교수들은 학생들이 없으니까 강의를 할 수도 없고 그렇다고 다른 대학으로 갈 수도 없는 형편이었다. 학생 수가 급감하자 정상적으로 재원을 확보할 수 없는 형편인데도 직원 수는 줄일 수 없었다.

당장 교직원들에게 줄 봉급이 문제였다. 이사장인 아버지와 박정숙 당시 이사는 설사 학교에 재원이 없더라도 교수나 직원들을 해고할 수는 없다고 소신을 밝혔다. 결국 동원할 수 있는 방법은 사적으로 소유한 재산을 팔아서 교직원 인건비에 충당하는 것이었다. 근검으로 모으고 선대에서 물려받은 가산이 하나둘씩 줄지어 팔려 나가야 했다.

현재 청계천 입구에 있는 삼일빌딩의 대지는 박정숙 이사가 살던 집터였는데 그것도 팔았다. 현재 한남동 순천향병원 앞길 건너에 우리 3형제 명의의 땅 3천여 평이 있었다. 그것도 팔아서 교직원 월급으로 충당하였다. 우리 집과 박정숙 이사 집에 있는 금붙이도 남김없이 내다 팔았다. 심지어 우리 아이들의 돌 반지에서부터 어머니가 애지중지하시던 금비녀, 그리고 아버지의 조끼와 마고자의 금단추까지 모두 팔았다. 집안에 있던 패물은 모두 바닥이 났다. 마지막엔 어머니 손가락에 끼어 있던 금가락지도 다 팔아서 교직원 봉급에 보탰다.

아버지는 아무리 대학이 경제적으로 쪼들려도 절대로 교직원들에게 돈을 꾸어 오라는 말씀은 하지 않으셨다. 그리고 단 하루도 교직원의 봉급 지급을 지연시키게 하는 일이 없었다. 지금도 사진처럼 선명하게 남는 장면이 있다. 금을 팔려고 외출할 때는 아버지는 항상 약방에서 쓰는 작은 손저울을 꺼내셨다. 그 손저울에 팔려는 금붙이를 올려놓고 무게를 달아 보신 뒤에 나가셨다. 고희를 넘기신 노인이 가족들의 추억이 담긴 금붙이들을 손수 무게를 재는 모습에는 온갖 회한이 다 담겨 있는 듯 느껴졌다. 거친 만주에서 망명을 하고, 해방 뒤에 대학을 세워 좋은 인재를 길러 내신다는 보람으로 말년을 보내시던 분인데 이 무슨 고생이란 말인가. 젊은 나에게도 울분이 치밀어 오르는데 아버지의 흉중은 오죽할 것인가……. 이런 아버지의 모습을 바라보시는 어머니의 눈에서는 하염없이 눈물이 흘러내렸다.

우리 집 재산만이 아니었다. 나의 큰 이모는 자녀가 없었다. 이모부가 외과 의사였는데 생전에 재산도 많이 모아 고스란히 남기고 세상을 떠났다. 이모는 임종할 적에 재산을 우리 둘째 형 앞으로 상속하였다. 그중에 신당동 소재 한옥이 있었다. 아버지는 대학이 정상화되면 이를 다 보상해 준다고 말하고 형의 인감을 달라고 한 후 이것도 팔아서 대학 교직원 봉급으로 충당하였다.

아버지의 모습은 보기가 참으로 처참하였다. 차마 견딜 수 없는 극단의 상황이었지만 빚을 지지 않고 가족들 소유의 재산 중 처분할 수 있는 것들은 다 처분하여 위기를 극복했다. 결국 집에 남은 가산이라고는 처분할 수 없는 부동산만 남고 빈 곳간처럼 비워졌다.

무엇보다도 가슴 아픈 것은 내 조부께서 손자, 손녀들을 위해서 장만하고 몸소 기거하시던 자하문(紫霞門) 밖에 있는 한옥 별장을 비롯해서 자두(紫桃)밭과 능금밭 1만여 평을 팔아 버린 것이다. 자하문 밖 한옥 별장은 우리 큰형 명의로 되어 있었다. 큰형이 태어났을 때 기념으로 할아버지가 손수 지으신 한옥이었다. 산등성이에 위치해서 전망이 좋았다. 삼면이 훤히 뚫려 4계절의 경관이 다 특색 있게 아름다웠다. 자하문 밖 한옥 별장만은 팔면 안 된다며 어머니는 하늘에 계신 할아버지께서 노여워하신다고 극구 반대했다. 하지만 아버지는 그것마저 팔지 않으면 교직원들이 굶는다며 팔 수밖에 없다고 하셨다.

남은 재산이라고는 종로구 내수동 소재 한옥과 소사(지금의 경기도 부천 소사구)에 있는 고구마밭뿐이었다. 이 집도 아버지가 마련한 집이 아니었다. 할아버지께서 큰형 명의로 산 것이다. 건축한 지

200년이 넘는 한옥이었고 재목도 싸리나무 원목으로 지은 집이었다. 이 집도 팔려고 하였으나 어머니의 강력한 항의로 이것만은 보존되었다. 그렇게 하여 단국대학이 폐교된 후 일 년 동안 아버지는 재산을 대부분 다 팔아서 교직원들의 봉급에 충당하였다. 집안의 돈과 재산이 흉년의 시냇물처럼 말라 갔지만 상황은 나아지지 않았다. 더욱 걱정이 되는 것은 아버지의 건강이었다. 대학 운영을 정상화하려는 노력이 커지면 커질수록 아버지는 몹시 쇠약해지셨다.

그처럼 피를 말리듯 재산을 처분해 가며 노력을 했는데도 문제가 다 해결된 것은 아니었다. 끝내 을지로 2가에 있던 박정숙 이사의 소유 재산인 2층집(중국요리점)과 그 곁에 있던 건축자재 상점 2층 건물도 팔아서 보탰다. 가족회의를 하는 자리에서 아버지는 그동안 처분한 박정숙 이사와 우리 형제 소유의 재산은 대학이 정상화되면 모두 갚아 주겠다고 약속하셨다. 높고 강한 국가 권력의 벽 앞에서 시련을 겪는 가족들에게 가장으로서 아버지가 할 수 있는 마지막 위로이자 약속이었으리라.

당시 나는 고려대 대학원 사학과를 졸업하고 대학에 시간 강사를 나가다가 1961년부터 단국대 교수로 임용된 상태였다. 사실 교수 임용보다도 개인적으로는 공부를 할수록 일본이나 아니면 미국으로 건너가서 제대로 역사학 공부를 하고 싶은 생각을 가지고 있었다. 그러나 아버지의 반대로 뜻을 이루지 못하고 있었다. 사실 이렇게 대학 형편이 풍전등화에 있는데 나 홀로 유학을 간다고 떠날 수도 없었다. 그런데 이상하게도 대학이 어려움을 겪는 동안 유학을 가겠다는 내 뜻이 본의 아니게 실현이 되는 일이 생겼다.

젊은 교수들과 재단 이사들의 갈등

주간부 폐교로 단국대가 시련을 겪고 아버지가 고초를 당하는 일을 지켜보면서 나는 홀로 고민을 하지 않을 수 없었다. 단국대의 앞날은 바람 앞의 촛불 같고 걸어야 할 길은 짙은 안개 속에 묻혀 있었다. 그럼에도 대학 내부에서 진로를 개척하려는 진취적이고 적극적인 자구 노력은 미흡한 실정이었다. 내 고민은 대학의 시련보다 바로 이런 적극적이고 진취적인 노력을 끌어모을 구심점이 보이지 않는다는 것이었다.

고민이 깊어질수록 이대로 주저앉아 있을 수 없다는 생각이 커졌다. 아직 경험도 적고 이제 막 전임강사로 대학에 발을 내디딘 나였지만 뭔가를 시도해야 한다는 결론을 내렸다. 그 시도는 우선 대학 경영진의 개혁으로 모아졌다. 당시 이사진에게는 대학의 재기를 도모할 의지도 성취할 능력도 없다는 것이 내 주장의 핵심이었다. 내가 목소리를 높이자 소장파 교수들이 중심이 되어 대학을 개혁해야 한다고 동참했다. 젊은 교수들은 대학의 위기에서 무기력하고, 구시대의 먼지가 많이 묻은 재단 내 이사들이나 학장부터 용퇴를 해야 한다고 주장했다. 목소리는 점점 커졌고, 이윽고 30대 젊은 교수들이 주축이 되어 이사장인 아버지를 찾아가서 김용진 학장과 장익위 상무이사의 퇴진을 건의하기에 이르렀다.

나는 아버지께 조금은 당돌하게 말씀드렸다.

"아버님은 김용진 학장의 경력에 대해서 잘 알고 계신가요?"

"무슨 소리야? 네가 아는 대로 말해 보라고."

나는 그동안 품어 온 생각을 사실대로 말씀드렸다. 김용진 학장은 김숙현 이사가 추천하여 우리 대학에 온 사람이었다. 그분은 광주고등법원장을 그만두고 단국대 대학원장으로 부임하였다가 김기석 학장이 퇴임하자 그 뒤를 이어 학장이 되었다. 우선 김용진 학장에 대한 교수들의 이의는 두 가지로 초점이 맞춰져 있었다.

그 하나는 김 학장이 교육계가 아닌 법조계에서 평생을 바쳤기에 대학 경영 능력이 떨어진다는 것이었다. 실제로 김 학장은 일제강점기에 조선변호사 시험에 합격하여 변호사가 되었고, 해방 후 월남하여 대한민국에서 판사가 되었다가 군사 정변이 일어나자 법복을 벗고 대학에 왔다. 이 과정에서 대학에 몸담은 일은 전혀 없었다. 대학원장은 법조인이었던 김용진 학장의 전문 지식을 존중해 보직을 맡길 수는 있지만 학장은 교수들을 견인하며 학사 운영을 총괄해야 하기에 판사 경력만으로 대학인의 신뢰를 받기는 힘든 것이 상식이었다.

내 개인으로서는 경영 능력보다 더 참을 수 없는 것이 그의 법조경력에 숨은 신뢰성의 문제였다. 나는 김용진이라는 법조인에 대해서 일말의 양심을 가진 이라는 믿음을 가질 수 없었다. 그분은 고법부장판사로 봉직했는데 그때 역사적으로 유명한 조봉암 간첩단 사건의 주심 판사를 맡았다. 1958년에 있었던 2심의 주심 판사로 김용진 학장은 1심에서 5년형을 선고했던 결과를 뒤집고 사형을 선고했다. 고문과 조작으로 만들어진 마녀사냥식 기소였기에 많은 이들이 분개하고 세계적인 논란을 일으켰던 사건이었다. 당시 1심에서 간첩죄가 인정되지 않자 오제도 검사가 이 사건을 주도하고 있었는데 김용진 학장은 일사후퇴 뒤 바로 오제도 검사의 지원으로 판사에 임용된 사람이었다. 결국 김용진 판사는 오제도 검사와 이승만 정권에 진 빚을 '조봉암에 대한 사형 선고'로 갚았다는 것이 내 생각이었다. 내 개인만이 아니라 당시 김용진 판사의 선고는 정치권력에 사법부가 굴복한 사례로 엄청난 비판을 받았고 지금까지도 역사의 오명으로 남아 있기도 하다.

이런 엄청난 정치적 폭거에 직접 연관된 이가 단국대학에 학장으로 있다는 것은 젊은 나로서는 참기 힘든 굴욕이었다. 이것이 내가 김용진 학장의 퇴진을 주장하는 두 번째 이유였다.

나는 이 같은 사정을 아버지께 말씀드리고 내 결심을 밝혔다.

"아버님, 저는 이런 사건들에 연루된 정치 판사가 우리 대학 학장직에 있다는 것을 받아들일 수 없습니다. 그러니 제가 교수직을 그만두겠습니다."

아버지는 깜짝 놀라며 다시 나에게 물었다.

"김용진 학장이 정말 그러한 경력이 있는 사람이란 말이냐?"

"분명합니다."

나는 단호하게 말씀드렸다.

"이런 사실을 장익위 상무이사와 김숙현 이사가 숨긴 이유가 도대체 뭐란 말이냐."

아버지는 김용진 학장이 법조인으로 활약을 했던 데만 귀를 기울이시고 그 이면의 숨은 경력을 제대로 듣지 못한 것에 역정을 내셨다. 아버지는 잠시 생각에 잠기시며 침통한 표정이었다.

아버지는 내가 김용진 학장 밑에서 교수직에 있지 않겠다면 이사로 있으라고 하면서 상무이사가 하던 일을 대신하게 하였다. 그즈음 아버지는 많이 지치고 힘들어하셨다. 노령에 충격을 여러 번 받아서인지 모든 일에 의욕이 예전과 같지 않았다. 특히 건강이 나빠지면서 이런 현상은 더욱 두드러졌다. 그렇지만 아버지는 젊은 교수들이 대학의 발전을 위해서 개혁을 주장하고 특히 학사 관계에 대해서 여러 가지 건의를 제시하자 이를 수용하려 하셨다. 그러나 나를 중심으로 내놓은 대학 개혁안을 아버지는 다 긍정적으로 받아들이고 있었으나 이사회로 상정되면 이런 안건은 부결되거나 아예 상정도 되기 전에 이런저런 이유로 무산되곤 했다. 김용진 학장과 일부 변호사직의 이사, 장익위 상무이사들은 노골적으로 나를 경원하고 대학 개혁을 주장하는 교수들을 범 무서운 줄 모르고 까부는 하룻강아지로 몰아세웠다.

당시 이사진과 학장의 면면을 살펴보면 학교를 이끌어 갈 역량을 의심하지 않을 수 없었다. 장익위 상무이사의 전력은 일제강점기 경찰관이었고, 오숭은 변호사는 일제강점기 평양에서 호랑이 검사라는 별명이 붙어 있던 사람으로 두 사람 모두 학교 업무에 대해서는 경험이 없었다.

김용진 학장을 소개한 김숙현 이사도 일제강점기 신의주 법원 서기로 근무하다 해방 후 월남한 사람으로 법무관 시험에 합격한 법무관 출신 변호사였다. 강순원 이사는 단국대 학부 출신으로 이 사람 역시 고시합격자가 아니라 법무관 시험에 합격하여 변호사가 되었다. 김익보 이사도 대학을 졸업한 법학자가 아니라 일제강점기 검정고시를 통해서 변호사가 된 사람이다. 그러니까 박정숙 이사를 제외한 이사 모두가 변호사인 것이다. 출신지도 박정숙 이사를 제외하고 모두 평안도와 황해도 출신들이었다.

아버지께서 대학 설립 초창기 이사들을 변호사들로 구성한 데에는 그럴 만한 이유가 있었을 것으로 짐작이 가지 않는 바는 아니었다. 학교를 설립하는 과정에서 재산 관리 문제 등 여러 가지 복잡한 일들을 처리하는 과정에서 법을 잘 아는 인사의 역할을 기대했을 것이다. 그러나 대학이 위기에 처한 시기에는 대학으로서의 면모를 갖추어 가면서 위기를 극복하고 성장을 추진해야 할 시기인 것이다. 학사 행정에 전문성을 갖춘 인물이 절대적으로 필요한 것이다.

이사들은 이미 나이가 많은 분들이었다. 젊은 교수들이 재단에 학사 개혁에 대한 건의를 하면 그분들은 젊은 것들이 무엇을 안다고 나서느냐고 하면서 거부를 하였다. 특히, 오승은 이사가 이런 일에 앞장섰다. 그는 이사회에서 공개적으로 나를 성토하였다. 이사장인 내 아버지 앞에서 나에게 면박을 퍼부었고 젊은 교수들을 향해 고함을 치며 의도가 불순하다고 매도하였다. 노약해진 아버지는 기세등등한 이사들의 독선을 제어하지 못하였다. 개혁할 힘이 없었다. 대학 재단의 모든 민사 소송은 오승은 이사와 김용진 학장, 김숙현 이사, 그리고 강순원 이사가 전담하였다. 그러다 보니 소송을 위한 소송도 생기고, 그 후유증으로 아버지의 의도가 곡해되어 엉뚱한 비난도 들어야 했다. 그럼에도 이사들은 매사 자기들의 입장을 우선해 의사 결정을 했고 아버지는 이를 받아들이는 형국이 되었다.

훗날 오승은 변호사는 아버지가 작고한 다음에 재단을 상대로 변호사 수임료를 지불하라고 소송을 걸어 왔다. 변호사로서 재단 이사에 발령받았고 민사 소송을 전담하면서 무료로 봉사하겠다고 하던 사람이었다. 그런 사람이 이사장이 고인이 된 다음에 마음이 변해서 대한민국 사법 사상 변호사로서 최고의 수임료를 청구하고 자기가 이사로 몸담고 있던 단국대 재단을 상대로 소송을 걸어 온 것이다.

이러한 사실이 신문 보도를 통해서 알려지자 교직원과 졸업생들이 저런 사람을 어떻게 해서 재단 이사로 기용하였는지 모르겠다고 항의를 하였다. 우리 대학 출신 변호사들 중에는 오승은 이사를 정말 '허가 맡은 ○○○' 이라고 욕을 하는 이들도 있었다. 재단의 소송을 무료로 전담한다고 해서 이사로 영입한 사람인데 재단 이사장이 고인이 되자 하루아침에 마음이 변할 수 있는 것인가. 오승은 변호사는 김용진 학장과 같은 평양 출신이었다. 바로 김용진 학장이 소개한 사람이었다.

미국 유학과 아버지의 별세

나는 이사직으로 옮긴 후 김용진 학장한테 가까운 일본이나 그렇지 않으면 미국의 대학을 한번 돌아보고 오는 것이 대학 행정을 해 나가는 데 많은 도움을 얻을 것이라고 진언했지만 이런 건의는 모두 거절당했다. 대학은 무기력하게 하루하루 철지난 꽃처럼 시들어 갔다.

그럼에도 재단 이사들은 각자 나가서는 개인 업무를, 대학에서는 소송 수임이나 자신들의 권위를 해치는 일에만 신경을 썼다. 내가 건의하는 일은 사사건건 반대하고 특히 그 이사들은 소장파 교수들을 보직에서 해임하도록 아버지에게 강력히 주장하였다. 아버지는 정신적으로 신체적으로 매우 쇠약해지셨다. 개혁을 하려면 싸우기도 하고 격한 논쟁을 벌이기도 해야 한다. 그러나 아버지는 이를 감당할 건강과 집중력을 갖고 있지 못했다. 결국 나는 단국대학을 떠나기로 마음을 고쳤다. 무엇보다 밀려오는 위기를 반전할 만한 희망이 없다는 점에 좌절감을 피할 수 없었다.

"이제 30대에 접어든 내가 노회한 이사들에게 시달리며 그들의 뒷바라지를 하느라 내 꿈을 접을 수는 없지 않은가. 다시 공부를 하자. 더 넓은 세계도 경험하고 역사학도 제대로 공부해 보자."

이것이 1963년 재단 이사직을 사임하며 내린 결론이었다. 그해 1월에 나는 이사직 사표를 던졌다. 마침 일간신문에서 사람을 찾는 광고를 보았다. 말일성도 그리스도교회(末日聖徒敎會, 모르몬교)에서 영어, 일본어, 중국어, 한국어 등 4개 국어의 원서를 이해하고 말할 수 있는 사람을 찾고 있었다. 나는 광고를 보고 바로 응모하였다. 모르몬교 한국 본부는 청운동에 있었고 시내 사무실은 소공동에도 있었다. 나는 교회 책임자인 칼 씨를 찾아갔다. 매우 친절한 분이었고 인품이 좋아 보였다.

내가 먼저 무슨 일로 영어, 일본어, 중국어, 한국어를 하는 사람을 찾느냐고 물었다. 그의 대답은 미국에 가서 세 나라 말로 된 원서를 번역하는 일이라고 했다. 그러면서 왕복 여비와 생활비를 주고 미국에서 연구하거나 학업을 한다면 장학금도 지급하겠다고 했다. 나는 선뜻 응했다.

그런데 우리 집안은 불교였고 더구나 모르몬교는 기독교에서도 이단시하는 종교였다. 내가 이런 종교 단체에 가서 일하고 모르몬교가 세운 브리검 영(Brigham Young) 대학교에서 연구를 한다면 아버지께선 보내 주지 않을 것이라고 생각하여 아버지께 자세한 말씀은 드리지 않았다. 다만 나이가 더 들기 전에 미국에 가서 공부하겠다고만 사정하였다. 아버지는 허락하셨고 나는 1963년 9월 10일 미국으로 떠났지만 마음이 개운치만은 않았다. 단국대학의 일도 답답했고 기력이 많이 쇠하신 아버지 곁을 떠나는 일이 자꾸 마음에 걸렸기 때문이다.

나는 미국에 가서 대학원에 입학했다. 대학원에 적을 두고 공부를 하면서 한편으로는 브리검 영 대학교 종교학과 과장인 스펜서 팔머(Spencer Palmer) 교수의 연구를 돕는 일을 했다. 그 일로 많은 시간을 할애해야 했다. 팔머 교수는 캘리포니아 대학교 스칼피노 교수의 지도 아래 미국의 한국 선교 역사에 대해서 연구하고 있었고 그것을 주제로 박사 논문을 작성하고 있었다. 그가 수집한 책들은 모두가 일본어, 중국어 그리고 한국어로 된 미국의 동양 선교에 관한 책들이었다. 내가 할 일은 팔머 교수가 내게 건네준 그 많은 책 가운데 한국 선교에 관한 내용을 발췌해서 영어로 번역해 주는 일이었다. 내 공부하기도 힘이 벅찬데 그 일까지 하려니까 1년 동안 정신없이 지냈다. 팔머 교수 연구실에서 밤을 새우는 일이 허다하였다. 어느 날인가 샤워를 하다가 두발이 한 움큼 빠진 것을 발견했다. 밤잠을 설치며 과업에 쫓기듯 일을 하다 보니 탈모가 시작된 것이다. 고단한 시절이지만 누구를 탓할 수 없는 절박한 시간이었다.

미국 유타 주의 브리검 영 대학 유학 시절 숙소 앞에서

팔머 교수의 한국 선교에 관한 박사 논문이 완성되었고 팔머 교수는 캘리포니아 대학에서 박사 학위를 받았다. 팔머 교수는 내게 매우 좋은 대우를 해 주었다. 그러나 종교적 관계로 인해 모르몬교 재단이 운영하는 대학에서는 여러 가지 제한이 많았다. 당시만 해도 불교의 영향을 많이 받던 나이기에 과연 이곳에서 계속 내 종교를 지키며 학업을 할 수 있을지, 그것이 과연 올바른 일인지 회의가 적지 않았다. 또한 한국에 남아 고생하는 아내가 측은하기도 했다.

나의 고민을 지켜보던 팔머 교수는 나에게 가족들을 미국으로 데리고 와서 학업을 하는 게 어떠냐는 호의적 제의를 했다. 말하자면 이민을 준비하라는 제안이었다. 그는 제의에 그치지 않고 내 가족이 미국에 올 수 있도록 보증을 서고, 비자를 받는 데 필요한 수속을 다 해 주었다. 아내가 곧 도착할 것이라는 기대에 부풀어 있던 나에게 행복은 쉽게 오지 않았다. 이 무렵 1주일에 한 번씩 오던 아내의 편지가 한 달이 지나도록 중단되었다. 분명히 무슨 일이 생겼다고 짐작은 했지만 달리 소식을 물을 형편도 안 되어 애가 탔다.

그때가 여름 방학 중이었는데 방학이 거의 끝날 무렵이 되었을 때 아내가 입원했다는 소식과 아버지가 몹시 편찮으시다는 소식이 왔다. 그리고 재단 이사들이 아버지가 병석에 누운 틈을 타 파당을 지어 아버지의 말을 잘 듣지 않는 것은 물론이고 아버지가 돌아가시면 재단 이사장 자리를 서로 차지하려고 암암리에 암투를 벌이고 있다는 것이다. 아버지는 거의 학교에 출근하지 못하시고 의사가 자주 왕진을 온다고 했다. 그리고 아내는 입원한 지 한 달이 넘었는데도 차도가 없이 사경을 헤맨다는 것이다.

가정사만으로도 마음이 아프고 놀랐지만 학교의 상황은 더 충격스러운 일이었다. 당시 문교부에 주간부 부활의 청원이 수용되어 종전 학과들을 개설하는데 재단 이사진들이 사학과를 부활시키지 않기로 했다는 것이다. 그 목적은 너무도 명확했다. 이사직을 그만둔 뒤 나의 신분은 교수로 복직하였는데 소속은 당연히 내가 있던 사학과였다. 결국 아버지가 별세하면 유학을 중단하고 귀국해야 하는데 내가 단국대에 돌아와 교수로 복직할 근거를 미리 없애려는 의도였다. 나의 전공이 역사학이라는 점을 염두에 둔 장익위 상무이사와 몇몇 이사들의 조치였다.

나는 당시 문교부에 근무하는 대학 후배에게 단국대 재단이 이러한 조치를 취하려 하는지 알아봐 달라고 부탁했는데 그것이 사실이었다. 아버지의 병환이 중병이라는 의사 진단 결과를 듣고 학교를 장악하려는 김용진 학장과 일부 이사들은 내가 유학을 간 뒤 소장파 교수들을 이미 보직에서 다 몰아냈다. 그리고 내가 귀국해도 단대에 발을 들여놓을 수 없도록 사학과를 부활시키지 않으려 한 것이다.

나는 병석에 누워 계신 아버지께 장문의 편지를 보냈다. 무슨 일이 있어도 사학과를 복구시켜야 한다는 사실을 소상히 적었다. 그런 사실도 모르고 계시던 아버지는 학장과 상무이사를 몹시 힐책하고 다시 서류를 만들어 사학과를 복구시켰다. 그런 사실은 청와대와 문교부에 근무하는 나의 서울대학 동창들과 후배들로부터 들었고 그들은 폐교된 주간부를 부활시키는 데도 절대적인 힘이 되었다. 그들은 자기 일처럼 열심히 도와주었다. 나와는 멀리 떨어져 있었으나 수시로 아버지와 연락을 하면서 아버지께서 보내는 교수들과 뜻을 맞추어 주간부를 복구시켰던 것이다. 결과적으로 사학과를 없애고자 했던 학장과 상무이사의 뜻은 이루어지지 않았다.

아버지는 이사들로부터 고립되어 있었다. 아버지는 나에게 유학을 포기하고 귀국해서 당신을 도와 달라는 편지를 보내 왔다. 나는 그 당시 이민 수속을 하고 있었기 때문에 방학을 이용해 잠시 서울을 다녀올 생각으로 귀국했다. 아버지는 나의 귀국을 몹시 고대하고 계셨다. 아내는 퇴원한 지 며칠이 지났다는데 피골이 상접할 정도로 몹시 여위어 있었고 화장실도 다른 사람의 부축 없이는 혼자 갈 수 없는 지경이었다. 내가 귀국하자 아버지는 몹시 기뻐하셨다. 많이 수척하신 아버지의 모습을 보는 내 마음은 아프고 착잡했다.

일제 경찰들의 감시에도 아랑곳하지 않고 만주와 조선을 넘나들며 독립운동을 하시던 패기, 내수동 집에 가득했던 청년들 앞에서 민족정신을 가르치고 단국대학의 미래를 역설하시던 기개는 모진 세월에 퇴락하고 이제는 병약하여 쇠잔한 모습에 나는 눈물을 감출 수 없었다. 내가 귀국한 지 석 달 만에 아버지는 세상을 떠나셨다. 세브란스 병원 입원실에서 눈을 감기 전에 나 혼자만 임종을 지켰다. 아버지는 마지막 유언을 남기셨다. 미국에 가지 말고 학교를 지키라는 말씀과 박정숙 이사를 끝까지 네가 지켜야 한다고 하면서 힘에 겨운 듯 눈을 감았다.

아버지의 임종을 맞으면서 나는 내 운명이 바뀌고 있음을 감지했다. 그 전까지 나는 단국대를 '아버지가 설립한 대학'으로 보았다. 나는 어디까지나 내 나름대로 사업을 하든, 교수직을 하든 내 방식대로 살고, 내가 원하는 일을 하겠다는 의지를 갖고 있었다. 스스로 단국대학을 '책임져야 하는 의무'를 지고 싶지 않아 자유연애를 하고, 사업도 하고, 아내와 집을 나와 따로 살림을 차리며 내 삶을 찾으려 했다. 유학을 가서는 아예 미국에 눌러 살겠다는 생각에 이민도 시도를 했다. 그러나 운명은 내 의지만으로 이뤄지지 않았다. 그 원대한 흉중의 포

梵亭 張炯 先生 永眠

大學發展의 기틀 마련하고

12月30日 上午5時半 內需洞 自宅에서 老患으로

大學設立 育英事業에

1月 3日 學校葬으로 葬

檀國大學設立者이며 理事長인 梵亭 張炯先生이 구랍 12月30日 午前 5時 30分 76歲를 一期로 內需洞 自宅에서 永眠하였다. 育英事業家로서 또 社會事業家로서, 묵묵히 一生을 헌신하여 온 故 張炯先生은 大學發展의 기틀을 마련하고 漢南洞 「목멱산」 주변에 새로운 위대한 歷史를 이루고 각계의 많은 사람들의 칭송과 애도속에 생애를 마치었다.

(사진·張炯先生 生前의 모습(上)과 ……, 下는장례식)

설립자 범정 장형 선생 영면(1964. 12. 30)

부를 미처 풀지 못하고 영면에 드신 아버지의 유업은 보이지 않는 손이 되어 나를 단국대로 다시 이끌고 있었다. 그리고 그 이끌림에 기꺼이 내 삶을 바치기로 결심했다.

박정숙 신임 이사장의 결의

1964년 12월 30일 새벽 4시경이었다. 아버지는 임종하시기 며칠 전부터 먼저 세상을 떠난 내 큰형이 많이 보고 싶다고 하셨다. 임종하시던 날 아침 내수동 우리 집 뒤채에서 아침 10시에 긴급 이사회가 소집되었다. 이사회가 개최되자 박정숙 이사는 "범정 선생님의 두 아들(장봉식, 장충식)을 이사회에 참석시킨 자리에서 모든 것을 의논하자."고 제의했다.

이에 앞서 나는 미국에 가면서 이사 신분을 교수로 전환하였다. 장익위 상무이사는 바로 나의 소속이 교수이고 재단 이사가 아니니 이사회에 참석할 수 없다고 나에게 직접 회의에 참석하지 말라고 했다. 철저하게 나를 배제하려는 저의가 느껴지는 것이었다. 나는 친부의 장례를 의논하는 데 아들을 참석시키지 않으려 하다니 있을 수 없는 일이라고 강력히 항의했다. 내가 항의하자 비교적 온건한 김기용 이사가 장례식 문제를 논의하는 자리이니 이사장의 두 아들을 참석시키고 논의하자고 했다.

결국 내 형님과 내가 이사회에 참석하였다. 이사회에서는 아버지의 장례식은 5일장으로 하되 아버지가 불교 신자인 점을 고려하여 불교 의식으로 장례식을 치르기로 결의하였다. 우리 형제는 이사회의 결의에 동의하였다. 그때 김기용 이사가 할 말이 있다면서 한 가지 제의를 했다.

"이제 이사장이신 범정 선생이 돌아가셨으니 재단을 대표할 사람을 선임하여야 하지 않겠습니까?"

김기용 이사가 제의하자 다들 좋다고 찬성을 하였다.

"그러면 누가 이사장이 되어야 좋겠습니까?"

역시 김기용 이사의 말이었다. 이때 김숙현 이사와 강순원 이사가 이제 장례식에 대한 절차는 합의를 보았으니 이사가 아닌 범정 선

1964년 12월 30일, 설립자이신 범정 장형 선생이 별세했다. 이듬해 1월 3일 열린 영결식에서 애도하는 중재와 형제, 친족들

생의 두 아들은 자리를 피해 주었으면 좋겠다고 제의했다. 그러자 곧바로 박정숙 이사가 이의를 제기하였다.

"물론 법과 규정은 존중해야 하지만 지금 설립자이신 범정 선생님이 계시지 않은 마당에 어찌 가족 대표라 할 두 아들을 제쳐 놓고 막중한 이사장 문제를 논의할 수 있습니까! 만약 설립자의 두 아들을 제쳐 놓고 이사회를 한다면 나도 이사회에 불참하겠습니다."

박정숙 이사는 격앙된 표정으로 방 밖으로 나갔다. 회의장을 나온 박 이사는 눈물을 흘리면서 흐느꼈다. 생전의 아버지는 일찍이 모친을 여의신 박정숙 이사를 친딸보다 더한 애정으로 보살폈다. 우리에게는 항상 "박정숙 이사는 우리 가족이고 너희들은 박 이사를 나를 보듯 해야 한다."고 강조하셨다. 이제 아버지가 돌아가시니 박정숙 이사 역시 우리 자식들 못지않게 마음이 아플 수밖에 없는 터인데 이사들이 설립자 가족들을 의도적으로 핍박하자 설움이 복받치셨던 것이다. 나는 따라 나가 위로하면서 말했다.

"박정숙 이사님은 방으로 들어가셔서 이사회에 참석하세요. 우리 형제는 이사회에 불참하겠습니다."

내 말에 박정숙 이사는 흥분된 음성으로 말했다.

"무슨 소리야. 똑똑히 정신 차려야 해요. 아버님이 돌아가신 지 24시간도 안 되었는데 벌써부터 자기들끼리 짜고 이사장을 내정하려는 거잖아요."

다행히 내수동 집에는 회의와 상관없이 많은 교직원과 졸업생들, 그리고 일가친척과 친지들이 문상을 와 있었다. 그들은 자연스레 이사회 소식을 들었고 뒤뜰 별채에서 열리고 있는 긴급 이사회에서 어떤 결정이 내려질지 초조하게 그 결과를 기다리고 있었다. 생전의 아버지는 학생, 교직원들에게 항상 박정숙 이사와 그 모친이신 혜당 여사의 공덕을 칭송하시곤 했고 자신을 대하듯 예의를 차리라 가르치셨다. 그러니 교직원이나 동문, 학생들은 아버지의 유고 시에는 당연히 박정숙 이사가 이사장으로 추대되리라고 생각했다. 물론 박정숙 이사도 그것이 순리라고 믿고 있었다. 자리에 대한 욕심이 아니라 대학의 전통과 문화가 암묵적으로 박정숙 이사장 추대로 형성되어 있었던 것이다.

그러나 이사회 벽두에 박정숙 이사의 예측은 빗나갔다. 이사들은 "박정숙 이사는 사회 경험이 없는 데다 여성이고, 장익위 상무이사는 범정 선생님을 오랜 시간 잘 보좌해 온 경험이 많으니 장익위 상무이사가 당연히 이사장이 되어야 한다."는 이상한 논리를 앞세워 모두가 입을 모았다. 다만 김숙현 이사만 그 논리에 적극 찬성하지 않고 있었다. 김숙현 이사는 박정숙 이사의 표정을 살피면서 마지못해 반대하는 척하였다.

박정숙 이사의 주장으로 회의에 동석하기는 했지만 나는 안타깝게도 나서서 이를 반박할 수 없었다. 보나 마나 그들이 나의 신분을 걸고 넘어져 분위기를 자기편으로 몰고 갈까 염려했기 때문이다. 옆을 살펴보니 박정숙 이사는 표정이 굳어지면서 곧 쓰러질 것만 같았다. 구원을 요청하듯 나를 향해 물었다.

"지금 장익위 상무이사를 이사장으로 하자는데 어떻게 생각해?"

그러자 기다렸다는 듯 다들 이사도 아닌 사람이 이 자리에서 무슨 말을 할 수 있느냐고 입을 모아 나를 배제하려 했다. 그러자 박정숙 이사도 지지 않고 강력히 항의했다.

"여러 이사들은 모두 범정 선생님이 모시고 온 분들이고 선생님을 돕겠다고 약속한 이사들입니다. 그런데 대학의 설립자이신 선생님이 돌아가셨는데 어찌 그 아들들이 그 정도의 의사도 밝히지 말라는 말입니까."

박정숙 이사의 말에 이사들은 마지못한 듯 형과 나를 향해 물었다.

"차남인 장봉식 교감과 삼남인 장충식 교수는 누가 이사장이 되어야 한다고 생각합니까?"

나는 분명히 말했다.

"밖에서는 교직원과 졸업생들이 지켜보고 있습니다. 당연히 이 대학 설립에 전 재산을 기부한 박정숙 이사님이 이사장이 되셔야 하지요. 어제 아버지께서 임종하시기 전에 저희 형제에게 '박정숙 이사를 잘 보필하라'고 유언을 하셨습니다. 저희에게 박 이사님을 보필하라고 하신 것은 당연히 박 이사님이 이사장직을 잇는다는 뜻이 아니겠습니까. 저만 그런 게 아니고 저기 집에 가득한 교직원, 동문, 학생들도 그렇게 알고 있습니다. 그런데 여러분 중에 한 분이 이사장이 된다면 장례식을 거행하기도 전에 학교는 소란에 빠질 것입니다."

나는 장익위 상무이사가 이사장이 되는 것에 대해 불가함을 주장하였다. 그러자 분위기는 순간 싹 달라졌다. 설립자 가족의 대표라 할 박정숙 이사와 우리 형제가 마음을 모으고, 더욱이 젊은 교직원, 동문, 학생들이 분명히 나의 주장에 찬동하리라는 것은 나보다 그들이 스스로 더 잘 알기 때문이었다. 이러한 우여곡절 끝에 박정숙 이사가 후임 이사장이 되어 아버지가 하시던 일을 맡아 보게 되었다.

박정숙 이사장은 나를 자주 찾았다. 대학 일이든 재단 일이든 나와 사전에 의논하고 결정을 내렸다. 박 이사장은 사석에서 나를 '호성 아버지'로 불렀다. 내 장남인 호성이를 귀여워해서 그렇기도 하지만 오랫동안 한가족 같은 우의를 다져 왔기에 대화에 스스럼이 없었던 것이다. 그러기에 나 역시 나만 생각해 박 이사장의 요청을 거절할 수

(1) 서기1965년3월15일 (月요일)

新任朴正淑理事長就任

1月7日就任

梵亭先生 建學精神받들어 大學發展에 헌신하겠다

就任辭

朴理事長

1965년 1월 7일에 제2대 이사장에 취임한 박정숙 이사장 취임 기사

없었다. 재단에서 믿을 만한 이사가 없었기에 나를 찾는 것이고 미력하나마 고립무원에 있는 박 이사장을 돕는 것이 선친의 유지를 받드는 일이기도 했다. 박정숙 이사장이 이사장 취임 이후 가장 크게 걱정한 것은 '대학의 앞날'이었다. 주간부가 부활했다고 하지만 여전히 대학의 현실은 녹록지 않았다. 지난 좌절을 일거에 반전시켜 교세를 발전시킬 계기를 마련해야 했다. 박 이사장은 나를 붙잡고 근심을 호소했다.

"이사장인 나는 대학 학사 행정에 대해서는 아는 바가 없고 경험도 없는데 호성이 아버지가 내 대신 대내외 일을 다 해 주어야 해. 우리가 단국대를 살려야 하지 않겠어?"

한국 대학 역사상 최연소 학장 취임

박정숙 이사장은 우선 나를 부학장으로 임명했다. 나는 부학장으로 있으면서 김용진 학장과는 가급적 의견 대립을 피하고자 하였다. 대학을 발전시키려면 우선 불필요한 갈등으로 힘을 소모하지 않아야겠다고 생각했다. 진심으로 김용진 학장을 보좌하는 것이 급선무라고 믿었다.

그러나 상황은 내 뜻처럼 쉽지 않았다. 학장은 아침 10시나 11시에 출근하면 2시에 퇴근한다. 그러다 보니 내가 수업을 들어가거나 하면 학장을 만날 시간이 쉽게 마련되질 않았다. 거기에 항상 K 교수가 학장과 나 사이에 끼어들어 이간책을 썼다. K 교수는 단대 수학과를 나왔다며 늘 단국대 출신이라고 하면서 해방 후 월남하여 육사에서 수학을 가르쳤다고 했다. 그리고 우리 대학에서 조교를 지냈다고도 했다. 하지만 그가 조교를 지냈다는 시절 나는 그 사람을 대학 내에서 본 적이 없다. 그는 6·25 당시 정훈장교로 근무한 적이 있는데 안승렴이라는 단대 동창회장과 정훈장교로 같이 근무한 친분이 있었다. 그것을 기화로 서류상으로만 단대 조교의 경력을 얻은 사람일 것이라고 생각했다. 그는 야간 대학에 다녔다고는 하지만 그와 함께 공부했다는 사람을 한 사람도 만난 적이 없다.

나는 대학 개혁을 위해서 대학에서 정상적으로 학업을 마친 교수가 아니면 함께 일하기를 기피하였다. 교육철학이 서 있지 않은 사람 가운데 비정상적인 방법으로 대학의 간판이나 졸업장을 얻어서 교수가 된 사람은 정말 위험한 사람들이라고 생각하고 있었다. 당시만 해도 광복 뒤의 혼란과 한국동란이라는 미증유의 난리를 겪다 보니 학적이나 학위가 국가적으로 정확하게 관리되지 못했다. 이 와중에 가짜 학위나 사이비 학력으로 대학에 진출하기가 지금보다 쉬운 실정이었다. 이러한 부류에 속한 교수들은 연구에 몰두하지 않고 항상 보직을 얻기 위해서 아첨하거나 보직을 얻지 못하면 투서질을 하기가 일쑤다.

예나 지금이나 대학에 몸담고 있는 교수 가운데 가장 대하기 어려운 사람은 공부하지 않고 연구하지 않는 사람들이다. 이러한 사람들의 공통점은 명예를 좋아한다. 그리고 돈을 챙기기 위해서 어떠한 부정도 감행하는 공통점이 있다. 나는 대학의 부학장이 된 후론 그러한 사람들이 학내에서 보직을 받고 득세하는 것을 막는 데 주력했다. 그러니까 내가 부학장이 된 것은 그러한 사람들에게는 보직을 잃게 되는 계기가 된 셈이다. 그런 이들은 나를 공격해야 했고, 가장 쉬운 방법이 나를 꺼려하는 김용진 학장에게 나를 비방해서 이간질을 놓는 것이었다.

내가 부학장이 된 후에도 대학의 재정 사정은 그다지 좋지 않았다. 박정숙 이사장은 자신의 가산을 대학 운영에 바치는 헌신성은 있었지만 자금을 융통하는 데는 아무래도 한계가 있었다. 나머지 이사들부터 학장에 이르기까지 경영진의 어느 누구도 재정 문제를 해결하기 위해서 앞장서는 사람은 없었다. 은행에서 대출을 하려면 개인이 보증을 서야 했지만 다들 모른 척하기만 했고, 결국 은행 대출은 번번이 무산되었다. 교직원들은 나의 얼굴만 쳐다보고 있었다. 김용진 학장은 은행에서 대출하는 데 있어서 절대로 개인 보증을 서는 일 없이 거절만 하였다. 물론 장익위 상무이사도 돈 문제에 한해서는 절대로 개인 보증을 하지 않았다. 내가 아니면 빚보증을 할 사람이 없었다. 결국 모든 학교 채무에 있어서 내가 도맡아 개인적으로 보증을 섰다.

은행 대출로도 교직원의 봉급을 충당할 수 없었다. 결국 사채를 얻어 오는 수밖에 없었다. 나는 빚을 얻을 만한 곳이 생각나지 않았다. 딱한 사정을 알고 아내가 자기 친구들과 친지들을 찾아다니면서 빚을 얻어 와서 그달 그달 봉급을 해결하였다. 주로 사업하는 남편을 둔 친구들에게 사정했다. 당시 직원 중에 석두성 씨가 있었는데 그는 사채업자들을 알고 있어서 사채시장을 출입하며 거래의 길을 열어서 그런대로 대학 운영을 유지하였다. 젊은 교수 가운데 이런 상태로 나가다가는 대학이 몰락할 것이라는 위기감을 느끼는 이들이 많았다. 그들은 김용진 학장 체제로는 대학의 개혁과 발전이 불가능하다는 의견을 모았다. 나중에 들으니 상학과의 박효식 교수와 교양학부 일문과의 박병규 교수가 각기 박정숙 이사장을 방문하여 김용진 학장을 퇴임시키고 차제에 혈기 왕성한 장충식 부학장을 학장으로 승진시키는 것이 대학 발전을 위해서 도움이 될 것이라는 점을 강조하면서 미국 시카고 대학 총장의 경우를 예로 들어 설득했다고 한다.

로버트 허친스는 29세의 젊은 나이로 시카고 대학 총장이 되어 시카고 대학을 미국의 명문 대학으로 발전시켰다는 것이다. 그런 사례를 들어 설명하면서 박정숙 이사장을 설득하여 결심토록 하였다.

나는 박효식 교수와 박병규 교수가 박정숙 이사장을 만났다는 사실을 모르고 여전히 사채를 얻느라 고통을 받고 있었다. 어느 날 아침 출근하자마자 박정숙 이사장이 나를 보자고 했다. 박 이사장은 나에게 말했다.

"나는 김용진 학장 다음에 이종흡 교수를 학장으로 임명하고 그 다음 호성이 아버지를 학장시킬 생각이었어. 그런데 대학이 지금 매우 어려움에 처해 있고 발전은커녕 날로 어려워지니 이대로 주저앉아 있을 수는 없는 일이죠. 장익위 상무와 이종흡 교수도 연로하시니 추진력을 바랄 수는 없다는 생각이고…….

그런데 어제 박효식 교수의 말을 들어 본즉 호성이 아버지가 학장이 되어 돌파구를 찾는 것이 좋겠다는 생각이야. 나이를 걱정하는 이들이 있겠지만 교수들 얘기를 들으니 로버트 허친스는 29세에 시카고 대학 총장이 되었다는데 나이가 문제가 아니라고. 호성이 아버지도 생각해 봐. 아버지가 세운 대학인데 아들이 앞장서서 학장이 되어 책임지고 대학 발전을 위해 희생해야 하지 않겠냐고. 학장직을 맡으라고."

박 이사장은 강한 어조로 권하였다. 그러나 사양하지 않을 수 없었다. 우선 내 나이가 당시 34세로 너무 젊었고 미국에서 공부하다 중도에 귀국하였기 때문에 공부를 더 해야겠다고 했다. 하지만 박정숙 이사장은 내 뜻을 받아들이지 않았다.

"그러면 지금 재단 이사들은 다들 연로하고 대학에 돈도 없는데 빚 한 푼 얻어 오는 사람도 없지 않아요? 결국 호성이 아버지가 학장직을 맡지 않으면 대학은 문을 닫을 수밖에 없어요. 다른 도리가 없지

1965년 당시 한남 캠퍼스에서의 5월 체전 개막식 장면

않아? 그렇지 않으면 다른 재단에 대학을 넘길 수밖에 없어. 아버지가 세운 대학이 어려움에 처해 있는데 아들이 모른다고 하면 누가 책임지고 대학을 위해 희생을 한단 말이오."

좀처럼 박정숙 이사장도 뜻을 굽히지 않았다. 나는 박정숙 이사장 앞에서 사정을 말했다.

"이사장님 한번 생각해 보십시오. 이사들이 김용진 학장에게 사표를 내라고 할 수 없을 것입니다. 설혹 김용진 학장이 사표를 낸다 하더라도 나를 학장으로 받아 주지 않을 것은 분명하지 않습니까."

말을 마치고 이사장실에서 물러 나왔다. 그럼에도 불구하고 박 이사장은 장익위 상무이사를 불러서 그 문제를 의논하였다. 예상대로 장익위 상무이사는 내가 학장이 된다는 것은 시기상조라고 반대하였다. 그리고 이런 사실을 여러 이사들한테 알려서 박정숙 이사장의 결심을 포기하도록 이사장에게 압박을 가하였다. 그러나 이사장도 물러서지 않고 항변을 하였다. 장형 이사장으로 인해 이 대학의 이사가 된 분들이 설립자의 아들을 학장으로 임명하겠다는 데 반대하는 의도가 무엇이냐고 따졌다.

상황이 이렇게 되자 김숙현 이사가 나를 불렀다. 그는 내가 아직 나이가 젊으니 지금 학장을 할 생각을 말고 경험을 쌓은 뒤에 학장을 하는 것이 좋지 않겠느냐고 했다. 나의 학장 기용에 대해서 반대 의사를 표명하는 것이었다. 그래서 나는 정색을 하고 말했다.

"난 학장을 하겠다는 생각을 가져 본 적도 없었고 또한 그런 욕심도 없습니다. 그래서 이사장님이 학장으로 추천하겠다고 말했지만 나는 그 자리에서 사양하고 물러 나왔습니다."

분란을 일으키면서 학장이 될 만큼 그 자리가 탐나는 자리도 아니었기에 나는 오히려 공연한 일에 휘말리는 것 같아 더욱 처신에 조심해야 했다. 나는 박 이사장의 학장직 제의를 완곡하게 사절을 했지만 박 이사장은 뜻을 굽히지 않고 장익위 상무이사를 설득하려 했다. 결국 이것이 화근이 되어 일부 이사들은 박정숙 이사장을 협박하였다. 만약 장충식을 계속 학장으로 추천한다면 이사 전원이 이사장을 불신임하겠다는 것이었다. 이사장을 협박한 이사의 이름을 박정숙 이사장이 밝히지 않아 누구라고 말할 수 없으나 이사장은 분하다고 내 앞에서 눈물을 흘리면서 끝까지 자신의 뜻을 굽히지 않았다.

이런 얘기는 다시 동창회 등으로 흘러나갔다. 이사들이 나를 학장으로 받아들이지 않고 이사장을 협박했다는 소식이 알려지자 대학 교직원과 동창회에서는 재단 이사들을 불신하는 성명을 내겠다고 공언하고 이사장과 나를 찾아와서 위로를 해 주었다.

내 입장은 매우 난처하였다. 나는 추호도 학장이 되고 싶은 생각이 없었는데 나로 인해 이사장이 이사들한테 불신임을 당했다는 말을 듣고는 한편으로 박정숙 이사장께는 송구스럽고 이사들한테는 서운한 생각이 들었다. 그 무렵 총동창회 부회장을 지낸 채훈천 변호사가 장익위 상무이사를 찾아가서 항의하였다. 채훈천 변호사는 나이 많은 노인 이사들이 뭘 하나 제대로 해 놓은 것도 없이 이사장이 젊은 사람을 학장으로 기용해 보겠다고 하면 한번 시켜 보아야 할 것이지 대학도 제대로 나오지도 못한 사람들이 모여서 어떻게 대학을 발전시키겠다는 것이냐고 했다. 끝까지 이사들이 주장을 굽히지 않으면 긴급 동창회를 소집하여 이사들을 성토하겠다고 으름장을 놓았다. 채훈천 변호사는 나를 만나더니 나를 위로하는 한편 끝까지 투쟁하라고 격려하였다. 그러나 나는 채훈천 변호사를 간곡히 만류하였다. 난 학장이 될 나이도 아니고 아직 사회적 경륜도 없는데 학장이란 직책은 나에게는 감당할 수 없는 일이라고 했다. 그리고 동창회에서 이사진을 성토하는 일만은 하지 말아 달라고 사정을 하였다.

내가 학장이 되고, 안 되고를 떠나 나는 갈등이 생기는 것이 오히려 염려스러웠다. 나는 젊은 나이에 대학과 재단의 속사정을 지켜보면서 한 가지 원칙을 세웠다. 그것은 어떤 일이 있어도 대학에서는 절대로 분규를 일으키지도 않을 것이며 또한 분규에도 가담하지 않겠다는 결심이었다. 지금 상황에서 분규가 일어나면 대학은 그나마 지켜 온 위신도 잃고, 작고한 아버지의 유덕마저 훼손하는 일이라 생각했기 때문이다.

이런 소식은 공화당 사무총장을 지냈고, 공화당 공천에 관여하고 있던 윤천주 선생(7대 국회의원, 15대 문교부 장관, 13대 서울대 총장)에게까지 알려졌다. 윤천주 선생은 군사정부가 창당한 공화당에 차출되어 군사정부 민간 이양에 대비한 국회의원 선거를 기획했다. 그의 비서는 이재환 씨(14대 국회의원, 국회 사무총장)가 맡고 있었는데 그가 고려대 동문들을 통해 내 소식을 듣고는 이를 윤천주 선생에게 보고한 것이다.

당시 공화당은 군사정부의 혁명정신을 계승한다는 취지로 발족하였는데 그중 정치적 모토가 '구악일소'이자 '세대교체'였다. 보고를 들은 윤천주 선생은 김숙현 이사를 불렀다. 당시 김숙현 이사는 정계 진출에 뜻을 두고 공화당에 공천을 신청하고 있었다. 김 이사를 앞에 두고 윤천주 선생은 "나이가 젊으면 학장이 되지 못한다는 논리라면 5·16 혁명을 일으킨 사람들은 젊은 사람들인데 그들도 일을 하지 말라는 것 아니냐."고 하면서 "만약 김숙현 이사도 그런 사고방식을 갖고 있다면 공화당의 정계 세대교체에 동참하지 않겠다는 것이고 공천 신청자 명단에서 제명하겠다."고 통지를 하였다는 것이다.

이런 소식은 일이 벌어지고 나서 최세화 당시 단국대 도서과장이 귀띔을 해 준 얘기였다. 단국대의 이사들이 나이를 이유로 대학에 새 기풍을 넣으려는 박정숙 이사장을 핍박한다는 얘기를 듣고 이재환 비서가 분개하였다는 것이다.

그런가 보다 하던 차에 며칠 뒤 김숙현 이사가 급히 만나자고 전화를 걸어 왔다. 내가 학장이 되는 일을 가장 강력히 반대한 사람이었고 이사장을 협박한 사람도 그였다는 사실을 알고 있는 나로서는 만나고 싶지 않았다. 그래서 나는 학장이 되고 싶은 생각이 전연 없는 사람인데 도마에 올려놓고 칼질을 내는 일은 하지 말았으면 고맙겠다고 말하고 만나자는 약속을 받아들이지 않았다.

그러나 김숙현 이사가 여러 차례 전화를 걸어 꼭 만나야 할 일이 있으니 몇 날, 몇 시에 소공동 소재 '미조리' 일식집으로 나와 달라고 했다. 하는 수 없이 그분이 정한 시간에 그 장소에 갔다. 그 자리에는 강순원 이사(변호사)가 합석하고 있었다. 만나자 첫마디가 자기를 도와 달라는 말이었다.

"도와 달라니요. 내가 무슨 힘이 있어서 김숙현 이사님을 돕습니까?"

의아해하는 얼굴로 묻자 그는 정색을 하고 말했다.

"그동안 자네가 사회인으로 성숙한 것을 미처 몰랐고 중학교 모자 쓰고 다닐 적만 생각해서 자네를 학장시키겠다는 박정숙 이사장의 뜻을 반대했었다네. 그러나 돌아가신 설립자 선생님에 대한 은공을 생각해서라도 자네가 학장되는 것을 반대할 입장이 아닌 것은 우리들 모두 같은 입장이라는 건 자네가 더 잘 알겠지. 우리는 혹시라도 이른 나이에 학장이 되었다가 잘못될까 봐서 걱정이 되어 반대한 것이니 섭섭히 생각하지 말고 학장이 되도록 우리 이사들 모두 동의하기로 했다네."

말을 꺼낸 그는 마치 큰 은혜를 베풀듯 호언하더니 본심을 털어놓았다.

"그리고 우리 모두 자네를 도울 테니 그 대신 공화당 김종필 당의장을 만나서 내 이야기를 좀 잘해 주어야겠어."

결국 자기 얘기를 잘해 달라는 부탁이었다.

"제가 김종필 공화당 당의장을 만난 적도 없고 또한 그분을 내가 모르는데 어떻게 그분을 만나서 무슨 말씀을 올리라는 것입니까?"

"실은 어제 공화당 윤천주 선생께서 불러서 가니까 김종필 당의장께서 김숙현 단대 이사를 국회의원 공천 명단에서 제명하라는 지시가 내려왔다는 말을 들었다는 거야."

김숙현 이사는 매우 초조한 얼굴이었다. 무슨 이유에서 공천 명단에서 빼라는 것이냐고 물으니까 김종필 당의장의 말이 단국대 이사진에 대해서는 우리 당이 기대할 것이 없다고 말했다는 것이다. 장차 단국대를 이끌어 갈 사람은 장충식 부학장이라고 생각하는데 이사진이 학장될 사람이 나이가 젊어서 될 수 없다 한다니 그런 사고방식을 가진 김숙현 단대 이사를 어떻게 국회의원 후보로 공천을 할 수 있느냐고 공천 불가라고 했다는 것이다.

"자네가 이 일을 수습해 주었으면 좋겠어."

그 말을 듣는 나는 어이가 없었다. 나는 김종필 당의장에게 그런 학교 내 사정을 얘기하며 특정인을 비방할 힘도, 의지도 없었다. 또한 나를 학장으로 취임시켜 주는 대신에 자신의 공천을 도와 달라고 흥정하는 듯한 말도 듣기 힘들었다. 나는 김 이사의 요청을 거절했다. 이번에는 옆에 앉아 있던 강순원 변호사도 김숙현 이사의 청을 들어서 당의장을 만나 달라고 간청했다. 그러면서 학장 추천에 대하여 수락하고 내일 긴급 이사회를 개최하도록 통고했다고 했다. 그래서 나는 김용진 학장의 임기가 아직도 남아 있는데 어떻게 내가 학장이 되느냐고 반문했다.

그러자 그들은 오늘 저녁 5시에 장익위 상무이사가 김용진 학장을 만나서 사표를 받도록 되어 있으니 나보고 속히 김종필 당의장을 만나 달라고 간청을 하였다. 내가 학장이 될 자격이 있어서가 아니고 김숙현 이사의 공화당 공천이라는 문제가 걸려 있어서 나를 학장이 되도록 추천하겠다는 뜻이라 나는 대답을 하지 않고 그 자리를 물러

나왔다. 김숙현 이사는 본인이 전적으로 책임지고 박정숙 이사장의 뜻을 받들어 모든 이사들의 동의를 얻어서 나를 학장으로 추대할 것이니 수락하라고 거듭 부탁하였지만 나는 생각할 시간을 달라며 자리를 일어섰다.

바로 그날 장익위 상무이사가 김용진 학장 댁을 방문하여 재단 이사들 전원 합의로 설립자의 아들인 부학장을 학장으로 추대하기로 합의하였으니 사표를 내는 것이 좋겠다고 건의했다고 한다. '권고사직'을 종용한 것이다. 그런데 김용진 학장은 크게 노여워하면서 언제는 장충식 부학장이 학장이 되어서는 안 된다고 불가론을 주장하던 이사들이 어찌하여 하루아침에 마음이 변했느냐며 크게 반발하고 사표 제출을 거부하였다는 것이다.

다음 날 이사회가 소집되었다. '김용진 학장의 권고사직'이 거부당하자 이사들은 행동을 통일할 것을 약속하고, 만약 김용진 학장이 이사회 전까지 사표를 제출하지 않으면 불신임을 결의하기로 합의했다. 다음 날 장익위 상무이사가 김용진 학장에게 최후통첩을 함으로써 결국 김용진 학장이 사표를 제출하는 조건으로 재단에서 김용진 학장에게 변호사 사무실을 마련해 주기로 타협을 했다고 했다. 그런 사실을 나는 나중에서야 들었다. 결국 김용진 학장은 퇴임을 했고 나는 학장으로 임명되었다. 김용진 변호사의 사무실을 마련할 자금으로 당시 돈 600만 원을 지급했다고 했다. 참으로 큰돈이었다.

당시는 11월 단국대 개교기념일이 얼마 남지 않은 시기였다. 소장파 교수들과 교직원과 많은 동창생들이 나의 학장 취임을 환영해 주었다. 1966년 10월에 나는 우리나라 대학 역사상 가장 젊은 나이로 학장이 되었다. 일간 신문과 방송에서 나의 학장 취임을 크게 보도해 주었다. 이 소식이 전해지자 공화당 사무총장 윤천주 박사는 나의 학장 취임을 김종필 공화당 의장에게 보고하고 김숙현 이사를 인천의 부평 지구 국회의원 입후보자로 공천했다. 공천이 발표되자 김숙현 이사로부터 전화가 걸려 왔다. 목소리가 매우 기쁜 듯 들렸다.

"나 공천을 받았어. 학장이 수고가 많았네."

종합대학 승격에 학장직을 걸다

나는 학장이 되자 내가 제일 먼저 해야 할 일이 무엇인가에 대해 여러 교수들의 의견을 물었다. 여러 가지 제안이 있었지만 가장 희망하는 일은 무엇보다도 '종합대학 승격'이었다.

앞에서도 기술했지만 5·16 직후 주간부가 폐쇄되는 등 우리 대학은 많은 시련을 겪었다. 그런 과정에서 학생들은 대부분 타 대학으로 전학을 했고 다시 복원이 되기는 했지만 당시 사회 분위기가 단과대학보다는 종합대학을 선호하는 경향이 있어 단과대학은 격이 낮은 것으로 인식되고 있었다. 그래서 단과대학에 입학했다가도 종합대학으로 전학하는 학생이 많아서 단과대학들은 학교 운영에 많은 지장을 초래하고 있었다.

교육의 품질이나 교육 연구 시설의 수준보다 '종합대학은 큰 대학, 큰 대학은 좋은 대학' 식의 평판이 대학의 수준을 가늠하는 기준이라는 현실을 외면할 수 없었다. 특히, 종합대학 승격을 통해 우리 단국대학의 구성원들이 자기 대학에 자부심을 갖게 한다면 대학의 발전을 가동할 하나의 분수령이 되겠다는 결론을 내렸다. 나는 단과대학 체제를 벗어나 종합대학으로 승격하는 일을 최우선의 목표로 정하고 활동을 시작하였다. 내 젊음을 걸고 최선을 다해 추진키로 결심했다.

우선 장익위 상무이사에게 우리 대학을 종합대학으로 승격하도록 해야겠다는 뜻을 전달했다. 그리고 거기에 따른 민원을 문교부에 제출할 수 있도록 종합대학 승격(안)을 이사회에서 결의해 줄 것을 요청했다. 그런데 장익위 상무이사는 한마디로 거부했다.

檀大新聞

代總長에

張忠植學長就任

大學院長에는 朴鍾聲博士

法政大學長에 李榮珪교수

工科大學長에 孫仙官교수

13日就任式

미국 유학 중 부친인 범정 장형 선생의 별세로 박사 학위 논문을 미루고 귀국한 중재는 학장으로 취임한다. 교세 확장을 위해서는 종합대학 승격이 시급하다는 결론을 내린 중재는 끝내 숙원 사업인 종합대학 인가를 실현한다. 박정숙 이사장은 이 같은 중재의 추진력을 신뢰해 중재를 총장으로 추천, 이를 관철한다. 이로써 중재는 학장으로 취임한 지 4개월 만에 36세라는 한국 대학 역사상 최연소의 나이로 총장에 오르는 기록을 갖게 된다.

"우리 이사들이 나이는 들었다고 하지만 경험이 많은 사람들인데도 종합대학을 만들지 못했는데 장 학장이 무슨 힘이 있다고 종합대학 승격을 하겠다고 이사회 결의를 해 달라는가?"

생각해 볼 가치도 없다는 듯 외면하며 내 자존심이 상할 정도로 핀잔을 주었다. 하지만 이건 내 개인의 자존심 문제가 아니었다. 머리를 숙인 채 며칠 두고 졸랐다. 하지만 장익위 상무이사는 끝내 거절하였다. 나도 물러서지 않았다.

"만약 내가 우리 대학을 종합대학으로 승격시키지 못하면 학장직에서 물러나겠습니다."

힘을 주어 결의를 보이며 간청하였다. 일종의 승부수를 던진 것이다. 그래도 장익위 상무이사는 아무런 반응을 보이지 않았다. 그는 나에게 좋지 않은 감정을 가지고 있었다. 나로 인해 이사장이 되지 못한 것을 몹시 서운해하고 은근히 나에 대한 부정적 감정을 숨기지 않았다. 그런 차에 내가 학장직에 취임했다는 것은 더욱 그의 마음을 상하게 하는 일이었다. 재단 이사들의 동의를 얻기가 쉽지 않으리란 생각을 한 나는 외부로부터 분위기를 조성하여 안에 있는 재단 사람들의 마음을 돌리기로 마음을 바꾸었다.

사회 관례에 따라 학장은 관청과 유관 기관에 취임 인사를 하기 마련이다. 나중에 특별한 기회가 아니면 장차관들을 만나기 어렵다는 것을 알기에 나는 취임 예방을 하면서 내 의지를 적극 피력하고 지원을 간청할 자리로 활용하고자 했다. 대학의 감독 관청인 문교부를 찾아가 문홍주 당시 장관을 비롯해 성동준 차관은 물론 이상조 고등교육국장, 육진성 대학과장, 이창교 계장과 이대순 계장을 찾아가 취임 인사를 하였다. 나이가 젊으니 지위의 고하를 가리고 격식을 따질 필요가 없었다. 그분들을 만나는 자리에서 나는 앞으로 종합대학으로 승격되도록 도와줄 것을 간곡히 부탁했다. 한편으로는 대학의 총장들을 방문하여 미숙한 나에게 많은 가르침을 줄 것을 부탁했다.

대학의 선배 총장들도 찾아갔다. 총장 중 제일 먼저 찾아간 사람이 경희대학교 조영식 총장이고, 다음은 한양대학교 김연준 총장이었다. 이분들은 우리나라 사립대학을 육성하는 데 많은 고생과 희생을 한 사람들이었고 그들의 경험담을 통해 많은 것을 느끼고 배웠다. 조영식 총장과 김연준 총장은 진심으로 나를 격려해 주셨다.

특히 고마운 것은 문교부 이상조 고등교육국장이 종합대학 승격 신청서를 제출해 보라는 것이었다. 이상조 고등교육국장의 부인은 박정숙 이사장과는 숙명여고 동창 관계로 아주 가까운 사이였다. 나는 이상조 국장과 육진성 대학과장 댁을 찾아가서 인간적인 신뢰를 구축하는 데 힘을 썼다. 공직자에게 금품을 제공한다든지 뇌물을 안겨 준다든지 하는 일은 피차가 몰락하는 일이라 생각해서 절대로 하지 않았다. 물론 공직자를 술집에 초대해서 향연을 베푸는 일도 피하였다. 젊은 나이에 학장이 되었는데 일찍부터 부조리한 청탁의 관례를 따른다면 오히려 공직자들로부터 호의적 반응을 끌어낼 수 없다는 것이 내 나름의 소신이었다. 육진성 대학과장 같은 분은 육영수 여사의 친척으로 비록 직위는 과장이지만 관가에서 독보적 위상을 갖고 있었다.

나는 예의와 성실성을 앞세워 그 사람들의 마음을 사는 데 주력했다. 가능한 한 자주 만나려 하고 대학의 어려움을 호소하며 앞으로 단국대가 발전하려면 우선 정부의 도움이 필요함을 간곡히 호소했다. 그 사람들은 무엇보다 내가 지저분한 섭외를 하지 않는 것에 후한 점수를 주었다.

처음부터 담백하게 교분을 쌓으니 그들도 나를 만나는 데 오히려 부담을 갖지 않고 대학의 현실을 청취하는 기회로 긍정적으로 대해 주었다. 심지어 저녁을 달라며 그들의 집을 방문하면 거절하는 일이 없었고 마치 친척 동생이 찾아오는 것처럼 좋아들 하였다.

그런 노력의 결과는 서서히 진가를 보였다. 대화 속에서 우리 대학이 종합대학 승격을 위한 서류를 제출하면 받아서 심의해 줄 수 있

학생회관 개관 기념 행사에 초청돼 대학을 방문한 문홍주 전 문교부 장관

는 분위기를 감지할 수 있었다. 문교부 차관도 조건을 갖추면 긍정적으로 검토해 줄 의사를 보여주었다. 이제 문홍주 장관만 승락하면 우리 대학이 종합대학으로 승격하는 관문이 열릴 가능성이 보였다.

그러나 어려움은 오히려 학교 내부에서 더 컸다. 막상 서류를 제출해야 하는데 계속 장익위 상무이사는 이사회 상정을 거부하는 것이었다. 우리 이사들이 종합대학으로 승격시키지 못한 일을 학장이 된 지 일천한 자네가 어떻게 무슨 힘으로 우리 대학을 종합대학으로 승격시키겠느냐고 하면서 되지 않을 것을 가지고 만용을 부리지 말라고 계속 충고만 할 뿐이었다. 정말 울화통이 터질 것만 같은 분노가 치솟았다. 하는 수 없이 나는 강순원 이사를 찾아가서 그동안 내가 접촉한 문교 당국의 인사와 주위 분위기를 자세히 설명하며 종합대학으로 승격 신청을 하도록 이사회에서 의결해 달라고 사정하였다. 강순원 이사는 쾌히 동의해 주었다. 다음 날 강순원 이사는 상무이사를 설득하였고, 겨우 이사회에서 종합대학 승격 신청서를 결의하여 주었다. 내가 상무이사에게 건의한 지 거의 한 달 만에 신청 서류가 준비가 되어 문교부에 종합대학 승격 신청서를 제출할 수 있었다. 한편 기쁘기도 하고 한편으로는 이사진에 대하여 원망스럽기도 하였다.

신청서를 제출하고 난 후에 나는 문교부 출입 기자들과 접촉하였다. 언론의 협조 없이는 종합대학 승격 사업은 성공하기가 쉽지 않았다. 행정적인 요건만 갖춘다고 해서 종합대학이 쉽게 되는 것은 아니었다. 문교부의 행정적 판단 외에도 청와대의 동의를 얻지 않으면 안 된다. 정말 어려운 일이었다. 종합대학은 그 자체로 하나의 자격증이자 권위였다. 그러니 대학들이 모두 종합대학 인가를 희망하고 있었다. 1965년을 기준으로 우리나라의 전문대(당시는 초급대) 이상 고등교육기관은 154개였다. 그러나 종합대학은 국립과 사립을 합쳐 도합 24개 대학밖에 없었다.

우리나라는 대학의 수장을 부르는 직명도 차별해서 부여되고 있었다. 미국 같은 나라에서는 단과대학이나 종합대학이나 학교장은 'President'로 동일하게 불렀다. 그러나 우리나라는 종합대학교의 장은 '총장', 단과대학은 '학장'이었다. 그뿐만 아니라 교명에 있어서도 종합대학은 '대학교'를 쓰고, 단과대학은 '대학'으로 구분시켰다. 국가의 재정 지원도 그렇고 모든 일에 차별을 두었다. 그러니 모든 대학들이 제각기 종합대학이 되기 위해서 서로 경쟁하는 일이 벌어지고 있었다.

근 두 달여의 활동으로 문교부 차관까지는 우리 대학을 종합대학으로 승격하는 일에 협조해 줄 수 있다는 다짐을 얻어 내고 재단의 신청까지 성사시켰는데 막상 문홍주 문교부 장관을 만나 보니 그분은 첫마디가 '승인해 줄 수 없다'는 것이다. 법학자로 명성이 높은 학자이기도 했던 문 장관의 거부 의사는 그저 하는 말이 아니라 너무도 단호해서 어떤 호소도 받아들이지 않을 것처럼 완고했다.

그러던 중 박효식 교수가 자기와 문홍주 장관 집에 같이 가자고 했다. 뜻밖의 말에 나는 박 교수에게 당신이 어떻게 장관을 잘 아느냐고 물었다. 박 교수의 말이 문 장관이 자기와 같은 고향 사람이라고 하였다. 실마리를 찾은 것이라 생각해 구세주를 만난 것처럼 기분이 좋았다.

그해(1966년) 12월 초순쯤으로 기억된다. 아침 7시경 박효식 교수와 만나서 문 장관 댁을 방문하기로 하였다. 장관 댁에 도착한 것은 아침 8시쯤 되었을 것이다. 박효식 교수가 미리 장관에게 전화를 걸었기 때문에 어려움 없이 장관이 조반을 들고 있는 방으로 안내되었다.

내가 안방으로 안내되자 문 장관은 깜짝 놀라면서도 박효식 교수를 보자 그에게만 매우 반가운 표정으로 맞았다. 장관 부인이 더욱 반가워하였다. 장관은 나를 보고 얼마 전에 대학 학장이 된 사람이 아니냐고 물었다. 그리고 박 교수를 향해 나와 어떤 사이인데 아침부터 내 집에 함께 왔느냐면서 약간 불쾌한 말투였다. 박 교수는 나를 대학 동창이라고 소개했다. 나는 종합대학 승격 신청서를 제출했으니 장관님께서 꼭 우리 대학의 숙원을 풀어 주어야 한다고 다시 한 번 간곡하게 부탁했다.

문 장관은 "얼마 전에 학장을 승인해 주었는데 학장이 된 지 한 달밖에 안 된 사람이 총장을 하겠다고 나서면 되겠느냐."며 오히려 "학장 승인도 나이가 너무 젊어서 안 될 것을 해 주었는데 종합대학은 말도 안 되잖아?"라고 나를 꾸짖듯 설득했다. 그러면서 이효상 당시 국회의장이 대구대학을 종합대학으로 승격해 달라고 간청했는데도 거절했다며 절대 안 된다고 했다. 거기에 덧붙여 머지않아 전국 대학 학생 정원령이 발표되는데 단국대의 종합대학 승격은 절대로 불가하니 몇 년 후에나 신청해 보라는 것이었다.

그래도 나는 준비한 서류를 드리면서 우리 대학 이사회에서 결의한 종합대학 승격 신청서이니 출근하는 차 안에서라도 한 번 읽어만 주시면 고맙겠다고 말하며 느닷없이 그 자리에서 큰절을 했다. 이런 때는 오히려 젊은 나이가 방패가 되었다. 그런 내가 딱했던지 곁에 계셨던 부인이 나를 많이 거들어 주었다.

"집에까지 찾아온 분인데 서류라도 읽어 보셔야 되지 않겠어요?"

부인이 내 편에서 말하자 장관은 역정을 냈다. 역정을 내더라도 내가 할 일은 해야 했다. 사실 그 당시는 우리 사회는 엄격한 관치 위주의 구조였다. 당시에는 대학의 학장이나 총장이 되는 일도 문교부 장관의 승인이 없으면 불가능했다. 아무리 훌륭한 사람이라도 관의 허락 없이 학장이나 총장이 될 수 없었다. 심지어 외국에 출장 가는 일도 장관의 허락 없이는 여권 발급이 되지 않는 시절이었다. 외국 대학과 자매결연을 하기 위해서 외국에 나가려면 여행 허가를 받아야 하는데 늦으면 한 달이 걸리는 수도 있었고 정부의 미움을 사는 경우엔 외국에 나갈 수가 없었다.

그날 장관의 태도를 봐서는 종합대학 승격은 해 줄 것 같지 않았다. 아침밥도 못 먹게 한다고 짜증을 내는 장관에게 말하기는 참으로 민망한 일이었으나 나는 단단한 각오로 매달렸다.

"이 일은 내 목숨이 걸려 있는 일입니다. 만약 종합대학으로 승격되지 않으면 저는 정부의 부당한 처사에 항의하고 대통령 앞으로 호소문을 내고 자결할 것입니다. 장관께서 반드시 오늘 제가 가지고 온 서류는 읽어 보셔야 합니다."

안 해 주셔도 좋은데 민원서류는 꼭 읽어 봐 달라고 큰절을 하고 방에서 물러 나와서 대문 앞에서 장관의 출근을 지켜보았다. 장관이 식사하는 방에서 나오자 부인의 말소리가 밖에까지 들렸다. 장 학장이 젊었지만 사람이 진실해 보이니 잘 도와주라고 하는 것 같았다. 박효식 교수는 방에 남아서 장관과 부인에게 몇 마디 더 진언하고 나왔다. 박 교수는 참 어려울 것 같다며 장관이 고집을 부린다고 하였다.

잠시 후 장관이 출근을 하려 대문으로 걸어 나왔다. 그리고 아직도 가지 않았느냐고 묻기에 방에서 내가 드린 신청 서류를 가지고 가시는지 확인하고 싶어서 기다렸다고 말했다. 마침 장관 손에는 내가 방 안에 놓고 온 서류 봉투가 들려 있지 않았다.

문 장관은 다시 짜증 어린 표정으로 "아니, 내가 정말 원수를 만났네." 하면서도 수행 비서에게 방에 두고 나온 서류 봉투를 가지고 나오라고 일렀다. 그래서 장관 출근이 5분가량 지체되었다. 장관 차는 서둘러 중앙청으로 향해 달려가고 있었다. 나는 문 장관의 뒤를 따랐다. 뒷좌석에 앉은 장관의 뒷모습이 보였다. 그리고 장관이 서류 봉투에서 서류를 꺼내서 읽어 보는 모습이 보였다.

문 장관이 차에 오를 때 나는 분명히 말했다. 정부가 우리 대학을 부당하게 폐교시킨 과오로 대학이 몇 년 동안 대혼란에 빠져서 발전은 고사하고 크게 손상을 입은 것을 보상해 주어야 한다고, 만약 장관께서 안 해 주면 대통령께 직접 호소할 것이라고, 내 굳은 의지를 분명히 전달하였다.

나는 그 길로 문교부 장관 비서실로 달려갔다. 문교부 장관실의 비서는 나의 서울사대 입학 동기인 김종출 동문(훗날 미국으로 정치적 망명을 하였다)이었다. 친구인 김종출을 만나서 장관을 만난 사실을 일러 주었고 이제부터는 박정희 대통령을 만나서 민원을 호소할 것이라는 것을 장관에게 전달해 달라고 부탁하였다. 장관 비서실에서 나와서는 차관과 고등교육국장, 대학과장을 만나서 장관을 찾아가 종합대학 승격 신청서를 제출하였다는 사실을 알렸다.

지금도 그 당시의 일이 너무도 선명하게 기억난다. 특히 성동준 차관은 참 호인이었다. 광복군 출신이었던 성 차관은 나의 고민을 항상 경청하고 도와주려 했다. 아마도 아버지가 독립운동가 출신이었던 것을 고려한 호의였다고 생각한다. 특히 이름이 기억나지 않지만 성 차관의 비서가 적극적으로 도와주었다. 일간 신문의 문교부 출입 기자들과는 하루가 멀다 하고 만나서 우리 대학을 도와 달라고 호소하였다. 기자들도 도와줄 뜻을 확연히 보여 주었다.

그다음에 나는 대통령을 만나는 길을 알아보기 위해 동분서주 찾아다녔다. 우선 대통령과 가까운 친지가 누군가를 알아야 했다. 소식에 의하면 박 대통령과 수시로 만나는 친구는 대구사범 동창들이라고 했다. 나는 그 사람들의 거처와 사무실도 알아보았다.

처음으로 찾아간 곳이 MBC 조증출 사장실이었다. 그곳에서 조증출 사장한테 우리 대학 사정을 상세히 설명했다. 사기꾼의 음모 때문에 반혁명 사건으로 아버지가 모함을 받았던 일, 억울하게 대학을 폐교시킨 저간의 사정과 정부의 부당한 처사로 인해 대학이 많은 어려움을 겪은 사실들을 설명했다. 이어서 대통령으로 하여금 이에 대한

초창기의 한남동 캠퍼스

보상책으로 종합대학으로 승격시켜 달라는 것이라는 사정을 전해 달라고 호소했다. 그리고 대통령과의 면담을 주선해 줄 것을 간청하였다. 그러나 조증출 MBC 사장은 열심히 내 말에는 귀를 기울여 주면서도 대통령과의 면담 주선은 어렵다고 딱 잘라 말하였다.

다음으로 찾아간 곳이 호남석유의 서정귀 전 회장댁이었다. 덮어놓고 찾아갔다. 누가 다리를 놔 주지도 않았으나 집 주소를 알아내서 전화를 걸었더니 부인이 받았다. 찾아뵙고 싶다는 사정을 말했더니 선뜻 허락을 해서 서대문 소재 서정귀 전 회장댁을 찾아갔다. 부인한테 대학 사정을 소상히 설명하고 서 회장과의 면담을 주선해 달라고 부탁을 했다. 다음 날 아침 서정귀 회장과의 면담이 이루어졌다. 역시 서 회장도 내 설명은 열심히 들어 주었다. 그러나 대통령과의 면담 주선은 어렵다고 거절하였다. 이런 식으로 또 찾아간 곳이 고려대학교 왕학수 교수(고려대 대학원장, 부산일보 사장)였다.

"대통령 각하, 단국대를 나라에 바치겠습니다."

왕 교수는 박 대통령과 대구사범 동창생이었다. 호탕한 분이었고 내가 고려대학교 대학원 사학과 졸업생이라고 해서 반겨 주었다. 그리고 우리 대학 사정을 듣고 협조해 줄 뜻을 밝히고 자기보다는 박 대통령의 정보 비서인 권상하 비서관을 찾아가서 도움을 청하라고 일러주었다. 그리고 왕 교수 자신이 전화를 걸어 놓을 것이라고 친절하게 대해 주었다.

왕학수 교수의 주선으로 권상하 정보비서관을 만날 수 있는 길이 열렸다. 그러나 며칠이 되어도 정보비서관실에서는 아무런 기별이 없었다. 전화 연락도 없었다. 내 마음은 초조해졌다. 그런데 마침 정보비서관실의 여비서가 우리 대학 졸업생이라는 사실을 알아냈다. 그래서 내 비서인 이용우(李龍雨) 씨를 정보비서관실로 보내서 권상하 비서관에게 면담을 할 수 있는지 알아보라고 하였다. 마침 권 비서관은 왕학수 고대 교수로부터 연락을 받았는데 깜박 잊어버렸다고 하면서 내일 아침 출근 전에 일찍 자기 집으로 오라는 것이었다. 권상하 비서관의 사택은 중구 필동에 있었다.

12월 중순이었다. 그날 아침은 영하의 날씨로 매우 추웠다. 권상하 비서관은 아침 일찍 출근하는 날이 많다고 했다. 전국의 정보를 다 책임지고 있는 직책이라 보통 사람은 좀처럼 만나 주지 않는다고 들었다. 그런데 왕학수 교수 덕분으로 나는 쉽게 만날 수 있었다. 아침 일찍, 아마도 6시쯤 되는 시간이었을 것이다. 권상하 비서관 댁을 방문하고 초인종을 눌렀다.

사방은 어두운데 새벽에 낯선 사람이 찾아와서 초인종을 누르니까 한 젊은이가 대문을 열고는 매우 불쾌한 태도로 무슨 일로 왔으며 누구냐고 물었다. 여비서한테서 연락을 받고 권 비서관님이 일찍 오라고 해서 왔노라 하니까 안에 물어보지도 않고 응접실로 안내해 주고는 좀 기다리라고 했다. 그러나 비서라는 사람은 함흥차사라 근 두 시간 동안 내 비서 이용우 씨와 나는 냉방 응접실에서 오들오들 떨었다. 한 시간이 지나 소피를 보고 싶었으나 남의 집에 처음 와서 화장실이 어디냐고 물어볼 수도 없었고 참을 수밖에 없었다. 방광이 터질 지경이건만 그사이 아무도 응접실 문을 열어 보는 사람이 없었다.

방광이 터질 듯해서 급한 김에 응접실 문을 열고 화장실을 찾아가려는데 권상하 비서관이 응접실로 들어오려다가 나를 보고 물었다.

"누구시오?"

"고대 왕학수 교수께서 보낸 장충식입니다."

인사를 했다.

"나에게 긴히 할 말이 있다고 하는데 무슨 말이오?"

그의 말은 짧고 건조했다. 군더더기가 없이 요점만 물었다.

"여기서 말씀드릴 수는 없고 말씀드릴 시간을 좀 주시면 고맙겠습니다."

나 역시 시간을 끌지 않았다. 그러자 그는 자기 지프에 타라는 것이었다. 바로 출근을 하려는 모양이었다. 하는 수 없이 처음 보는 사람의 지프 뒷좌석에 먼저 올라타 앉았다. 나와 그의 비서가 뒷좌석에 앉았고 그는 지프 앞좌석에 앉아서 연신 연락이 들어오는 일들을 무선 전화로 확인하느라 차 안에서도 바쁜 것 같았다. 권상하 비서관 집에서 떠나 청와대에 도착하는 데 걸린 시간은 약 30분쯤 됐다.

차에서 내리자 먼저 화장실로 달려가서 볼일을 보고 사무실로 안내를 받아 들어갔다. 사무실에 들어가니 몇 사람이 대기실에 먼저 와서 기다리고 있었다. 대기하던 사람들은 권 비서관이 들어서자 정중히 인사를 했다. 권 비서관은 그들에게 묵례로 답하고는 나보고 자기 사무실로 들어오라고 했다. 그는 급히 물었다.

"긴히 할 말은 무엇이오?"

"대통령께 직접 말씀드릴 일입니다."

그러자 그는 자기가 먼저 내용을 알아야 대통령 각하한테 할 말인지 아닌지 판단하고 결정한다고 했다. 아무나 대통령께 할 말이 있다고 해서 면담을 주선할 수는 없다고 딱 잘라 말하였다. 나로서는 시간이 없고 이런 기회도 두 번 다시 올 것 같지 않아서 대통령께 바칠 것이 있다고 말해 버렸다.

그분은 의아하다는 듯이 무엇을 대통령 각하께 바친다는 것이냐고 궁금한 듯 물었다.

"대통령께 직접 말씀드릴 일이고 직접 바쳐야 할 것입니다."

나는 단호하게 말했다.

"그러면 대통령께 말씀드려서 면담 허락이 떨어지면 연락하리다."

말을 마치자 그는 기다리고 있는 사람을 들어오라고 했다.

나는 바로 그의 방을 나왔다. 대통령의 측근에 있는 사람치고는 비교적 친절한 사람이란 생각이 들었다. 고급 경찰관 출신이라고 들었으나 그런 티는 조금도 보이지 않았다. 좋은 인상으로 말을 들어준 것으로 봐서 면담의 허락이 내려올 것으로 낙관하였다.

꼭 일주일이 지나서 우리 대학 졸업생인 여비서로부터 전화 연락이 왔다. 며칠 몇 시까지 청와대로 들어오라는 것이었다. 정해 준 날 아침 10시에 청와대 정보비서관실에서 대기하고 있었다. 그러나 오래 기다리지 않아서 대통령 접견실로 들어오라고 했다. 권상하 비서관을 따라 대통령 접견실로 들어가서 경호원의 지시에 따라 앉으라는 자리에 앉아 있자 곧 대통령이 입실하여 자리에 앉았다. 매우 근엄한 표정이었다. 먼저 나에 대해서 소개하였다.

대학 학장이라고 하자 젊어 보였는지 올해 나이가 몇이냐고 물어서 35세라고 하자 약간 놀라는 표정이었다. 그리고 나에게 바칠 것이 있다는데 대체 뭘 바치겠다는 것이냐고 물었다.

"단국대학을 정부에 바쳐야겠습니다."

엉뚱한 소리에 대통령의 표정이 굳어졌다. 대통령이 무슨 뜻인지 잘 알아듣지 못하고 나를 바라만 보고 있는데 권상하 비서관이 약간 노기를 띤 어조로 말했다.

"그런 엉뚱한 말을 하려고 면담을 요청하였나?"

비서관이 나를 질책하자 대통령은 비서관을 제지하면서 일단 이야기를 들어 보자고 하면서 소원이 무엇이냐고 물었다.

"종합대학으로 승격을 시켜 주십시오."

나는 비로소 내 소원을 말했다.

역시 대통령은 큰 사람이란 생각이 들었다. 대통령은 카랑카랑한 음성으로, 그러나 어딘가 정이 가는 듯한 목소리로 말했다.

"내 얼마 전 연당 이갑성(민족대표 33인 중 한 분) 선생님을 통해 단대 폐교 사건에 관해 잘 들었어요. 대학을 정부에 바친다고 되는 일인가. 젊은 학장이 고생을 많이 했다는 얘기를 들었어."

그리고 내게 나가 있으라고 하면서 장관에게 잘 선처하도록 일러 놓겠다고 미소를 지으면서 나를 칭찬했다.

"장 학장은 효자구먼."

폭음으로 쓰러지다

대통령과 면담을 하고 돌아온 며칠 뒤 반가운 소식이 들려왔다.

대통령이 담당 비서를 시켜 문홍주 장관과 국회 문공위원회 이돈해 위원장을 동시에 불러들여서 단국대가 억울한 폐교를 당해서 종합대학으로 될 기회를 상실했다고 하니 어느 정도 기준에 달하면 종합대학으로 승격시키라고 지시했다는 것이다.

바로 대통령을 면담하고 나온 날 오후 2시에 문홍주 장관이 우리 대학을 방문한다고 해서 대학 전체 간부가 회의실에서 장관을 기다리고 있었다. 단국대학이 설립된 이래 문교부 장관이 우리 대학을 방문하는 것은 처음 있는 일이라 대학의 분위기는 흥분과 긴장감이 팽배하였다. 문 장관은 국장급, 과장급 인사를 대동하고 왔다. 장관을 현관에서 영접하여 회의실로 안내하였다. 대학 간부들이 좌정하고 있다가 장관이 회의실로 들어서자 모두 일어나서 정중하게 인사를 하였다.

문 장관은 입을 열자 매우 상기된 목소리로 말했다.

"오늘 오전에 청와대로 불려 가서 대통령을 뵈었을 때 단국대학을 종합대학으로 승격시키라고 하시는데 교문에 들어서면서 대학 외관을 보니 이래 가지고서야 종합대학을 해 주기가 어렵지 않겠습니까?"

못을 박듯이 말했다.

며칠 전에 전국 대학 학생 정원령이 발표되었는데 우리 대학은 단과대학 규모이기 때문에 정원이 늘어나 봐야 겨우 20~30명에 불과하고 주야간 전체 학생수를 합쳐 봐야 1,200명 내외에 불과한 아주 열세에 놓여 있는 대학이었다. 나는 문 장관의 비위를 건드리지 않는 범위 내에서 다른 대학의 예를 들어 지적하였다.

"이번 대학 정원령 발표를 보니 국학대학이 우석대학교로 교명을 바꾸고 종합대학으로 승격이 되었지만, 내가 우석대학교에 가 보니까 운동장이나 대학 교사의 규모 등 모든 면에서 어느 하나도 우리 대학보다 월등히 앞서 있는 것이 없었습니다. 그런데도 장관께서 종합대학으로 승인해 준 것은 잘못된 것이 아닙니까?"

나는 문 장관에게 반문하고 우리 대학을 종합대학으로 승격시킬 수 없다고 하면 우석대학교도 학생 정원령에 의한 종합대학 승격을 취소해야 한다고 강하게 항변하였다.

장관이 다녀간 다음에 국회 문공위원회 이돈해 위원장이 자기 사무실로 오라고 해서 찾아갔다. 이돈해 위원장은 나를 보자 크게 웃으면서 "대통령께서 나를 청와대로 불러서 단국대를 도와주라고 하셨다."면서 말을 이었다.

"대통령께서 장 학장을 아주 좋게 보시는데 각하의 마음을 어떻게 움직였어요? 그동안 고생을 많이 했는데 내가 도와주겠다."고 칭찬과 위로를 해 주었다. 이돈해 문공위원장은 서울대 사대 선배였고 학장에 취임한 이후 이를 연고로 그분을 자주 만나 많은 교분을 나누고 있었다.

그분 말고도 당시 국회의원 중에 가장 많이 나를 도와준 분은 문공위원회 간사인 김종호(金鍾浩) 의원이었다. 나는 전혀 몰랐던 분이었지만 학장이 되고서 제일 먼저 찾아갔다. 그분을 통해서 이돈해 위원장도 알게 되었다. 당시 내 집은 한남동에 있었고 김종호 의원은 약수동에 살았다. 그래서 하루가 멀다 하고 김종호 의원 댁을 찾아가서 문안 인사를 드렸다. 그러다 보니 나는 마치 김종호 의원 댁 집사처럼 세상일 온갖 것에 대해서 대화를 할 수 있는 처지가 되었다. 그래서 그날그날 내가 만난 사람들에 대해서 보고하고 상의도 하게 되었다. 김종호 의원도 문 장관을 여러 번 찾아가서 우리 대학을 종합대학으로 승격시켜 줄 것을 부탁하였다고 했다.

1966년 12월도 다 저물어 갈 무렵이었다. 연말 안으로 종합대학 승격안이 국무회의에 상정되지 않으면 내년으로 미루어질 것이고 그동안 장관이라도 경질되면 일이 더욱 어렵게 될 것을 생각하니 조급하지 않을 수 없었다. '쇠뿔도 단김에 빼라'는 속담을 생각하며 이 기회에 꼭 성사시켜야겠다고 다짐했다.

무엇보다 장관의 마음을 돌려놓는 일이 제일 중요했다. 이를 위해 밤낮없이 뛰었다. 마침 민주당의 김상현 의원이 문교부 장관과 술집에서 만난다는 정보를 입수하였다. 김상현 의원은 문공위원회 야당 측 간사였다. 문교부 안이 문공위원회에 상정되면 야당 간사의 협조가 필요했기 때문에 문 장관이 김상현 의원을 자주 만난다는 것을 알고 있었다.

이 정보를 준 사람은 우리 대학 정치과 졸업생인 김혁동 동문이었다. 김혁동 동문은 나중에 배재대학 교수가 되었지만 학생 시절 학생 운동을 한 사람으로 김상현 의원하고는 매우 가까운 처지로 호형호제하는 친구 사이였다.

나는 학장이 되기 전에 몇 번 김상현 의원을 만난 적이 있었다. 내가 학생과장으로 있을 당시 우리 대학 재학생도 아닌 사람이 학교에 들어와서 '도둑 강의(도강)'를 듣는 사람이 있다는 제보가 들어왔다. 그래서 운동부 학생들을 시켜 그 사람을 데리고 오라고 했다. 강의 시간이 끝나자 럭비부 부원들이 도강을 한다는 청년을 데리고 왔다. 정치과 김혁동 학생도 따라왔다. 나는 그 청년에게 왜 우리 대학에 들어와서 허가 없이 강의를 듣느냐고 물었다. 그는 김혁동 군과 가까운 친구 사이고 아무개 교수님의 강의가 꼭 듣고 싶어서 도강을 했노라고 했다. 굳이 문제 삼을 일도 아니고 해서 계속 강의를 듣도록 해 주었다. 그 청년이 후에 국회의원이 된 김상현이었다. 그런 인연으로 알게 된 김상현 의원은 훗날 내가 대학 학장이 되어 종합대학 승격을 위한 활동을 할 때 야당 의원이 되어 있었다.

야당 의원으로는 김상현, 여당 의원으로는 김종호, 이 두 사람이 우리 대학 일을 도와준 것이다. 그러나 대통령이 우리 대학을 도와주라고 했는데도 문 장관은 우리 대학 건에 대해서는 매우 부정적이고 반대하는 고집을 꺾지 않았다. 그런 일로 김상현 의원을 만나서 여러 번 상의하였다. 그는 우리 대학 일을 도와 달라고 부탁하니까 학생 때 도강으로 맺은 인연이 있어서 그런지 매우 협조적이었다.

나는 몇 번 문교부 장관을 만나서 우리 대학 종합대학 건을 부탁했는데도 문 장관은 요지부동이었다. 내가 박 대통령을 만나서 종합대학 승격 청원을 했다는 소문이 문교부에 전해지자 대학교육과장을 거쳐 고등교육국장과 차관까지 결재가 나 있었고 장관이 결재해서 국무회의에 회부하면 일이 끝나는 것인데 장관은 계속 반대를 고집했다. 훗날 안 사실이지만 문 장관이 나를 미워하거나 단국대에 특별히 안 좋은 감정이 있어서 그런 것은 아니고 장관으로서 반대할 만한 이유가 있었다.

김상현 의원과 몇 차례 상의하는 가운데, 김 의원은 자기가 문 장관과 단둘이 만나는 기회가 있을 때 연락을 할 테니 그 자리에 나오라고 했다. 며칠 후 김상현 의원한테서 연락이 왔다. 김 의원 말이 문 장관과 신당동 동아극장 뒤에 있는 한정식 집에서 만나기로 했는데 바로 그 자리로 오라는 것이었다. 그래서 두 사람이 정치 얘기하는데 내가 그 사이에 끼어들어도 되느냐고 했더니 문 장관 입장에서는 문교부 일로 자기한테 부탁할 일도 있으니까 상관하지 말고 오라는 것이었다. 문 장관과 김상현 의원은 저녁 7시경 먼저 만나서 얘기를 나누는 것으로 알고 나는 8시경 김 의원이 일러 준 장소로 갔다. 가 보니 이곳은 비밀 요정이었다. 당시 정치계는 정치적 협상이나 중대 사안을 은밀히 논의하기 위해 비밀 요정을 종종 이용하곤 했다.

물론 비밀 요정이라 간판도 없는 집이어서 찾는 데 애를 먹었다. 대문에서 안내하는 청년을 따라 안으로 들어갔다. 내 평생 비밀 요정이라고는 처음 가 보았다. 비밀 요정이라고 해서 화려하고 큰 집이려니 생각했는데 아주 작은 한옥이었다. 방이 세 개 있었지만 하루 저녁에 손님은 단 한 팀만 받는다고 하였다. 내가 방에 들어서자 장관은 깜짝 놀라는 기색이었다. 웬 불청객이 은밀한 술자리까지 찾아오느냐고 했다. 그러자 김상현 의원이 나서서 설명하였다.

"내 가까운 친구인데 내가 오라고 했어요. 그러니 장 학장을 너무

나무라지 말아요."

김 의원은 웃으면서 나를 보고 앉으라고 자리를 권했다. 나는 술상 앞으로 다가가서 불청객이 와서 죄송하다고 장관에게 인사했다.

장관은 약간 취기가 도는 상태에서 나에게 핀잔을 주는 말을 계속 퍼부었다. 내 자존심이 상할 대로 상하고 내 감정이 분노로 폭발할 지경에 이르러 술상을 엎어 버릴 정도가 되었을 때 장관이 한마디 더 하였다.

"얼마 전 학장을 시켜 주었는데 이제 일 년도 못 되어서 종합대학 총장이 되겠다고? 당신 나하고 무슨 원수진 것 있어? 내가 안 된다고 했는데 왜 나를 괴롭히는 거야?"

장관은 심한 모욕감을 느낄 정도로 나를 몰아세웠다. 그러나 내가 이성을 잃고 감정을 억제하지 못하면 지는 것이고 우리 대학은 종합대학이 될 수가 없다. 나는 참자고 다짐하고 죄송하다는 말만 반복하였다. 옆에서 술시중을 들던 호스티스가 민망했는지 아양을 떨면서 젊은 손님 그만 야단치시고 술잔을 돌리라고 했다.

문 장관은 무슨 생각을 했는지 옆에 앉아 있는 여인에게 재떨이를 깨끗이 씻어 오라고 하였다. 여인이 밖으로 나가서 커다란 재떨이를 가지고 왔다. 장관은 재떨이에다 양주를 가득 부었다. 그리고 물도 타지 않고 얼음도 넣지 않은 채 독한 술을 자신이 먼저 단번에 마셨다. 그리고 빈 재떨이를 내게 건네주면서 양주를 가득 부으라고 여인한테 시켰다.

원래 나는 술을 마시지 않는다. 체질적으로 술을 즐기지 않고 선친께서도 술이나 잡기를 즐기지 않도록 엄하게 가르치셨다. 불가피하게 술자리에 참석하게 되면 입에 대는 시늉만 하는 편이었다. 그런 나에게 장관은 내 손목을 꽉 쥐고는 내가 들고 있는 재떨이에 양주가 가득 차도록 놓지 않았다. 작은 양주병으로 다섯 병은 될 만한 양인데 그것을 단숨에 마시라는 것이다. 김상현 의원이 말려 주기를 은근히 바랐는데 김상현 의원은 나 몰라라 하였다. 문 장관은 내가 재떨이를 들고만 있고 마시기를 주저하는 모습을 보더니 진지하게 한마디를 건넸다.

"이봐요. 오늘 술로 나하고 대결해서 내가 이기면 종합대학은 해 주지 않을 것이고 당신이 나를 이기면……."

그는 뒷말을 흐리며 조금 숨을 돌리고 말을 이었다.

"대통령이 아무리 해 주라고 해도 내가 안 된다고 하면 안 되는 것이니까 그리 알고 술로 나를 이기라고."

말을 마치고 너털웃음으로 호탕하게 웃었다. 비록 장관의 말이 농담이라도 나는 술을 피할 수가 없었다. 그 말 속에는 문 장관이 나에게 마음을 열고 있다는 뜻이 담겨 있었기 때문이다. 내가 태어나서 그렇게 많은 술을 마신 적은 없었다. 그날 밤 통금 시간을 넘기고도 새벽 2시까지 술을 마셨다. 나는 술을 즐기면서 마신 것이 아니라 죽기 아니면 살기로 마셨다. 긴장한 상태라 정신은 멀쩡하였다. 장관의 술 습관을 모르는 나로서는 어떤 모욕적인 욕을 퍼부어도 그저 웃음으로 대했고 술주정도 다 받아넘겼다.

우리 대학 교직원, 졸업생, 그리고 재학생들의 숙원 사업인 종합대학을 만들기 위해서는 어떤 희생이라도 감수해야 한다는 각오로 받아들였다. 문 장관의 말은 혀가 꼬부라져서 무슨 말인지 더 알아들을 수가 없었다. 더는 못 마시겠다는 장관의 말을 듣고는 안도의 숨을 쉬었다.

술 시합에서 내가 이겼다. 장관은 일어나지 못했다.

"이제는 집에 가야 할 터인데……."

술에 취해 혀가 꼬부라질 정도였던 문 장관이 간신히 말을 잇고는 일어나려고 하였으나 부축에도 불구하고 마루까지 기어 나갔다. 옆자리에 빈 술병을 보았다. 양주 몇 병이 다 비어 있었다. 그리고 상에도 술병에는 술이 반이나 남아 있었다. 나는 차에 오를 때까지는 내 정신이었다. 그러나 차 안에서 잠들어 버렸다. 어떻게 집에 왔는지 기억이 나지 않았다. 아침에 들으니 집에 도착한 시간이 새벽 3시가 훨씬 넘어서였다고 한다.

다음 날 오후에 문교부 차관실 이상하 비서한테서 전화가 걸려왔다. 방금 장관이 단국대학 종합대학 승격 신청에 대해 결재를 했다고 했다. 그리고 다음 목요일 국무회의에 우리 대학 종합대학 승격 안건을 단독으로 상정할 것이라고 했다.

그러나 뜻하지 않은 곳에서 문제가 생겼다. 뒷날 문 장관으로부터 들은 이야기는 단국대의 종합대학으로의 승격에 권력자의 암투까지 개입하였다는 것이다.

장관들의 다툼과 처음 쓴 유서

목요일 국무회의에 우리 대학 종합대학 승격(안)이 단독 안건으로 상정되자 문홍주 문교부 장관과 사이가 먼 중앙정보부 김형욱 부장이 첫 포문을 열었다.

"도대체 단국대학이란 대학이 뭔데 전국 학생 정원이 발표된 지 얼마 되지도 않아 정원을 추가로 조정하여 종합대학으로 승격시켜 준다는 거요? 그것이 말이 됩니까?"

따지면서 문홍주 장관에게 공격을 퍼부었다. 이에 또 한 사람이 가세했다. 법무부 권오병 장관이었다. 이 사람도 김형욱과 똑같은 내용으로 입을 맞추어 문홍주 장관에게 항의했다.

"왜 단국대학을 종합대학으로 승격시켜 주려고 하는 것이냐? 문교부가 단국대학에서 돈 받아먹고 종합대학으로 승격시켜 주는 것이 아니냐?"

문홍주 장관에게 대단히 모욕적 공세를 취하며 나섰다. 그러나 문 장관 편에서 힘이 되어 준 사람도 있었다. 바로 전예용 건설부 장관과 박동묘 농림부 장관이었다. 단국대학의 종합대학 승격 문제를 놓고 1시간 이상 격론이 벌어지자 정일권 국무총리가 중재에 나서서 다음 국무회의에서 다시 논의하자고 제안하고 결론 없이 그날 회의는 끝이 났다.

관례에 비춰 봐도 소관 업무의 장관이, 그것도 대학 하나의 문제를 상정하였는데 주무 부서의 장관도 아닌 이들이 나서서 이처럼 모욕적인 언사를 주며 반대를 하는 것은 상식적이지 않은 일이다. 그러면 왜 권오병 장관과 김형욱 중앙정보부장이 우리 대학 문제로 문홍주 장관을 국무회의에서 심하게 몰아세웠을까. 권오병 법무부 장관은 문교부 장관직에 있다가 법무부 장관으로 자리를 옮긴 사람이었다. 자리를 옮기면서 권 장관이 문 장관에게 상명대학에 영문과를 신설해 줄 것을 부탁했다. 김형욱 정보부장 역시 똑같은 부탁을 문 장관에게 했다. 그러나 어떤 이유에서인지 문 장관은 그 두 사람의 청탁을 들어주지 못했다. 체면과 자존심이 상해 벼르고 있던 차에 단국대 종합대학 승격안이 상정되자 권오병 장관과 김형욱 부장이 국무회의 석상에서 문 장관을 몰아세웠던 것이다.

나는 혹시라도 우리 대학의 교세를 제대로 이해하지 못해 그런가 하고 나름대로 홍보 자료를 만들어 2차 국무회의를 준비했다. 졸업앨범 제작을 담당하던 파리 사진관에 부탁하여 국무위원 인원수대로 우리 대학에 관한 사진첩을 만들었다. 그리고 그것을 2차 국무회의가 열릴 때 국무위원 탁자 위에 갖다 놓도록 문교부를 통해 전달했다.

그런데 권오병 장관은 자기 앞에 놓인 사진첩을 찢어 버리고는 단국대학이 대학이냐면서 엉뚱하게 경희대학을 예찬하며 문홍주 장관을 몰아세웠다. 이 말은 2차 국무회의를 참관한 당시 서울신문 전무로 있던 윤일균 씨가 직접 본 그대로 그날의 광경을 소상히 말해 주어서 알았다.

결국 2차 국무회의에서도 우리 대학의 종합대학 승격 건은 통과되지 않았다. 이제 12월이 다 저물어 가고 있었다. 그해 마지막 국무회의는 목요일, 12월 29일이었다. 윤일균 전무를 만나려 서울신문사로 찾아갔다. 그리고 국무회의 광경에 대해 자세히 설명을 들었다. 다음 국무회의에서 우리 대학 문제가 통과되지 않으면 내년으로 연기되는 것이 아니라 안건 자체가 무효가 된다는 것이다. 정말 가슴이 타고 마음이 초조해서 하루도 편히 잠을 잘 수가 없었다.

대통령의 사전 허가까지 얻어 놨는데 문홍주 장관이 정적들에게 몰려 우리 대학의 종합대학 승격 문제를 해결하지 못하고 있었다. 정적의 상대는 법무부 장관과 막강의 힘을 과시하는 중앙정보부 김형욱 부장이다. 그리고 국무회의에서 김형욱에 가세하여 문 장관을 질타하는 사람은 군사혁명 주체인 홍종철 문화공보부 장관도 있었다.

장관들 간 싸움이니 어디 가서 구원자를 찾을 길도 없었다. 하루하루가 지나고 목요일이 다가온다. 이제 3번째 국무회의에서 우리 대학의 종합대학 안이 부결되거나 보류되면 문홍주 장관은 큰 망신을 당한다. 자신의 주무인 문교부의 안을 다른 장관들의 힘에 밀려서 해결을 짓지 못한다면 무능한 장관으로 낙인이 찍혀 그 자리에서 물러나야 할 것이 분명하였다.

우리 대학 일로 문 장관이 사퇴한다면 이는 정말 문 장관에게 못할 짓을 하는 것 같았다. 종합대학 승격 자체보다도 문 장관의 권위와 주무 부서인 문교부의 위상을 위해서라도 중대한 결심을 해야 할 것 같았다.

고민을 거듭하고, 심한 좌절감에 빠질수록 나는 한계를 절감할 뿐 학내에서 누구의 도움을 받을 수도 없었다. 결국 우리 대학의 종합대학 승격이 부결된다면 나는 자결이라도 하겠다는 결심이 섰다. 내가 자결함으로써 사사로운 청탁을 이유로 중요한 일을 방해하는 소인배들의 작태를 고발하고, 그래서 저들이 정부 요직에서 발을 못 붙이게 하고 싶었다.

나는 자결할 결심을 하고 그날 밤 아내 몰래 장문의 유서를 썼다. 그리고 유서를 여러 장 필사하였다. 마지막 국무회의에서 부결되면 각 일간 신문에 보내어 내가 자결한 이유를 소상히 밝히고자 한 것이다. 그동안 문교부, 법무부, 중앙정보부 간부들로부터 들은 장관들의 이전투구 양상을 온 국민에게 알려야겠다고 생각하였다.

그리고 다음 날 아침 중앙청 문이 열리자 국무총리실 홍성철 비서실장(후에 내무부 장관, 보사부 장관, 대통령 비서실장 역임)에게 전화를 걸었다. 나에 대한 소개를 하자 그는 국무회의에서 2차에 걸쳐서 우리 대학 안건이 통과되지 않은 것을 잘 알기 때문인지 전혀 일면식도 없는데도 전화로 나를 위로하여 주었다. 그리고 내가 가서 좀 뵐 수 없겠느냐고 하니까 두말없이 곧 오라는 것이었다. 낭떠러지에 서 있다가 구원의 밧줄을 잡는 심정이었다. 전화 통화를 한 것만으로도 홍 실장이 진심으로 친절한 성품을 갖고 있음을 알 수 있었다.

국무총리실 비서실장이라면 얼마나 바쁜 사람인가. 그런데 전화 한마디의 요청으로 면회를 허락하여 주었다. 죽을 각오를 한 나였지만 새로운 힘이 솟았다. 나는 간밤에 유서를 쓴 사본을 잘 접어서 봉투에 넣고 중앙청 국무총리실로 홍성철 비서실장을 찾아갔다. 그는 나를 반겨 주었다. 체격이 큰 분이었다. 황해도 사투리로 퍽 친밀감이 드는 음성이었다. 그동안 국무회의에서 우리 대학의 일로 장관 간에 설전이 벌어진 것을 다 알고 있다며 나에게 위로가 되는 말을 많이 해 주었다. 그리고 이번에는 잘되지 않겠느냐며 너무 걱정하지 말라고 했다. 나는 되든 안 되든 총리 각하를 한 번만 뵙도록 해 달라고 사정을 했다.

홍성철 비서실장은 쉽게 허락해 주었다. 안에서 손님하고 말씀 중이니 손님이 가시면 여쭈어 보겠노라며 안으로 들어갔다. 그리고 바로 나오더니 잠시 기다리라고 하였다. 면담 허락이 난 것이었다. 손님이 가자 안으로 들어오라고 하여 처음으로 총리실에 들어가 보았다.

사진으로만 보던 정일권 총리를 면전에서 보니 매우 인자한 사람으로 보였다. 총리 비서실장과의 면담은 물론 그를 통해 총리와의 면회가 너무나도 쉽게 그리고 빨리 이루어진 것이 참으로 신기하였다.

내가 묻기도 전에 정 총리는 우리 대학 건이 결론이 내려지지 않아서 미안하다고 하면서 이번에는 잘될 것이니 너무 걱정 말라고 위로조로 말을 해 주었다. 이왕 들어온 김에 다 말을 하고 가야 한다는 생각으로, 박 대통령을 만나서 있었던 일부터 그동안의 경과를 모두 말했다. 총리는 시종 미소로 내 얘기를 다 들었다. 간간이 고개를 끄덕거리면서, 다음 회의 때는 문 장관이 잘 해낼 것이니 걱정 말라고 격려해 주었다. 고맙다는 인사말을 하고 나서 주머니에서 접은 봉투를 꺼내 전하며 진심을 털어놓았다.

"이번 일이 실패로 끝나면 저는 살 수가 없습니다. 내가 할 수 있는 일은 대학을 위해서 자결하는 길밖에는 다른 길이 없습니다. 이는 정부에 대한 협박이 아닙니다. 대학을 위해서 내가 할 일은 이 길 외에는 다른 길은 없습니다."

나는 힘을 주어 말했다. 내가 가지고 온 하얀 봉투가 유서가 들어 있는 봉투라고 하자 정일권 총리의 표정에서 순간 미소가 사라졌다. 갑자기 내 눈에서 눈물이 떨어졌다. 울고 싶어서 우는 것이 아니라 의지할 것 없는 한 젊은이가 마지막으로 실오라기 같은 희망을 잡고픈 절실함이 어느새 눈물로 배어 나온 것이다. 눈물을 참으려 해도 걷잡을 수 없이 넘쳐 넥타이를 적셨다. 만약 다음 목요일에 우리 대학의 종합대학 승격안이 부결되거나 보류된다면 안건 자체가 실효를 상실하게 된다. 이는 몇 장관들이 정적을 몰락시키기 위한 장난이 아닌가. 이들의 사감으로 인해 우리 대학의 종합대학 승격 안건이 무산되는 일을 결코 용납할 수 없었다. 나는 죽음으로 저들의 비행을 만천하에 공개해서 처벌을 받도록 해야 한다고 생각했다.

총리의 마지막 말은 눈물을 닦으라는 말과 문 장관을 믿으라고 하는 말이었다. 그의 말 속에는 문 장관을 밀어주겠다는 의지가 담겨 있는 것 같았다. 나는 카펫 위에 엎드려 총리에게 큰절을 하였다. 총리는 큰절을 하는 나를 보고 크게 웃었다. 내가 고맙다는 뜻으로 큰절을 한 것을 알아차린 것 같았다. 바닥에서 일어나자 총리는 나의 손을 두 손으로 꼭 잡아 주었다.

"고향이 평북이라고요? 나이는?"

"서른다섯입니다."

"한참 일할 나이요! 성공을 빕니다."

총리실을 떠나는 나에게 홍성철 비서실장도 힘을 실어 주는 말로 나를 배웅해 주었다.

마침내 달성한 종합대학 승격

내 기억에는 1966년의 마지막 목요일로 선명히 새겨져 있다. 12월 29일, 그해 마지막 국무회의가 열렸다. 사실상 종무식이나 마찬가지인 그 회의에 단국대학 종합대학 승격 안건이 단독 상정되었다. 세 번째 상정된 것이다.

그런데 이상하게도 종합대학 승격을 반대하던 권오병 법무부 장관이 국무회의에 참석하지 않고 법무부 차관이 대리 참석하였다고 했다. 권오병 장관이 전주로 출장가면서 국무회의에 단국대 종합대학 승격 안건이 상정되면 자기 대신 반대 발언을 하라고 차관에게 지시하고 출장을 갔다는 것이다. 왜 권오병 장관이 전주로 출장을 갔는지 알아보았다. 바로 국무회의가 열리는 날 전주에서 전주교도소 개소식이 있었다는 것이다. 그래서 그 전날 정일권 총리께서 권오병 법무부 장관을 총리실로 불러서 내일 전주교도소 개소식에는 장관이 직접 가서 교도관들을 격려하라고 했다는 것이다. 권오병 장관이 차관을 보내는 것이 좋지 않으냐고 하자 총리는 평소 화를 잘 내지 않는 분인데 그날은 강력한 말로 질책을 했다는 것이다.

"나를 총리로 알고 하는 말입니까?"

그렇게 해서 정일권 국무총리는 권 장관을 전주로 보냈다. 정 총리가 고민 끝에 강구한 대책이었을 것이다.

이에 앞서 나는 정일권 총리를 면담하고 국회 내무분과위원회 위원장인 오치성 의원에게 면담 신청을 했다. 전에는 만나 보지 못했지만 오치성 의원이 단국대를 나왔다는 것은 알고 있었다. 오 의원은 군문에 있다가 5·16 당시 주체 세력으로 참여해 공화당 정권의 핵심으로 인정받고 있었다. 한 번도 만나 본 적이 없던 분이었으나 비서를 통해 면회 요청을 하니까 찾아와도 좋다는 기별이 왔다. 다만 일정이 꽉 차 있으니 아침 일찍 집으로 오라고 했다. 오치성 의원의 집은 한남동에 있었다.

종합대 승격 후 첫 교수회의

아침 일찍 찾아가니 이미 응접실에 많은 사람들이 와서 기다리고 있었다. 아마도 10여 명은 되는 것 같아 보였다. 저분들을 만나고 내 차례가 되려면 한 시간은 기다려야 할 것이라고 생각했는데 비서가 응접실로 나와서 기다리고 있는 분들한테 먼저 약속한 모교 학장님이 오셔서 양해를 해 달라는 말을 하고는 나를 안으로 안내하였다. 안방에서 식사를 하던 오치성 의원은 나의 인사를 받고 반갑다고 아침 식사를 했느냐고 물었다. 식사를 했다고 하니까 젊은 분이 학장이 됐다고 정치권에서 장 학장에게 많은 기대를 가지고 있다고 말하며 무슨 일로 왔는가 물었다.

그래서 지난번 국무회의에서 단국대학 종합대학 안건이 두 번이나 보류됐다는 사실을 알리고 반대하는 장관이 중앙정보부 김형욱 부장, 문화공보부 홍종철 장관, 법무부 권오병 장관, 그리고 이석재 총무처 장관 등이라고 말했다. 그들이 반대를 해서 통과가 되지 못했는데 이번 돌아오는 국무회의에서 통과되지 못하면 우리 대학 종합대학 안건이 완전히 무효가 된다고 말했다.

"그래요?"

오 의원은 식사를 하다 말고 비서에게 중정 김형욱 부장에게 전화를 걸라고 하였다. 김형욱 부장과 통화가 되자 우리 대학 종합대학 건을 말하면서 협조 요청을 했다. 그런데 저쪽에서 반대한다는 말이 나오는지 오치성 의원의 목소리가 커지면서 싸움하는 식으로 전화로 언성이 높아졌다. 듣는 내가 마음이 졸여서 앉아 있을 수가 없었다. 초면임에도 오치성 의원의 성격이 매우 급하고 강단이 넘치는 것을 실감할 수 있었다. 나는 상대방의 말을 들을 수 없었으나 오치성 의원은 계속 김형욱 부장을 추궁하더니 "이봐, 너 내가 단대 졸업생이라는 것 알지. 그런데 네가 단대와 무슨 원수진 일이 있다고 내 모교가 종합대학이 되는 것을 반대하냐. 내가 특별히 부탁하는데 이번 국무회의에서 너는 가만히 있어, 반대하지 마라!" 하고 전화를 끊었다.

옆에 앉아 있던 오치성 의원 부인이 나를 수고한다고 위로해 주고 오치성 의원도 웃으면서 "아마 이번 국무회의에서 김 부장이 반대를 하지 않을 것이오."라고 말했다. 그리고 돌아가신 아버님과 업자들의 모함 사건으로 고생한 일과 모교가 폐교됐다가 부활된 것에 대하여 축하의 말로 나를 위로해 주면서 또 반대하는 사람이 누구냐고 물었다. 홍종철 장관과 이석재 장관이라고 하니까 식사를 하다 밥상을 물리면서 비서에게 총무처 이석재 장관에게 전화를 걸라고 하였다.

전화에서 상대방의 목소리가 나오자 한마디 인사를 나누고는 바로 용건을 말하기 시작했다.

오 의원은 "너 어느 대학 졸업했지?" 하고 물었다. 상대방이 대구대학을 졸업했다고 하는 것 같았다. 그러자마자 바로 다그치기 시작했다.

"난 단국대학 졸업생이야. 그런데 네가 우리 모교 종합대학 되는 것이 무엇이 배가 아파서 국무회의에서 반대하는 거야? 나하고 입장을 바꾸어서 생각해 봐라."

오치성 의원은 점점 목소리를 높이며 계속 이석재 장관을 몰아 세웠다. 그리고 전화를 마치더니 "이석재 장관이 자기는 지지 발언은 못해도 반대 발언은 하지 않겠다고 했으니 안심하라."고 하면서 다음은 홍종철 장관에게 전화를 걸었다. 몇 마디 인사를 주고받은 뒤 서로 기분 좋은 말투로 웃음소리가 커지면서 부드럽게 말이 오고 가는 것 같았다. 그리고 오치성 의원이 고맙다는 마지막 말로 전화를 끊었다. 전화를 끊고 오 의원이 내게 말했다.

"이 사람들이 오늘 회의에서 반대는 하지 않을 것이오."

나는 진심으로 고마웠다. 정중히 고맙다는 인사를 하고 물러 나왔다. 분명히 오치성 의원은 내 작은형이나 큰형 나이는 되신 분인데 나를 현관까지 따라 나와서 배웅을 해 주었다. 참으로 시원시원한 사람이라고 생각되었다. 주간부 폐교 처분을 받을 때나 학장 취임을 전후해서 그동안 야간학부 졸업생인 동문들이 군부 실력자로 있었지만 도움은커녕 오히려 핍박을 받았고 내 마음속에는 큰 설움이 쌓여 있었다. 그러나 오치성 의원을 만나고 그의 호쾌한 도움을 받자 그동안 동문들에게서 받은 괄시와 설움이 한순간에 녹아내리는 것 같았다.

나는 그길로 총무처 장관실로 이석재 장관을 방문하고, 고맙다는 인사를 나누었다. 이석재 장관은 자기는 단대 종합대학 승격을 반대하는 것이 아니라 전국 대학생 정원령이 공포된 지 얼마 되지 않았는데 한 대학의 정원 조정안을 상정한 문교부를 나무란 것이니 섭섭히 생각하지 말라고 했다. 아침에 오치성 의원이 간곡히 부탁해서 앞으로 단대 문제에는 안 좋은 말을 안 하기로 했다고 웃음으로 나를 배웅해 주었다. 총무처에서 나온 나는 그길로 국회 장경순 부의장(공화당) 비서에게 전화를 걸어 면회를 요청했다. 오라는 기별이 왔다.

처음 뵙는 분인데 장경순 부의장은 반갑게 맞이해 주었다. 장 부의장은 오치성 의원한테서 말을 들었다고 하면서 자기도 자신과 인연이 있는 장관들에게 전화를 걸어서 단국대 종합대학 안건이 통과되도록 일조하겠다고 약속했다.

이렇게 정말 할 수 있는 모든 일을 하고 국무회의가 열리는 목요일이 되었다. 나는 잠을 설쳤다. 해가 뜨자마자 하루를 시작했지만 그날 열릴 국무회의 일로 마음이 초조하고 불안해졌다.

나 스스로 나를 달래는 일보다 우선 그동안 단국대를 위해 애쓴 문교부 국장과 과장, 계장 등을 안심시키는 일이 중요하다고 생각했다. 일단 관계자에게 며칠간 내가 만난 분들의 소식을 알려 주었다. 사실 관계자들은 단국대 종합대학 승격 안건이 국무회의에서 마지막까지 통과되지 못할 경우 장관은 물론이고 문교부의 위상이 크게 손상될 것을 걱정했다. 그뿐 아니라 실무자로서는 무능의 실책과 책임 추궁을 당하고 인사고과에도 불리한 평가를 받을 것이라며 근심하고들 있었다. 그러니 문교부 관계자들도 사안의 귀추가 궁금할 수밖에 없었다. 그나마 중앙정보부의 문교부 출입 담당자의 정보 보고를 듣고는 한편 안심하고 있다는 말도 들었다.

문교부가 단국대 종합대학 승격안의 통과에 신경을 곤두세우는 데는 또 다른 원인도 있었다. 당시 단국대학 종합대학 승격 일로 문홍주 장관이 여러 사람한테서 공격을 받은 이면에는 법학계 인맥 간의 암투도 작용을 했다고 한다. 당시 우리나라 법학계는 문홍주 장관과 황산덕 박사를 중심으로 한 일제시대 경성제대 법학부 출신 학자와 유기천 서울대학교 총장을 중심으로 한 동경 대학 법학부 출신 학자들이 양대 산맥을 이루고 있었다. 당시 우리나라 관계나 정치계에 이들 학자와 그들이 길러 낸 제자 출신들이 갖는 영향력이 큰 만큼 이들 두 계파 간의 자존심 싸움은 학계만이 아니라 감투와 자리를 놓고도 종종 대립상을 보이곤 했다.

문교부 장관 자리를 놓고 벌어진 알력도 그런 갈등의 하나였다. 경성제대 인맥을 대표하는 문홍주 박사가 우리나라 교육정책을 책임지는 장관에 오르자 동경대 출신 인맥들이 노골적으로 반발을 하고 있었다. 그런 상황에서 단국대 문제가 관계의 주목을 받자 문홍주 장관과 사이가 좋지 않은 동경대 출신 인맥 가운데 특히 이북 출신 인사들이 단국대 뇌물 제공설을 퍼뜨리고 있었던 것이다. 주간부 폐교를 당한 단국대학을 부활시킨 것도 모자라 이번에는 종합대학으로 승격시키려 하는 것은 문홍주 장관이 단국대학에서 뇌물을 먹고 도와주는 것이라고 소문을 퍼뜨리고 여기에 청탁을 거절당해 사감이 쌓인 김형욱 정보부장, 권오병 법무부 장관 등이 합세하여 의외의 소란이 일어나게 된 것이다.

들리는 말로는 단국대와 문홍주 장관의 연관성을 수사하면 문교부 간부들과의 금전 거래가 드러나고 결국 문홍주 장관을 낙마시킬 수 있다는 얘기까지 나온다고 했다. 이런 말을 들을 때 정말 기분이 나빴다. 그리고 권력을 둘러싼 싸움이 학식의 높고 낮음과 상관없이, 또 무고한 사람에게 얼마나 큰 절망을 가져올지 따지지 않고 몰인정하게 벌어지는 현실에 두려움을 느끼지 않을 수 없었다. 그러고 보면 이런 근거 없는 시나리오를 무력화하고 죄 없는 문교부 관계자들의 자존심을 지키기 위해서라도 내가 더 열심히 뛰어야겠다는 결심을 했다.

나만이 아니라 여러 사람의 위상과 자존심이 걸렸던 이 일은 이제 1966년도 마지막 국무회의에 달려 있었다. 1966년 12월 29일 마침내 국무회의에서 단국대학 종합대학 승격안이 통과되었다는 사실이 라디오 방송으로 보도가 되었고, 석간신문에도 단국대의 종합대학 승격에 관한 기사가 연이어 나왔다.

교수, 직원들은 집안의 경사가 난 듯이 너무도 기뻐했다. 특히 종합대학 승격 업무에 투입된 직원들은 감격의 눈물까지 흘렸다. 많은 동문들이 격려와 축하 전화를 걸어 주었다. 종합대학 승격을 위한 재단 이사회의 결의를 질질 끌면서 응낙하지 않았던 장익위 상무이사는 물론 내가 학장 되는 것을 반대하였던 이사들도 수고가 많았다고 칭찬을 해 주었다.

후일담이지만 들은 바로는 예상대로 3차 국무회의에서 '단대 종합대학 승격 정원 조정안'이 국무회의에 상정되자 김형욱 중정부장이 여전히 강경한 반대 의사를 밝혔고, 다른 장관들은 다들 입을 다물고 있었다고 한다. 그래서 가결로 결론이 나는 즈음에 느닷없이 법무부 차관이 일어나 반대 의견을 제시하면서 다시 분위기가 흔들렸다. 그

종합대학 승격 기념 현판식(1967. 2. 11)

분은 이미 장관의 지시를 받고 있었으니 권오병 장관의 뜻을 대변해야 했던 것이다.

이때 농림부 박동묘 장관이 일어나 법무부 차관에게 "여기는 장관들이 모여서 회의를 하는 국무회의요. 당신은 장관 대신 참석했으면 듣고만 있어야 하지 주무 부처의 차관도 아닌 사람이 장관회의에 참석해서 무슨 버릇없는 소리를 하시오." 하고 고함을 지르면서 질책을 했다고 한다. 그러자 다른 부서의 장관들도 동의하면서 통과시키자고 하여 결국 가결이 되었다고 했다.

물론 총리의 역정 섞인 지시에 따라 세 번째 국무회의에 참석하지 못한 채 전주교도소 개소식에 참석한 권오병 장관은 이런 결과에 불쾌한 반응을 보였다는 말도 들려왔다.

'남산'에서 만난 최세화 과장

아무튼 이렇게 해서 애를 태우던 종합대학 승격의 결실을 얻었고 많은 이들의 축하를 받고 학내에 큰 기쁨을 주었지만 정작 나 자신은 오히려 걱정이 앞섰다. 앞서 말한 것처럼 권력자들이 문홍주 장관을 실각시키려 문 장관을 무고하는 기미가 있었고, 특히 당시에도 이미 무자비한 수사로 악명 높았던 김형욱 부장이 보복을 할 거라는 예상이 되었기 때문이다. 정권 내부에서 가장 강력한 힘을 갖고 있던 중앙정보부와 이를 운영하는 김형욱 부장, 거기에 동경 유학파 출신들이 가세해 얼마든지 일을 꾸며 낼 수 있으리라 생각했다.

문홍주 장관을 몰락시키려 했던 사람들 중에는 수사기관과 정보기관의 우두머리들이 있었다. 이들의 심술이 자연스럽게 사그라지지 않을 것으로 예상되었다. 나쁜 예감은 잘 맞는다는 속언은 틀리지 않았다. 그들은 이미 움직이고 있었다.

어느 날 한국일보 장기영 회장이 사무실로 오라고 해서 찾아갔다. 장기영 회장이 하는 말씀이 며칠 전에 김형욱 정보부장을 만났는데 문홍주 문교부 장관의 부정을 잡아내기 위해서는 단국대를 수사해야 할 것 같다고 하면서 "자네를 겨냥하고 있으니 몸조심하라."고 일러 주었다.

걱정스러운 정보였지만 겁이 날 만한 일은 없었다. 문홍주 장관에게 선물이나 돈을 준 일이 없었기 때문에 당당하고 떳떳하였다. 그리고 김형욱 중정부장 따위는 하나도 겁날 일이 없었다. 청탁을 위해 뇌물을 주면서 공직자에게 일을 하지 않았기 때문이다.

그러나 소문대로 악몽은 내 앞에 다가왔다. 1967년 2월, 음력 설날을 일주일쯤 앞둔 날이었다. 오후에 중앙정보부 수사 요원 몇 사람이 와서 중정 차량에 대학 회계과의 장부 일체와 재단 회계 장부 일체를 압수해 갔다.

그런 일이 있자 종합대학 승격안이 국무회의에서 통과된 일로 기뻐했던 대학 본부의 분위기는 우울한 분위기로 돌변했다. 직원들의 표정은 근심과 걱정으로 웃음을 잃었다. 나는 내 지시로 업무차 문교부에 자주 출입했던 대학 간부들에게 당분간 출근하지 말고 집에서 휴식을 취하라고 했다. 중정 요원들이 간부 직원들을 미행, 감시하면서 있지도 않은 그림을 그릴 수 있다는 우려를 했기 때문이다. 당시는 정부 방침으로 양력설을 쇠고 음력설은 구정이라 해서 하루 정도만 휴무를 했다. 바로 구정을 하루 앞둔 날에 중정 요원이 다시 학교에 오더니 최세화 도서과장을 임의동행 형식으로 연행해 갔다. 최세화 과장은 당시 도서과장으로 있었지만 내 지시를 받고 보좌를 하고 있었다. 특히, 종합대학 승격에 필요한 서류 제출과 실무자들을 만나 설득하고 그들의 의견을 수렴해 다시 각종 자료를 작성하는 일을 맡겼었다. 신임 학장으로서 내가 감당해야 할 학내 문제들을 그와 상의하며 처리할 때가 많았다. 그와는 학장 이전, 그러니까 단국대에 발을 내딛은 이래 개인적으로 대학의 미래를 놓고 많은 상의와 교감을 해왔던 사람이다.

최 과장은 36세 나이로 요절한 내 큰형의 친구였고 대학 직원으로 근무하면서도 내 아버지가 돌아가신 후의 일을 늘 걱정한 분이었다. 큰형이 세상을 떠난 뒤 아버지는 나를 옆에 두고 단국대에서 일을 보게 하였다. 그러나 나는 대학 경영에 뜻을 두지 않았고, 또한 젊은이로서 아버지와 세대 차이로 인한 갈등도 적지 않았다. 그래서 종종 단국대를 떠나려는 마음을 갖곤 했다. 그때마다 나를 진정시키며 충고를 한 이가 최세화 과장이었다. 그는 나에게 아버지의 후계자로서 자세를 바로 갖고 식견을 넓혀야 한다며 단대에서 떠나서는 안 된다고 강조한 분이었다.

생전의 큰형은 가끔 나에게 "나중에 대학 일을 하면 최세화를 참모로 활용하라."고 충고하기도 했다. 내가 학장이 된 후로는 나와 가까이하고 있는 시간이 더욱 많았고, 대학 내 중요한 일은 나와 의논을 많이 했다. 그래서 재단 이사들이 그분을 미워했다. 최세화 과장이 연행돼 간 후로 대학 분위기는 더욱 우울했고 걱정으로 뒤덮였다.

그런 와중에 재단 이사 몇 사람은 희색이 만면해 있었다. 아마도 우리 대학이 중정의 수사를 받으면 나와 최세화 과장이 형사처분을 받고 몰락할 것으로 생각하는 듯했다. 내가 형사처분을 받을 경우 자기들이 박정숙 이사장을 평이사로 만들고 자신들 중 누군가가 이사장이 되어 대학을 장악하겠다는 모의를 하고 있다는 소식도 한두 군데서 들려왔다.

최세화 도서과장이 중정 서울 분실로 연행되어 간 후로 아무런 소식이 없었다. 나 역시 중앙정보부에 끌려간 적이 있기에 최 과장이 걱정되어 답답하고 불안해서 일이 손에 잡히지 않았다. 상황을 알아보려고 여러 경로로 수소문을 했다. 마침 중정부장의 비서실장인 문학림 씨가 단국대 졸업생이라고 했다. 그래서 그를 통해 어떻게든 손을 써보려고 했다. 그를 잘 아는 사람을 통해 면담을 요청했으나 문 씨는 거절했다. 자기 입장이 외부 인사와 만날 수 있는 처지가 아니라고 면담을 거절한 것이다. 마침 음력설이 닥쳐 왔기에 사람을 통해 비서실장실로 과자를 보냈는데 그것마저 다시 돌려보냈다. 일절 전화도 받지 않았다.

다음 날은 음력설이었다. 명절 기분이 제대로 날 리가 없었다. 자꾸 불길한 예감이 내 머리를 떠나지 않았다. 하지만 가족들을 생각해서 내색할 수도 없고 겉으로 평온을 유지하기 위해 노력하며 하루를 보냈다. 그날 저녁, 사복 차림의 젊은이들이 집으로 들이닥쳤다. 중정 요원임을 직감했다. 나는 각오를 단단히 해야겠다고 다짐했다. 가족들에게는 잠시 다녀올 것이라고만 말하고 그들을 따라나섰다. 곧 중정 서울 분실에 도착했다.

서울 분실 1층 복도를 지나서 2층 계단으로 올라가는 모퉁이에 방문이 약간 열려 있었다. 열려 있는 문틈 사이로 최세화 과장의 모습이 보였다. 약간 거리가 있는데도 최세화 과장의 얼굴은 잘 보였다. 그는 피부색이 매우 흰 사람이었다. 그런데 양 볼이 붉게 부풀어 있었다. 한눈에 보아도 뺨을 많이 맞은 것이 틀림없었다. 그 순간 내 가슴 속에 불길이 일었다. 중정 요원들을 향해 욕을 해 주고 싶은 강한 충동이 일었다. 최세화 과장과 나는 잠깐 동안 서로 눈이 마주쳤다. 그는 굳은 표정이었으나 당당한 자세로 보였다.

한편 전날 내가 대학 사무실을 나올 때에 사무직 간부가 공포심으로 벌벌 떨고 있는 것이 눈에 띄었었다. 그때 그가 너무 딱하게 보였다. 혹 저런 사람이 잡혀가서 고문이라도 당하면 횡설수설하다 죄 없는 사람 여러 명 잡겠구나 하는 생각이 들었었다. 그가 가엾어 보여서 "자신이 없으면 도망이라도 가라."고 한마디 내뱉고 사무실에서 나왔다. 그때 그 사람의 얼굴이 최세화 과장의 모습과 겹쳐 떠올랐다.

수첩을 씹어 삼키다

많고 많은 날이 있건만 하필이면 가족들에게 가장 소중한 날인 설날에 잡아가다니 정말 김형욱 정보부장이란 사람은 '저질 인간'이라는 소문이 헛소문이 아니구나 생각했다. 나는 저들이 이끄는 대로 서울 분실장실로 들어섰다. 분실장이란 사람은 심 씨였다. 그는 이런 저런 얘기로 말을 돌리더니 드디어 본론을 꺼냈다. 본론을 꺼내기 전까지는 부드러운 음성이었으나 본론부터는 말씨가 달랐다.

"아래층에 연행해 온 최 과장이란 자가 다 불었으니까 우리 피차 고생하지 말고 간단히 끝내자고. 당신이 문홍주한테 얼마 주었다고 하면 그것으로 일이 다 끝나는 것이고, 학교 문제는 이미 종합대학으로 승격이 되는 것인데, 돈 준 사실을 숨길 필요가 없지 않아. 뭐가 겁나서 그래? 오늘은 설인데 부장님도 쉬지 못하고, 우리도 쉬지 못하고, 이런 고생을 하니 답답하지 않으냐고. 더구나 이 사건은 부장님의 특명이 내린 사건이라 하루도 미룰 수가 없어. 그러니 당신이 우리를 좀 봐줘."

반은 유화적으로 반은 협박조로 말했다.

하도 어이가 없어서 나는 대꾸도 않고 듣기만 했다. 내가 나이는 젊다고 해도 적어도 대학의 학장인데 학생 대하듯 반말로 일관하였다. 나중에 안 사실이지만 설날 연행해서 심문하라는 것은 김형욱의 지시라고 들었다. 문학림 비서실장이 모교의 학장을 만나지 못하게 한 것도 김형욱의 심술이라 생각하니 그가 얼마나 지독한가를 짐작하고도 남는 일이었다. 한 시간가량 실장과 옥신각신 말씨름을 하였다. 별 소득이 없어 화가 났는지 실장은 부하를 향해 소리쳤다.

"아래층 취조실에 가서 그 최가 놈 내 방으로 끌고 와!"

한 10분쯤 있다 최세화 과장이 수사관에게 끌려왔다. 분명히 심한 매질을 당한 얼굴이었지만 최 과장은 하나도 겁을 먹은 표정이 아니었다. 수사관이 실장에게 묻지도 않는 말을 하였다.

"이 사람이 다 실토했습니다. 내일 몇 놈 더 잡아 와야 할 것 같습니다."

그런데 그 말이 떨어지자 최 과장은 손가락으로 입을 닦는 시늉을 하면서 내게 신호를 보냈다. 아무런 말도 하지 않았다는 신호였다. 별 심문 없이 최 과장을 데리고 나갔다. 그런데 얼마나 맞았는지 최 과장은 목까지 빨갛게 부풀어 올라 있었다.

요구하는 자백이란 것이 '돈을 주었다.'는 내용인데 실제 그런 일이 없으니 할 말이 없었다. 또한 이미 나는 내가 죽더라도 나의 열정을 이해하고 도와준 사람에게 단 한 올의 피해도 주지 않겠다는 마음을 굳히고 있었다. 시간이 갈수록 실장의 언행이 사나워졌다.

"학장이라고 해서 대접을 하니까 안 되겠구만. 정말 이렇게 수사에 협조해 주지 않으면 학교도 상하고 당신도 상할 터인데 왜 알 만한 사람이 고집을 부리는 거야! 응?"

고함을 질렀다. 그래서 나도 화가 나서 따지고 들었다.

"무얼 누구에게 주었다고 실토하라는 것이오. 정말 사람 미치게 만드는 것은 당신이오."

그러자 어디론가 구내 전화를 걸었다.

"이것 봐, 여기 학장이란 자의 비서라는 놈을 잡아와."

귀청이 떨어지도록 소리 질렀다.

"언제요?"

묻는 말이 수화기에서 흘러나왔다.

"지금 당장 잡아 와. 도망가지 못하게. 빨리."

내가 집에서 끌려온 것은 밤 9시경이었는데 자정이 지난 것 같았다. 나는 몹시 피곤하였다. 실장도 피곤한 것처럼 보였다. 그러면서 밤을 새워야겠다면서 내 주머니 속에서 소지품을 죄다 내놓으라고 했다. 밤새도록 사람을 시달리게 할 것 같았다. 실장은 내 주머니 속에서 나온 수첩을 유심히 들여다보다 책상 위에 적어 놓은 문교부 직원의 명단과 내 수첩에 적어 놓은 문교부 간부들의 이름을 대조했다. 그렇게 해서 찾아낸 이름을 메모지에 따로 기입하였다. 그들을 연행할 것 같다는 생각이 들었다. 실장은 자주 화장실에 출입했지만 나는 독이 올라서 그런지 화장실에도 가지 않았다.

실장이 나와 다투느라 피곤한지 운동하는 시늉을 하면서 복도 쪽으로 나갔다. 육감으로 곧 돌아올 것 같지 않다는 느낌이 들었다. 최세화 과장을 취조해서 얻은 정보를 알고 싶어서 아래층 취조실로 내려간 것이 아닌가 짐작하였다. 그렇다면 당장 되돌아오지는 않을 것 같아서 실장이 자기 책상 위에 놔 둔 메모지를 갈기갈기 찢어서 입에 넣고 씹었다. 내 수첩 전화번호에서 찾아낸 문교부 직원들의 이름을 적어 놓은 메모지였다. 그러나 종이가 목젖에 걸려서 좀처럼 넘어가지 않았다. 목에 걸린 정도가 아니라 한꺼번에 거친 종이를 삼키려니 숨까지 막혀 질식해서 죽을 것만 같았다. 마침 실장 책상 위에 놓여 있는 주전자의 물을 컵에 따라 마시기 시작했다. 힘들게 모두 넘겼다.

일단 큰 숨을 들이쉰 뒤 정신을 차리고 이번에는 내 수첩에 적어 놓은 문교부 관리들의 명단도 다 먹어 버렸다. 수첩 겉장만 남았다. 수첩 겉장은 비닐로 되어 있어서 먹을 수가 없었다. 잠시 후에 실장이 돌아왔다. 매우 피곤한 듯 의자에 앉아서 하품도 하고 기지개도 켜면서 순순히 협조해 주면 서로 고생하지 않고 집에 돌아가서 음력 설도 가족들과 잘 지낼 터인데 왜 자기를 고생시키는 것이냐고 짜증을 냈다.

"답답한 사람은 나요. 문 장관에게 주지 않은 돈을 어떻게 주었다고 합니까. 거짓말을 해도 유분수지 생사람을 잡는 거짓말을 하라니요."

나도 짜증을 냈다. 실장의 얼굴이 상기되면서 나를 쏘아보았다. 그리고는 책상에 있던 것이 없어진 것을 알고 나에게 물었다.

"내가 나간 사이 누가 들어왔나?"

"들어온 사람 없었소."

"여기 책상 위에 놓아 둔 종이 어디 갔어?"

그는 내 수첩도 열어 보았다.

"아니, 이 안에 있는 전화번호는 또 다 어디 갔지?"

내가 먹었다고 했더니 그는 화를 냈다.

"뭣 어쩌고 어째! 먹어? 왜 먹었어?"

"내가 내 수첩을 먹든 말든 실장님이 무슨 상관이오."

그는 어처구니없는 듯 허허 웃음을 흐리고 난 다음 반말을 내뱉기 시작하며 욕설을 퍼부었다.

"야, 임마. 여기가 어딘지 알아? 지금 내가 범인을 조사하는데 수사상 필요한 증거물을 네가 마음대로 먹어 없애?"

"그거 내 수첩이고 내 프라이버시인데 무슨 상관이오. 나는 내 프라이버시를 지킬 권리가 있는 거요."

나는 한마디도 지지 않았다.

"프라이버시 좋아하네! 이거, 이제 보니까 염소 아냐. 고생 좀 시켜야지 안 되겠어."

그리고는 어디엔가 전화를 걸었다.

"비서라는 놈 잡아 왔어?"

저쪽에서 잡아 왔다고 하는 것 같았다.

"그러면 그놈 내 방으로 데리고 와."

잠시 후에 이용우 비서가 얼굴이 바짝 마르고 키가 아주 작은 수사관에게 이끌려 내가 있는 방으로 들어 왔다. 이용우 비서는 나를 보자 잠깐 반가워하는 기색을 보였지만 내가 딱하게 보였는지 곧 울먹거렸다. 원래 이용우 비서는 성품이 여리고 정이 많은 이였다.

실장이 수사관에게 귓속말로 무언가 지시를 하였다. 그리고 우리를 지하로 데리고 가라고 했다. 나는 이용우 비서와 같이 수사관을 따라서 지하방으로 내려갔다.

지하실 방에는 갈탄 난로가 하나 놓여 있고 의자 서너 개가 널려 있었다. 이용우 비서는 수사관의 매서운 눈초리에 이미 기가 죽어 있었다. 이용우 비서는 나보다 두 살 더 나이가 많았다. 워낙 살이 없는 체질이라 바짝 마른 수사관보다 더 말랐다. 천성적으로 매우 왜소한 체격이다. 그가 모진 고문을 당하면 어쩌나 불쌍하고 걱정이 되었다.

수사관은 나를 앉혀 놓고 온갖 것을 이용우 비서에게 질문하였다. 대답이 시원치 않으면 손바닥으로 이용우 비서의 뺨을 때렸다. 매우 강하게 때렸다. 그 방면에는 기술자라서 그런지 몸은 작은 수사관이 때리는 솜씨가 아주 독하고 매서웠다. 이용우 비서의 얼굴이 뻘겋게 부어올랐다. 한 차례씩 수사관의 손찌검이 있을 때마다 이용우 비서는 아이쿠 하면서 비명을 질렀다. 이용우 비서는 매질을 당할 적마다 내 얼굴을 쳐다보면서 용서해 달라고 손을 비볐다. 누구에게 용서를 비는 것인지 애매한 가운데 무턱대고 손을 비볐다.

그가 안쓰러워 내가 수사관에게 사정을 하면서 그 사람은 아무것도 모른다고 하니까 수사관은 코웃음을 치면서 비서가 아무것도 모르면 허수아비 비서였느냐고 또 손찌검을 하였다.

나는 화가 났다. 차라리 나를 때리라고 소릴 질렀다. 그러니까 누구한테 소릴 지르느냐고 나에게 욕설을 퍼부었다. 아예 잠을 재울 생각이 없는 모양이다. 나도 독이 오르기 시작했다. 수사관이 이용우 비서에게 묻는 요지는 내가 어디에 자주 가고, 문 장관하고 어디서 만나느냐는 것이었지만 이용우 비서는 전혀 모른다고 했다. 그는 모를 수밖에 없었다. 장관을 만나든 누구를 만나든 나는 주로 택시를 이용하였기 때문에 비서는 퇴근 후에 내 행방을 알 수가 없었다. 아무리 매질을 해도 모른다는 말이 사실인데 자꾸 사실을 고하라고 때리니 이처럼 억울하고 통분한 일이 어디 있을까. 매를 맞는 비서가 불쌍하고 딱해서 볼 수가 없었다. 민망하기 짝이 없었다. 내가 매를 맞는 것보다 더 힘이 들고 참기가 어려웠다.

수사관은 잠시 밖으로 나가서 상사와 의논하는 것 같았다. 그런데 돌아와서는 엉뚱한 질문을 했다. 이용우 비서가 횡설수설하는 바람에 손으로 때리는 것이 아니라 이번엔 갈탄을 푸는 작은 쇠 부삽으로 비서의 다리와 허리 등을 사정없이 때렸다. 이용우 비서는 기절하였다. 기절한 비서의 얼굴에 물을 뿌렸다. 다시 깨어났다. 뼈가 부서지지 않은 것이 천만다행이었다.

기절을 하고 나서 이용우 비서의 입에서는 내 생전 들어 보지 못한 사람들의 이름이 막 쏟아져 나왔다. 제정신이 아니었다. 이 비서는 날 보고 살려 달라고 울면서 애원을 하였다. 그를 살리려면 없는 사실을 허위로 말해야 했다.

"당신은 부하가 이렇게 매를 맞는데도 입을 다물고 있을 작정인가?"

수사관은 나에게 고함을 질렀다.

수사관은 "문홍주에게 얼마를 주었다고 말만 하면 일이 쉽게 끝날 것인데 부하 직원을 이렇게 고생을 시키느냐."며 나에게 온갖 욕설을 다 퍼부었다. 정부가 나에게 그리고 대학에 대해서 이렇게 하여도 되는 것인가 분노가 폭발할 듯했다. 내가 당장 죽는 한이 있더라도 그 수사관을 내 주먹으로 실컷 때려서 요절을 내고 싶었다. 그래도 울분이 풀릴 것 같지 않았다.

나는 울고 있는 이 비서에게 "내가 문 장관에게 돈 준 사실이 없는데 당신을 때리고 고문한다고 주지 않은 돈을 주었다고 거짓말을 할 수 없는 것."이라고 말했다.

"난 죽어도 내가 살기 위해서 거짓말을 해서 남을 죽일 수는 없어."

큰 소리로 말했다. 악에 받쳐 자연 목소리가 커졌다. 수사관은 약이 올랐다. 독을 품고 우리를 죽일 듯이 또 매질을 하였다. 김형욱이란 중정 부장이 얼마나 독하게 지시를 했을까.

"이런 식으로 남파 간첩을 다루듯 생사람을 잡아도 되느냐!"

울화가 치밀어 악을 썼다. 이용우 비서는 두 번 내 앞에서 기절했다. 그때마다 그의 머리에 물을 퍼부었고 그러면 다시 깨어났다.

수사관은 나에게 많은 놈을 다루어 보았지만 너같이 지독한 놈은 처음 봤다고 입에 담을 수 없는 욕설로 화풀이를 했다.

"자기 부하가 매를 맞으면 사실을 토설해야지, 에이 나쁜 놈!"

침을 뱉듯 한마디 하고는 밖으로 나갔다. 이 비서는 계속 아파서 우는지 억울해서 우는지 울기만 하고 있었다. 한참 시간이 흘러서 아침이 되었다. 우리는 밤을 새우면서 추궁을 당하며 매를 맞았고 분해서 이를 갈았다.

창문이 없는 지하방이라 아침 시간을 알 수가 없었다. 손목시계는 압수된 채 보관되어서 볼 수가 없었고, 지하 조사실에는 벽시계도 없어서 시간을 알 수가 없었다. 지하실의 난롯불이 꺼져 가자 방 안이 추워졌다. 이용우 비서는 추위에 떨기 시작했다. 내가 저고리를 벗어 어깨 위를 덮어 주었다. 이 비서는 아파서 우는 것이 아니었다. 그는 억울하다고 했다. 억울해서 울고 있었다. 나는 위로해 주었다. 내가 미안하다고 용서를 빌었다. 이 비서를 보호하지 못해서 미안하지만 이 비서를 매 맞지 않게 하기 위해서 거짓말을 할 경우 여러 사람이 피해를 본다는 사실을 말해 주었다. 나는 끝까지 문 장관을 보호하기 위해서 사력을 다했다.

아침이 되었는지 설렁탕이 배달되었다. 나와 이 비서는 먹지 않았다. 수사관이 먹지 않는다고 욕을 하고 나갔다.

갑자기 중앙정보부 이용택 수사과장이라는 이가 서울 분실로 나를 보러 왔다고 한다. 나는 아침을 굶은 채였다. 서울 분실 안에 오지 않고 밖에서 본다고 했다. 서울 분실 정문 근처에 있는 한 여관 2층으로 안내되었다. 저녁도 굶고 아침도 굶었다. 그런 데다 꼬박 밤을 새웠던 탓으로 여관방에서 한기를 느껴 몸이 떨렸다.

이용택 수사과장이 자기 자신을 소개하였다. 자기는 중정 수사과장으로 이번 김형욱 부장의 특명으로 단국대를 종합대학으로 승격을 시키기 위해서 문홍주 장관에게 금전을 제공한 혐의를 조사하도록 지시를 받았다고 했다. 그렇지만 자기가 정면으로 나타날 수가 없었다고 설명을 하였다.

난 눈을 감고 말없이 그의 말을 한 마디도 흘려보내지 않고 다 들었다. 그는 이때까지 수사에서는 아무런 혐의가 없는 것으로 나타났다는 것과 끝까지 장 학장이 혐의 사실을 전부 부인하기 때문에 이 사건이 단 한 발도 진전되지 않고 있으니 수사과장인 자기 입장이 매우 난처하다고 말하면서 자기는 단국대와 장 학장을 돕고자 하는 사람이라고 말하였다.

"그래서 내가 중정 구내가 아닌 동네 여관에서 장 학장을 만나는 것이오. 그러니 모든 사실을 기탄없이 말해 주면 내가 책임지고 종합대학 승격에 대한 문제에 대해서는 어떤 불이익도 없게 할 것입니다. 단, 문홍주 장관과 문교부 관련자들만을 처벌하는 것으로 국한할 것이니 나를 믿어 주시오."

김형욱 부장이 문홍주 장관을 잡기 위해 강압 수사를 하는 것임을 다시 한 번 확인할 수 있었다. 나는 침묵으로 일관하였다. 이용택 수사과장은 자기를 믿어 달라고 재삼 간곡히 말했다. 그러면서 자기의 신상을 털어놓았다.

"사실 나는 장 학장의 큰형님을 잘 압니다. 우리는 군 동기로 같은 부대에서 근무했어요. 나는 사실 단대 6회 졸업생으로 범정 선생님이 장학금을 주셔서 공부할 수 있었던 거요. 그러니 단대는 모교이고, 범정 선생님은 나의 은인이시며, 장 학장의 형 장용식은 내 친구요. 나라고 어찌 팔이 안으로 굽지 않을 것이오. 나를 믿고 모든 사실을 말해요."

그는 사정조로 수사에 협조를 부탁하였다. 그래서 묵묵히 말을 듣고 있던 내가 말하였다.

"수사과장을 믿을 것입니다. 그러니 수사과장도 내 말을 믿어 주신다면 내가 자초지종 다 말하리다."

그렇게 말하니까 이용택 수사과장은 만면에 희색을 띠면서 고맙다고 좋아하였다. 나는 모든 것을 사실대로 말했다.

"처음 문홍주 장관이 단대의 종합대학 승격은 절대로 안 된다고 했어요. 그래서 백방으로 알아본 결과 고대 왕학수 교수 소개로 청와대 권상하 정보비서관을 알게 되었었던 거요. 권 비서관을 통해 박정희 대통령께 직접 면담하고 종합대학 승격을 민원적 차원에서 탄원했고, 그 결과 우리의 뜻이 성취된 것이지 문홍주 장관이 우리를 봐주기 위한 차원에서 이루어진 것이 아닙니다."

나는 대통령을 만나서 호소하고 총리에게 읍소한 일 등, 저간의 사정을 알려 주었다. 이용택 수사과장은 깜짝 놀라면서 그것이 사실이냐고 반문하였다. 그러면서 어떻게 된 일인지 이런 사실을 전혀 모르고 수사를 했다며 일이 커졌으면 자기는 많은 문책을 받게 되었을 것이라고 미소 지었다.

그는 자기는 항상 어디서나 모교 일을 돕겠다고 하면서 밖에서 대기하던 직원에게 지필을 가지고 오라고 했다. 그리고 내가 지금껏 말한 모든 내용을 진술서에 진술하라고 했다. 나는 소상히 진술하고 내 손가락에 인주를 발라 지장을 찍었다.

훗날 알아본 바에 따르면 이용택 수사과장이 음력설 다음 날 나타나게 된 것은 그 전날 밤에 오치성 의원과 김형욱 중정부장 간에 심한 언쟁이 있었기 때문이라고 했다. 오치성 의원에게 단국대 수사와 나의 연행 소식이 들어갔고 이에 오 의원이 분개한 것이다. 오치성 의원은 소식을 듣고 김형욱 부장에게 강력하게 항의를 했다고 했다.

"너 우리 모교 학장을 그것도 설날에 연행해 갈 수 있는 거야? 너는 왜 사사건건 단대 일을 방해하는 거야."

나중에 오치성 의원은 공화당 사무총장에 임명되기도 했지만 박정희 대통령의 강력한 신임을 받으며 국회에서 활약하고 있었다. 대통령의 심복이라 인정되는 오 의원의 말을 김형욱 부장도 무시할 수는 없었다. 결국 이용택 수사과장이 직접 나서서 상황을 정리하게 된 것이다. 거기에 대통령이 직접 민원을 청취해 이를 도우라는 지시가 있었다니 사학과 장관의 부패 스캔들로 몰려던 김형욱 부장도 머쓱할 수밖에 없었다. 오치성 의원의 강력한 항의와 전말을 듣고 김형욱은 우리 대학에서 손을 떼게 됐던 것이고 결국 나를 볼모로 잡고 문장관을 정치적으로 몰락시키겠다는 생각을 포기하기에 이른 것이다.

그런데 내가 진술서를 제출하고 정보부 서울 분실을 나올 적에 분실장이 부하 수사관에게 우석대학교 총장과 이사장 그리고 직원들을 모조리 잡아 오라는 지시를 내리는 말을 들었다. 나는 서울 분실을 나오자마자 이용우 비서는 차에 태워 병원으로 보내고 나는 집으로 가지 않고 우석대학 이사장 집으로 차를 몰고 갔다. 우석대학교 김두수 이사장은 나와는 이웃에 사는 친구였다. 그의 집은 매우 컸는데 낙산 밑에 있다고 해서 낙산장이라고 불렀다. 내가 달려갔을 때 김두수 이사장은 늦잠을 자고 있었다. 어젯밤에 술을 마신 것 같았다. 비서에게 이사장을 깨우라고 일렀다. 그리고 나는 그의 방으로 들어가서 다급히 말했다.

"이 사람아, 빨리 일어나라. 중정에서 자네 잡으러 오고 있어!"

당황한 김 이사장이 옷을 입기도 전에 중정 수사 요원 여러 명이 집 안으로 들이닥쳤다. 그들은 집 안을 뒤지기 시작했다. 그들은 나를 보자 깜짝 놀라면서 뜻밖이라는 듯 말했다.

"아니, 이 사람이 자기 집으로 안 가고 왜 여기에 와 있어."

그러나 그들은 내게 오래 시선을 두지는 않았다. 오직 보물찾기 하듯 방마다 뒤지고 온갖 서류를 챙겨서 차에 실었다. 그리고 김두수 이사장을 운전수, 비서 등과 함께 중정으로 연행해 갔다.

후에 비서와 운전수가 매를 많이 맞았다는 소문을 들었다. 우석대학교 김두수 이사장 일행이 중정 요원에게 연행되어 가는 모습을 보고 심히 마음이 상했다. 개인적인 요청을 들어주지 않았다고 보복을 일삼는 정부의 고위층 인사들, 특히 정보기관이나 수사기관을 책임지고 있는 사람들이 공권력을 이용해 개인의 이권에 개입하는가 하면 사적 감정의 분풀이를 일삼는 치졸함에 화가 치밀었다. 심지어 서로 협력하고 양해해야 할 정부의 기관장을 대상으로 암투와 음모를 일삼는 데는 나라가 심히 걱정되기까지 했다. 더구나 권력을 휘두를 위치가 아닌 문교부 장관에게 보복을 하기 위해 증거도 없이 애매한 사람을 불러다가 심문과 고문을 일삼는 직권 남용은 중벌을 받아야 마땅한 일이다.

나중에 밝혀지지만 김형욱이라는 인간은 기본적인 양심도 갖추지 않고 오직 욕심으로 뭉쳐진 사람이라고 한다. 선량한 사람들이 그러한 관료에게 밉게 보이기만 하면 바로 표적이 된다니 얼마나 많은 무고한 사람들이 고생을 했을까, 분노를 느끼지 않을 수 없었다.

자리다툼에 희생되다

중정 분실에서 풀려나고 며칠이 지났다. 문교부 오성식 국장으로부터 전화가 걸려 왔다. 나는 오성식 국장이 내가 나온 휘문중학교의 선배라는 말은 들었지만 만난 적은 없었다. 이번 종합대학 승격 추진과 관련해서도 그를 만난 일은 없었다. "갑자기, 그것도 중앙정보부에서 고초를 겪은 일을 문교부 내에서 알 만한 사람은 다 알고 있어 나를 만나는 것을 꺼려할 텐데……."라는 생각으로 그를 만나게 되었다.

그러고 보니 중정 서울 분실에서 조사를 받을 적에 수사관이 내게 문교부의 오성식 국장을 잘 아느냐고 물은 적이 있었다. 그때 나는 그가 휘문중학교 선배라고 대답했다. 오성식 국장을 만난 적이 있느냐고 다시 물어서 만난 적이 없는 사람이라고 말했다. 그런데 수사관들끼리 하는 말이 얼핏 스쳤다.

"이 자식이 인사에 불만을 품고 투서한 것 아냐!"

경황이 없는 상태라 그때는 그 말이 무슨 뜻인지 그냥 흘려보냈다. 나랑 아무 상관도 없는 사람이기에 그 말을 곰곰이 생각해 볼 만큼 여유가 없었던 것이다. 당장 나의 수하 직원이 매를 맞고 고통을 받고 있는 상황에서 오로지 분한 심정만이 전신을 휘감고 있을 뿐 다른 것을 생각할 여지가 없었다.

그런데 중정에서 나온 후 며칠이 지났을 때 바로 그 '문교부 오성식 국장'으로부터 전화가 온 것이다.

"장 학장, 나하고 좀 만났으면 좋겠는데……."

음성이 퍽 부드럽게 느껴졌다.

"무슨 일인데요?"

"전화상으로 말하기는 좀 그렇고……. 내가 좀 도와주고 싶은 일이 있어서 그래."

느닷없이 도와주겠다는 말에 나는 의혹이 앞섰다.

"무슨 일로 왜 저를 돕겠다는 겁니까?"

"자네가 휘문 내 후배가 아닌가."

"그렇다는 이야기는 들었습니다만……."

내가 무언가 석연치 않은 투로 대하자 그는 좀 더 다가서는 듯 말을 이었다.

"장 학장, 앞으로 정부 차원에서 실험 기자재 등 많은 것들을 외국에서 들여올 것인데 자네 생각이 나서 제일 먼저 자네한테 전화하는 것일세."

그러면서 좀 만나자고 했다. 나는 그가 선배라는 말만 들었지 어떤 사람인지는 전혀 몰랐다. 만나자는 말에 내가 대답을 하지 않고 있으니까 그는 내일 시간이 있느냐고 물었다.

"내일 만나야 할 정도로 급한 일인가요?"

나는 다시 묻지 않을 수 없었다.

"내가 좋은 분을 소개해 주려고 그래……. 앞으로 자네 대학을 크게 도와줄 수 있는 분이야."

"그분이 누구신데요?"

"서울대학 유기천 전 총장님이야."

나는 뜻밖의 말에 놀라지 않을 수 없었다. 서울대학 전 총장이라면 우리나라의 석학 중에 석학인데 나 같은 사회 초년생에게 그런 인물을 소개시켜 준다니 순간 감사하다는 생각이 들어서 고맙다고 말했다.

유기천 박사는 이에 앞서 서울대생들의 한일 국교 정상화 반대 시위가 가열되자 교내에서 권총을 휴대하고 다닌 사실이 드러나 총장직을 사임한 바 있다. 그러나 사임 후에는 서울대 총장 공관을 그대로 사용하고 있었다. 오 국장은 이런 유 전 총장과 막역한 관계를 유지하고 있었다.

"내일은 토요일인데 오후 2시쯤 시간을 낼 수 있나?"

"시간을 내겠습니다."

"내일 오후 2시에 동숭동 서울대학 문리대 건물 뒤 총장 공관으로 오지."

말을 마치자 하하하, 크게 웃으면서 말했다.

"그래서 선후배가 좋다는 것 아닌가."

여운을 남기고 오성식 국장은 전화를 끊었다. 면식이 없는 문교부 국장이 나와 우리 대학을 돕기 위해서 서울대 유기천 전 총장을 소개해 준다니 나쁘지 않은 일이다. 이제 종합대학에 걸맞은 발전 계획을 세우려면 이런 분들의 도움이 필요하기에 기꺼운 마음으로 약속을 잡았다. 그날 저녁 나는 전화했던 내용을 아내에게 다 말해 주었다. 아내는 미심쩍은 심정을 드러내며 사람 만나는 일을 조심하라고 했다.

"그분이 어떤 분인데 당신을 돕는다는 거예요? 서울대 전 총장이 왜 단국대를 돕는 일을 한다는 말입니까. 어쩐지 사리에 맞지 않는 일인 것 같잖아요?"

아내의 말을 들으니 일리가 있다고 생각했지만 일단은 서울대 전 총장 공관으로 간다고 약속을 했으니까 가 봐야겠다고 생각했다.

"가 보고 그분들이 무슨 말을 하든 난 듣고만 올 것이야."

아내와 대화를 하다 보니 문득 중정에서 조사받던 일이 생각났다.

'문교부 오성식이라는 놈이 투서한 것 아니야.'

수사관들끼리 주고받던 말이 떠오른 것이다.

그러고 보니 오성식이라는 인물에 대해서 의문 나는 점이 많았다. 각별히 조심해야겠다고 생각하며 서울대 전 총장 공관을 찾아갔다. 오성식 국장이 먼저 와 있었다. 처음 보는 분인데 중학교 선배라 그런지 매우 친절하고 호탕하게 보였다. 그 친절함에 어딘지 모르게 내 비위를 맞추느라고 과잉한다는 느낌이 들었다. 자연스럽지 못한 태도로 보였다. 첫 인상이 『삼국지연의』에 나오는 여포(呂布)와 같다는 인상을 받았다. 직감적으로 조심할 사람이라는 생각이 들었다.

잠시 후 유기천 전 총장이 응접실로 들어왔다. 정중히 인사를 올렸다. 나는 무슨 말이 나오나 하고 긴장한 마음으로 그분의 말을 기다렸다. 분명히 유럽에서 들여오는 대학의 각종 실험 기자재를 지원받게 해 준다고 오라고 했는데 그 말은 나오지 않고 대화가 겉돌기만 했다. 엉뚱하게 오 국장이 혼자 하는 말처럼 뇌까렸다.

"유 전 총장님은 박 대통령으로부터 존경과 신임을 받는 분인데 곧 문교부 장관이 될 사람이니까 장 학장이 이번에 공을 세우면 좋겠어…….”

“제가 무슨 공을 세웁니까?”

내가 물으니까 지난번에 중정에서 조사받은 일을 꺼냈다.

“자네가 얼마 전에 중정에 연행당해서 조사를 받았지 않은가? 그 일은 김형욱 부장이 문홍주 장관과 그 일당들은 면직시키려고 벌인 것인데 자네가 문홍주 장관에게 돈 준 사실이 없다고 끝까지 문 장관을 감싸고 버티는 바람에 낭패가 되었네.”

그 말을 듣는 순간 피가 거꾸로 올라오는 것 같았다. 또 이런 장난을 하자는 건가……. 마음이 얼어붙었다. 그는 말을 이어 갔다.

“지금 문교부는 경상도 놈들이 다 해 먹는 판에 우리 이북 출신이라고 늘 찬밥 신세로만 있을 수 있겠어? 자네도 고향이 이북이 아닌가, 그리고 유기천 전 총장도 이북이야. 나도 평양이지, 홍종철 장관, 이석재 장관들 다 이북 출신이야. 그리고 김형욱 부장도 이북 출신이야. 그러니 이번 기회에 자네가 공을 세우게.”

“무슨 공을 세운다 말입니까?”

“항간에는 자네가 문홍주 장관에게 돈을 주어서 종합대학이 되었다는 소문이 파다한데 그 사실을 유기천 전 총장에게 말해 주면 당장 유 전 총장이 박 대통령에게 보고할 것이고 그래서 문홍주 장관이 쫓겨나면 유 전 총장이 장관이 되어서 단대를 많이 도와줄 것이 아닌가.”

너무나도 놀랍고 어처구니없는 말이었다. 이런 사람들의 음모에 의해서 국무회의에서 문교부 장관이 고전했구나 하는 생각이 들었다. 나는 그들의 말을 더 들을 수가 없었다.

"남을 음해하고 모함해서 장관이 되면 어디 그것이 양심 있는 사람들이 할 짓입니까!"

욕 한마디 하고는 공관을 나왔다. 오성식 국장이 따라 나왔다.

"자네 오해야. 내 말을 끝까지 듣고 가는 것이 좋을 것이야. 좋은 기회를 놓치면 후회해."

만류하는 것을 뿌리치고 나는 그길로 문홍주 장관실로 직행했다. 문홍주 장관은 내가 중앙정보부에 가서 곤혹스러운 일을 당했다는 소식을 듣고 많이 걱정했다고 하면서 위로를 해 주었다. 나는 내가 당하고 겪은 일과 학교 직원이 매를 맞은 일, 더구나 나를 지하실에 데리고 가서는 내가 보는 자리에서 내 비서를 두들겨 패면서 물리적 고문을 가해 혼절하게 했던 사실을 다 보고했다.

이 사건은 이미 수십 년의 세월이 흘러간 일이지만 나로서는 문홍주 장관에게 일전 한 푼 준 사실이 없는데 문교부 오성식 국장이 문 장관을 모함하기 위해 정보부에 투서를 해서 만들어 낸 사건이었다.

우리 대학뿐 아니라 모 대학교 총장과 이사장, 교직원들도 연행되어 가서 문교부 간부들에게 돈과 선물을 준 사실을 실토하는 바람에 많은 사람들이 매를 맞고 나왔다는 말을 들었다. 문홍주 장관은 이런 사실을 정일권 총리에게 다 보고하였다고 한다. 이 일로 인해 오성식 국장은 대구의 어느 국립대학으로 좌천되어 갔다고 한다.

36세 총장의 탄생과 맹세

1967년 2월 드디어 단국대학은 명실공히 종합대학으로 승격되었다. 내가 단국대학 학장으로 부임한 후 약 70여 일 만에 단과대학에서 종합대학으로 승격된 것이다. 나이가 어리다고 학장 선임을 반대했던 재단 이사들도 이번에는 당연히 총장이 되어야 한다며 나를 총장으로 임명하였다. 우리 대학은 전국에서 25번째로 종합대학이 되었고 나는 당시 36세의 나이로 전국의 대학 가운데 가장 젊은 총장이 되었다. 지금도 이 같은 예는 없다. 당시 학교 규모는 야간 학부를 주간부로 통폐합하여 3개 학부로 편성해 전체 학생 정원은 약 1,200여 명이었다.

1967년 3월 1일, 나는 단국대학 초대 총장으로 취임했다. 총장 취임식에는 국무총리가 왔다. 그동안 우리 대학 행사에는 장관도 오지 않았었는데 정일권 총리가 와서 총장 취임을 축하해 주고 기뻐해 주었다. 오치성 의원을 비롯한 정계의 주요 인사들도 많이 왔다. 그분들은 매를 맞아 가면서도 문홍주 장관을 지키기 위해 끈질기게 버틴 우리들의 양심과 의리에 감동했다고 위로와 찬사의 말을 들려주었다.

대학은 권력 앞에서 힘을 쓸 수 없는 존재일지는 몰라도 대학을 대표하는 대학의 장은 정의와 인간적 의리를 지키기 위해서는 목숨을 내놓고 싸워야 한다는 교훈을 다시 한 번 깨달았다. 그리고 그것을 우리 대학 전체 교직원에게 보여 줌으로써 업무를 수행하는 데 작으나마 지표가 될 수 있으리라 생각했다. 나는 정의를 위해서는 권력 앞에 양심을 팔지 않았고 앞으로도 그런 각오로 살겠다고 다짐하였다.

또 하나 내가 스스로에게 약속한 것이 있다. "내 생전엔 정부의 녹을 먹지 않겠다."는 맹세였다. 권력의 비정한 이전투구를 체험하면서 그 과정에 연루되면 결국 나의 양심이나 소신을 지키지 못할 것이고 단국대학 역시 지키지 못하리라는 생각에서였다. 나중에 내 사회적 경력이 두터워지면서 문교부 장관이나 총리의 물망에도 올랐지만 나는 어떤 정부의 각료 입각 제의에도 고개를 저었고 평생 대학인의 지위로 만족하며 살아왔다.

내가 총장으로 취임하는 날 김형욱 중앙정보부장이 정일권 총리를 따라오기도 했다. 취임식은 문리대 운동장에 만든 특별 연단에 천

종합대학 승격 후 한국 대학 역사상 최연소인 36세에 초대 총장으로 취임하여 대학의 비전을 제시하는 중재(1967. 3)

초대 총장 취임식과 입학식

막을 치고 치렀다. 취임식을 시작하기에 앞서 하객들을 총장실과 회의실로 안내했다. 자리가 좁을 만큼 하객들로 꽉 찼다. 그런데 나는 손님을 접대하는 직원에게 회의실에 들어온 김형욱 중정부장에게만은 절대로 의자를 권하지 말라고 지시했다. 그가 어떻게 무슨 생각으로 왔는지는 묻지도 않았고 깊이 생각도 해 보지 않았다.

회의실에 오신 귀빈들이 다들 의자에 앉아 있었으나 김형욱 중정부장에게는 자리를 권하는 사람이 없어서 회의실 입구에서 한참 머쓱하게 서성이다가 돌아갔다. 권력이란 참으로 허망한 것이란 생각이 들었다.

내가 총장이 된 후 중정의 이용택 수사과장이 서울 분실 수사관들과 함께 나를 초대했다. 총장이 되었다고 축하해 주겠다는 뜻이라고 했다. 아울러 자기들이 조사를 했던 최세화 과장과 이용우 비서를 위로해 준다고 함께 불렀다. 장소는 '오진암'이라는 요정이었다. 사양할까 했으나 이용택 수사과장이 우리를 많이 도와주었다는 말을 들은 적이 있어서 초대에 응하기로 했다. 김형욱 정보부장의 특명 수사인데도 그의 마음을 돌리느라 애를 많이 썼다는 것이다. 그랬기 때문에 수사관들의 고문이 그나마 가벼웠다고 했다. 그래서 이용택 과장에 대해서는 적으나마 호감을 가지고 있었다. 당시 이용택 수사과장이 아니었다면 고문 전담자에 의해 심한 고문을 받았을 것이란 생각도 들었다.

'오진암'이라는 곳은 매우 화려한 요정이었다. 주로 고위급 관료들과 사회의 유명 인사들의 출입이 빈번한 곳이라고 소문으로 알고 있었다. 그 자리에는 이용택 수사과장과 나를 조사한 실장, 그리고 최세화 과장을 조사한 조 계장과 이용우 비서를 조사하고 매질한 수사관도 와 있었다. 한동안 어색한 분위기가 감돌았다. 난 내가 술을 즐기지 않는 사람이기도 했지만 정말 술 마실 기분이 전혀 없었다. 조사받는 과정에서 매질한 사람들과 희희낙락 술 마실 마음이 생길 리가 없었다.

수사관들은 직업적으로 사람들을 잡아서 취재하고 목적한 정보가 나올 때까지 욕하고 매질하는 짓이 다반사로 늘 하는 일이라 그런지 우리들을 때리고 취조하고 욕설을 퍼부었던 일을 다 잊은 듯이 매우 태연하고 자연스러웠다. 그들은 한참 취기가 돌고 기분이 고조되자 속마음을 다 털어놨다. 그 자리에서 그 사람들이 말하기를 문홍주 장관을 잡으려고 일이 시작되기도 했지만 그 실마리는 문교부의 오성식 국장이 만들었는데 그의 투서로 사건이 시작되었다고 하였다.

오성식의 배후에는 권오병 법무부 장관과 유기천 전 서울대 총장이 가담하고 있었다고 한다. 물론 무고로 끝난 일이나 막강한 권력의 역학 관계가 받치고 있어서 동경대 법학과 출신과 경성제대 출신들 간의 세력 다툼으로 서로 상대를 관직에서 몰아내려는 목적을 가지고 진행되었던 일이라고 했다. 그래서 단국대학의 종합대학 승격 문제로 인해 단국대학 측과 문 장관 사이에 은밀한 비리가 있을 것으로 보고 나를 족치면 문 장관에게 뇌물을 준 사실을 쉽게 자백을 받을 것으로 예견했지만 예측이 빗나갔다고 했다.

그것은 결국 장 총장의 인간적 의리가 무모한 모략극을 무력화할 수 있었던 일이라는 것이다. 그래서 자신들은 그런 인품을 가진 장 총장을 인간적으로 좋아하게 되었다고 했다. 그들 수사관들도 나름대로는 인간들의 가치를 판단하는 기준이 있었던 모양이다. 나를 앉혀놓고 내 비서를 매질하면 분명 내 입에서 문홍주 장관에게 돈 준 사실을 폭로할 것이라고 믿었는데 내가 완강히 반발해서 뜻밖이라고 했다. 그들은 나를 보고 이용우 비서가 매를 맞아 죽어도 절대로 입을 열지 않을 인간이라고 생각하게 되었다고 했다. 내 인상이 귀가 커서 덕은 있으나 겁이 많은 사람일 줄 알았는데 아주 독종 중의 독종이라는 말도 했다. 그 말에 좌중이 모두 웃었다.

나도 한마디 하였다. 나는 결코 목숨을 구걸하며 비굴하게 살고 싫지 않고 죽어도 단종 복위를 위해 인두질을 당하는 혹독한 고문을 받으면서도 죽음을 택한 성삼문 등 사육신처럼 살다가 죽는 것이 나의 인생철학이라고 일러 주었다.

법무부 장관의 과잉 행동

총장 취임 이후 정신없는 시간을 보내던 1967년 4월이었다. 어느 날 총장실에서 밖으로 나가려는데 나이가 40대 중반쯤으로 보이는 낯선 두 사람이 비서실로 들어왔다. 나는 그들에게 어디서 오신 누구냐고 물었다. 그들은 대검찰청 수사관이라고 하면서 총장을 만나러 왔다는 것이다. 그리고 날 보고 총장이 안에 있느냐고 물었다. 나는 무엇인가 눈치가 예사롭지 않아서 잠깐 학교 순시 중이시라고 거짓말을 하였다. 그러니까 그들 중 하나가 나를 보고 당신은 누구냐고 물었다.

"총장 비서입니다."

내 말에 그는 고개를 끄덕이고는 총장이 돌아올 때까지 기다리겠다고 하면서 대기실 소파에 앉았다. 내가 워낙 젊으니 총장보다는 비서라고 둘러대도 의심하지 않았다. 나는 총장실에서 나오자 상무이사실로 갔다. 재단 상무이사에게 지금 대검에서 수사관 둘이 와서 나를 찾는데 무슨 일로 찾는가 알아보라고 부탁하고 차를 타고 외출을 했다. 한참 있다가 공중전화로 상무이사에게 물었다.

"수사관을 만나 보았어요?"

"네, 중정에서 수사 받은 일로 또 나왔다는데요."

일전에 중앙정보부 수사관들과의 술자리에서 사건을 만들어 내려는 배경을 들었기에 직감적으로 짚이는 데가 있었다. 중정에서 무혐의로 결론을 내리자 이번에는 권오병 법무부 장관이 대검에 지시해서 다시 수사를 하려는 것이었다. 사건은 하나인데 한 번은 중정에서 수사하고 혐의가 없다고 풀어 주니까 이번에는 대검에서 수사를 한다고 하니 너무 어처구니가 없었다. 문 장관에게 돈 준 사실이 전연 없다는 것이 밝혀졌는데 수사를 두 번 당하는 일이 너무 억울하고 교직원들의 사기를 많이 위축시킨다는 생각을 하다가 중정 서울 분실장에게 전화를 걸었다.

"아니 중정에서 수사한 것이 믿을 수가 없어서 대검에서 재수사를 하겠다고 하는 것입니까?"

내 말에 중정 분실장이 매우 화를 냈다.

"이 자식들이 우리 중정을 무엇으로 알고 그래……. 장 총장, 대검에서 오라고 해도 가지 마시오. 우리가 책임질 테니……."

이런 항의 때문인지 그 후 중정에서는 문교부 문홍주 장관 집과 전 문교부 장관으로 재직하고 있다가 법무부 장관으로 자리를 옮겨 간 권오병 장관 집을 수색했다고 한다. 그런데 문홍주 장관 집에서는 혐의가 될 만한 것이 나온 것이 없는데 권오병 장관 집에서는 모 대학에서 보낸 금수저가 여러 벌 나왔다고 하였다. 관계자들을 불러 조사를 더 해 보니 어느 사립대학에서 문홍주 장관에게도 보냈는데 문 장관은 보낸 날로 비서를 시켜서 되돌려 보냈다는 것이다.

문홍주 장관을 잡기 위해서 우리 대학으로부터 금품을 받은 것이 있을 것이라는 짐작으로 재수사를 강행한 법무부 장관은 자신이 전임했던 문교부 장관 시절 모 대학에서 종합대학 승격을 위해서 보낸 청탁성 선물을 받은 것이었다.

나는 나중에 중정 수사 요원들에게서 이런 얘기를 들었고 그래서인지 이후 종합대학 승격과 관련된 정부 내 갈등이 나와 우리 대학으로 확전되는 일은 없어졌다.

총장 취임의 첫 선물(?) - 8천만 원의 부채

대학이 종합대학으로 승격하고 보니 대학의 기구와 조직의 명칭이 달라져야 했다. 먼저 다뤄야 할 문제는 직제 개편이었다. 학장이 총장이 되고 학생과, 교무과, 총무과 등이 처로 승격하고 과장직 외에 처장직을 신설했다. 동시에 종전 학과 편제를 문리대, 법정대, 공과대 3개 대학 17개 학과로 재편했고 이에 따른 학장을 임명해야 했다.

각 단과대학 학장은 총장이 제청하여 이사회의 결의를 거쳐 이사장이 임명하도록 되어 있었다. 그런데 내가 학장을 제청하기도 전에 장익위 상무이사가 자기들 구미에 맞는 나이 많은 교수들을 학장으로 임명하라고 명단을 내려보낸 것이다. 총장인 나의 의견은 전혀 물어보지도 않고 재단 이사 몇 사람이 만나서 결정하였다고 했다.

종합대학 승격 뒤 첫 보직자 인사를 총장인 내가 주도할 수 없다는 것은 비상식적이고 분개할 일이었다. 그러나 나는 인내하기로 했다. 자칫 총장이 되더니 대학을 자기 마음대로 한다는 식의 비방으로 시끄러워지는 일을 보고 싶지 않았다. 결국 장익위 상무이사는 젊은 교수들에게 보직을 주는 것을 매우 위험시하여 나에게는 한마디도 물어보지 않고 나이 많은 이영규 교수를 법정대 학장으로 임명하고 손선관 교수를 공대 학장으로 임명하였다. 사실 아버지께서 돌아가신 후 대부분의 보직 인사는 장익위 상무이사의 추천으로 이루어졌다. 재단 이사장도 인사 문제에 대해서는 관여하지 못하였다. 이사장은 경험이 없고 대학을 잘 모른다는 명분으로, 총장은 아직 젊다는 이유로 상무이사가 전통과 선친의 유지를 앞세워 인사를 주도하고 있었다.

결국 문리대 학장은 내가 겸임하였다. 이영규 학장과 손선관 학장은 성격이 원만한 분들이었고 내가 단대에 오기 전부터 오랫동안 근무한 교수들이었다.

어려운 고비를 넘고 종합대학으로 승격되니 대학과 동창 사회는 한결 분위기가 밝아지고 사기가 올랐다. 그러나 나는 지금부터 할 일이 태산이었다. 3월 총장 취임식을 마친 날로부터 나는 쉴 틈이 없었다. 우선 교육 시설을 종합대학 수준에 걸맞게 개선해야 했다. 용산구 한남동의 서울 캠퍼스의 교지는 11만㎢ 정도였다. 이 정도의 교지로는 앞으로 크게 발전을 도모할 수가 없었다. 거기다 재학생 1,200여 명의 정원으로는 대학 발전에 필요한 교사 신축용 재원은커녕 등록금으로 정상적인 대학 운영을 하기도 힘들었다. 재학생 전원이 등록을 한다 해도 교직원의 인건비를 해결하기에도 태부족이었다.

내가 총장으로 취임하고 대학 재정을 살펴보니 이미 재단의 금고는 텅 비어 있었다. 대학 설립 이후 생전의 장형 이사장과 박정숙 이사장이 가산을 출연해 대학을 운영해 왔기에 다른 재원도 없었다. 부동산은 있어도 교육용 기본 자산으로 설정되어 있거니와 한국동란이 얼마 지나지 않은 궁핍한 경제에서 이를 돈으로 보던 시절도 아니었다. 부족한 예산을 충당하기 위해서는 기채를 할 수밖에 다른 도리가 없었다. 은행에서 기채를 하려면 첫째 조건이 재단이나 학교의 책임 있는 인사가 개인 보증을 서야 한다. 그러나 이사들은 보증을 거부하였다. 심지어 이사장도 유산은 내놓았지만 빚보증만큼은 기피하였다. 이사 중에는 재산이 있는 분도 있었지만 어느 누구도 담보 제공을 하거나 보증을 서 줄 사람은 없었다. 결국 총장인 나만이 보증을 서는 수밖에 없었다.

총장으로서 처음 해야 할 일이 이 부채를 내가 떠맡는 일이었다. 부채 규모는 총 8천만 원에 달했다. 당시 생산직 근로자 임금이 4천 원 미만, 쌀 한 가마니가 3천 7백 원 정도였다. 지난 50여 년간의 물가가 60~80배 정도 상승한 것을 감안하면 현재 가치로는 50억 원에서 60억 원에 해당하는 큰돈이었다. 총장으로 취임한 나에게 주어진 선물 대신에 수십억 원이 넘는 부채라니……. '빚쟁이 인생'의 첫 출발은 바로 총장 취임부터 시작된 셈이었다.

할아버지와 아버지가 물려주신 내 재산도 폐교 후 대학 운영자금으로 다 투입되어 없어졌다. 내가 지금 단국대의 학원장으로 있지만 내 집은 몇 달 전까지도 대학 병원 건설 당시 얻은 부채의 담보로 은행에 잡혀 있었다. 예나 지금이나 돈이 없다고 대학의 미래 설계를 포기할 수 없다. 우선 종합대학으로서의 기본 시설은 갖추어야 했다. 그러기 위해서는 새로 넓은 교지를 확보하는 것이 필수였다.

사실 종합대학으로 승격되었지만 대학의 내실이 달라지는 것은 없었다. 추가 예산을 확보하기 전에 학생들이 다른 대학으로 편입하여 이탈하는 일부터 해결해야 했다. 학생들이 부족하면 대학의 가장 기초 재원인 등록금 수입도 부족해지고, 이로 인해 교육 환경이 저하되면서 다시 학생들의 신뢰를 잃는 악순환이 반복되기 때문이었다. 사실 대학 설립 초기만 해도 재학생들은 광복 후 최초로 세워진 4년제 대학에 다닌다는 자부심과 열의가 넘쳤다. 그러나 주간부 폐교가 되고 보니 사회적 신뢰와 학생들의 기대는 땅으로 떨어져 다들 편입할 생각만 가득한 실정이었다.

당시 어느 대학에서든지 신입생이든 편입생이든 학생을 모집하려면 모집 광고를 내는 것이 상례였다. 그리고 학생 모집 광고는 학기 말이나 학기 초에 내는 것이 보통이었다. 그런데 종합대학에서 편입 광고를 내지도 않았고 학기가 끝나지도 않았는데 대학들은 편입학생들을 받아 주었다. 사회의 그늘에 있지만 엄연히 편입 브로커들이 암약하고 있어서 이를 통해 수시로 편입해 갔던 것이다. 교무처 창구에는 이미 다른 대학으로 편입해 간 학생들이 학적증명서와 성적증명서를 떼어 달라고 몰려와서 아우성이었다. 직원들은 증명서를 못 떼

주겠다 하고 학생과 학부모는 왜 못 떼 주는 것이냐고 하면서 서로 고성을 지르고 언쟁을 벌이는 일이 많았다.

단과대학에서 종합대학으로 승격되었다는 기쁨도 잠시, 정말 환멸과 비애를 느꼈다. 대학 간에는 서로의 입장을 이해할 수 있는 일일터인데도 양식과 도덕이란 것은 저버린 채 자기들의 교세를 늘리기 위해서 급급할 뿐이었다. 몇몇 사립대학은 타 대학에서 학생 뽑아 가는 것으로 자기네 부족한 재정을 충당하거나 경영자의 재산을 늘리는 데 주력하는 것 같았고 이를 위해 전문 브로커의 힘을 이용하는 것 같았다.

적자생존이라더니 고귀한 교육계가 이렇게 터무니없는 일을 묵인하고 있었다. 현실이 그렇다면 결국 우리가 힘을 기르는 수밖에 다른 방법이 없었다. 나는 교무위원회의에서 결연히 말하였다.

"재학생들이 다른 학교로 전학 간다고 하는데 우리가 무슨 권리로 그 길을 막을 수가 있겠습니까."

침통한 마음으로 교무처에 지시해서 다른 대학교로 가겠다고 증명서를 떼어 달라고 하면 떼어 주라고 일렀다. 임시 방편으로 막기보다 학생들이 믿고 의지하는 대학을 만드는 일이 최선이라고 스스로 몇 번이고 다짐을 했다.

그리고 한남동 캠퍼스에서 주간부로 폐교될 당시 신당동에 있는 단국중학교와 단국공업고등학교를 한남동 교사로 이전하여 대학의 면적을 반이나 차지하게 되었다. 당시에는 체육과 교련이 필수 과목이라 고등학생과 대학생이 같은 운동장에서 수업을 받을 처지여서 양쪽 모두 어려움을 겪고 있었다. 교사동 신축, 교지 확장이 가장 시급하고 중대한 과제였다.

거기에 시국 문제도 나를 괴롭혔다. 내가 총장이 된 이후에는 한일 국교 정상화 반대 시위로 학교는 조용한 날이 없었다. 학생들은 반정부 데모를 하느라 매일 운동장에 나와서 집회를 열었고 교문 밖으로 나가 가두 행진을 벌이려 하였다. 이들을 설득하고 저지하는 것도 여간 힘들지 않았다.

국교 정상화 시위가 잠잠해지더니 나중에는 삼선 개헌 반대 데모를 대대적으로 감행하여 여러 학생들이 용산서에 연행되었다. 대학 살림을 꾸리는 일로도 머리가 아팠는데 학생 시위도 겹치니 마음고생이 컸다. 그러나 나는 이들이 밉지가 않았다. 시위 주동자로 용산경찰서에서 체포 연행된 학생 중에 김상홍과 강영철 등이 있었다. 나는 밤늦도록 용산서에 가서 서장과 정보과장을 설득하여 이들을 방면하도록 하였다. 정부의 지시로 데모를 막는 데 노력을 해야 했지만 동시에 다른 한편으로는 학생들을 보호하는 데도 최선을 다하였다. 내가 그들이 밉지 않은 이유는 학생들의 정의감 때문이었다. 나는 비록 데모를 막아야 할 입장이지만 이렇게 정의감이 살아 있는 학생이 있다는 데 마음이 든든하였다.

나는 이들이 졸업하자 시위를 주동한 이유로 사회 진출이 어려울 것을 염려해 이들을 학교 직원으로 채용했고 나아가 대학 교수가 되는 길을 열어 주어 후배들을 지도하고 교육하도록 하였다.

전국 대학 파월 장병 위문단장 선임

1968년이 되어서 새 학기가 시작될 무렵 문홍주 장관이 나를 불렀다. 정부에서 여름 방학을 맞아 전국 대학의 학생회장과 학생처장들을 인솔하여 월남전에 참전하고 있는 장병들을 격려하는 위문단을 구성하고자 하는데 이 위문단의 단장으로 일해 달라는 제의였다. 내가 대학 총장이 된 지 꼭 일 년 만이었다.

단국대 일만 해도 일이 산적해 있었고 내심 당분간 사회활동은 하지 않고 대학 일만 한다는 결심도 있었다. 젊은 사람이 총장이 되더니 설친다는 손가락질을 받고 싶지 않아서이다. 그래서 선배 총장들이 많으신데 총장이 된 지 얼마 되지 않은 사람이 전국 대학의 학생처장과 학생회장들을 인솔하고 월남을 방문한다면 교육계 원로들이나 선배 총장들한테 미움을 받을 것이라고 사양했다.

하지만 문 장관은 완강했다. 월남 현지는 전쟁 중에 있고 매우 위험한 곳이니 가장 젊은 총장인 내가 가는 것이 적당하다는 것이었다. 그리고 이는 국가적으로 파월 장병들의 사기를 진작시키려는 정책 의지에서 시행하는 일이고 이미 박 대통령한테 보고해서 재가를 받은 일이니 꼭 내가 다녀와야 한다는 것이다.

내 나이 37세에 처음으로 국가 차원의 공식 사업을 대표하는 업무를 맡았다. 정부의 관심이 큰 만큼 작은 실수도 있어서는 안 되고 달리 보면 나의 능력을 교육계에 선보이는 일이기도 했다. 전국 대학을 대표하는 학생처장들은 전부가 나보다 나이가 많은 교수님들이었다. 100여 명이 넘는 인원이었다. 전국 대학 학생회장들도 200명이 넘지 않았나 싶다. 거기다가 정부에서 보낸 공무원들을 합치면 400명은 되는 인원이다.

일행은 해군 수송선 LST에 승선하여 부산을 출발하여 일주일 항해 끝에 월남 사이공(지금의 호찌민) 부두에 도착하였다. 여기서 다시 문교부 이대순 과장과 비행기 편으로 사이공 한국군 사령부로 갔다. 우리들 위문단이 일주일간 월남에서 위문 활동하는 일정을 의논하기 위해서였다. 그 자리에는 채명신 주월 한국군 사령관을 비롯하여 유병현 맹호부대장을 비롯해 백마부대장 박현식 소장, 십자성부대 유학성 장군과 해병여단장 등 최고 지휘관들을 비롯한 많은 장병들로

월남전이 치열해지자 대학 총학장 및 교수들과 월남을 방문해 파월 국군을 위로하고 현지 군 관계자들과 함께 한 중재

부터 열렬한 환영을 받았다. 우리는 사이공에서 퀴논까지 우리 일행들이 타고 온 해군 수송선으로 해안을 따라 이동하면서 오지의 격전지까지 찾아가 장병들을 위문하였다. 오지를 찾아갈 때는 학생들과 학생처장들은 군용 트럭으로 이동하고 나는 채명신 사령관과 헬리콥터로 격전지를 방문하였다.

현지에서 보니 한국군이 열악한 여건 속에서 미군에 비해서 많은 전과를 올리고 있다는 장병들의 얘기를 많이 들었다. 특히 대민 선무작전 측면에서는 미군보다 월등한 성과를 올리고 있다고 했다. 그러나 한국군의 희생도 만만치 않았다. 현지의 브리핑에 의하면 우리 국군과 베트콩과의 희생 대비는 1대10이라고 한다. 우리 국군 한 사람

맹호부대 유병현 장군의 안내로 맹호부대를 시찰하는 중재(1967)

이 희생되면 베트콩의 희생은 열 사람이라는 것이다.

우리 일행은 국군 야전 병원에 입원한 한국군 전상군인과 월남군의 전상자들을 위문하고 다녔다. 위문을 다니면서 부상으로 고통받는 젊은이들을 많이 보았다. 그들을 보면서 왜 우리 한국군이 남의 나라 전쟁에 끼어들어서 이 피비린내 나는 전쟁터에서 희생되어야 하는가 하는 회의를 느꼈다.

현지에서 들은 얘기로는 미군이 엄청나게 많은 군비를 월남전에 투입하고 있다고 했다. 그런데 우리 한국군에는 미군이 충분한 무기를 대 주지 않는다는 것이다. 중화기를 비롯하여 통신 장비에 이르기까지 한국군이 가지고 있는 무기 가운데는 노후된 것이 많아서 폐기 처분해야 할 것이 많다고 들었다. 한국군에서는 더 많은 무기의 부속

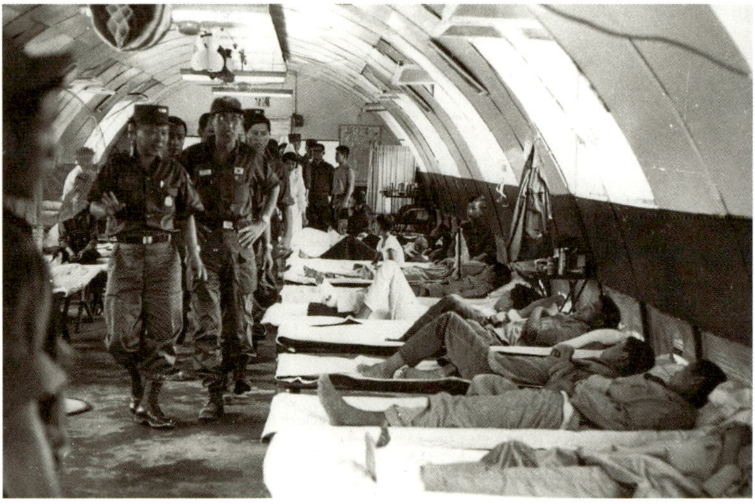

월남전 당시 102 후송 병원에서 전상자를 위문하는 중재(1967. 8)

품은 물론 새로운 첨단 무기의 지원이 필요한데도 미국은 박정희 대통령의 독재정치에 반대하는 차원에서 한국군 현대화 지원에 매우 소극적이었다고 한다.

현지 사이공에서 고위 장성한테서 들은 이야기로는 미국이 월남전을 확전하는 초기에는 한국군의 월남 참전을 요청하지 않았다는 것이다. 당시 북한은 인민들을 굶기면서까지 한국에 대한 군비 우세를 유지하고 더욱 증강하려 광분하고 있는 형편이었다. 만약 한국군의 일부를 한반도에서 빼내서 월남전에 파병했을 경우 한국 방위에서 생기는 공백을 다시 미군이 충당해야 하고 한국군 현대화를 지원해야 하는 부담도 져야 했기 때문이라는 것이다.

그러나 박정희 대통령의 독재정치를 거부하는 미국의 정계는 한국의 군사력 확충이 독재정치를 지원하는 셈이어서 거부반응을 보였고 따라서 한국군의 월남 참전을 원하지 않았다는 것이다. 그런 상황이었으므로 한국군의 월남 참전은 미국의 요청에서 이루어진 것이 아니라 박 대통령과 당시 자유 월남의 티우 대통령의 합의에 의해서 이루어진 것이라 한다. 같은 아시아인으로서 대민 사업과 선무 공작에는 미군보다도 한국군의 참전이 보다 효과적일 것이라는 것이 티우 대통령의 생각이었고 결국 티우 대통령의 요청에 의해서 미국도 한국군 참전에 동의했다는 것이다.

물론 그 대가로 우리나라는 월남전에서 쓰던 많은 새로운 무기를 미국으로부터 지원받을 수 있었고 이 무기들은 수송선에 실려 한국 군대로 반출되고 있다는 얘기도 들었다. 나중에 나는 월남 파병을 둘러싼 한국과 미국, 박정희 대통령의 복안을 김정열 국무총리한테서 좀 더 상세히 들었다. 그런 이야기를 들으면서 언젠가는 한국이 월남을 도와야 할 날이 올 것이라고 나는 믿었다.

이처럼 전방과 후방을 구분하지 않고 전장의 군인들을 위로하고 탈 없이 단장의 임무를 마칠 수 있어서 나는 안도를 할 수 있었다. 동시에 다른 대학의 교수님들도 많이 만나고, 군부의 유능한 지도자들과도 교분을 쌓아서 개인적으로도 유익한 경험이 되었다.

철부지 요원의 음해

2주간 월남전 현장을 돌아보고 귀국하였는데 어딘가 대학 내의 분위기가 매우 냉랭하였다. 특히 박정숙 이사장에게 인사차 방문하니 고생했다는 인사말 한마디가 없었다. 빨리 집에 가서 쉬라는 말 이외에는 아무 말도 없었다. 그리고 장익위 상무이사와 몇 이사들이 나를 총장직에서 물러나게 해야 한다는 회의를 했다는 말이 내 귀에 들어왔다.

순간 내가 월남에 간 것이 잘못이란 말인가 하는 생각 끝에 이런 대단치 않은 일을 가지고 트집 잡을 일이 아닌데 무엇인가 내가 없는 사이에 또 누가 음모를 꾸미었구나 하는 생각이 들었다.

이때 김봉명 관리과장이 박정숙 이사장을 만나 보라고 일러 주었다. 만나 보면 내가 월남 가고 없는 사이에 무슨 일이 있었는가를 자세히 알 수 있을 것이라고 했다. 나는 박정숙 이사장 댁으로 갔다. 어색한 몇 마디 인사를 나누고 나는 이사장께 물었다.

"무슨 일이 있으셨습니까?"

내 물음에 이사장은 조금은 서운한 듯한 얼굴로 나를 바라볼 뿐 말이 없었다. 나는 다시 물었다.

"말씀해 주세요. 무슨 일인지?"

그런데도 이사장은 입을 열지 않았다. 무거운 침묵이 흘렀다.

"뭘, 망설이십니까. 저를 못 믿으십니까?"

"못 믿기는……."

"저는 당황했습니다. 전과 달리 내가 월남 갔다 온 사이에 이사장님이 나를 대하는 태도가 달라지셨습니다. 먼 길을 다녀온 저를 보고도 잘 다녀왔느냐는 한마디 위로 말씀은 없으시고 차가운 태도를 취하시는 건 뭔가 이유가 있는 거겠죠. 잘못된 게 있으면 말씀해 주세요."

그제서야 이사장은 무겁게 입을 열었다.

"나 장 총장을 믿고 말하는 것이니 절대 비밀로 해 줘요."

그러면서 이사장은 중앙정보부에 근무하는 학원 담당자인 박성오(가명)라는 사람을 믿지 말라는 것이었다. 박성오는 우리 대학 야간부 졸업자로 이부대학 학생회장을 지낸 사람이다. 당시 중정의 핵심 업무 중 하나가 대학의 반정부 시위를 막는 것이어서 학생회 간부 출신들이 많이 발탁되어 근무하고 있었다. 그들의 임무는 주로 자신들이 졸업한 학교의 학원 사찰에 한몫을 담당하고 있었다. 그들 학원을 담당한 간부들 중에는 온갖 대학 인사 문제를 비롯하여 물품 납품 등에 관계해 오면서 청탁을 해 오는 일도 있었다. 만약 자기들의 청탁을 들어주지 않으면 별의별 엉뚱한 트집을 잡아서 상부에 보고하여 대학에 불리하게 작용하도록 하기도 하였다. 중정의 학원과장 중에는 일부 대학 총장의 상투를 잡고 흔드는 자도 있다는 소문도 있었다.

내가 문홍주 장관의 부름을 받고 장관을 만났을 적에 문 장관이 파월 장병 위문단장으로 가라는 말을 듣고 나는 그 사실을 일절 발설하지 않았다. 그런데 중정의 학원 담당자인 박성오가 나를 찾아와서는 마치 자기가 나를 파월 장병 위문단장으로 천거한 것처럼 공치사를 늘어놓은 적이 있었다. 그런가 보다 하고 문 장관한테서 들은 말은 하지 않았다.

그런데 박성오는 이런 공치사를 하면서 내가 자기에게 뭔가 응분의 대가를 줄 것이라 기대했던 모양이다. 그런 속셈을 알 리 없는 나는 출발 준비에 바빴고 각종 회의 등 내가 없는 사이에 이루어질 일들을 미리 처리하는 데 여념이 없었다. 나한테서 아무런 기미가 보이지 않자 박성오는 나를 모함하기 시작하였던 모양이었다. 장익위 상무이사와 박정숙 이사장에게 말하기를 내가 박정숙 이사장을 몰아내고 내 아내를 재단 이사장으로 추대하기 위한 모사를 꾸미고 있다고 보고하였다는 것이다.

박성오의 모략을 듣고 제일 놀란 것은 박정숙 이사장이었다. 설마 그럴 일이 있을까 나를 믿으면서도 중앙정보부 정보 요원의 보고이니 반신반의하면서 매우 우울한 기분에 빠져 있었던 모양이었다.

박성오는 대학의 간부 여러 사람한테 이런 말을 유포하고 다녔다. 특히 나를 거부하는 이사들에게는 내가 내 아내를 이사장으로 만들기 위한 모사를 공작하고 있다는 사실을 고변하듯 했고 장익위 상무이사에게는 여러 차례 보고하여 나를 총장직에서 물러나게 해야 한다고 모함을 하였다.

박 이사장은 내가 없는 동안 일어난 이런 얘기를 전하며 박성오라는 사람은 아주 조심해야 할 인물이니 주의하라고 나에게 간곡히 일러 주었다. 박 이사장은 나를 굳게 믿고 있었고 절대로 내가 그런 음모를 꾸밀 사람이 아니라는 것을 확신하고 있었다고 했다.

"어려서부터 친남매처럼 지냈는데 내가 박성오의 장난에 속아 넘어갈 사람이 아니지만 이런 허위 사실을 가지고 장익위 상무가 마치 사실인 양 여러 이사들한테 말을 전하고 다니잖아요. 그리고는 이사장인 나로 하여금 총장을 불신임하도록 태도를 정하라고 압력을 가해 와서 정말 내 입장이 곤란하였어."

이사장은 괴로운 심기를 토로하였다. 이런 황당한 모함이 있다니. 또한 그런 말을 믿고 총장 해임 운운하는 이사가 있다니. 분한 마음에 장익위 상무이사를 만나 내가 내 아내를 이사장으로 하려 했다고 비난한다는데 사실이면 증거를 제시해 줄 것을 요구했다. 박성오가 그런 말을 했다 하니 어떤 방법으로 내 아내를 이사장으로 만들고자 했는지 입증하라 하였다.

그리고 비서를 통해 박성오를 오라고 일렀다. 그러나 박성오는 학교에도 나타나지 않았고 장익위 상무나 박정숙 이사장한테도 나타나지 않았다. 마침 전화가 연결되어서 만약 나한테 와서 해명하지 않으면 내가 중앙정보부를 찾아가 학원 담당 간부한테 항의하여 면직시키겠다고 엄포를 놓았다.

일이 커지자 박성오는 학교에 오지 못하고 내 집을 찾아와서 절대로 자기는 그런 보고를 한 적이 없다고 억울하다고 울면서 자기 변명을 늘어놓았다. 나는 눈물까지 보이며 자신의 결백을 호소하는 그가 오히려 불쌍해 추가 조치를 취하지 않았다. 그런 일이 있은 후에 박성오가 박정숙 이사장이나 장익위 상무이사를 만나서 어떤 식으로 거짓말을 하고 빠져나갔는지 모른다. 박성오가 내 집에 와서 울고 간 후에 박정숙 이사장을 만났을 때 이사장님은 내게 말했다.

"왜 박성오에게 그런 얘기를 들었다고 했어요? 와서는 하는 말이 자기가 난처하게 되었다면서 한바탕 넋두리를 해서 입장이 거북하였어요."

"상관없습니다. 그놈을 혼내 주려면 그렇게 할 수밖에 없잖아요."

"어쨌든 앞으로 그놈은 조심해야 할 놈이에요."

장익위 상무도 나를 찾아왔다.

"자네에게 미안하게 됐네. 그놈이 그런 모함을 하나니 정식으로 사과하는 바이니 양해하게."

나는 더 이상 그 문제를 문제 삼지 않았다. 나중에 김재규 중정부장이 박 대통령을 암살한 사건이 발생한 뒤 중앙정보부는 신군부에 의해 대대적인 숙정 작업이 단행되었다. 이때 평소 원성을 샀던 직원들도 퇴출되었는데 박성오도 쫓겨났다.

오숭은 前이사, 재단을 고소하다

자신이 나온 대학, 혹은 자신이 명예와 긍지를 걸고 봉사를 하기로 약속한 대학을 헌신짝 버리듯 내팽개치는 일을 나는 대학에 있으면서 자주 보아 왔다. 그들에게 대학은 자신의 안위를 보장하는 방패였다가 필요 없으면 잇속을 챙기는 밥그릇 같은 존재일 뿐이었다. 그중에 대표적인 사건이 임종상 씨 이중 기부 사건과 소송, 그리고 재단 이사로 봉직하며 그 소송을 전담한 오숭은 변호사의 수임료 청구 소송이었다.

오숭은 변호사는 아버지의 생전에 재단 이사를 재임하기도 했는데 그동안 재단의 소송을 전담하다시피 했다. 이사인 오 변호사가 위임받아 소송한 재판에서는 이긴 것도 있고 진 것도 있지만 이긴 재판이라고 해도 학교 재정에 득이 된 것은 별로 없다고 해도 과언이 아니었다.

그럼에도 오숭은 변호사가 막대한 수임료를 달라며 우리 대학 재단에 소송을 걸었던 배경에는 임종상 씨의 이중 기부 사건이 있었다. 재단은 1950년부터 임종상 씨가 기부한 동대문구 숭인동에 소재한 '강문중학교' 자리를 놓고 임씨 집안과 소송을 진행하고 있었다. 이 사건은 임종상 씨가 기부한 재산을 놓고 임씨 집안에서 양 파로 갈라져서 싸우는 탓에 한쪽은 대학 편에 서서 유리한 증언을 해 주는 반면 다른 한편에선 기부가 잘못된 것이라고 불리한 증언을 하는 등 복잡하게 진행되었다.

1950년도에 기부를 한 뒤 소송이 벌어져 이와 관련된 재판이 10년을 넘게 끌었다. 강문중학교가 위치한 자리는 임종상 씨가 거주할 때 아방궁(阿房宮, 중국 진시 황제가 거주하던 궁궐)이라는 별명이 붙었을 만큼 호화주택이 있던 자리였다. 그런데 임종상 씨는 한 건의 재산을 가지고 두 군데에 기부했다. 임종상 씨는 강문중학교 터 외에도 여러 곳의 부동산을 기증했지만 단국대 재단에 기부한 부동산은 거의 이러한 형태로 여러 곳에 이중으로 기부되어 있었다.

그런 데다 임종상 씨의 집안에선 자녀 간에 재산 분쟁을 일으키고 있는 상태여서 더욱 복잡하게 얽혀 있었다. 이래저래 부동산은 있었으나 수입이 될 만한 것은 없었다. 그중 동대문 소재 강문중학교 자리만이 재산 가치가 있는 것이라고 볼 수 있었으나 당장 환금이 될 수 있는 것은 아니었다. 민사재판의 속성상 재판은 끈질기게 이어졌고 재판이 진행되는 동안 임종상 씨는 생활이 어렵다고 재단에서 생활보조비조로 많은 돈을 타 갔다. 임종상 씨만이 아니라 재판에 참석한 증인 가운데 학교 편에 서서 증언한 사람들도 생활이 어렵다고 해서 해마다 생활 보조비로 지원을 요구했다. 학교로서는 그들을 외면할 수 없었다.

지금도 종종 그때 일로 생활비가 없으니 도와 달라는 사람이 있는가 하면 병원에 가야 하니 병원비를 도와 달라는 사람이 심심치 않게 찾아온다. 나는 내용은 잘 모르나 아프다고 찾아오거나 생활이 궁핍하다고 찾아오는 사람에게 백만 원도 주고 때로는 몇십만 원도 주고는 하는데 그들은 끝이 없이 찾아왔다. 대학 설립자의 아들로 태어난 죄로 그러한 사람들의 뒷바라지에 사비를 털어서까지 도와준 적이 한두 번이 아니다.

오숭은 변호사는 임종상 씨가 단대 재단에 기부한 재산을 둘러싸고 소송이 일어날 당시 재판을 유리하게 승소할 수 있는 실력이 있는 변호사라고 해서 김용진 전임 학장과 김숙현 이사가 함께 추천하여 대학 재단의 이사가 된 사람이다. 그래서 소송 대리인으로 소송을 전담하고 있었다.

그러니까 재단 이사라고는 하지만 선친(범정)께서는 오숭은 변호사에게 학교 일에 관여하기보다는 소송을 전담케 했고 소송 비용을 전적으로 지원했다. 선친께서는 소송에 따르는 인지세만도 엄청나다고 늘 걱정하셨다. 한숨을 쉬는 일이 많았다. 재판에 이긴다 하더라도 재판에 들어간 비용을 계산해 보면 기부받은 재산이란 껍데기에 불과하다고 탄식을 하셨다. 아버지는 국내 물정을 잘 몰라서 속은 것이라고 많이 괴로워하셨다. 더구나 보좌해야 할 측근이라는 사람들이 속인 것을 알고 더욱 괴로워하셨다. 당시 나는 젊은 나이였는데 아버지는 '너만은 알아야 한다.'고 기부 받은 내용을 자세히 말씀해 주셨다.

임종상 씨는 원래 마포에서 새우젓 장사로 거부가 된 사람이었다. 장안에 이름난 부자이다 보니 사생활에 관해서도 복잡하고 순탄하지 않은 것으로 소문이 돌았다. 그는 노년에 많은 자녀들한테서 시달림을 받고 있었다. 그들 자녀 가운데 임종상 씨의 인장을 도용하거나 서류를 위조해서 재산을 상속한 것으로 꾸며 자기 것으로 만든 사람도 있었다고 한다.

임종상 씨는 노령에 생활이 어렵다 보니 한 건의 재산을 여러 곳에 기부하고는 그 대가로 생활 보조비를 달라 해서 많은 돈을 얻어다 쓰는 사람이라는 소문이 돌았다. 그는 말이 기부지 기부 형식을 취하고 실제로는 단국대학에서도 매달 생활비를 얻어 간 사람이었다. 동대문 소재 강문중학교가 들어 선 자리에 있던 임종상 씨의 저택도 단대에 기부하였는데 다시 강문중학교에도 기부했다. 그리고 기부 조건으로 양쪽에서 생활비를 얻어 간 것이다. 처음에는 단대에 기부하고 돈을 얻어다 쓰고 있던 중에 강문중학교에 기부하여 그 자리에 강문중학교 교사가 들어서게 된 것이다. 그러니 재판이 복잡할 수밖에 없었고 10년 이상이 걸렸던 것이다.

재단 입장에서는 결국 임종상 씨한테서 종이를 기부 받고 현금으로 생활비를 대 주는 꼴이었다. 그뿐 아니라 나중에는 승소하여 찾은 재산까지 소송비용으로 다 탕진되고 말았다. 아버지가 돌아가시는 날까지 임종상 씨는 물론 그의 자손들도 아버지를 속이고 말썽 많은 골칫거리 재산을 기부하고 돈을 얻어 간 것이다. 아버지는 이로 인해 정신적으로 많은 타격을 받았다. 임종상 씨가 기부한 농토는 토지개혁으로 인해 소유권이 넘어가게 된 것도 있었는데 그 보상금으로 나오는 지가증권은 모두 임 씨 일가가 타 가고 토지문서만 기부하였으니 남는 것이란 실속 없는 명목상의 토지문서뿐이었다.

재판을 하는 과정에서 임종상 씨와 그 일가가 의도적으로 이중기부를 했고 그렇게 생활비를 벌어 왔다는 사실을 알게 된 아버지는 심한 고뇌에 빠지셨다. 문서뿐인 임종상 씨의 재산을 기부 받고 그 소송비용만 안게 되었으니 이런 재산을 기부하도록 중간에 섰던 이사와 임종상 씨의 자손들이 원망스러우셨을 것이다.

그렇다고 지금까지 투입된 비용을 생각하면 강문중학교 자리만이라도 재판에 이겨서 그동안 재판 비용에 투자된 비용이라도 건졌으면 하는 것이 아버지의 소망이었다. 그러나 그 소송 결과를 보지 못하고 아버지는 세상을 떠나셨다. 아버지가 세상을 떠나신 후 강문중학교 자리에 관한 재판 결과는 대법원까지 올라가 끝내 재단이 승소하여 단국대 재산이 되게 되었다. 그런데 이 재판에 승소하자 소송대리인으로 소송을 맡았던 오숭은 변호사가 단국대 재단에 변호사 수임료를 지불하라고 소송을 제기하였다. 그 변호사 수임료가 대한민국 재판 사상 변호사 수임료로는 최고 금액이었다. 이러한 사실이 신문과 방송으로 보도되어 전국에 알려지기까지 하였다.

사실 오숭은 변호사가 소송을 맡았던 재판은 거의가 실속이 없는 재판이었다. 임종상 씨 자손 가운데 적자도 있고 서자나 손자도 있었다. 이들이 번갈아 가면서 제 아버지 또는 할아버지가 기부한 것은 잘못된 것이라고 소송을 걸어 왔다. 그리고는 뒤로 찾아와서 돈을 요구했다. 얼마만 주면 소송을 취하하겠다고 했다. 더러는 끝까지 재판을 걸어 와서 괴롭히기도 했다. 그리고는 자기들이 패소하면 숨어 버려 행적을 찾을 수가 없었다. 재판비용을 변상할 능력조차 없어서 숨어 버린 것이다. 우리로서는 승소했어도 재판비용조차 보상받을 길이 없었다.

이런 재판을 담당한 오숭은 변호사는 재판비용은 물론 재단에서 가져갔고 생활비조차 매달 아버지한테서 월급 받듯이 타 갔다. 그런데도 아버지가 돌아가시고 나서 자기가 이사로 몸담고 있던 재단에 재판을 걸어 왔다. 당시 나는 이사도 아니고 총장도 아니고 부학장직에 있었다.

당시 박정숙 이사장은 오숭은 이사가 변호사 수임료를 내라고 소송을 걸어 온 것에 대해 '이런 도둑놈의 심보'가 어디 있느냐고 하면서 분하다고 눈물을 흘릴 정도였다. 이사들이 배은망덕하다고 한탄하셨다. 아무튼 오숭은 변호사가 소송을 걸어 왔으니 재단도 응소를 할 수밖에 없었다.

그런데 김숙현 이사와 강순원 이사가 자기들은 이사로서 무료로 소송을 하겠다고 나서면서 승소할 자신이 있다고 장담하였다. 그러니까 다른 유명한 변호사를 불러올 필요가 없다는 것이다. 그들은 박정숙 이사장에게 변호사 위임장에 도장을 찍어 달라고 강하게 요청하여 재단 소송대리인으로 소송을 위임받았다.

나는 한편으로 다른 얘기를 듣고 있었다. 오숭은 변호사가 재단에 최고액의 수임료를 내라고 재판을 걸어 왔다는 신문기사가 나오자 졸업생 중 변호사들이 재단을 찾아와서 이사들을 성토하였다. 채훈천 변호사 등 일부 동문 변호사들이 박정숙 이사장을 찾아와서 어떻게 이런 큰 소송을 군법무관 출신인 김숙현 변호사와 강순원 변호사에게 위임했느냐고 항의하였다. 박정숙 이사장은 동문 변호사들이 찾아와서 항의하자 나를 불러 들어 보라 하였다.

채훈천 변호사는 검사와 판사를 다 거친 사람이다. 그의 지론은 변호사 수임료로서는 우리나라 법조 역사상 최고액을 요구하는 재판이라 우리나라의 모든 변호사들이 이 재판을 매우 관심 있게 보고 있다고 했다. 그리고 과연 이 일을 어떤 변호사가 맡는가 하는 것도 궁금하게 여기는 일이라는 것이다. 그런데 민사 재판을 한 번도 해 본 적이 없는 법무관 출신 변호사에게 이 중대한 소송을 맡겼으니 이 재판의 재판장으로부터 어떻게 유리한 판결을 이끌어 낼 수 있을 것이냐고 했다. 적어도 오승은 변호사와 대적할 만한 유명한 실력 있는 재판장 출신 변호사에게 소송을 맡겨야 한다는 것이다.

동문 변호사들은 김숙현 이사와 강순원 이사를 성토하였다.

“설혹 자기들에게 소송을 위임한다고 하더라도 자신들의 경력과 실력으로는 감당을 못 한다고 사양해야지 제까짓 것들이 뭔데 이 중대한 소송을 맡습니까?”

강한 어조로 항의하면서 이런 일을 상무이사가 제대로 보필하지 못하니 상무이사도 한통속이라고 규탄하였다.

“절대로 이 재판은 그 영감(오승은 변호사)이 이깁니다.”

동문들은 단정하듯 결론을 내리고 돌아갔다.

이런 일이 있은 후 오승은 변호사의 아들이 나를 보자고 했다. 그는 공군 대령으로 있었다. 나는 오승은 변호사 댁을 방문하였다. 오승은 변호사의 아들인 공군 대령은 매우 호감 가는 인상을 가진 사람이었다. 그는 말하기를 절대 소송으로 해결해서는 안 되는 일인데 재단 측 일부 변호사가 대화를 거절하는 바람에 부득이하게 소송을 걸었다고 했다.

그러면서 박정숙 이사장과 장 부학장 두 사람은 설립자분의 직계이고 후손이니 내가 대접상 아버지가 요청한 수임료의 절반은 양보하도록 할 터이니 박정숙 이사장을 뵙고 자기의 진심을 전해 달라고 하였다. 그러면서 그는 충고까지 하였다.

"김 변호사와 강 변호사가 제출한 변론 요지는 내가 보기에 패소가 불 보듯 뻔한데 질 재판을 해서 무엇에 쓰겠습니까? 그 두 사람에게 재단의 소송을 맡겨 봐야 좋은 결과를 얻지 못할 것입니다."

끝으로 오 대령은 이 일은 자기가 아버지인 오승은 변호사를 설득해서 부친도 허락한 일이라고 했다.

나는 오승은 변호사의 아들을 만나고 나서 박정숙 이사장께 그대로 보고하였다. 장익위 상무이사에게도 보고했다. 두 분은 참 잘된 일이라고 소송 대신 화해 쪽으로 마음을 굳히는 듯했다.

그런데 이 말이 김숙현과 강순원 이사한테 전해지자 다음 날 두 사람이 박정숙 이사장을 방문했다. 그들은 장익위 상무이사가 있는 자리에서 오승은 변호사 집을 다녀온 결과를 듣고 싶다고 했다. 나는 오승은 변호사의 아들로부터 들은 대로 보고하였다. 내 말이 끝나기 무섭게 김숙현 이사와 강순원 이사는 절대로 화해는 있을 수 없다고 했다. 단 한 푼도 오승은 변호사에게 줄 수 없다고 끝까지 재판을 하여야 한다고 고집을 세웠다.

이길 수 있는 재판이고 책임지고 승소하도록 하겠다고 했다. 결국 재판을 진행할 수밖에 없었다. 그러나 재판 결과는 채훈천 변호사가 예측한 대로 지고 말았다. 오승은 변호사가 요구한 수임료를 전액 지불하라는 것이다. 속담에 '초록은 동색'이요 '가재는 게 편이라'고 하더니 결국 판사도 장차는 변호사 사업을 해야 할 것을 생각했음인지 오승은 변호사의 손을 들어 주었다.

결국 임종상 씨가 기부한 강문중학교 자리인 '동대문 아방궁 터'는 재단에 단 한 푼도 들어오지 못하고 오승은 변호사 개인 주머니로 들어가고 말았다.

오승은 변호사 수임료 소송을 승소로 이끌 자신이 있다고 호언장담하며 소송을 맡았던 김숙현 변호사와 강순원 변호사는 재판에 지고도 미안하다는 말 한 마디 없이 함구하였다.

한 푼의 기부금도 아쉬운 재단이 이렇게 이사들의 감정적 대처와 때로는 엉뚱한 이권 다툼으로 발전은커녕 시들어가는 것은 참으로 안타까운 일이었다.

"2억 원에 대학을 팝시다."

이렇게 안팎으로 곤경에 빠진 상태이고 보니 종합대학으로 승격했으나 재단의 수입이 별로 없는 상태에서 대학 운영은 학생들의 등록금에 의존하는 길밖에는 다른 길이 없었다. 그러니 대학 정원을 증원하는 일은 곧 모든 대학들의 초미의 관심사였다. 군사정부 이래 대학 정원은 경제개발정책의 인력 수요와 연관시켜 강력한 통제를 받았다. 가능한 한 현장의 생산 인력으로 청년들이 유입되기를 원하는 박정희 대통령의 의지에 따라 대학 정원은 증원 억제 방침을 적용받았다. 따라서 문교부가 각 대학에 정원을 늘려 준다고 해도 많이 받는 대학은 50명 정도, 여타 대학들은 30명 내지 20명 정도다.

이러다 보니 학생 정원의 증원을 받기 위해서는 대학 간에 치열한 경쟁이 붙는다. 대학들이 일 년 내내 문교부에 줄을 대고 있는 것이다. 당시는 대학생들의 시위가 한창인 때라 학생 정원의 조정을 시위 진압에 동원할 수 있는 경찰 병력의 규모를 고려해서 책정한다는 얘기까지 돌았다.

대학 정원 증원은 설치 기준령에 따른 평점이 상승되지 않으면 기대하기 어려웠다. 각 대학들은 학생 수를 늘리기 위해서 갖은 방법을 다 썼다. 그중에서도 편입생을 받아들이는 방법이 성행하였다. 규모가 큰 대학들의 경우엔 군소 대학에서 상당수의 편입생을 모집하기도 하였다. 앞서도 밝힌 바 있지만 편입생을 모집하는 데 있어 신문광고 등을 통해 공개된 전형으로 모집하기도 하지만 때로는 학원 브로커들을 통해서 암암리에 학생을 빼 가는 대학도 있었다.

우리 대학은 종합대학이 된 후로는 다른 대학으로 진학 가는 학생은 많이 줄었지만 가정 사정이나 군 입대로 인한 휴학 등으로 정원에서 학생 수가 많이 줄어든 형편이었다. 그러한 요인들이 모두 재정의 압박을 가져왔다. 그러나 대학의 시설을 해마다 확충해야 했기 때문에 문교부에서 정원을 몇십 명 증원해 준다 해도 재정 적자는 기하급수적으로 증가되는 형편이었다. 재단의 수익 사업이 별로 없는 형편에 대학 운영은 전적으로 대학 자체적으로 해결해야만 했다.

당시 졸업생들의 재정적 후원은 전무라고 해도 과언이 아니었다. 기업체의 기부금도 전무한 상태였다. 도서관도 지어야 하고, 체육관도 신축해야 하고 일반교양, 체육과 수업도 해야 하고 학생 군사 훈련을 실시하기 위해서 운동장도 확장해야 했다. 증원과 증과에 따른 교사 신축은 물론 기존 시설도 개선하고 확충해야만 했다. 결국 빚을 얻어 와야 하는데 담보물이 부족한 재단 사정으로는 금융기관에서 융자를 얻어 오는 것도 매우 힘들었다. 그래서 해마다 늘어나는 재정 수요를 위해서는 명동 사채 시장에 손을 내밀거나 친지 방문을 통해서 사채를 얻어 오는 길밖에는 다른 길이 없었다.

이런 풍토에서 나는 대학을 운영하기가 정말 어려웠다. 건물도 지어야 하고 시설은 확충해야 하는데 재원이 없는 상태에서 빚에 의존하고 학교를 이끌어 가야 했다. 지난해 빚을 지면 올해 갚아야 하고 올해 건설을 하기 위해서 빚을 지면 이는 내년에 갚아야 한다. 빚의 고리는 악순환이었다. 나는 대학을 운영하는 것보다는 매일 갚아야 할 이자를 걱정해야 하고 원금을 갚아야 할 기일이 다가오면 여기저기 찾아다니면서 새로이 전주를 찾아서 빚을 얻어 와야만 했다. 재단 이사들은 어느 한 사람도 빚을 얻어 오는 데는 협조를 해 주지 않았다.

재단에서 건설비를 충당해 주지 않는다고 교육을 포기할 수 없는 일이니 총장으로서는 건설을 계속할 수밖에 없었다. 결국은 학생들이 내놓는 등록금을 절약해서 건설비에 충당해야만 했다. 학생 전체 정원 2,000명도 안 되는 예산에서 건설비를 마련한다는 것은 정말 뼈를 깎는 고통이 뒤따른다.

대학 사정이 이에 이르자 전 학장이셨던 고병국 박사가 나를 보자고 하기에 시내 모 음식점에서 만났다. 그분 말씀이 대학 사정이 어려우니 대학을 돈 많은 재일 교포에게 넘기는 것이 좋지 않겠느냐고 했다. 대학을 넘기고 사돈 되는 박정숙 이사장과 장 총장의 생활 보조금을 얻어 내는 것이 어떻겠느냐는 것이다. 나는 한마디로 거절하였다.

"대학이 어려우면 유능한 일꾼을 모셔 와서 자리에 앉히면 되는 것이 아닙니까? 대학이 어렵다고 설립자의 두 집안 자손들이 뒤로 생활비를 얻어 쓰고 대학을 팔다니 천부당만부당한 일입니다."

일고의 가치도 없다고 고병국 전 학장의 제안을 거부하였다. 그런 일이 있은 후에 일 년이 채 지나기도 전에 이번에는 강순원 이사가 대학 운영권을 돈 받고 넘기자는 제안을 해 왔다.

그의 제안은 한진그룹(대한항공)에 현금 2억 원 받고 대학을 넘기는 것이 어떻겠느냐는 것이다. 그리고 박정숙 이사장에게는 생활 보조비로 2천만 원을, 중고등학교 교장인 내 작은형과 나에게는 각각 1천만 원씩을 줄 것이니 동의하는 것이 좋지 않겠느냐고 했다. 어처구니없는 일이었다. 나는 강력히 항의했다.

"우리 아버지께서 강순원 이사를 재단 이사로 추천한 것은 대학이 어려우면 대학을 팔라고 추천하신 것입니까?"

일거에 거절하고 오히려 항의를 했지만 제안이 구체적이고 자신만만한 표정을 봐서 강순원 이사는 몇 분의 이사와는 사전에 의논해서 합의한 모양이었다. 대학 재단을 한진그룹에 넘기자는 제안을 한 강순원 이사와 장익위 상무이사 그리고 김기용 이사, 김익보 이사 간에는 합의가 이루어진 것이라는 소문이 들려왔다. 이런 내막은 김숙현 이사의 입을 통해서 알 수 있었다. 그들이 합의하는 장소에 김숙현 이사는 빼놓고 회의를 한 것 같았다. 김숙현 이사는 이런 사실을 알고 나를 보자고 했다. 시내 모 음식점에 나가니까 김숙현 이사는 크게 흥분해 있었다.

"재단 이사들이 모여서 재단을 팔아먹기로 작정하고 모의하였다는데 총장은 그런 소식을 들었나?"

"얼마 전에 강 이사가 나를 보자고 해서 만났더니 대학과 재단을 한진그룹에 2억 원을 받고 넘기는 것이 어떠하겠느냐고 제안하기에 거절하였습니다."

"나쁜 사람들이야. 자기들은 도대체 얼마를 받아먹겠다는 것인가 말이야, 돌아가신 설립자에 대한 배신 행위를 하다니……."

김숙현 이사는 흥분을 감추지 못했다. 그래서 나는 김숙현 이사에게 물었다.

"어떻게 그 모의에 참석하지 못하셨다면서 그 내용을 아셨습니까?"

"김기용 이사가 왜 그 모임에 불참하였느냐고 전화를 했어. 그래서 그런 모임이 있는 줄도 몰랐다고 했더니 그런 이야기를 하는 거야."

그래서 이사들이 대학을 팔아먹는 모의를 하느냐고 화를 냈다고 했다.

"정말 큰일을 낼 사람들이야. 나는 기필코 범정 선생님과의 의리를 지킬 것이야. 총장 앞에 다짐하지."

그런 일이 있은 며칠 후 이번에는 강재훈이라는 동문과 몇 명의 무직자들이 나를 찾아왔다. 그들은 강순원 변호사 사무실을 수시로 출입하는 자들이었다.

그들은 대학의 빚이 8천만 원 있다는데 한진그룹에서 2억 원을 받아서 8천만 원의 빚을 갚고도 1억 2천만 원이 남는데 이런 애교적 발상에서 나온 재단 매각 제안을 왜 거절하느냐고 항변했다. 어이없고 불쾌한 말이었다. 한술 더 떠 그는 총장이 끝내 반대하면 동문들을 규합해서 박정숙 이사장과 나를 성토하겠다고 협박을 했다.

나는 그의 말을 맞받아쳤다.

"당신들은 한진에서 얼마나 돈을 받고 대학을 팔자는 강 이사에게 동조하는 것입니까? 여러분이 정 이러시면 나야말로 임시 동창회를 소집하여서 강순원 이사가 학교를 팔자고 한 것과 여러분이 나를 협박한 사실을 공개할 것입니다."

내가 강력하게 나오자 그들은 주춤 물러섰다. 대학 매각만이 아니라 내가 총장으로 취임한 이래 이 같은 제안을 했던 동문, 이사들은 대학의 작은 일을 부풀려 비판함은 물론이거니와 내 부덕함을 드러내려 했고, 이권이 있거나 민원이 있으면 반대로 나를 돕겠다며 원하지도 않은 일들을 벌여 수시로 박 이사장과 나를 괴롭혔다. 나는 그런 이들 역시 선친의 제자였기에 가능한 한 이들을 모두 포용하려 애를 썼다. 그것이 총장이기에, 설립자의 후손이기에 감당해야 할 일이라 스스로를 달래며…….

II

좌절을 딛고 펼친 도약의 날개

내곡동 부지와 영동 캠퍼스 좌절

내곡동 땅 불하와 국회 진출 제의

내가 나서지 않았어도 '대학을 한진그룹에 2억 원을 받고 넘기자'고 한 강순원 이사의 제안은 임시 동창회에서 공개되었다. 이러한 사실이 동창회에 알려지자 참석했던 대부분의 동창회원들은 분개하여 강순원 이사를 성토하였다.

이런 내홍을 겪으면서 나는 소극적으로 대학의 현재 상황에 안주하며 다가오는 난제를 하나하나 대응하기보다 근본적인 교세 확장의 기반을 일거에 만들어야겠다고 생각했다. 그 첫 번째 과제는 아예 한남동 교지 이상의 넓은 부지를 확보해 쾌적한 현대적 캠퍼스를 만드는 일이었다. 총장직을 맡으면서 내 의지는 더욱 강해졌다. 넓고 쾌적한 캠퍼스를 조성하면 종합대학으로서 면모를 일신하고 학생들의 입학 경쟁률도 높아진다고 확신했다.

1971년이 되어 어느 정도 대학도 외형상의 성장세가 확연해졌다. 재학생 총 정원도 2,340명으로 규모도 커졌다. 동시에 대학의 덩치가 커질수록 대학의 현실은 나의 발길을 재촉했다. 한남동 캠퍼스는 4만 평 미만의 협소한 땅인 데다가 약 40% 정도의 공간은 단국중학교와 단국공업고등학교가 사용하고 있었다. 열악한 교육환경을 개선할 공간이 없었다. 교사를 증축하려고 해도 대지가 없어서 건물을 신축할 수가 없었다. 교문(나중에 한남대로 변의 정문은 추가로 세운 것이고 당시는 한남동 주택가 안에 입구가 있었다)부터 답답하기 짝이 없었다. 대학교문이 큰길에서 깊숙이 골목 안으로 들어와 있어서 대학의 위치를 알아보기가 쉽지 않았다. 음악관, 미술관, 박물관 등 새 건물을 지어야 하는데 부지가 없어서 학생들이 많은 불편을 겪고 있었다.

나는 학교 부지를 마련하기 위해서 여러 가지 방안을 강구하지 않으면 안 되었다. 그러나 시내에서 10만 평 이상의 부지를 구한다는 것은 불가능하였다. 개인 소유의 땅으로 학교 부지로 쓸 만한 땅이 없었던 것이다. 결국 정부의 땅이 아니고서는 구입할 만한 땅이 없다고 판단하고 정부 소유의 토지를 알아보기로 하였다.

70년대 초 총장실에서 교정을 바라보며 대학 운영 방안을 구상하는 중재

그러던 중 남한산성 서쪽 방향 산록에 국방부 소유의 토지가 있다는 것을 알려 주는 사람이 있었다. 그래서 현지답사를 했다. 답사 결과 그 땅은 넓이가 10만 평이 되지 못했고 한남동에서 거리가 너무 멀어서 적합하지 않다고 판단하였다.

그다음에 얻은 정보는 유호필 동문이 알려 준 땅이다. 그것이 바로 현재 국정원이 들어서 있는 강남구 내곡동(당시는 성동구로 편재되어 있었음)의 임야 24만 평이었다.

이 임야는 문화재관리국 소유의 토지였다. 현장을 가 보았다. 토지는 남향으로 산허리 아래는 야산을 포함한 논과 밭이고 북쪽은 높은 산이었다. 북쪽 산도 약 3분의 1가량은 개발 가능성이 있어 보였다. 나는 이 땅이 마음에 들었다.

사정을 알아보니 항간에 떠도는 소문으로는 문화공보부 장관의 친구 되는 사람이 이곳 내곡동 땅에 눈독을 들이고 있어서 문화공보부 장관과 인연을 대지 않고는 이 땅을 정부로부터 불하를 받을 수가 없다는 것이다. 그보다 더 어려운 일은 얼마 전 문화재관리국 모 국장이 정부 땅 불하와 관련한 독직 사건으로 구속된 일이 있는데 이 일을 계기로 박정희 대통령이 앞으로 정부 토지를 절대로 민간에게 불하하지 말라는 엄명을 내렸다는 것이다.

상의를 해 본 사람들은 고개를 저었지만 내 생각에는 토지가 공익을 위해서 가치 있게 활용된다면 정부 소유의 토지라도 대학에 불하해 줄 수 있을 것이라는 느낌이 들었다. 나는 우리 대학의 종합대학 승격이 장관 차원에서 해결되지 못했던 것을 박 대통령을 면담해서 해결한 경험이 있어서 박 대통령에 대한 믿음이 있었다.

실마리를 풀어야 했다. 3·1독립운동선언 대표자 33인 중의 한 분인 이갑성 선생님을 찾아갔다. 이갑성 선생은 일제시대에 두 번이나 투옥이 되었던 독립운동가였는데 선친과는 이미 오래전부터 의형제로 우의를 나누었던 분이다. 따라서 그분은 나를 자식처럼 애정을 갖고 대해 주셨거니와 나는 명절과 선생님의 생일에는 빠짐없이 찾아뵈었다. 그분 또한 우리 대학의 개교 기념일 등 큰 행사가 있을 때에는 꼭 참석하셨다.

나는 동시에 공화당 발기 위원이기도 했던 이갑성 선생님과 대통

본교 설립자이며 독립 유공자인 범정 장형 선생의 묘비 제막식에 참석한 박정숙 이사장, 이갑성 선생, 비문을 쓴 박종화 선생과 서예가 김충현 선생(1975. 9. 19)

령의 관계를 알고 있었다. 대통령은 국정문제라든지 큰일이 있으면 이갑성 선생님의 조언을 얻는다고 했다. 그래서 이갑성 선생님 댁을 방문하였다.

이갑성 선생님을 찾아뵙고 신캠퍼스 건설을 위한 구상과 계획을 말씀드리고 선생님의 도움이 없이는 이 일이 성사가 될 수 없다고 말씀드렸다. 선생님은 내 말을 들으시고 허허 웃으시면서 당신이 도움이 되는 일이라면 언제라도 앞장설 것이라고 말씀하셨다.

우선 이갑성 선생님을 모시고 문화재관리국 소유의 토지가 있는 헌인능 일대 현지를 답사하였다. 선생님은 내 설명을 들으시면서 말씀하셨다.

"자네 욕심도 많네. 참 좋은 땅인데 단국대학이 이곳으로 오면 학교가 크게 발전될 것이야. 그런데 내가 어떻게 도와야 하나?"

"문화공보부의 신범식 장관의 친구가 이 땅을 탐낸다는 소문이 있습니다. 신 장관이 이 일에 개입하지 않도록 해 주십시오."

선생님은 알았다고 하시고 그날로 신범식 장관에게 전화를 걸겠다고 하셨다. 며칠 후 이갑성 선생으로부터 전화가 왔다. 선생님이 전하는 말로는 신 장관에게 "신 장관의 친구가 문화재 땅을 불하받으려 한다는 소문이 자자한데 그것을 아는가." 하고 물으니 신 장관은 "전혀 모른다."고 대답하였다고 한다. 나는 이갑성 선생님으로부터 이야기를 전해 듣고 신 장관으로서는 그의 친구가 무슨 수를 써서 접근한다고 해도 절대로 문화재 땅은 불하해 주지 못할 것이라고 확신하였다.

우선 문화재관리국 실무 책임자인 허련 국장을 만나는 것이 급했다. 허련 국장은 서울대 사범대 선배였다. 그러나 평소 나는 그분을 만나 본 적이 없어서 불쑥 나타나서 의논하기가 곤란하였다. 허련 국장을 개인적으로 잘 아는 사람이 유호필 동문이었다. 유호필 동문을 통해서 허련 국장과의 면담이 이루어졌다. 일시는 정확히 기억이 나지 않지만 유호필 동문이 주선하여 종로구 적선동의 금천교 시장 부근에 있는 한옥 음식점에서 허련 국장과 유호필 동문, 정영호 박물관장과 나 이렇게 네 사람이 만나서 회식을 하였다.

지금까지 지키는 내 원칙이지만 나는 민원을 해결하는 데 있어서 절대로 지저분한 방법은 택하지 않았다. 특히 공직자에게 뇌물을 주거나 금품을 제공하는 일은 하지 않았다. 나는 항상 분명한 명분을 내세워 민원을 해결함으로써 공직자의 협조를 정정당당히 얻어 낼 수가 있었다. 금품을 주면 쉬울 수는 있지만 그것은 순간의 편한 힘이지 믿음과 우정만큼 오래가고 힘이 되지 못한다는 것을 믿는다.

만나 보니 허련 문화재관리국장은 매우 깐깐한 분이었다. 나중에 문화공보부 기획관리실장, 전라남도 지사를 역임할 만큼 능력도 있었던 허 국장은 뒤에 여러 번 만나게 되지만 청백리의 서열을 매긴다면 으뜸가는 자리에 설 수 있는 분이었다. 나는 한남동 대지가 좁아서 대학이 필요한 교사를 건축할 수도 없고 여러 면에서 교육의 실효를 거둘 수 없다는 것을 구체적으로 설명하였다. 특히 정영호 박물관장은 문화재 위원으로 허련 국장과는 구면이었고, 정 교수는 이미 특유의 활력과 문화재 발굴에 대한 성과로 정평이 나 있어서 내가 원하는 일에 대한 허 국장의 믿음을 얻는 데 큰 도움이 되었다. 허련 국장은 내가 하고자 하는 일이 이익을 위한 것이 아니라 교육이라는 공익을 위한 일이라는 점에서 신중하지만 긍정적 자세를 보였다.

문제는 국유지 매각 엄금 지시를 내린 박 대통령의 허락을 받는 일과 불하 결정이 내려지면 자금을 마련하는 것이었다. 당시 대충 계산해 봐도 5~6억 원의 자금이 소요되는 일이었다. 더구나 재단에 8천만 원의 빚이 있다고 대학을 재벌에 팔자는 이사가 있는 마당에 새로운 토지를 구입하기 위해서 이사들의 동의를 받아 낸다는 것이 쉽지 않은 일이었다.

그런데 의외로 강순원 이사는 명분이 있는 일이라 그런지 이사회에서 잘 협조해 주었다. 이사회에서 발언권이 강한 사람은 김숙현 이사와 강순원 이사였기 때문에 이 두 사람이 반대하지 않으면 대개의 안건이 통과되었다. 나는 이갑성 선생님을 찾아가서 허련 국장으로부터 협조를 받을 수 있다는 말씀을 드리고 최종적으로 대통령 허락을 받으면 실무적으로 진행하는 데 어려움이 없을 것이라는 것을 설명드렸다. 이갑성 선생님은 매우 기뻐하셨다.

“범정의 아들인 자네가 나를 크게 활용하는데 내가 자네를 돕는 것이 얼마나 보람 있는 일인가. 나를 찾아와서 부탁하는 사람이 적지 않은 걸 자네는 잘 알고 있겠지. 그런데 그 부탁하는 일이라는 것이 개각이 있으니 무슨 장관으로 갈 수 있도록 해 달라는 것, 은행장 자리가 나는데 자기 남편을 그 자리에 가게 해 달라는 등 전부 자기들의 입신양명을 위해 대통령에게 부탁해서 성사시켜 달라는 것들이야. 그래서 아주 기분이 나빠. 이 늙은이를 무엇으로 알고 그런 부탁을 하러 오는지.

그런데 자네는 그들과 다른 사람이야. 자신의 출세가 아닌 대학의 발전을 위해서 나에게 일을 부탁하는데 내 늙었지만 쓸모가 있어서 단국대를 도울 수 있다니 기분이 좋네. 대학은 공익 기관이 아닌가. 공익을 위해서 부탁하는 일은 청탁이 아니지. 부정이 아니야. 백번 내가 도와야지."

이갑성 선생님은 오히려 나의 부탁을 매우 기뻐하셨다. 그리고 그 자리에서 청와대 대통령실 담당 비서에게 전화를 걸었다. 통화를 끝내시고 곧 기별이 올 것이니 집에 돌아가서 기다리라고 하셨다.

"하여간 자네 배짱도 좋지. 그런 큰 땅을 불하받겠다니 정말 장하네."

그런 일이 있은 후 일주일이 지났다. 이갑성 선생님한테서 전화가 왔다. 댁으로 오라는 것이다. 기별을 받고 방문하러 가는데 마음이 조마조마해서 견딜 수가 없었다.

사실 장관 선에서 거절했다면 그 위로 총리가 있고 대통령이 있으니까 어떻게 다른 경로를 찾을 희망이 있으나 직접 대통령에게 부탁해서 거절당하는 날에는 모든 것이 수포로 돌아간다. 그런데 이갑성 선생님을 뵙는 순간 "아, 성공이다." 하는 느낌이 왔다. 선생님의 표정이 밝았던 것이다. 인사하기 바쁘게 선생님은 내게 말했다.

"총장, 일이 잘됐어. 자네 대학 일을 말하고 내곡동 소재 문화재 관리국 토지를 불하해 주셨으면 한다고 하니까 박 대통령이 자네를 잘 기억하고 계시더군. 그러면서 자네에 대한 보고를 누구한테 들으셨는지 대학이 필요하다면 해 주어야지요, 내 한마디 부탁 말에 두말 없이 오케이 하셨어. 이제 단국대학이 한남동 구석에서 내곡동 24만 평으로 옮길 수 있으니 이것은 정말 경사야. 그런데 대통령이 나에게도 부탁을 하셨어."

나는 궁금해서 무슨 부탁을 받으셨느냐고 물었다.

"자네 같은 인물이 필요하시다는 말씀이 있었어. 자네 어느 기관에 가서 고문당한 일이 있는가 하고 물어서 웃기만 하고 대답하지 않으니까. 대통령이 그것도 알고 있더군. 처음 대통령과 면담한 적이 있다면서 첫 만남에서 자네에게 대통령이 반했다는 것이야. 배짱 좋은

부지 매입 뒤 1970년대 중반에 촬영한 내곡동 부지

젊은 총장이라 기용하고 싶다는데 자네 생각은 어떤가?"

그 말씀에 나는 자세를 고쳐 앉으며 대답했다.

"저는 단대를 떠나서는 안 됩니다."

나는 분명히 말씀드렸다. 내 뜻을 전했지만 공교롭게도 공화당 입당 교섭이 왔다. 입당을 하면 대통령의 추천 케이스로 전국구 국회의원 직능 대표로 당선권에 배정하겠다는 제의였다. 당시 1971년 5월에 제8대 국회의원 선거가 있었는데 여기에 교육계를 대표해 전국구로 진출하라는 것이다. 나는 끝내 사양하였다. 나는 관계나 정치에 거리를 두겠다는 소신을 수차례 공표한 바 있는데 이 말이 허언이 아님을 가족과 대학 식구들에게 입증한 셈이었다.

이때만이 아니라 나중에도 정치 입문 제의가 있었지만 계속 사양을 했다. 나중에는 나의 아내가 전국구의원의 제의를 받았다. 더 이상 사양을 하면 마치 박정희 대통령이나 정부에 감정이 있는 것처럼 곡해가 될 염려가 있었다. 사학 경영자로서 내 소신을 아내에게 강요할 수는 없었다. 아내의 입장은 나와는 다르니까 수락하라고 동의해 주었다.

매입 대금 둘러싼 우여곡절

박 대통령이 문화공보부 장관에게 내곡동 문화재관리국 소유의 24만 평 토지를 불하하라는 지시가 떨어진 후 일은 바쁘게 돌아갔다.

문제는 돈이었다. 토지 대금은 연부로 불입하는 것이 아니라 전액을 일시불로 불입하라는 통보를 받았다. 대부분의 토지를 기업이 불하받으면 장기간 연부로 불입하는 경우가 많았다. 기업들이 국유지 불하를 특권으로 생각하는 이유이기도 했다. 하지만 청와대 지시로 이루어진 것이라 그런지 공무원들이 대학에 특혜는 없다며 원리 원칙을 적용하여 까다롭게 했다. 우리 대학 측에서 실수를 하거나 하루라도 입금 날짜를 어기면 모든 것이 수포로 돌아갈 것 같았다.

문화재관리국 등 관청의 행정절차는 정영호 박물관장이 담당하고 유호필 동문이 외곽에서 협조해서 그런대로 잘 진행되었다.

내가 해야 할 일은 기일 내에 불하 대금 5억여 원을 납입하는 문제만 남았다. 겨우 계약금은 마련하여 계약에는 차질이 없었는데 잔금 5억 원은 마련하기가 쉽지 않았다. 그래서 이리저리 뛰어다니다가 주택은행 남 모 행장을 소개받았다. 매우 인자한 모습을 한 분으로 대학이 필요로 한 토지 매입이라고 큰 어려움 없이 결재를 해 주었다. 이제 은행에서 대출받은 돈이 통장에 들어오면 지불하는 절차만 남았다.

공교롭게도 납입 기일을 며칠 앞두고 남 행장이 자리를 물러나고 신임 행장으로 이상덕 행장이 부임해 왔다. 그런데 정해진 날짜에 불하 대금이 지불되지 않았다. 몸이 달아 은행에 갔더니 이상덕 행장은 돌연 단대에 융자 자금 지불을 할 수 없다고 하였다. 납부 기일 며칠을 앞두고 전임 행장이 결재한 일을 소급해서 부결한다는 것은 정말 상식적으로 있을 수 없는 일이었다. 나는 이상덕 행장에게 사정하였다. 그 사람의 첫인상은 참으로 차갑고 창백한 표정이었다. 얼굴이건

손등이건 살이 붙은 것은 없고 손가락만 대도 쓰러질 것만 같았다.

나는 "돈이 문제가 아니라 기일이 며칠 남지 않았는데 전임 행장이 결재한 것을 부결해 놓으면 당장 어디서 자금을 마련합니까?" 하고 사정하였다. 그는 "주택은행은 주택에만 융자해 주는 것"이라고 강조하며 융자를 거절하였다. 갑자기 융자해 줄 은행을 찾는다는 것은 시간적으로도 어려운 일이었다. 그렇다고 학생들 등록금을 들고 토지 대금을 지불할 수도 없는 노릇이었다. 식욕이 없어진 것은 물론이요 잠을 설치고 입술이 타들어 가는 고민의 연속이었다.

그런데 '하늘이 무너져도 솟아날 구멍이 있다'는 속담처럼 수소문 끝에 조흥은행 문상철 행장의 비서실장인 김용환 실장이 나의 휘문중학 선배라는 사실을 알았다. 우선 행장 비서에게 전화를 했다. 비서실장도 내가 휘문중학 동문이라는 사실을 알고 있었다. 전화로 찾아뵙겠다고 하니까 와 보라고 했다. 곧 조흥은행으로 갔다. 나는 비서실장에게 주택은행 이상덕 행장으로부터 융자를 거절당한 일을 자세히 말하고 조흥은행에서 도움을 받고 싶어서 찾아왔다고 사정을 하였다.

예정에 없는 일이었으나 김용환 비서실장은 행장실에 들어가서 몇 분 있다가 나와서는 면담 허락이 떨어졌다고 밝은 표정으로 들어가 보라고 했다. 나는 곧바로 행장실로 들어가서 인사를 하고 주택은행에서 겪었던 어려운 사정을 다 말했다.

"우리 은행하고 단국대학하고는 거래가 없는데……."

말끝을 흐리더니 이렇게 되물었다.

"그런데 장 총장님은 어떻게 해서 우리 은행이 도와줄 거라는 기대를 하느냐?"고 물었다.

나는 얼마 전에 조흥은행의 문상철 행장에 대한 신문 기사를 읽은 일이 있었다. 기사 내용은 문 행장은 정치적으로 높은 자리에 있는 분이 압력을 가해도 통하지 않는다는 것이었다. 정치권의 실력자로부터 개인이나 또는 특정 기업에 융자를 해 주라고 해도 원칙에서 벗어나면 부당한 융자를 해 주지 않는다는 것이다. 그릇되게 은행을 경영하는 분이 아니라서 곧 정치권에서 자신들의 말을 듣지 않는다고 인사 개편을 할지도 모른다는 내용의 기사였다. 나는 이런 분은 정의로운 사람일 것이라고 생각되었다. 이런 사람이야말로 신뢰가 가는 인물이고 정당한 일, 어려운 일을 돕는 데는 적극적일 것이라고 생각되었다. 정치적 배경을 가지고 협박하거나 금전으로 매수하는 일에 초연한 사람일수록 정당한 일로 사정을 하면 들어줄 사람이라는 예감이 들었다. 그래서 문 행장의 비서실장이 휘문중 동문이라는 소식을 듣고는 불문곡직 전화를 한 것이다.

그런 세세한 내용을 다 말할 수는 없었지만 대략 그러한 내 심중을 은행장에게 솔직하게 말했다. 설명을 다 들은 문상철 행장은 웃음을 띠면서 "그거야 신문에서 하는 말이고 일면식도 없는 사람이 나를 어떤 사람인 줄 알고 찾아 와서 융자를 부탁하면 내가 도우리라 믿고 있느냐."고 다시 물었다.

"공익을 위해서 필요한 융자라면 해 주실 분이라고 생각하고 왔습니다. 항간에 행장님에 대한 칭송이 자자하고 정의로운 금융인이라는 기사를 읽은 적이 있습니다. 저는 배경도 없고 뇌물을 써서 부당한 방법으로 일을 성사시키고자 하는 못된 사람이 아닙니다. 저와 같은 사회 초년생에게 빛이 되어 주십시오."

나는 좀 전에 했던 말을 다시 한 번 강조하면서 간곡히 요청했다.

문 행장을 만나는 바로 그날이 토지 대금 납부 마감일이었다. 그날 오후 5시까지 돈이 마련되지 않으면 24만 평의 토지 구입은 물거품이 되는 것이다. 이마저 무산되면 나는 정부와 약속을 못 지키는 실없는 사람이 되고 단국대의 미래는 기약할 수 없는 일이었다. 마음이 타고 속이 끓는 가운데 잠시 시간이 흘렀다. 잔잔한 눈길로 내 얼굴을 바라보던 문상철 행장은 비서에게 지시했다.

"김 실장, 도와주도록 하시오."

나는 창피하게도 행장 앞에서 눈물을 감출 수 없었다. 고마움과 안도의 기쁨이 눈물로 변해 계속 쏟아지는 바람에 얼굴을 들 수가 없었다. 바로 그날 조흥은행 반도지점에 거래를 텄다. 마침 반도지점에 나의 휘문 동기 동창이 있었다. 그 친구의 별명이 황소였는데 학창 시절 내가 붙여 준 별명이었다. 조흥은행 김용환 행장 비서실장이 앞장서서 수속을 거들어 주었다. 바로 오후 4시경 조흥은행으로부터 5억 7천만 원의 융자가 후치담보를 조건으로 이루어졌다. 바로 납부기일 오후 5시 안에 내곡동 문화재관리국 소유의 24만 평의 토지 대금이 정식으로 입금되었다. 참으로 아슬아슬한 고비를 넘겼다.

이러한 험로를 겪고서 나는 강남 내곡동 24만 평에 새로운 캠퍼스를 건설할 희망을 가지고 우수한 설계팀을 구성하여 일 년 만에 종

내곡동 부지 매입 뒤에 중재는 여기에 들어설 캠퍼스 이름을 '영동 캠퍼스'로 붙이고, 공과대, 체대, 예술대 중심으로 특성화할 마스터플랜을 입안했다.

합 설계를 완성하였다.

그러나 다음 해 건설부의 2차 그린벨트 발표로 우리가 정부에서 구입한 토지가 그린벨트로 묶였다. 경악과 실망을 금할 수 없는 일이었다. 이는 정부가 우리 대학을 기만한 것이었다. 박 대통령은 이러한 사실을 모르고 있을 것이다. 나는 건설부 국장을 찾아가서 항의하였다. 대통령을 통해서 문화재관리국에서 불하받은 땅인데 그것도 대학을 이전한다는 목적으로 승인받아 구입한 땅을 건설부에서 그린벨트로 묶어 버리면 말이 되느냐고 항의하였다. 그러나 건설부 장관을 비롯하여 담당 국장들의 말은 대통령령으로 발표한 것이라 시정이 불가능하다는 것이다. 건설부에선 한 번 발표한 것으로 더 이상 돌이킬 수 없는 일이라고 했다. 나는 행정소송이라도 할까 생각했다. 그런데 대통령을 상대로 행정소송을 한다면 다음에 다른 일로 불이익이 오는 것을 어찌 막을 수 있겠느냐고 만류하는 사람이 많았다. 건설부 실무자들은 계획을 바꾸어 퍼블릭 골프장으로 변경하면 어떤가 하기에 일언지하에 거절하였다.

이 문제는 다시 한 번 상술하겠지만 결과적으로 정부의 조치로 인해 단국대는 두고두고 후유증을 앓아야 했고 주간부 폐교 조치 이상의 어려움을 주었다. 그 후 내곡동 땅은 그린벨트에 묶여서 오랜 세월 잠자고 있다가 노태우 정권 때 안기부 땅으로 수용되었다.

농촌 개발과 천안 캠퍼스의 성공

청와대에서 공언한 약속

초대 총장으로 정신없는 4년을 보내고 1971년 다시 2대 총장으로 연임되었다. 내가 총장이 될 당시 대학 정원은 17개 학과에 총 정원이 1,200여 명이었으나 4년 만에 3개 단과대학이 4개 단과대학(문리대, 법정대, 상경대, 공과대)으로 증설되었고 학과 수는 21개 학과로 늘게 되었다. 총 정원도 2,340명으로 대학 규모가 2배로 확대되었다.

자연히 대학의 예산도 배 이상으로 늘었고 학교 시설도 확충되었다. 그해에 체육교육과와 특수교육과를 신설했다. 나중에 사범대학을 신설하기 위한 사전 준비였다. 1972년에는 음악교육과도 만들었다. 이렇게 정원이 늘어나니 당장 시설 확충이 시급했고 체육관, 음악관, 미술관, 그리고 학생회관, 과학관을 지을 땅이 필요했다.

새 교문을 짓기 위해서는 학교 주변의 개인 땅을 사들여야 했다. 중고등학교 뒷산에 있는 정부의 총무처 땅이 필요해서 정부와 협의도 해야 했다. 이러한 일을 하기 위해서는 내가 밖으로 나가서 직접 섭외 활동을 해야만 했고 그러다 대학을 비워 두는 시간이 늘어나게 되었다. 그에 따라 행정 공백이 생기게 되었다. 이런 불편을 덜고자 첫 총장 임기를 마치고 재임할 당시 부총장 직제를 신설하여 이영규 법대학장을 부총장으로 임명하였다. 성격이 온화한 분이고 재단 이사들의 마음에 맞도록 처세를 잘하는 분이었다.

대학이 확충되고 행정 부서가 늘어나자 교수 가운데는 보직을 선호하는 분들도 늘어났다. 자연 보직을 놓고 교수 간에 갈등과 반목이 생기게 됐다. 보직을 맡다 보니 교수와 강사 채용에 있어서 교수 간에 심한 충돌이 일어나기 시작하였다. 그중에서도 가장 심한 사람은 타교 출신 교수보다는 단대 초기 졸업생들 특히 내가 채용한 교수가 아니라 내 아버님이 이사장으로 재직 시에 채용한 사람들이 문제였다. 이들은 이사 중 원로라 하여 발언권이 강한 사람들과 빈번한 접촉을 통해 친근한 인간관계를 만들어 갔다. 그리고는 그런 이사들을 받들어 모시면서 아첨하며 대학의 온갖 시시콜콜한 문제들을 보고하고 자기의 경쟁자들을 형편없이 깎아내리는 일이 비일비재였다.

이런 사례가 있다. 본교 졸업생으로 교수가 되기 전 정부 파견으로 일 년 동안 미국을 갔다 와서 선친을 찾아와 아첨과 기만으로 대학 교수가 된 사람이 있었다. 이들이 속한 과에서는 이들의 모함과 등쌀에 좋은 교수가 붙어 있을 수가 없었다. 대학을 육성하려면 바깥에서 많은 일들과 사람을 만날 수밖에 없는데 이런 인간적 이해관계의 대립으로 빚어지는 상호비방은 언제나 나를 힘들게 했다. 대학 밖의 일보다 안의 일이 지치고 실망스러울 때가 많았다. 그러나 언제나 화합하고 다독거리며 끌어가야 하는 것이 대학 총장의 일이다.

나는 총장 재임기를 맞이하여 대학의 교세를 확장해야겠다고 생각하였다. 내가 대학 총장이 될 당시에는 우리 대학은 정부도 알아주는 대학이 아니고, 재학생과 졸업생도 알아주지 않는 대학이었고, 학부형과 사회도 알아주지 않는 대학이었다. 이러한 대학을 육성시키려면 재정이라도 충실하고 재단에 큰 사업체가 있어서 재정적으로 도움을 받아야 할 것이나 우리 대학에게 지원 세력이란 전무한 상태였다. 이런 현실에 정부에서나마 지원을 받아야 했고 그러자면 정부가 국가 경영 차원에서 필요로 하는 일을 대학 차원에서 지원하는 일을 마다할 수 없었다. 정부가 우리 대학을 인정하지 않는다면 기업도, 동문도 외면하고 결국 대학이 클 수가 없었다. 국민과 사회가 알아 주는 대학으로 인정받기 위해서는 교육을 통한 실적을 쌓아야 했다. 그렇게 하지 않고는 대학이 순조롭게 성장할 수가 없었다. 힘없는 대학, 가난한 대학의 신진 총장인 내가 취할 수 있는 유일한 대학 발전 전략인 셈이다.

1970년대에 들어서면서 박 대통령은 새마을운동을 시작하였다. 산업화로 경제발전이 가속화되었지만 농촌 부문은 그 혜택을 누리지 못하고 있었다. 모든 일을 국가안보에 역점을 두고 생각하던 대통령은 농촌을 근대화하는 일이 국가안보에 직결된다는 것을 직감하고 있었다. 그 의지가 새마을운동으로 연결되었다.

진흙 길을 시멘트로 포장하고 초가지붕을 기와나 양철 지붕으로 개량하는 사업이 한창 진행되었다. 일부 정치권에서 이러한 운동에 대해 비아냥거리는 사람도 적지 않았다. 그런데 어느 날 박 대통령은 전국 종합대학교 총장 25명을 청와대로 불러서 다과회를 열었다. 대학 교육에 관해서 여러 이야기가 오고 가는 가운데 박 대통령은 대학에서도 새마을운동이 일어난다면 그 파급 효과는 더욱 증대되지 않겠느냐고 했다.

갑자기 이 말에 누구도 말하는 사람은 없었다. 다른 이야기가 화제에 오를 적에는 다들 군왕의 책사들처럼 한마디씩 하던 사람들이 새마을 얘기가 나오자 침묵이 흘렀다. 당시만 해도 새마을운동의 긍정적 결과는 가시적으로 보이지 않았고, 진의를 이해하기보다 정략적으로 곡해하는 것이 지식인 사회의 풍토였다. 나는 나름대로 의견이 있었지만 대학 총장 중에서도 가장 나이가 어린 사람이라 말할 입

중재는 정부의 새마을운동 시행에 1년 앞서 단국대학교의 자발적인 농촌 개발 프로그램을 실시하였다. 1차로 전국에서 가장 취약 지역으로 분류된 충남 청양 장곡리, 전남 무안의 청천 마을, 경기도 포천의 서자 마을 등과 새마을 건설 자매결연을 맺고 사업을 전개하였다.

장이 아니었다.

박 대통령은 새마을운동을 대학 차원에서도 호응하고 함께 추진해 주었으면 하는 뜻으로 전국 대학 총장 25명을 다과회에 초청한 것 같았다. 어색한 침묵이 흐르자 대통령이 다시 입을 열었다.

"농촌 길이 포장되고, 지붕이 개량되고 농촌에서 도박을 배척하는 운동이 일어나고 있는 사실에 대해 총장님들 생각이 어떠십니까?"

대통령의 말에 특히 지방에서 오신 총장 중에는 농촌이 몰라보게 달라지고 있고 농민들의 의식도 많이 달라지고 있다는 얘기를 했다. 그 말에는 대통령도 기분이 좋은 듯 밝은 표정을 보였다.

대통령은 진심을 밝혔다.

"대학이 중심이 되어 새마을운동이 전개되었으면 좋겠습니다. 대학이 나서서 도와주었으면 합니다."

대통령의 말이 떨어지자 다시 분위기가 가라앉았다. 웃음도 사라지고 누구 한 사람 입을 여는 사람 없이 침묵만 흘러가고 있었다. 총장들도 지식인인데 공연히 새마을운동에 앞장서다 어용이니 정부편을 든다니 하는 비난을 받고 싶지는 않다는 마음이 있었으리라. 순간 박 대통령의 표정이 상기되었다. 박 대통령은 담배 한 개비를 꺼내서 입에 물고 어색한 침묵의 분위기를 피하기 위해서인 듯 총장들의 표정을 바라보던 시선을 거두고 담배에 불을 붙였다.

그때 마침 지방 국립대학교의 연세 높은 총장이 입을 열었다. 나이가 많은 사람이었다.

"대학교에서 새마을운동을 했다가는 학생들의 데모가 일어날 것입니다.”

그 사람의 말은 대통령의 얼굴에 찬물을 퍼부은 것이나 다름없었다. 대통령은 노기에 찬 표정으로 탁상 위에 있는 담뱃갑을 집어서 탁상을 탁 치면서 격하게 말했다.

“해보지도 않고 학생들이 데모한다고요? 농촌을 잘살게 해 보자는 건데 노력도 하지 않고 뜻을 꺾습니까?”

순간 분위기는 얼음을 깔아 놓은 듯이 냉랭해졌다. 누군가는 이 분위기를 부드럽게 만들어서 대통령의 심기를 편하게 해 주어야만 했다. 그러나 아무도 말이 없었다. 그 순간 나는 얼마 전 우리 대학 김유혁 교수가 발표한 지역개발에 관한 논문을 읽은 기억이 떠올랐다. 대단히 호기심이 가는 내용이었고 이런 이론에 맞추어서 우리나라가 농어촌이 개발되었으면 좋겠다는 생각을 했었다. 그리고 내무부와 농림부에서 발표한 새마을운동의 추진 방향과 정책의 구상, 이론의 실체, 추진 방법이 김유혁 교수의 논문과 일치하는구나 하는 생각이 들었다. 김유혁 교수의 이론이 그대로 적용되고 있는 것 같았다. 농촌 개발 이론을 실제로 현실화할 수 있다면 이런 사업이야말로 바로 대학이 나서서 할 일이라고 생각을 하고 있었다. 그 이름이 새마을운동이든 뭐든 결과적으로 낙후 농촌을 발전시키면 곧 대학의 사회봉사라는 의무를 실천하는 일이 아닌가?

“제가 이 자리에서 나이가 제일 젊은 것 같습니다. 학계의 원로들께서 여러모로 입장이 있는 것 같으니 아무래도 제가 있는 단국대학에서 먼저 새마을운동에 앞장서 보겠습니다.”

내가 말하자 대통령의 표정은 환히 밝아지는 것 같았다. 다른 대학 총장도 웃음으로 나에게 화답해 주었다. 분위기가 풀리고 참석자 모두 접견실의 커다란 네모진 탁자 주위에 둘러앉아 대통령과 격의 없이 대화를 할 수 있었다.

“청양 장곡리로 갑시다.”

나는 청와대에서 있었던 일을 김유혁 교수에게 전하고 우리 대학에서 새마을운동에 앞장서서 시범을 보여 주었으면 좋겠다고 말했다. 그리고 그 실천 방향을 강구해 보자는 내 뜻을 말하자 김유혁 교수도 동의했다. 아마도 1972년이 막 시작한 무렵이었을 것이다. 그날부터 우리 대학이 새마을운동을 전개할 방법을 연구하게 되었다. 일주일 후 김유혁 교수가 계획서를 작성해서 가지고 왔다.

김 교수는 우리나라 행정 지도를 보고 제일 못사는 고장을 골라 보았다. 주민 소득이 가장 낮은 곳을 찾아본 결과 그곳이 충남 청양군 대치면 장곡리였다. 그중에서도 장곡사가 있는 장곡마을이었다.

당시 청양군은 단 1m의 도로도 포장되어 있지 않은 낙후된 군이었으며, 장곡리는 군 소재지로부터 약 4km 떨어진 곳으로 칠갑산 고개를 넘어서 가야 했다. 버스는 하루 두 번밖에 운행되지 않았다. 그리고 장곡마을에는 작은 초등학교가 있는데 학교에 근무하는 교사에게는 벽지 수당이 지급되는 오지 학교였다.

이와 같은 현지 답사 보고를 듣고 보니 여러 해 전에 사학도로서 고찰 중의 고찰인 장곡사를 답사하기 위해 겨울 방학을 이용해 길을 떠났는데 도중에 폭설을 만나 오도 가도 못하고 있던 기억이 떠올랐다. 그때 가난한 어느 농가에서 삶아 준 감자를 맛있게 얻어먹은 일이 있었다. 그 마을이 바로 장곡리 마을이었던 것이다. 장곡리 마을은 장곡사라는 고찰로 인해 알려진 곳이다. 장곡마을은 장곡사 덕분에 기억되고 있는 마을이라고 해도 과언이 아니다.

이 마을은 450년 동안 한 번도 지방 장관이 오는 일이 없었다고 한다. 청양은 6·25 전쟁 때는 좌우익 충돌의 희생으로 대부분 남자들은 목숨을 잃고 부녀자만이 남았다고 했다. 특히 대통령 선거에서 박 대통령과 윤보선 대통령이 경쟁을 할 적에 박 대통령의 득표율이 전국에서 가장 낮은 곳이라고 하였다. 그래서 정부로부터 미움을 산 고장이라 정부나 도의 지원이 한 푼도 없다는 곳이었다. 여름철 장마가 져서 물이 범람하면 개울에 다리가 없어서 아동들이 등교를 못 할 정도인데도 관에서는 아무런 지원도 하지 않았다는 것이다.

우리가 이 고장에서 새마을운동을 시범적으로 전개한다고 계획서를 제출하니까 청와대와 내무부, 문교부에서는 하필이면 6·25 때 빨갱이가 많아서 우익 진용의 인사를 많이 희생시킨 곳이고, 박 대통령이 윤보선 대통령에게 참패를 당한 곳인데 왜 이런 지방을 새마을운동 시범지로 정했느냐고 거부 반응을 보였다. 그러나 우리는 새마을운동을 잘사는 고장을 택해서 한다면 아무런 의미가 없다고 주장했다.

1971년 4월, 처음으로 우리 대학은 장곡마을과 자매결연을 맺었다. 약 70호쯤 되는 마을인데 농지를 가진 집은 몇 집뿐이었다. 나머지는 거의가 소작농으로 농사를 짓고 있었다. 생활이 어렵다 보니 온 동리 사람들이 산에 올라가서 산나물을 캐다가 시골 장에 내다 팔아서 겨우 생계를 유지하고 있었다. 그러나 산에 가서 캐 온 산나물의 판로는 시골장뿐이라 제값을 받지 못해서 별로 소득에 도움을 주지 못했다. 중간 상인들의 농간이 심했다. 내막인즉 이렇다. 상인들은 해가 저물 때까지 구매를 하지 않고 늦장을 부린다. 당일 팔지 못하면 산나물이 변질되어 팔 수가 없기 때문에 결국 헐값에 중간 상인들한테 넘기고 만다. 이것이 당시 농촌의 현실이었다. 그래서 우리 대학 교직원과 일부 학부형들이 나서서 장곡마을 농민들이 산에서 캐 온

총장 취임을 한 뒤 중재는 고적답사를 떠나곤 했다. 청양군 칠갑산에 있는 장곡사를 찾던 중 마을 주민과 대화를 하고 있다. 이런 인연 때문인지 중재는 장곡마을과 자매결연을 맺는다.

나물 전량을 서울 동대문시장에서 거래되는 최고값으로 사 주기로 하였다.

이렇게 하니 장곡마을 소작 농가 주민들은 산에 가서 열심히 산나물을 캐 왔다. 전보다도 두 배가량 더 많이 캤다. 거기다가 중간 상인들한테 착취를 당하지 않으니 소득이 전보다 많이 증가하였다. 산나물 중 더덕, 도라지, 취나물, 고사리 등을 말려 두면 가을이나 겨울에 사 주었다. 특히 가을철에는 이곳에서 생산되는 고추를 전량 서울 시세로 사주었다. 고추와 산나물을 합하면 해마다 두 트럭분은 되었다.

구매한 전량은 교직원들에게 동대문시장의 최저 가격으로 분배했다. 즉 이중 가격제를 적용한 것이다. 그리고 그 차액을 학교가 부담했다. 장곡마을 주민에게는 최고의 시세를 보장해 주고 교직원에게는 최저의 가격으로 공급함으로써 생산자와 소비자를 동시에 보호하는 방법을 적용한 것이다. 이렇게 지도했던 결과 장곡마을의 토지 없는 농가는 산에 가서 열심히 나물을 캐 왔다.

일단은 낙후 마을 주민이며 취약지대 주민인 장곡마을 사람들로 하여금 새마을운동에 참여 의욕을 북돋우는 동기 유발 효과로서 충분한 의미를 지닐 수 있게 되었다. 그뿐만 아니라 매 호당 돼지새끼 한 마리씩 분양하여 키우도록 하는 한편 도 당국으로부터 하천 제방 보수공사 비용을 배정받아 온 주민이 동참할 수 있게 하였다. 칠갑산 계곡에서 흘러내리는 마을 하천 제방 공사를 하게 함으로써 취로 기회를 마련하고 노임 소득을 일 가구 일 통장식으로 관리토록 함으로

써 오지 마을에 전기를 끌어들이는 전화 사업 추진에 큰 힘이 되기도 했다.

일이 이쯤 되니 재미를 붙인 농민들은 생산 의욕이 생기는 한편 품종 개량을 지도하여 증산을 하게 되고 따라서 소득이 늘어났다. 그로 인해 주민들은 종자 개량의 필요성을 깨닫게 되었다. 또한 겨울철 농한기에 사랑방에 모여 앉아 화투나 음주로 허송세월을 하는 주민들에게 가마니를 짜게 하여 전량을 사들이도록 했다. 당시 재단이 서산에 염전을 운영해 가마니가 필요했고 이를 이용한 아이디어였다. 이제 농한기에도 일을 해 돈을 벌 수 있다는 자각이 생겼다.

대체로 그곳 주민들의 의식은 관의 지시를 잘 따르는 편이 아니었다. 면이나 군에서 종자 개량이나 품종 개량을 지도해 주면 말은 알아들어도 실천에 옮기지는 않는다. 그만큼 관에 대해 부정적이었다. 정부와 관청은 진정으로 농민들을 위한다고 생각하지 않기 때문에 농업 기술을 지도해도 별로 신뢰하지 않는 경향이 있는 것 같았다.

이 역시 우리 대학이 해결할 수 있다고 생각했다. 두 가지 측면에서 대책을 세웠다. 하나는 농민학교를 건설하는 것이다. 아예 농업기술을 대학의 전문가나 관계 기관의 지도자가 현장에서 상시적으로 가르치고 여러 가지 다른 계몽운동도 하는 것이다. 또 하나는 우리 대학이 직접 농업기술이 왜 필요하고 농가에 얼마나 도움이 되는지 실례를 보여 주는 것이다.

이를 위해 청양에 농민학교를 건설할 계획을 가지고 청양군은 물론 충남 지역 농민 교육을 위한 학교를 만들기로 했다. 동시에 시범

농민학교 기공식(1975. 6. 12)

농장을 조성하기로 했는데 아예 농사가 안 되는, 수백 년 동안 방치한 하천 부지를 옥토로 만들기로 작정하였다. 처음에는 도지사가 무상으로 준다고 했다가 국가의 땅을 무상으로 줄 수 없고 수백 년 동안 못쓸 땅으로 버려진 하천 부지라도 다소 얼마 정도는 토지 값을 내야 한다고 해서 정부 요구대로 땅값을 지불하였다. 확실히 기억은 나지 않으나 하천부지에 대해서는 당시 값으로 한 평당 1천 5백 원쯤이었을 것이다. 땅값으로는 크지 않았지만 우리 대학의 재정 형편으로는 부담이 아닐 수 없었다. 반대하는 농민들을 한 분씩 설득하고 우여곡절을 거치며 1973년 여름에 하천 부지를 옥토로 만드는 작업에 착수하였다.

하천 부지 개간 사업에 실질적인 경험과 기술을 갖고 있으면서 성실하게 일할 사람을 찾았다. 이 산간벽지에서 고생을 마다하지 않을 사람이어야 했다. 김유혁 교수는 안성농업전문대학에 교수로 재직하고 있는 김봉구 교수를 불러들였다. 김봉구 교수를 교양학부 소속 교수로 발령하여 청양으로 파견하였다. 일을 맡기고 보니 김봉구 교수는 한마디로 황소 같은 사람이었다. 그의 근면함과 강한 추진력이 아니었다면 청양 새마을 시범농장과 농민에게 새로운 농업기술을 가르칠 농민학교 건설은 불가능하였을 것이다.

당시 이기영 청양군수의 적극적인 협조도 우리들의 정신적 피로를 많이 해소해 주었다. 하천 부지만으로는 시범 농장을 조성할 수가 없었다. 여러 품종을 재배할 수 있는 시범 농장을 만들기 위해서는 하천 부지 개간만으로는 불가능하였다. 하천 부지는 과수원으로 조성하기로 계획을 잡았다. 그리고 임업 교육을 위해서는 산이 필요했고 낙농 교육도 병행하여야만 했다. 그러자면 그 지역 기존 농토를 구입하여야 하는데 현지 일부 농민들이 좀처럼 협조를 해 주지 않았다. 이들을 설득하는 데도 보통 어려운 것이 아니었다. 그런 대로 참아야 했고 절대로 현지인들과 마찰 없이 해야 했다. 66만㎡(20만 평)의 산림과 16만㎡(5만 평)의 하천 부지를 구입하였고 순조로운 진행이 이루어졌다.

수고스럽고 고단한 일이지만 일은 보람 있었다. 오히려 무엇보다도 나를 안타깝게 하는 일은 극히 일부지만 교직원들의 비난과 비협조였다. 새마을운동의 사례를 대학 차원에서 시범적으로 만드는 것은 매우 중요한 것이었다. 이것이 성공함으로 해서 일부이기는 하지만 새마을 사업에 부정적인 지역민과 정치권 인사들의 인식을 바꾸어 놓을 수 있는 것이기도 했다. 우리 대학 새마을운동 시범 사례가 성공하면 전국적으로 미치는 영향이 클 뿐만 아니라 우리 대학의 미래를 설계하는 데 매우 좋은 경험의 바탕이 되는 것이다.

거기에 박 대통령의 고민을 작게나마 해결함으로써 대통령과 정부의 후원도 얻을 수 있는 좋은 기회였다. 그러나 그보다 더 큰 보람은 이런 노력이 바로 어렵고 힘들게 사는 농민들을 돕는 길이라는 점이다. 그것이 나를 신 나고 박력 있게 일하도록 채근하는 힘이었다.

거친 모래밭에서 거둔 풍성한 결실

김유혁 교수의 지역개발 이론과 김봉구 교수의 농장 조성을 위한 실천 모델은 정부에 많은 교훈을 주었다. 나중에 우리의 사업이 성공적으로 진행되자 박 대통령은 내무부, 농림부, 교육부와 충남도의 통합 보고를 받고 매우 고무적으로 받아들였고 기쁜 마음으로 농기구 일체와 현금 1천만 원을 보내 주셨다. 아마도 그때 1천만 원은 지금의 가치로 보면 5억 원은 될 것이라고 생각한다.

그런데 '호사다마'(好事多魔)라는 말이 있다. 재단 감사로 있는 분이 집에서 놀고 있는 자기 아들을 현장에 취업을 시켰으면 해서 취업을 시켰다. 그가 사사건건 김봉구 교수가 하는 일에 제동을 걸었다. 더구나 그의 아버지 되는 재단 감사는 아들 편에 역성을 들어서 김봉구 교수는 도저히 이 어려운 일을 해낼 수 없다고 사의를 표해 왔다. 또 다른 일은 당시 사무처장은 적극적으로 청양 새마을 사업을 지원하고 있었는데 그 밑에 있는 경리과장은 돈이 지출될 때마다 사무처장과 충돌을 하였다.

이런 소식이 전해지자 김유혁 교수와 김봉구 교수는 정신적으로 많은 어려움을 겪고 있었다. 그러나 나는 이분들을 격려하며 밀고 나갔다. 사실 하천 부지를 옥토로 만드는 일은 사실상 새로 땅을 '창조'하는 일과 비슷했다. 1차로 16만㎡(5만 평)에 달하는 하천 부지에 성토(盛土: 농사나 건축을 위해 흙을 부어 땅을 만드는 일)를 해야 했다. 이를 위해 야산을 깎아서 황토를 채취하여 그 흙을 깔았다. 과수원을 조성하기 위해 무려 1m 높이로 채취한 흙을 덮는데 산 하나를 파서 부지를 덮는 것과 마찬가지였다. 장비의 열악함을 감안하면 돈도 많이 들고 노고가 큰 일이었다.

2차는 그 땅에 풍부한 영양을 공급하는 일이었다. 하천의 자갈과 모래로 이뤄진 땅을 농사가 가능한 땅으로 만들려면 엄청난 퇴비가 필요했다. 우선 수소문을 해 전라도 일대에서 유명하다는 효소 퇴비 조성 전문가를 찾아 그의 조언을 받았다. 이에 따라 제재소에서 방치하고 있는 톱밥을 사다 효소 퇴비로 만들어 이를 부었다. 지금의 유기농 퇴비인 셈이다. 청양군에 있는 톱밥은 모두 구해서 퇴비 숙성을 시키는데 한겨울에도 마치 물안개가 오르듯 발효 수증기가 피어올라 장관을 이루었던 기억이 난다. 이처럼 잘 숙성된 퇴비를 까니 한눈에 보기에도 옥답이 부럽지 않을 만큼 개량이 되었다.

이제 이 땅에는 사과를 심기로 했었다. 당시 사과는 가장 대중적이면서도 수익이 좋고 장곡마을의 선선한 날씨에 적합하다 판단해서이다. 그러나 당시 청양군 어디에서도 제대로 된 과수원이 없어 사과나무 묘목을 구할 수 없었다. 결국 일본 아오모리 지방에서 직접 '후지 품종'의 묘목을 수입해서 왜성 사과 과수원을 조성하였다.

서울에 있는 모 대학 농대 교수들이 현지에 와서 보고는 이런 땅에서 무슨 과수가 열리느냐고, 절대로 사과 묘목이 성장할 수 없으며 성장한다 해도 사과가 열리지 않는다고 했다. 심지어 사과가 열리면 자기들의 손가락에 장을 지지라고 하면서 우리 대학의 과수원 조성 사업을 비웃었다.

현지의 농민 가운데도 우리가 하는 일을 못마땅하게 생각하는 사람들이 있었다. 그들은 한다는 말이 우리가 할 수 없어 450년을 버려둔 땅인데 제까짓 것들이 양복 입고 넥타이 맨 주제에 무엇을 한다는 것이냐며 비아냥거리기 일쑤였다.

현지에서 이 말을 전해 들은 한 직원이 서울에 와서 이 소식을 전했다. 내가 적극적으로 추진하는 새마을운동 사업을 비판적으로 보는 교직원들은 신바람 난 듯이 소문을 퍼트렸다. 심지어 재단 이사들한테까지 공연한 일에 돈을 쓴다고 모함을 하는 교수도 있었다. 나는 무모한 몽상가로, 김봉구 교수는 사기꾼으로 비아냥거리는 목소리가 나에게까지 들려왔다.

그러나 나는 자신이 있었다. 거기에 일하는 사람들이 얼마나 진지하고 열심히 일을 하는지 함께 숙식을 하며 보았고, 하나하나 내가 동참했기 때문이다. 결국 묘목을 심은 지 몇 년이 지나자 조생종 후지 사과는 탐스럽게 열렸다. 맛을 보니 당도가 높았고 과즙이 풍부해 나까지도 깜짝 놀랄 정도였다. 이를 본 농민들도 그제서야 장곡리 마을도 노력하면 과수 농사를 할 수 있다는 자신감을 얻었다. 이후 청양군 전체에 사과 등의 고수익 작물 재배 열기가 번졌다. 서울에 소재한 명문 사학의 농대 교수들이 말한 바와는 정반대로 사과가 열렸으니 그 대학의 농대 졸업생들은 무엇을 배울까 한심스러웠다.

여기에 농업 기술을 가르칠 기간(基幹)농민학교가 개교하여 청양군의 농업 지도자들이 새마을 강의를 듣고 새로운 농사 기술을 배웠다. 학교는 4개의 강의실과 별도로 40명을 수용할 수 있는 기숙사를 갖췄다. 교육비는 모두 무료였다. 학교인 만큼 농기계반, 특작반, 축산반, 원예반으로 나눠 청양군수가 추천한 농민들을 3주 동안 교육시켰다.

기간농민양성소가 세워지고 기숙사가 세워지고 사과 등 약 50개 품종의 작물을 시범적으로 재배하며 농민들에게 새로운 농사기술을 가르쳐 주는 등 그런 소문이 전국으로 퍼지자 많은 영농자들이 견학을 왔다.

박정희 대통령은 이 같은 대학의 노력에 큰 관심과 호의를 보냈다. 두 차례에 걸쳐 1천만 원이 넘는 하사금을 보내고 별도로 트럭을 선사하기도 했다. 정부에서는 유기춘 문교부 장관을 비롯해 도지사, 국회의원 그리고 많은 정부 기관의 간부들이 견학차 참석하였다. 그때가 되어서야 청양군의 주민들도 현직 장관의 왕림은 청양군이 생긴 이래 처음이라면서 진심으로 환영하는 분위기였다.

당시 단국대학교는 전국 대학생 새마을봉사활동연합회의 회장 학교였다. 나는 회장 학교 총장으로서 당시 새마을 봉사에 참여하는 전국 2만 3천여 명의 각 대학 학생들을 지휘 감독하는 책임을 지고

박정희 대통령을 청와대로 예방한 중재

있었으며 김유혁 교수는 전국대학생봉사연합회 사무국장을 맡고 있었다.

마지막으로 김유혁 교수가 해낸 것이 농촌 시범 부락을 형성하는 일이었다. 농토가 없어서 산에 가서 산나물을 캐어다 생계를 유지하던 농민들을 희망에 따라 우리 농장과 기간농민양성소에 취업을 시켜서 직장을 마련해 주었고 집 없는 농민들을 위해서 약 5천 평의 토지를 사서 집을 지어 주었다. 주택의 배치 형태를 말발굽(마제형: 馬蹄型)으로 설계하여 입주 주민들의 협동 의식과 공동체 생활이 가능토록 하였다. 마을 이름은 '희망적 미래'를 개척한다는 의미를 담아 '청양 비전(Vision) 마을'로 붙였다. 주택 건설에 필요한 자금은 내무부에서 융자를 받았으며, 각 농가별로 분양해 주고 땅값과 집값은 우리 농

유기춘 당시 문교부 장관이 청양군에서 봉사 활동을 하는 단국대 학생들을 격려하고 있다.

장에 취업해서 받은 월급으로 장기로 분할해서 갚도록 하였다.

누구도 시도해 보지 못한 혁신적인 농촌 개발 모델이었다. 이 소식이 알려지자 이를 입안한 김유혁 교수는 일약 지역개발 이론 교수로 소문이 나서 국내뿐만 아니라 대만, 일본 심지어 나중에는 몽골까지 초청을 받아서 많은 지역에 순회 강연을 다녔다. 박 대통령이 시해당한 후 한때는 정치적으로 새마을운동을 매장하고자 하기도 하였으나 아프리카, 동남아시아, 중국, 몽골 등 여러 나라에서 새마을운동을 배우기 위해서 많은 인사들이 한국을 찾아와서 교육을 받고 갔다. 정치적 배경을 떠나 새마을운동이 농민들의 생활환경 개선과 소득증대에 끼친 영향은 실로 엄청났다고 생각한다.

서울의 모 농대 교수들이 청양 하천 부지에서는 절대로 사과가 열리지 않는다고 장담을 하고 갔는데 무슨 기적이 일어났는지 우리 대학이 조성한 하천 부지에서 생산된 후지 사과는 다른 지방에서 생산되는 사과에 비해서 매우 당도가 높고 맛이 좋았다. 자연 소문이 퍼지고 인기가 높아서 거의 전량이 전국 도매상에 팔려 나갔다. 첫 수확을 전 교직원과 전 학생들에게 무상으로 나누어 주었다. 무모하다고 손가락질 받으며 땅과 씨름하고 땀 흘려 거둔 사과를 단국대 식구들에게 선보이고 이를 맛보며 즐거워하던 그때의 감동은 지금도 잊을 수가 없다.

바로 김유혁 교수, 김봉구 교수 그리고 정길웅 교수 세 분의 땀과 노력으로 불모의 하천 부지에 과수원을 조성하여 농업 소득을 올리는 성공적 사례를 보여 주었다. 이분들은 새마을운동을 통해 대학이 저개발된 향토 지역에 얼마나 좋은 일을 할 수 있는지를 이론이 아닌 실천으로 현실화했다. 이들은 한 걸음 더 나아가 우리 대학이라도 대학이 없는 지방의 중형 도시에 대학을 건설할 것을 제안했다. 앞으로 닥쳐올 지방화 시대를 맞이하여 지방 개발에 앞장서는 대학이 돼야 한다고 했다. 서울의 인구 증가를 줄이고 아울러 지역 인재를 육성하도록 대학 분교 건립을 건의한 것이다. 이분들의 건의를 받아들여 나는 충남 지역에 대학을 설립하기로 결심하였다.

이에 앞서 청양군 장곡리 마을에서 알찬 수확을 거두기까지 나는 이 지역을 50여 회 이상 방문하였다. 당시는 도로 포장이 천안까지만 되어 있었고 천안에서 청양까지는 비포장 도로였다. 그것도 흙길이 아니고 주먹만 한 자갈이 깔린 길이었다. 천안에서 청양까지 돌밭 길을 갔다 오면 나도 먼지를 흠뻑 뒤집어쓸 지경이며 자동차도 많이 상했다.

이런 수고로운 길을 왕복하며 나는 서울로, 서울로 집중되는 교육과 경제력이 다시 지방으로 환원되지 않는다면 언젠가 우리나라가 도시와 농촌의 불균형으로 크게 위기를 맞을 것이라는 생각을 했다. 중국이 공산화에 성공한 것도 이 같은 낙후된 농촌이 공산당의 텃밭이 되었기 때문 아닌가. 지방 캠퍼스 신설이라는 프로젝트는 이 같은 나의 고민과도 부합되는 새로운 지역개발 모델이었다. 작지만 청양군에서의 성공 경험은 나에게 할 수 있다는 자신감을 불어넣었다. 거기에 더해 지금이야말로 단국대가 더 큰 일에 도전하여 교세를 비약적으로 발전하고 국가 사회에도 기여할 수 있는 기회가 왔다고 생각했다.

대학을 세울 장소로 처음에는 홍성군이 물망에 올랐다. 당시 청양군수로 우리 대학의 장곡마을 개발 사업에 적극 참여했던 인연이 있는 이기영 군수가 홍성군수로 전근(당시는 지방자치제 전이어서 군수를 내무부 장관이 발령했음)하였다. 이 군수는 우리 대학의 성실함과 실천력에 감명을 받았던 분이라 나의 구상을 듣더니 적극적으로 나섰다. 이기영 군수는 김유혁 교수를 통해 홍성군에 있는 군 소유 토지 약 8만 평을 불하하여 줄 것이니 단국대학에서 대학을 세우는 것이 어떻겠느냐고 제의했다.

나는 우선 김유혁 교수와 김봉구 교수를 현지에 파견하여 부지의 주변 환경과 입지 조건을 살펴보라고 했다. 그 결과 홍성은 경부고속도로에서 거리가 멀리 떨어져 있어서 학생들의 통학이 너무 불편할 것이라는 결론을 내렸다. 이 군수의 호의를 사양하고 다시 고민을 한 끝에 천안시가 적절하다는 결론을 내렸다.

역사적으로 보면 천안은 고려 왕건 태조께서 후삼국 통일을 위하여 일만호(一萬戶) 규모의 지역사회를 조성할 필요가 있는 곳이라 판단하여 그곳의 형국을 오룡쟁주형(五龍爭珠型)이라 하였다. 한반도, 특히 경기 이남 지역을 중심으로 보면 천안이 지리적으로 요충지의 역할을 할 수 있다는 선현의 안목이 있었다. 그런가 하면 경부고속도로가 개통되어 광역 교통망이 날로 발전하는 반면에 천안 인근 지역에는 고등교육기관이 없어 지역사회 발전에 걸림돌이 된다는 것도 알 수 있었다. 1970년대 중반기인 당시 실정을 보면 천안시를 중심으로 1시간대 통학 거리 범위 내에 50여 개의 남녀 고등학교가 산재해 있지만 정작 천안시에는 대학이 없었다. 나는 이와 같은 현실을 토대로 하여 천안시를 적합한 후보지로 결론 내리고 우선 우리 대학의 재정 형편이나 지역사회의 교육 수요를 감안해 분교 형태로 캠퍼스를 개설하기로 결심했다.

당시 천안에는 인구가 13만 명이었는데 대학이 없어서 그 지역 학생들은 대부분 서울과 대전으로 유학을 가는 형편이었다. 천안은 경부고속도로 변에 있으면서 수도권을 벗어나 있기 때문에 개발하는 데 규제를 받을 염려도 없었다. 그뿐만 아니라 천안은 교통의 요지였다. 충남에 있으면서 충북, 전라, 경상도로 가는 길목이었다. 따라서 이곳에 대학을 세우면 천안으로서는 도시대로 산업도시로 크게 발전할 것이고 교육도시로서도 큰 몫을 담당하게 될 것이라고 생각했다. 나는 홍성으로 가는 것은 반대하고 천안을 교육 도시로 발전시키는 일에 우리 대학이 큰 역할을 하겠다는 의욕을 가지고 일차 천안시장을 방문하였다.

"비전마을의 성공을 천안 캠퍼스로 확대하자."

1976년이었다. 누구의 소개로 천안시장을 찾아간 것이 아니라 일면식도 없는 시장을 전화를 통해서 방문하기로 하였다. 지역 실정을 잘 아는 충청도 출신 교직원이 좋을 것 같아서 여운환 법인 사무처장을 대동하고 천안시장실을 방문하였다. 당시 천안시장은 조대희 씨가 맡고 있었다. 조 시장은 내가 천안에 대학을 세우고 싶다는 뜻을 밝히자 처음에는 난색을 보였다. 당시에는 천안 도시계획에 대학을 세운다는 계획은 전혀 없고 우리가 지목한 지역(현재 천안 캠퍼스 부지)인 안서호반에 대형 관광호텔을 세워 천안을 관광도시로 개발하려는 계획을 가지고 있다고 했다. 조 시장은 심지어 도시계획도까지 보여주며 상세히 대학 부지 마련의 어려움을 설명했다.

나는 조대희 시장을 설득하기 시작하였다. 우선 관광도시 개발이라는 조 시장의 구상이 가진 한계를 설명했다.

"천안 옆에는 온양이라는 온천 도시가 있어 이미 전국적 성가를 누리고 있습니다. 그런데 인접한 천안은 온양 같은 관광자원이 없습니다. 바로 옆에 이미 훌륭한 관광자원과 숙박 시설을 갖춘 도시가 있는데 비슷한 종목으로 경쟁하면 천안이 불리합니다. 관광호텔 하나를 보고 누가 천안을 오겠습니까. 돈은 온양 가서 다 쓸 텐데요."

나는 대학이 들어온 뒤 천안이 가질 이점을 덧붙였다.

"하지만 천안을 대학도시로 계획을 바꾼다면 분명히 성공할 겁니다. 교통이 편하니 단국대가 들어와서 성공하면 다른 대학들도 달려들 것입니다. 젊은이들이 활보하고 교육이 살아 있는 도시가 되면 천안 시민들이 얼마나 좋아하겠습니까. 장차 천안 주민과 후손들한테서 정말 애국 애향하는 시장으로 후손 만대까지 칭송을 들을 것입니다."

의외로 조대희 시장은 속이 트여 있는 분이었다. 내 설명을 신중

하지만 긍정적으로 받아들였다. 그러더니 천안을 관광도시로 개발하겠다는 처음의 의도를 고집하지는 않았다. 내가 주장하는 교육도시로 개발하는 것이 성공 가능성이 높다고 판단한 것 같았다.

오히려 두 번째 만났을 때에는 앞장서서 대학이 들어설 만한 장소를 몇 군데 안내해 주었다. 그러나 조 시장이 안내한 장소는 대학을 세울 만한 곳이 못 되었다. 한남동 교정을 매일 근무하는 나로서는 좀 더 넓고 트인 곳을 원했다. 나는 처음부터 고속도로에서 보이는 안서호 뒤쪽의 땅이 탐이 났다. 앞이 호수여서 경치도 좋거니와 탁 트인 전망이 나중에 젊은 단국대 학생들의 패기를 키우는 데도 좋겠다는 생각이었다. 거기에 남향의 야산과 평지가 조화를 이뤄 공부하고 연구하기에 좋은 입지였다. 나는 그 땅을 지적하면서 이곳을 대학 부지로 선정하고 싶다고 했다.

"이 아름다운 땅에 호텔을 세우기보다 젊은이들이 호연지기를 기르고 공부하는 캠퍼스를 세우도록 도와주세요."

내 간절한 부탁에 조 시장도 동의를 했다. 부지를 선정했다고 저절로 땅이 생기는 것은 아니다. 빨리 이 부지를 구입해야 했다. 이 일에는 여운환 법인 사무처장의 공로가 컸다. 우선 여운환 처장은 충청남도 논산 사람으로 현지 유력 인사나 주민들과 교제하는 데 큰 어려움이 없었다. 만약 그 당시 전라도나 경상도 출신 간부를 투입했다면 일하는 데 그렇게 용이하게 풀려 나가지 않았을 것이라고 생각한다. 몇 번의 대통령 선거를 통해 지역 감정이 고착되는 것도 있었고 현지인이 친숙감을 느끼는 데는 아무래도 같은 지역인으로서 그들의 입장을 이해하는 사람이어야 했던 것이다.

안서호 뒷면 야산 일대와 농토 20여만 평에는 종중 땅이 있는가 하면 서울에 거주하는 투기꾼 소유의 땅도 있었고 일부는 조상 대대로 이어온 현지인의 땅이라 어느 누구도 대학에서 땅을 사자는 데 만만하게 응할 사람은 없었다. 더구나 토지를 구입하는 일은 시장이 나선다고 풀릴 일도 아니었다. 대학을 설립하는 일 자체도 시장 단독으로 결정하고 밀고 나갈 문제가 아니고 지역사회의 도움이 필수적이라는 생각이 들었다.

그래서 지역사회의 협력과 호의를 얻어서 이를 부지 매입의 추진력으로 활용하기로 결심했다. 조사를 해 보니 천안에는 각 기관장을 포함해서 민간 기관 대표자와 중요 기업인들을 중심으로 이루어진 '번영회'라는 것이 있었다. 번영회라는 조직을 움직이지 않고서는 토지를 구입하는 데 어려움이 있을 것 같았다. 번영회를 단국대 후원자로 만들고자 접촉을 했다.

당시 번영회장은 한기수 씨였다. 그는 천안에서 규모가 큰 자동차 정비공장을 경영하고 있었다. 번영회원 중에 당시 농협조합장이었던 권혁철 씨도 적극적으로 도움을 주었다. 여운환 사무처장은 이분들과 매우 친밀한 인간관계를 유지했다. 일을 떠나 동향 사람처럼 친밀하고 인정 어린 관계로 발전했다. 나중에 이분들은 부지 매입은 물론 대학 건설을 하는 과정에 있어 난관을 극복해 나가는 데 많은 도움이 되었다.

그러나 한편 현지인들과의 관계에서는 도움을 받으면서도 한편에서는 어려움을 겪기도 했다. 나는 대학 후보지를 구입하는 데 철저히 부동산 중개업자를 배제하였다. 만약 부동산 중개업자를 앞세웠다면 땅도 몹쓸 땅에 땅값도 시가보다 훨씬 비싸게 주었을 것이다. 부동산 거래의 속성이 그러했다. 그 실례가 동국대학교 이성근 총장의 경우였다. 이성근 총장도 천안에 대학을 건설하고 싶은 뜻을 가졌었다. 그래서 자주 동국대학교 총무처장과 천안에서 부동산 중개업자를 통해 토지를 물색하고 다녔다. 대학 부지는 일시에 넓은 토지를 사야 하는데 돈이 개입하면 중개업자들도 교육기관의 공익성보다는 사업적 수익을 더 도모하기 마련이니 적당한 땅을 선택하기가 어려웠던 것이다. 토지 중개인들이 조건이 좋지 않은 땅만 소개하고 다니니까 결국 포기하고 말았다.

나는 부동산 중개인을 통하지 않고 지역 유지들이 대학 입장을 대신해서 소유자들을 설득하게 했다. 결국 직거래를 통해서 4만 여 평을 구입할 수 있었다. 여기에 도움을 준 사람은 당시 천안시 번영회 부회장이던 권혁철 씨였다. 당시 천안시 농협 조합장이었는데 인덕이 높았다. 나중에 나는 권 조합장의 아들을 교직원으로 특채해 마음의 빚을 갚고자 했다.

또 한 가지 부지 매입이 원활하게 성공할 수 있었던 것은 내가 우리 대학을 돕는 번영회 인사들에게 신뢰를 주었기 때문이다. 나는 현금을 마련하여 현지 번영회장에게 아예 통장과 도장을 맡겼다. 대학이 땅으로 부자가 되려는 것이 아니고 지역사회에 발전을 함께하자는 것이니 지역 인사들이 천안의 번영을 도모하는 취지에서 주도적으로 일해 달라는 부탁을 했다. 그래서 수시로 땅 임자와 계약을 할 수 있게 한 것이다.

땅을 흥정할 때에는 빠르게 결정하는 것이 중요하다. 시간을 끌면 잡음이 들어가서 가격만 오르고 부작용이 생기는 것이다. 그래서 현지인이 내 대신 계약을 할 수 있도록 위임을 해 주었다.

처음에는 1억 7천만 원이 든 통장과 인감을 맡겼는데 한기수 회장이 사업을 하는 사람이다 보니 돈이 급히 필요했던지 통장에서 일부 돈을 자기 개인 사업 일로 사용해서 급히 돈을 써야 할 때 쓸 수 없게 된 적이 있었다. 참으로 난감한 일이었다. 법으로만 따지자면 분명 공금을 임의로 유용한 것이고 횡령한 것이다. 법적 절차를 통해 잘못을 추궁하고 돈을 받아 낼 수 있었지만 나는 인간에 대한 믿음을 버리지 않았다. 비밀에 부쳐서 나중에 반납하도록 한 일도 있었다.

이처럼 인간적 호의를 견지하자 번영회 지도자들은 나와 단국대 일에 자기 일처럼 도움을 주었다. 그래도 그분들과의 관계 유지를 위해서는 여운환 처장의 역할이 컸다. 하루가 멀다고 천안에 내려가서 현지에서 자면서까지 번영회원들과 함께하면서 현지 기관장들과의 친분을 두텁게 만드는 데 진력하였다.

부지 매입 중 가장 어려웠던 일은 천안 캠퍼스 기숙사 부지가 된 땅을 구입하는 일이었다. 그 땅 소유자는 남로당 당원이었다고 하고 일설에는 박헌영 남로당수의 일가라고도 하는데 그는 절대로 자기 토지는 못 판다고 버티면서 천막을 치고 밤낮으로 천막 안에서 기거하였다. 우리 대학 건설 현장에 '불도저'가 침범을 못 하게 하려는 것이었다. 아마도 그 노인 소유의 땅을 구입하는 데 적어도 일 년은 걸렸을 것이다. 여운환 처장이 몇십 번을 찾아가 술대접도 하고 선물도 사들고 찾아다니며 공을 들였다. 그리고 현지 시청 직원들과 번영회 간부들도 나서서 설득했으나 끝내 반대하여 그 노인의 토지 구입은

하늘에서 본 초창기의 천안 캠퍼스(1978. 5)

맨 나중에 이루어졌다. 물론 땅값도 그 노인이 달라는 대로 깎지도 못하고 구입하였다.

그런 과정을 거쳐 부지를 마련한 뒤 김유혁 교수 중심으로 천안 캠퍼스 조성 10년 장기 계획을 수립하여 문교부에 제출하였다. 처음에는 산업대학이라는 명칭을 붙여 단과대학을 신청하였다. 농학과를 신청하였더니 교내 여론은 농학과를 왜 신설하느냐고 반대하였다. 그러나 지역 특성상 농학과와 의대는 필수라고 생각하여 추진하였다. 왜냐하면 충남 지역의 농업 발전이 우선 시급했고 그것이 향후 지역사회 지향적인 천안 캠퍼스의 정체성으로 명분에도 맞는 일이기 때문이었다. 거기에 열악한 지역사회 의료 복지를 생각할 때 의학과 신설이 중요했다.

당시 나는 박 대통령과 문교부는 절대로 우리 대학 분교 설립을 반대하지 않을 것이라는 자신을 가지고 추진하였다. 그 이유는 우리 단국대가 청양군에서 보인 새마을운동으로 이미 지역사회에 대한 애정을 입증한 데 있었다. 우리는 전국에서 가장 낙후된 청양군 장곡마을에서 새마을운동을 전개하고, 기간농민양성소를 설립했으며, 불모지 하천 부지를 개간하여 옥토를 만들어 과수원을 조성하여 농업 생산 소득을 증대하도록 한 실적이 있었다. 아울러 농촌 시범 부락을 조성하여 집 없는 농민들에게 미래형 농가 주택을 분양하였으며, 그들을 장차 우리 대학 농장에 기간 요원으로 취업시켜 그 소득으로 집값을 장기 분할 상환하도록 새로운 제도를 만들기도 했다. 이런 모든 일에 시범을 보여 대학형 새마을운동을 성공시킨 최초의 대학이었다. 말하자면 서울이 아닌 지역사회 친화형 캠퍼스를 만들겠다는 우리 대학과 나의 약속이 공수표가 아니라는 사례와 자신감이 있었다.

그런데 천안시에 산업대학을 설립하는 신청 서류를 냈더니 의외의 복병을 만났다. 신청 서류가 문교부에서 결재가 미루어지고 있었던 것이다. 나는 결재를 미루는 이유를 물었다. 당시 차관을 만났다. 차관은 내게 결재하지 않은 이유를 말했다.

"천안에 대학을 설립하는 것은 정원을 따 먹으려고 하는 짓이 아닙니까? 서울에 있는 대학은 서울에서만 대학을 운영할 노릇이지 왜 지방까지 가서 대학을 건설하려고 하는 겁니까?"

나는 불끈 솟는 분을 삭이면서 말했다.

"그럼 우리 대학이 서울에 있는데 왜 청양까지 가서 새마을운동을 하느냐고 말리지는 않았습니까? 지방에는 공주사범대학도 있고 충남대학교도 있는데 왜 서울 소재 단국대가 충남에 가서 새마을운동을 하느냐고 말렸어야 할 노릇이 아닙니까?"

결국 차관을 설득해서 반대 의사를 철회시키고 동의를 얻어 냈다. 이후 행정적인 일도 어렵지 않게 진행되었다. 그 밖에 내가 천안에서 대학 설립을 추진하면서 현지나 서울에서 민원을 내는 데 큰 어려움을 겪지 않은 것은 안응모 동문(내무부 장관 역임)의 도움이 컸다. 안응모 동문은 당시 충남도 경찰청장과 충남도지사를 연이어 역임했다. 안응모 지사가 모교에 대한 애정이 커서 관심을 아끼지 않았고 그로 인해 지방 행정 관리들의 자발적 도움이 컸던 것이다.

그리고 또 하나의 힘은 박 대통령의 영애인 박근혜 씨였다. 당시 박근혜 씨는 육영수 여사의 서거로 퍼스트레이디 역할을 하면서 '새마음 봉사단' 총재직에 있었는데 내 아내가 사무총장으로 국회의원직에 있으면서 박근혜 총재를 보좌하고 있었다. 그것도 음양으로 도움이 되었을 것으로 생각된다.

당시 황산덕 문교부 장관 역시 단국대의 천안 분교 설립에 전폭적인 지지와 신뢰를 보내 준 분이다. 황 장관은 경성제대 출신으로 서울대에서 배출한 최초의 법학박사로 성균관대 총장으로 선임되었다가 1974년도에 법무부 장관으로 취임한 뒤 2년 만에 다시 문교부 장관을 맡았다. 나는 황산덕 장관하고는 사석에서 단 한 번도 차 한 잔 마신 일도 없었고 그분이 산을 좋아하신 분이었지만 산행도 함께 한 일이 없었던 사이였다.

인간적 친분도, 공적인 인연도 없는데 황 장관이 나의 뜻에 지원을 아끼지 않은 데는 법무부 장관 시절 한 탈영병을 둘러싼 작은 미담이 있어서이다. 그 사연은 이렇다. 1975년, 농촌 출신의 한 병사가 탈영을 하여 인질극을 벌인 일이 있었는데 그 장소가 바로 단국대학교 앞이어서 자연 관심을 갖게 되었다. 그 병사의 사정이 신문에 기사화된 것을 보고 나는 참으로 딱한 생각이 들었다. 탈영병은 어려운 집안 형편에서 성실하게 살다가 입대를 하였는데 일이 꼬이다 보니 탈영을 하게 되었을 뿐 그 병사는 절대로 나쁜 사람이 아니란 확신이 들었고 어떻게든 도와주고 싶었다.

나는 이 청년에게 기회를 주고 싶었다. 결국 당시 법무부 장관이던 황산덕 장관을 찾아가 호소를 하였다.

"사정을 알아보니 그 청년은 절대로 나쁜 일을 할 청년이 아니었는데 순간적으로 잘못 착각하여 탈영이란 실수를 했습니다. 제가 보기에 기회를 주면 충분히 자립할 청년이니 장관께서 선처를 해 주신다면 내가 잘 가르치고 보호하여 좋은 사회인을 만들겠습니다. 그러니 형무소에서 복역시키는 일만 피하게 도와주세요. 선처해 주시면 제가 직접 보살피고 가르쳐서 개과천선시키겠습니다. 대학 총장으로서 제 체면을 걸고 약속드립니다."

황 장관도 법철학을 전공하신 학자이고 인간에 대한 신뢰를 아시는 분이었다. 황 장관은 내 약속을 믿고 그 청년을 석방하도록 했다. 그 후 나는 이 청년을 대학에 입학시키고 대학원까지 졸업시켜 모범시민이 되도록 했다. 이런 인연으로 황 장관은 나에 대한 좋은 평가를 갖고 있었던 것 같다. 문교부 장관이 되어서도 나를 인간적으로 신뢰하여 주었다.

이처럼 주위의 많은 분들이 적극적이고 긍정적인 도움을 주신 덕분에 나는 1977년 6월에 20만㎡(6만여 평)의 부지 매입을 끝내고 8월에 공사에 착수하였다.

공사를 시작하고 토목공사가 한창 진행될 무렵에 한 가지 에피소드를 들었다. 박 대통령이 경부고속도로를 통해 천안을 지나다가 안서호 뒤편 공사 현장을 보았다고 한다. 박 대통령은 유성에서 정석모 충남도지사를 만났는데 천안 고속도로 변에 누가 크게 대지 조성을 하는 것 같은데 그게 무슨 공사냐고 물었다. 정석모 지사는 당황하지 않을 수 없었다. 당시 박 대통령이 가장 중시하는 일 중 하나가 산림 녹화였고 그중에서도 경부고속도로 인접 지역은 요주의 지역이었다. 여러 관료와 기업인들이 이런 대통령의 방침을 소홀히 여겼다가 불호령을 맞거나 심지어 처벌을 받는 일도 드물지 않았다. 법에 따라 공사를 시작했지만 혹시라도 대통령이 판단하기에 불필요한 일이라 생각되면 혼찌검이 나는 것도 그렇지만 공사가 어려워질 여지도 있으니 당황스러운 질문이었다.

정석모 지사는 속으로 "아이쿠 큰일 났구나." 하는 마음으로 무슨 불벼락이라도 떨어질까 긴장되어 대답을 못 하고 있었다. 이때 옆에 있는 부지사가 단국대학이 학교를 짓고 있다고 대답하였다고 한다. 그랬더니 부지사의 말을 들은 박 대통령은 미소 지으면서 말했다고 한다.

"어, 장충식 총장이 하는 일이구먼. 그 사람은 일하는 사람이지. 청양에서 새마을운동을 모범적으로 이끌어 나가고 있는데 학교 짓는 일도 잘할 거야. 그러면 단대 장 총장에게 내가 그러더라고 해요. 이제 장 총장도 충청도 사람이 되었으니까 주민등록을 충남에다 옮기라고."

박 대통령의 말을 듣고 함께했던 사람들은 긴장을 풀고 웃었다고 했다. 그날 정석모 충남도지사한테서 전화가 걸려 왔다. 위의 에피소드는 바로 정석모 지사가 이 전화를 통해 알려 준 얘기였다. 정 지사는 그날 그 자리에 있었던 이야기를 전하면서 "대통령께서 장 총장 주민등록을 충남에 옮기라."고 했으니 알아서 하라는 말을 전하고 한 바탕 웃었다.

대통령의 농담일 수도 있지만 생각해 보니 그 말이 맞는 것 같았다. 총장이 되어서 가장 핵심을 두고 추진한 봉사활동의 대상이 충청남도 청양군 장곡마을이었다. 그리고 지역개발의 가능성을 확인하고 천안에 한국 최초의 분교를 세우게 되었다. 내 마음속에 이미 천안의 산업대학은 단순한 분교로 그치지 않고 종합대학 수준으로 발전시키려는 사명감이 자리 잡고 있었다. 그렇다면 우리 단국대 식구들에게 천안 캠퍼스의 중요성도 알리고, 내 애정을 스스로에게 확인시킬 겸 아예 그날부터 나는 충청도민이 되는 마음으로 살자고 결심하였다.

이후로 나는 천안에 대학을 건설하면서 현장에서 진두 지휘를 할

중재는 대학 교육의 서울 집중 현상을 타파하려는 의지의 일환으로 지방 캠퍼스 신축을 결정하고 부지를 물색한 끝에 천안시 안서동 일대로 부지를 확정했다. 이범재 당시 건축학과 교수가 중재의 1차 마스터플랜을 듣고 있다.

작정으로 충남 아산군 선장면 신성리 조용한 마을의 한복판에 폐가를 사서 50평이 좀 넘는 가옥을 지었다. 천안에 땅을 사서 집을 지으면 편리하겠지만 오히려 자칫하면 대학을 짓는다며 내 집을 먼저 마련한다는 오해를 부를까 일부러 떨어진 시골에 집을 지었던 것이다. 그리고 주민등록도 서울에서 아산으로 옮겼다.

그 후 30년이 넘도록 나는 충남도민이 되어 각종 선거에 투표를 포기한 적이 없었다. 100% 투표에 참여하여 내 권리를 행사하였다.

그리고 서울 화곡동에 있는 2층 건물, 대지 161평 연건평 130평짜리 내 개인 소유의 주택은 대학에 기부하였다. 이 집은 외국에서 우리 대학으로 유학 온 학생들을 기숙하도록 하였고 우리 가족은 아파트를 전세로 얻어서 이사시켰다.

처음에는 집을 대학에 기부하였다고 하니까 아내가 깜짝 놀라는 것이었다. 당신은 재산이 많은 사람도 아닌데 가족들이 거주하는 집을 대학에 기부하면 우리 가족들은 당장 어디로 가야 하느냐고 했다. 나는 아내에게 전세를 얻어 놨으니 걱정할 것 없다고 위로해 주면서 당신이 국회의원이라는 신분을 얻었으니 사회를 위해 무엇인가를 내놔야 할 것이 아니냐고 했다.

언론 보도를 보면 지역구 국회의원이 되기 위해서 막대한 선거비용을 쓰는가 하면 전국구 국회의원이나 직능별 국회의원이 되는 사람들도 당에 헌금을 하고 정당 지도부 권력자들에게 은밀히 헌금을 하는 일도 종종 있는 것 같다. 나의 아내는 정치할 사람이 아니었고 정치권력 주변에 기웃거린 적도 없는 사람이다. 또한 정치적 권력을 잡고 그것을 명예로 여길 사람이 아니라는 것을 누구보다 내가 잘 안다. 그러나 어찌 되었든 국회의원이라는 신분을 얻은 이상 무엇인가 사회를 위해서 내놔야 할 것이 있어야 한다. 바로 그것이 재물이다. 크든 작든 쥐꼬리만 한 권력이라도 손에 잡게 되면 그에 따르는 응분의 재물을 사회나 이웃에게 돌려주어야 한다고 나는 생각하였다. 한 가정의 주부로서 국회의원이라는 위치에 올라앉은 이상 이에 따른 응분의 조치가 있어야 한다고 생각했다. 그래서 아내가 국회의원으로 받는 세비도 모두 사회에 돌려보내자고 했다. 아내도 내 생각에 흔쾌히 찬성해 주었다. 그 세비는 바로 우리가 새로 지은 시골집이 소재한 충남 아산군 선장면 신성리 새마을회관을 리모델링하는 데 투입하도록 했다. 아내의 월급이 전액 리모델링 건축비로 쓰인 셈이니 신성리 마을 사람이 되는 신고식도 나름대로 치른 셈이리라.

독립적인 치과 전문 병원의 꿈

나는 천안 캠퍼스 구상부터 공사 기간, 그리고 천안 산업대학 개교 직후까지 만 3년 동안 한 달에 반 정도는 천안 현지에 있었다. 대학이 없는 도시에 처음으로 대학이 들어서니 지방 도시의 경제에도 도움을 주는 것이고 아울러 지방 대학 졸업자와 고교 졸업자들에게 고용 효과도 가져오게 하였다. 그뿐 아니라 우리 대학이 천안에 대학을 세우기로 하자 비슷한 시기에 아산 지역에 순천향대학이 의대를 중

천안 캠퍼스 개교식(1978. 3. 13)

심으로 신설되었고 천안에도 호서대학이 신설되었다. 천안 지역 사회가 교육도시로 성장하면서 활력도 더 많아지고 인구도 많아지는 추세가 확실했다.

천안에는 다른 지방의 작은 도시도 마찬가지이지만 종합병원 수준의 보건 시설과 기관이 전무하고 낙후되어 있었다. 분교 설립 벽두부터 천안 캠퍼스를 생명과학 중심 대학으로 키울 계획을 세웠다. 그래서 대학 설립 초기에 농대를 설립했고, 충남에는 치과대학이 없는 것을 고려하여 양질의 치과 교육기관과 치과병원을 설립하기로 결심했다. 그리고 내 복안의 마지막은 의대 그리고 약대 설립순으로 계획을 세웠다.

그런데 학내에는 처음부터 천안시에 캠퍼스를 조성하는 일에 일부 교수들이 반대했다. 인구 10여만 명에 불과한 도시에 대학을 세우면 학생 정원이나 채울 수 있겠느냐고 공격적인 비난을 퍼붓는 교수도 있었다. 특히 농과대학을 설립하는 일에 심한 반대 기류가 흘렀다. 농대가 있더라도 폐과할 판인데 새로 농대를 설립한다는 것은 시대를 역행하는 처사라고 측근들도 반대하였다.

산업화 속에서 농업 분야가 시들어 가는 것은 시대적 상황이니 그런 생각을 할 수 있지만 그것은 오히려 근시안적 생각이라 생각했다. 땅에다가 쌀을 심고 거두는 일만이 농사가 아니라 각종 생명 분야 및 식품 가공 등도 모두 농학의 도움을 받아야 되고 결국 크게 보면 농업이 식품 및 생명과학과 연결된다는 생각을 했기 때문이다. 당장 1, 2년의 문제가 아니라 향후 충청 지역에서 천안 산업대학이 종합대학으로 성장하려면 우선 지역사회에 부합되는 학문부터 시작해야 한다는 것이 또한 내 소신이고 바로 천안 캠퍼스의 설립 목적이기도 했다. 교수들의 좁은 시야에 나는 한탄을 금할 수가 없었다. 그러나 나는 이 소견 좁은 교수들의 반대 목소리에는 귀를 기울이지 않았다.

1978년도에 단국대학은 처음으로 입학 정원이 2천 명 선을 넘었다. 특히 천안의 산업대학은 6개 학과를 신설했고 260명의 정원이 늘어났다. 농학과에서 시작해 점차 인문 사회 분야로 학과 설치 영역을 넓혔다. 이제 원래 꿈꾸었던 생명과학 중심 발전이라는 내 복안을 구체화해야 할 시기였다.

이해에 나는 천안 캠퍼스에 치대를 설치하겠다는 생각을 밝혔다.

그러나 치대를 세운다는 계획을 알리자 농학과 설치 때처럼 또 반발이 일었다. 제1선에서 반대하고 나선 사람이 서울 캠퍼스의 유서윤 보건소장이었다. 유서윤 보건소장은 서울대 치대 출신 치과 의사로 오전에는 대학 보건소 소장직을 맡고 오후에는 자기 개인 병원을 운영하는 조건으로 채용한 사람이었다. 이 사람을 소개한 사람은 그와 충남 논산상고 동창인 재단의 여운환 처장이었다.

나는 그가 천안에 치대와 치대 병원을 세운다면 제일 기뻐할 사람이라고 생각했다. 그래서 먼저 의논을 하고 일본 치과대학을 함께 시찰하자고 제의했다. 그런데 첫마디에 '노!' 하고 치대 설립을 원초적으로 반대하고 나섰다. 그러자 그의 친구인 여운환 처장도 치대 설립에는 반대하고 나섰다. 치과 의사인 보건소장이 반대하고 나서니까 어지간한 교직원들은 그의 반대 이론에 동의하는 분위기였다.

내가 천안에 대학을 세우면서 치대와 치대 부속병원을 세우겠다는 결심을 한 동기는 한국 농촌의 생활 수준이 향상되면서 주민들의 식생활에도 많은 변화가 생겼기 때문에 구강위생을 중시해야 한다는 생각 때문이었다. 당시의 농촌 주민들도 도시인 못지않게 과일과 과자류를 많이 섭식하고 있는 형편이지만 도시인에 비해 구강 보건에 대한 상식이 많이 부족하다 보니 자녀들의 치아 보건에 소홀할 수밖에 없었다. 그뿐만 아니라 내가 아산에서 살아 보니 성인들의 경우도 구강위생에 소홀해서인지 치아 손상으로 고통을 많이 받고 있었다. 치과 병원을 찾는 사람이 나날이 늘어나지만 서울이나 대전에서 멀리 떨어져 있는 천안 같은 중소 도시에는 소규모의 치과 병원은 있으나 치과 전문 종합병원은 전무한 상태였다.

나는 서울은 물론 지방에 있는 치대와 치대 부속병원 여러 곳을 견학하였다. 일반 병원에 비하면 치대 병원의 시설은 상대적으로 열악하다는 인상을 받았다. 그리고 한국의 치대 병원은 의대에 배속되어 있고 일본이나 미국, 유럽처럼 독립된 치대 병원을 가진 곳은 하나도 없었다. 즉 의대 병원이 없는 대학에 치대 병원이 따로 설 수가 없었던 것이다. '선 의대 병원 후 치대 병원'이라는 시스템은 한국의 의학계가 치과를 독립 분야로 보지 않으려는 정서의 결과이기도 했다.

내가 한국에서 의대도 없는데 치대와 치대 부속병원을 세운다고 하니까 다들 비웃을 뿐 관심을 보이지 않았다. 더구나 계획을 세우는데 참고하려고 서울대와 연세대에 자료 협조를 요청했을 때 그들은 거부하였다. 의대도 없는데 무슨 치대냐는 것이다. 이런 사고에 매여 있는 것이 우리나라 의료계의 일반적 인식이었다. 동시에 치대 병원은 또한 자기들 의대 병원에 비해서 예산에서부터 시설 등 열악한 환경에 놓여 있었어도 이를 뚫고 나갈 용기와 의지가 없는 것 같았다.

'이빨 의사'라고 일반 의사한테 무시를 당하는 것이 치과 의사들이 처한 현실이었다. 그러면서도 우리가 치대와 치대 병원을 세우겠다고 기술적인 지원을 해 달라고 부탁하니까 의대 병원도 없는 주제에 무슨 치대와 치대 병원이냐는 말로 한마디로 거절한 것이다. 당시 서울대 치대의 간부 몇 사람과 연대 치대 간부들의 속 좁은 고자세에 탄식을 금할 수가 없었다. 저렇게 저속하니까 대학은 일류 대학인데 치대 병원은 3류 병원 정도를 벗어날 수가 없었을 것이라고 속으로 웃고 말았다. 그러나 용기를 잃지 않고 우선 이웃 나라 일본 치과계를 돌아보고자 했다.

이시가와 학장, 모리다 회장의 은혜

가까운 일본을 가 보니 치대 병원이 완전히 독립되어 운영되고 있었다. 나는 그러한 사실에 눈을 뜨고 일본 치대 병원 여러 곳을 견학하였다. 일본대학 치의학부 부속병원, 동경치과대학 부속병원 그리고 최근에 설립했다는 요코하마의 쓰루미(鶴見) 대학 치의학부와 그 부속병원의 시설을 보고 나는 놀랐다. 우리나라 서울대 치과 병원, 연세대 치과 병원, 경희대 치과 병원 그리고 원광대 치과 병원의 시설과 비교해 보고 우리나라의 치의학에 대한 일반적 인식이 잘못되었다는 것을 느꼈다. 당시 우리나라 치대 치과 병원에 비하면 일본은 매우 앞선 것을 한눈으로 확인할 수 있었다. 우리는 일본에 비해서 부끄러울 정도로 후진성을 벗어나지 못하고 있었던 것이다. 나는 서울대, 연세대 치과대학에서 배울 것이 없다고 생각했다. 일본과 미국 그리고 독일에서 배워야 한다고 생각했다.

일본 치의계를 돌아보고 감탄하였다. 시설의 규모에 일차 놀랐다. 실습실과 실험실의 선진성에 저절로 감탄의 소리가 나왔다. 교수와 연구 조수들의 인적 구성과 인원 등 모든 요건을 다 갖추고 있었다. 사석에서 만남을 통해 알아본 결과 일본 치의학계가 우리나라 치의학계를 바라보는 시선은 매우 동정적이었다. 한마디로 말해서 비교할 입장이 아니라고 보는 것이었다.

또 하나 놀란 것은 관계자들의 친절함과 개방성이었다. 일본 치대 어느 대학 병원을 가든 그곳 관계자들은 친절하게 안내하였다. 나는 그들의 친절에 저절로 머리가 숙여졌다. 실험실과 실습실을 일일이 안내하면서 보여 준 그 진지한 태도는 의사들의 인격의 표본을 대변해 주는 느낌이었다. 한국의 명문이라는 대학들이 보여 준 폐쇄성이나 권위적 자세와는 비교할 수 없었다.

당시 나의 느낌은 "아, 이런 사람들이라면 내가 우리 대학에 치대와 치대 병원을 만들겠다고 하고 도와 달라면 기술적인 면이나 운영면에 이르기까지 도와줄 것이다."라는 확신이 서게 되었다.

당시 나는 행정학과의 금동신 교수와 황명수 교수, 그리고 황 교수의 일본 메이지(明治) 대학 동창인 혼다 선생과 동행하였다. 황 교수는 일본에서 공부를 해서 일본어가 매우 유창했고 지인들도 많았다. 나는 일본의 치대와 치대 병원 세 곳을 견학하고 일본 사립대학 치의학부의 사무총장을 찾아갔다. 일면식도 없는 분이었다. 나는 그 분에게 요청했다.

"선생님이 알고 계시는 일본 치의학계에서 가장 존경스러운 분을 몇 분만 소개해 주시면 고맙겠습니다."

내 말을 들은 그 분은 잠시 생각에 잠기더니 곧 답을 주었다.

"첫째 요코하마에 있는 쓰루미 대학의 치의학부장(우리나라의 치대 학장에 해당함)인 이시가와(石川) 교수를 꼽을 수 있겠습니다."

나는 그분에게 다시 부탁하였다. 내가 일본 쓰루미 대학을 방문하고 이시가와 치의학부장을 만날 수 있도록 주선해 주면 고맙겠다고 했다. 그분은 첫마디에 기꺼이 소개하겠다고 하고 그 자리에서 전화를 걸어서 면담 요청을 대신 해 주었다. 그래서 다음 날 나는 요코하마 소재 쓰루미 대학 치의학부장 이시가와 교수를 만날 수가 있었다.

나는 우리 대학에는 의대도 없고 의대 부속병원도 없지만 일본에 치대와 치대 부속병원이 독립적으로 설립되어 운영되고 있는 것을 보고 감명을 받았다는 말부터 꺼냈다. 그리고 이어서 우리나라 지방도시에 일본식 치대와 치대병원을 세우고 싶은데 도와줄 수 있느냐고 물었다. 그리고 우리 대학의 형편을 간략히 소개하였다.

그분은 내게 물었다.

"당신은 치과 의사십니까?"

"아닙니다만……."

"그러면? 전공이……."

"동양사입니다."

내 말을 듣고 그분은 놀라는 것이었다. 의사도 아닌 사람이 대학이 없는 한국의 작은 도시에 대학 분교를 세우고 그 분교에 특색이 있는 일본 수준의 치대와 치대 병원을 세우기 위해 일본에 와서 치과 의료계를 돌아보는 것에 한편 놀라면서도 지방민들에게 의료 혜택을 주고 싶다는 나의 꿈과 희망을 듣고는 고개를 끄덕였다.

"의료에는 국경이 없습니다. 당연히 도와 드려야 하지요."

그분은 힘주어 말하고 내 손을 꽉 잡아 주었다. 당시 이시가와 학장의 나이는 나보다 10여 세 위로 보였다. 그분의 겸손과 고매한 인격에 진심으로 예의를 갖춰 존경의 뜻을 표하고 싶었다.

한국의 서울대 치대와 연세대 치대를 방문했을 때에 치대는 아무나 세우는 것이 아니라는 식의 충고를 받고 기술 지원의 요청을 거절당했을 때 내 심정은 참으로 비참하였다. 이시가와 학장은 일본의 치과계에서 존경을 받는 덕망 있는 교수라는 것을 확인할 수가 있었다. 그날 저녁에 이시가와 학장은 우리 일행을 요코하마에 있는 유명한 요리집으로 초대했다. 그 자리에는 쓰루미 대학 각 보직 교수와 병원의 진료를 담당하는 책임 교수들 전원이 나와 있었다. 우리에게 그들을 상면할 수 있도록 배려한 것이다.

단국대학교와 쓰루미 대학 간의 자매결연식(1987. 10. 22)

이시가와 교수는 말했다.

"한국의 역사 교수이면서 대학 총장이 지방 도시에 일본 수준의 치대와 병원을 세우고 싶다고 하는데 우리 쓰루미 대학이 도와야 할 것이 아닌가요. 우리가 알고 있는 지식과 경험을 바탕으로 한국의 단국대 치대 건설에 힘을 모아 줍시다."

그분은 힘주어 말하며 단합하는 결의를 보여 주었다. 처음 찾아간 사람인데 이렇게 융숭한 대접을 받고 기술적 지원을 약속 받으니 나는 참으로 감개무량하였다. 대학인이라는 공통점 외에는 아무런 인연도 없는데 내가 가진 지방 구강 보건 증진이라는 대의에 기꺼이 동참하겠다는 대범함과 인도주의를 실감했다. 나 역시 우리 대학이 좀 더 여력을 가지면 우리보다 어려운 나라의 대학이나 국민들을 돕는 데 정성을 다하겠다는 결심을 하게 되었다. 나중에 내가 아프리카나 아시아의 저개발 국가에서 요청이 오면 발 벗고 나서게 된 것도 이 같은 인간애를 실천하는 선례를 경험했기 때문이다.

이분들은 한국의 치과계를 여러 번 시찰해 보아서 한국 치과계의 후진성을 너무도 잘 알고 있었다. 그러면서 한국 치대에는 이런 시설 저런 시설이 없다고 하면서 이런저런 것을 가르치지 않는다고 지적하여 주었다.

내가 서울대와 연세대의 치과 병원의 시설 계획도를 보았을 적에는 책 한 권에 불과하였다. 그 계획서의 단출함에 놀랐다. 그런데 쓰루미 대학에서 치대 교육 및 실험 실습실의 규모는 물론 설계도의 내용과 분량을 보고 또 한 번 놀랐다. 그 계획서의 분량이 서울대와 연세대의 것에 비해서 약 열 배는 되는 분량이었다. 적어도 6개월 동안 일본 쓰루미 대학과 일본 치과 기자재 생산 회사가 공동으로 작성한 설계도는 모두가 영어로 되어 있었다. 거기에는 한국에 없는 시설이 참으로 많았다. 이 설계 값이 얼마냐고 물었더니 미화 50만 불이 넘는 것이라고 했다. 1982년 당시 1달러당 780원 정도의 환율을 감안하면 당시 돈으로 4억 원이나 되는 설계도를 무상으로 기증해 준다고 하였다.

1982년 당시 의대와 의대 부속병원이 없는 대학이지만 치대와 치대 부속병원을 설립하겠다는 인가 신청을 했고 정부로부터 허가를 받는 데 성공하였다. 공사를 착공하니 공사비도 문제였지만 치대 건물과 치대 부속병원을 채울 기자재가 문제였다. 계산해 보니 당시 돈으로 80억 원에 달하는 시설과 의료 기자재를 수입할 재원이 필요했다. 국내에서는 누구도 이런 막대한 의료 장비를 구입하도록 도와줄 곳이 없었다.

나는 다시 일본을 찾았다. 쓰루미 대학 이시가와 학장에게 일본 모리다 회사에서 의료 기자재를 외상으로 줄 수 없는가 하고 요청했다. 자재 중에는 상당 부분 일본 제품이 아닌 독일 제품도 많았다. 말하자면 모리다가 자신의 돈으로 사서 우리에게 빌려 줘야 하는 셈이었다. 결국 일본 모리다 회사의 CEO인 모리다 회장이 앞장서서 일본 수출입은행으로부터 융자를 받기로 하고 그 보증 역시 모리다 회장이 서 주었다. 그 결과 이시가와 학장과 모리다 회장의 적극적인 후원으로 일 년 만에 한국에서 가장 최신의 치대와 치과병원을 건립하는

치대 병원 개원식(1984. 9. 26). 단국대는 1984년 9월, 착공 1년 6개월 만에 치과대 교사와 부속 치과 병원을 개관했다. 치과 병원 개원 당시 충남 지역 유일의 치의학 전문 종합병원이자 최신 의료 기자재로 구강 보건이 취약한 농촌 지역 주민들에게 큰 도움이 되었다.

데 성공하였다. 이때가 1984년이었다. 이시가와 학장과 모리다 회장, 그 두 분의 후원은 한국 치의학계의 발전과 새로운 도전을 위해서 앞장선 나와 단국대를 돕는 차원에서 이루어진 것이라 할 것이다.

당시 한국의 치대와 치대병원의 시설 기준이 30%를 조금 웃도는 수준에 있었는데 우리 대학의 치대와 부속병원 시설은 80%를 넘는 수준에서 출발하였다. 이런 소식이 치의학계에 알려지자 서울대 치대, 연대 치대와 경희대 치대 교직원과 학생들이 견학차 우리 대학을 방문하였다. 그들도 놀라고 부러워했다. 우리 대학의 치과병원이 문을 연 이후 각 대학들도 자신들의 치대 시설이 신설인 우리 대학에 비해서 많이 낙후된 점에 대해서 각기 대학 당국에 건의를 하였고 대학가에 치과병원 현대화 사업이 빠르게 진행되기도 했다.

결국 우리 대학에 치대와 부속병원이 건립된 것이 한국의 치의학계에 개선의 바람을 일으킨 원인이 되었다고 일본 치의학계는 평을 해 주었다. 이후 우리 대학 치대는 자체적으로 계획을 잘 세워서 만 10년 만에 일본에서 얻어 온 빚을 말끔히 청산하였다. 우리 대학 치대와 부속병원 설립에 일본만이 도와준 것은 아니었다.

독일의 마인츠 대학은 단대와 자매결연을 맺은 대학이다. 마인츠 대학에서는 그 대학 부속병원에서 사용한 의료 기자재를 개발도상국 의료 기관에 원조해 주고 있었다. 그런데 우리 대학의 당시 법대 임정평 교수는 마인츠 대학 출신으로 마인츠 대학과 우리 대학이 자매결연을 맺는 역할을 하였다. 임정평 교수의 도움으로 마인츠 병원 행정

단국대 치대 병원 개원은 일본 치의학의 명문인 쓰루미 대학이 큰 도움이 되었다. 중재는 쓰루미 대학의 이시가와 학장에게 감사패를 수여했다.

원장인 뢰리히 박사가 터키로 보낼 치과 기자재를 우리 대학 신설 병원에 많이 보내 주었다. 이로 인해 우리 대학 치대 병원은 초기부터 좋은 환경에서 의료 사업에 진입할 수 있었다.

이제 돌아보니 천안에 분교가 개교한 지도 30년이 넘었다. 내가 40대 초반에 청양과 천안에 각기 농장과 대학을 개설한 지가 어제 같은데 어느새 80세가 되었다. 2008년도에 천안에서 천안 개교 30주년 기념행사가 열린다고 기별이 왔다. 그래서 천안 캠퍼스 간부들에게 기념식에는 반드시 정년퇴임한 여운환 상무와 김봉구 교수 그리고 김유혁 교수를 초청하라고 하였다.

기념식에서 나에게 축사를 해 달라고 부탁하는데 사전에 통보받지 못했던 일이라 나는 즉석에서 원고 없이 축사를 하였다. 기념식에

천안 캠퍼스 개교 30주년 기념 축사를 하는 중재(2008. 10)

참석한 김유혁 교수와 김봉구 교수 그리고 여 상무의 제안과 노고에 의해서 청양농장이 조성되고 이로 인한 후속 사업으로 천안에 분교를 개교하게 되었다는 그동안의 경위와 두 교수의 노고에 대해서 감사하다는 인사말을 하였다.

그러나 두 분의 정년 교수의 노고에 대해서 칭찬하였단 이유로 나와 40년간 대학에서 함께 고락을 나누었던 분 중 한 사람이 나에게 절교를 선언하였다.

"나도 학교를 위해서 수고를 많이 했는데 나도 명예를 가지고 사는 사람인데 나에 대해서는 찬사 한마디 없다."는 서운함이 절교의 이유였다. 그러한 사실을 교내 정년 퇴임 교수들의 친목회인 이순회(耳順會) 총무인 김영하 교수를 통해서 통보해 왔다. 절교의 통보를 받는 순간 내 진심을 어떻게 다 말로 표현할 수 있을까 하는 생각으로 참으로 착잡한 마음을 금할 수가 없었다. 비단 절교를 통보한 그분뿐이겠는가. 정말 많은 이들이 천안 캠퍼스의 육성을 위해 헌신하였다. 교수, 직원 그리고 사회의 동문, 유력한 지도자들까지 음양으로 그런 분들의 후의와 도움이 없었다면 오늘의 천안 캠퍼스, 아니 단국대학교가 있을 수 없으리라. 내 기억의 단출함으로 일일이 이름을 언급하지 못하여 혹시나 서운한 마음을 가진 이들이 있었다면 본의가 아니었음을 지면으로나마 전하고 싶다.

강남 바람 속 부속 중·고교 개교

내곡동 부지에 떨어진 '날벼락'

내곡동 소재 24만 평 토지를 어렵게 마련하고도 건설부 모 국장의 실수로 우리 대학 이전의 꿈은 한동안 접어야 할 사정에 이르렀다. 우리나라 공무원 사회는 자신들이 저지른 실수나 잘못은 절대로 인정하려 들지 않는다. 만약 공무원이 잘못을 저질러서 우리가 손해를 봤다 하더라도 정부를 상대로 일을 하려면 참아야 했다. 문제를 시끄럽게 만들면 다음에 다른 민원을 해결하는 데 큰 지장을 받는다. 억울하고 분통이 터진다 해도 참고 다른 방법으로 그 손실을 덮어 나가야 한다.

국립대학은 정부의 예산으로 살림을 꾸려 나가기 때문에 건설부에 의해서 우리와 같은 손실을 보았다면 다른 국유지로 대체해서 새로운 토지를 배정받았을 것이다. 하지만 사립인 우리 대학은 그런 혜택이 주어지지 않으니 억울하기 짝이 없는 것이다. 정부가 대학 이전을 위한 토지로 인정하여 분양하고 매각 대금까지 받은 땅을 개발을 하지 못하도록 법으로 묶어 놓았다면 이는 분명 정부가 기만을 한 것이었다. 우리 대학은 이전도 하지 못하면서 은행에서 융자한 자금에 대한 이자를 물 수밖에 없었다.

나는 젊은 나이에 대학 총장이 되어서 별다른 인맥도 배경도 없이 패기와 정성으로 대학을 발전시키겠다는 의욕으로 성심을 다했다. 그 돌파구가 새로운 캠퍼스 건설이었는데 너무도 비상식적인 결과뿐이었다. 경직된 관료주의, 높기만 한 관존민비의 벽은 일개 사학의 힘을 압도하고도 남았다. 이 같은 현실에 나는 절망과 비애를 통감하지 않을 수 없었다.

대학 총장이라는 내가 이처럼 좌절을 하는데 젊은 학생들은 비민주적인 현실에 어떤 생각을 하겠는가. 그들이 데모대 선두에 서서 정부의 그릇된 정책을 성토하고 부정부패를 타파하겠다고 나선 것은 옳다고 생각한다. 그들은 퇴학을 각오하고 형무소행을 자초하면서도 국민의 기본 권리와 자유를 빼앗기지 않기 위한 투쟁을 한 것이다. 나로서는 대학의 운영을 위해서 학생들의 현실 참여를 막는 데는 노력을 했지만 절대로 학생들의 데모 행위를 징계하거나 제적을 시킨 예는 총장직에 있는 동안 단 한 건도 없었다. 데모에 가담했다든가, 데모를 주동하였으니 제적을 하라는 정부의 지시가 내려올 적마다 나는 잘 가르쳐서 앞으로 데모하지 않도록 할 것이니 이번만 봐 달라고 사정해서 제적을 면하도록 해 주었다. 설혹 형사 입건이 되어 투옥되는 경우라도 변호사를 선임해서 그들이 학원으로 다시 돌아오도록 하는 데 최선을 다했다.

이 부패한 사회에서 대학을 운영한다는 것이 정말 어려운 일이라는 것을 통감하였다. 개인적인 생활의 안일을 생각한다면 대학 총장도, 대학의 운영도 다 포기하고 미국이나 호주 등 선진국으로 이민 가고 싶은 충동을 자주 느꼈다.

그러나 그럴 경우 나는 내 아버지에 대해서 불효자식이 되는 것이다. 아버지가 설립한 대학을 국민을 위한 바람직한 대학으로 만들 때까지는 내 개인의 안일보다는 희생을 감수해야만 할 것이다. 그렇게 마음을 돌려 다잡았다.

이제 내곡동 땅에 대해서는 억울한 생각은 잊어버려야 하고 중고등학교를 이전시키기 위해서는 새로운 땅을 물색해야만 했다. 그리고 땅을 사면 건설부의 개발 허가를 받아야 하기 때문에 나는 건설부와의 관계가 껄끄러워서는 안 된다고 생각하고 앞으로의 일에 협조를 얻어 내는 데 마음을 쓰기로 하였다. 우선 대학이 이전하기 앞서서 한남동 캠퍼스에서 중학교와 공업고등학교를 이전하는 일부터 성사시켜야만 했다. 결국 강남에 1만 5천 평의 대지를 구입해서 중·고교가 이전할 수 있도록 하는 데 성공한 것은 건설부와 싸우지 않고 협조자로 만드는 데 마음을 쓴 결과였다.

내가 생각하기에는 건설국장의 실수는 있었어도 그의 의도적 과실은 아니었다. 우리 대학 소유의 땅이 2차 그린벨트에 묶일 당시의 알려지지 않은 사실을 건설국장한테서 들은 대로 밝히고자 한다.

당시 박 대통령은 땅을 필요 이상으로 많이 소유하는 기업인에 대한 부정적 시각이 매우 컸다고 한다. 그중에서도 박 대통령이 제일 싫어한 사람이 운송업으로 그룹을 일군 J 회장과 건설업을 모태로 한 그룹의 조봉구 회장이라고 하였다. J 회장에 대해서는 제주도에 엄청난 땅을 구입하였다는 보고를 받고 큰 거부감을 가졌다고 했다. 또 다른 사람인 함경도 출신 건설업자 조봉구 회장은 이미 60년대부터 부동산 재벌로 유명했다. 당시 강남구 방배동에 1천 7백여 평에 이르는 대지를 가진 저택에서 살아 여론의 지탄을 받고 있었으니 대통령의 눈에 뜨일 수밖에 없었다. 이런 조 회장이 내곡동 소재 문화재관리국 소유의 토지를 전 하갑청 국장 시절 불법으로 대량 불하를 받았다는 것이다. 이 보고를 받은 박 대통령이 건설부 건설국장을 불러서 함경도 출신 조 회장이 정부로부터 불하받은 지번이 있는 토지의 지적도를 가지고 오라고 했다는 것이다. 건설국장은 청와대에 장관과 함께 불려가서 대통령 전용 헬기에 대통령과 동승해서 재벌들이 서울 외곽 지역에 사들인 부동산 보유 현황을 직접 보고하게 되었다. 이 자리에서 대통령은 재벌들이 대량 구입한 토지의 상공을 비행하면서 지적도 상에 표시된 누구의 땅은 어디 있는가, 평수가 얼마나 되는가 일일이 물으면서 빨간 연필로 선을 긋고는 모두 그린벨트로 묶으라고 지시를 했다는 것이다.

대통령은 재벌들이 기술을 개발하고, 좋은 상품을 생산해서 수출을 증대할 생각은 하지 않고 정부 소유의 토지를 싼 값에 사들여서 투기하는 수법은 근절을 시켜야 한다고 했다. 그 대표적인 인물이 조봉구 회장이라고 이름까지 지명하며 조 회장이 문화재관리국에서 불하받은 땅이 어디냐고 물어서 건설국장이 지적도의 위치를 지적하자 박 대통령이 직접 빨간 연필로 선을 긋고는 그린벨트로 묶으라고 특별 지시를 하였다는 것이다. 그런데 운명의 장난인지 건설회사 조 회장이 불하받은 땅이 우리 대학이 불하받은 토지와 같은 지번으로 가용 토지 40여만 평 중에서 반을 잘라서 우리보다 먼저 불하를 받아 놓고 있었다.

결국 조 회장이 소유한 땅을 전부 빨간 줄로 그어 표시하는 와중에 같은 지번인 단국대가 불하받은 토지도 포함돼서 함께 그린벨트로 묶였다는 것이다. 대학의 중흥에 필수적인 대학 부지가 재벌의 부동산 투기 단속에 맞물려 희생양이 된 셈이었다. 하긴 대통령이 헬리콥터를 타고 하늘에서 인근 지역을 그린벨트로 묶으라는 판에 작은 경계선 하나로 나와 대학의 운명이 좌우될 줄 대통령이나 건설부의 국장도 몰랐을 것이다. 달리 보면 대승적 차원에서 일을 하려다가 건설국장과 대통령이 실수를 한 셈이니 억울하고 쓰린 마음은 어찌 글로 다할 수 있겠는가.

문제의 조 회장과 얽힌 인연은 여기에서 끝나지 않는다. 내가 부속 중고등학교의 부지를 마련하려 동분서주하면서 땅을 두고 조 회장과 다시 한 번 얽히게 되니 실로 운명은 누구도 알 수 없는 일이다.

대치동 부지에 얽힌 새옹지마의 교훈

내곡동 부지가 개발 금지 구역이 되니 당장 한남동에 있는 서울캠퍼스 이전도 무산이 되었다. 결국 한남동 교정에 있는 부속 중학교와 공업고등학교를 이전시키고 교사동을 추가로 개축, 신축하기로 했다. 중·공고가 전체 부지의 약 30%를 차지하고 운동장을 같이 쓰는 바람에 서로 불편하고 볼썽사납기가 큰 현실도 시급한 부지 확보의 원인이었다.

중학교와 공고 이전을 위해서 강남 여러 곳을 찾아다녔지만 서울 시내에는 적당한 토지가 없었다. 그런데 대치동에 학교 용지로 쓸 만한 6천 평 정도의 땅이 있다는 정보가 들어왔다. 이 정보를 가지고 온 사람은 우리 대학 심영택 홍보실장이었다. 심영택 홍보실장은 대학을 위해서는 매우 헌신적인 분으로 동창 사회에서도 발이 넓은 분이었다. 심영택 실장과 평소 가깝게 지내는 서울시 도시국 홍 아무개 국장으로부터 서울 강남 대치동에 학교 용지로 6천 평이 있다는 사실을 안 것이다. 홍 국장 역시 단국대학 동문이었다. 학교 용지는 학교 이외에는 다른 용도로는 개발할 수가 없는 것이다. 참으로 우리에게는 이 이상의 희망과 기쁨이 없었다. 나는 즉시 심영택 실장과 서울시 도시국장을 찾아갔다.

홍 국장의 설명을 들으니 우리가 원하는 땅은 개인 소유인데, 그 소유자가 바로 조봉구 회장이라는 것이었다. 강남 땅 부자라는 속언이 과언이 아닌 셈이었다. 우리 입장에서는 다행인 것이 도시계획 상 이 땅의 용도가 '학교 용지'로 지정되어 있으니 조 회장 입장에서는 달리 수익용으로 개발할 수 없는 형편이었다. 조 회장이 아무리 부동산을 좋아해도 공원 용지를 얼싸안고 있을 이유가 없으리라는 판단이어서 거래가 의외로 긍정적일 수 있다는 희망이 생겼다. 나는 홍 국장에게 비록 공직자이지만 동문으로서 공익 사업인 대학 발전에 동참해 달라고 호소하고 한남동 교정에 중·고등학교를 함께 두고는 후배들의 교육 여건을 개선시킬 수 없음을 설득하며 거래가 성사되도록 조 회장과의 만남을 주선해 달라고 부탁했다.

조 회장은 앞서 말한 바와 같이 내곡동 문화재관리국 땅을 10만 평 이상 불법으로 구입한 것과 강남 일대에 많은 토지를 구입한 일로 박 대통령으로부터 미움을 산 사람이었다. 그런데 땅 소유자 조 회장은 6천 평이 되는 학교 용지를 계약하기 전 하나의 조건을 내세웠다. 그 조건을 들어주어야 땅을 팔겠다는 것이다. 그 조건이란 우리에게 팔겠다는 학교 용지 6천 평 뒤에 1만여 평의 공원 용지까지 구입하라는 것이다. 공원 용지야말로 공원 이외에는 다른 용도로는 개발이 불가능한 것이다. 한편 생각하면 매우 고약한 사람이라는 생각이 들어서 계약을 포기하고 싶은 마음도 있었지만 6천 평의 학교 용지를 구입하기 위해서는 '울며 겨자 먹는' 격으로 1만 평의 공원 용지도 살 수밖에 없는 실정이었다. 한편으로는 구입 자금을 마련하는 데는 부담이 되지만 잘 활용하면 1만 평의 공원 용지도 학교 용지로 전환 변경시킬 수도 있겠다는 희망이 들기도 했다. 그래서 공원 용지도 구입하기로 작정하고 계약을 체결하고 이내 설계를 착수하였다.

설계를 하며 시설 배치 계획을 해 보니 6천 평의 학교 용지는 중·고교 설립의 기본 평수에 불과해서 쾌적한 운동장은 만들 수가 없는 땅이었다. 더구나 추가로 구입한 공원 용지는 새로 구입한 학교 용지 남쪽에 붙어서 학교 건물은 북향이 되고 남쪽으로는 공원 용지가 앞을 가리게 되는 입지였다. 북향 땅 6천 평의 가용 면적은 산의 경사도 때문에 건물을 짓는 데 많은 어려움이 있었다. 그러나 일단 설계를 마치고 건축 허가를 서울시에 신청했다.

동시에 부속중학교와 공업고등학교의 규모에 비해 부지가 협소하고 입지가 나빠 청소년들에게 건강한 학교 생활을 시키기 어렵다는 이유를 들어 공원 용지를 학교 용지로 전환해 달라고 설득했다. 토지를 개발해 수익이 생기는 일도 아니고 대학이 자기 돈을 들여 공익사업을 하는 일이니 시청으로서도 명실상부한 일이었다. 결국 우리가 주택 건설 회사에서 울며 겨자 먹기로 산 1만여 평의 공원 용지가 개발 허가를 받을 수 있는 학교 용지로 변경되었다. 특히 이번 일에도 심영택 실장의 활동과 우리 동문인 서울시 홍 도시국장의 적극적인 도움이 컸다.

나는 6천 평 용지로 설계했던 중·고교 캠퍼스 조성 설계를 1만 5천 평 캠퍼스 설계로 확대 변경했다. 그 결과 교사 건물이 북향으로 지어지지 않도록 부지의 산허리 중간을 절단하여 평지로 만들었다. 물론 공사비는 그만큼 또 한 번 늘어났다. 나는 마음속으로는 돈 걱정이 컸지만 어린 청소년들에게 좀 더 나은 시설을 마련해야 한다는 생각으로 기꺼운 마음으로 설계를 변경하도록 했다.

그런데 이때 몰상식한 일을 조봉구 회장이 저질렀다. 앞서 공원 용지를 우리 대학에 억지로 떠맡겨 매각하는 계약을 강요했던 조 회장은 계약금까지 받아간 이후 공원 용지가 학교 용지로 변경되자 마음이 변했다. 땅값 중도금을 수령해 가지 않고 계약을 물리자는 것이다. 학교 용지로 지목이 변경되니 땅과 돈 욕심이 다시 발동한 것이다.

우리가 거부를 하니 공사를 이미 착수했는데 공사를 못하도록 법원에 공사 금지 가처분 신청을 하였다. 학교 이전이 안 되면 대학의 신뢰성과 학생, 학부모가 겪을 불편과 불이익은 안중에도 없는 몰염치한 일이 아닌가. 그래서 나는 일체의 협상도 거부하고 대신에 공탁금을 내걸고 조 회장을 상대로 공사 중지 가처분을 취소하는 소를 제기했다. 물론 재판부는 단국대의 손을 들어 주었고 공사에 별지장을 받지 않았다. 하지만 투기꾼이란 돈 앞에는 인간의 도리나 사리를 생각지 않는 사람이란 것을 새삼 느낄 수 있었다.

돈 걱정 속에서도 고마운 교직원들

당시 강남은 개발이 한창인지라 중산층 사람들이 많이 이주해 오는 형편이었다. 사립학교로서 강남 지역이 발전할수록 밝은 미래를 그릴 수 있다는 자신감이 있었다. 문제는 역시 돈이었다. 땅을 구입해 놓고 보니 건설 자금이 없는 것이다. 중·고교 운영은 100% 학부형이 내는 등록금에 의존하는 실정인데 대학 운영을 맡은 지 얼마 되지도 않은 데다, 대학에 대한 투자에도 힘에 겨운 나로서는 중·고교 이전을 위한 토지 대금과 건설 비용을 마련한다는 것이 정말 힘이 들었다. 밤에는 잠이 오지 않고 일을 하다가 돈 걱정이 문득 나면 식은땀이 등을 적실 정도였다. 이렇게 걱정이 컸지만 손을 벌릴 만한 곳도 없었다. 근심이 커지면서 어떤 때는 잠자다 심장마비라도 일어나서 남몰래 죽는 것이 좋을 것만 같았다.

진심으로 내 나이와 비슷한 평교수 친구들이 부러웠다. 총장으로서 나는 놀고 싶어도 놀지 못하고 휴가도 따로 없었다. 동료 교수들은 방학이 되면 가족들과 시간을 갖지만 나는 방학도 없었다. 아예 술은 입에도 대지도 않고 바둑이나 잡기 등으로 시간을 허비하는 일도 없었다. 그렇지만 운동으로 다져진 내 건강했던 몸에 이상이 오고 위염, 장염 등 신경성 소화불량에 시달렸다.

내 나이 36세에 총장이 되어 50에 이르는 기간이 가장 어려운 시련기였다. 이렇게 힘든 시간을 보낼 때 그나마 나에게는 힘이 되어 주는 교수, 직원들이 있었다. 당시 심영택 실장, 이용우 처장, 신방현 처장, 여운환 처장 등이 대학의 민원 처리를 해결하기 위해 탁월한 애교심을 발휘하여 난관을 돌파하는 데 큰 역할을 해 주었다. 그들은 종합대학 초창기에 단국대를 일으켜 세우는 과정에서 일등 공신들이었다.

시절이 어려워야 사람의 진심을 안다고 했다. 대학이 난관에 봉착했을 때 교직원들의 인심과 애교심을 알아볼 수가 있는 것이다. 가난한 대학에, 정부와 정치권에 의해서 폐교 당하는 일도 있었고 민원이 해결되지 않는 대학이라는 낙인이 찍혀 어려움을 겪고 있을 때 힘없는 대학으로는 순탄하게 해결되는 일이 아무것도 없었다.

내가 30대에 대학의 총장에 선임되었지만 부모로부터 호화롭게 물려받은 것이 아니라 아버지가 돌아가시자 부득이 떠맡은 것이었다. 아버지 생전에도 개혁을 위해 많은 일을 건의하는 바람에 나이 많은 이사들한테 밉게 보여 추방 대상 제1호의 위치에서 있었지만 쓰러져 가는 대학을 일으킬 수 있는 힘을 얻은 것은 단국대학을 졸업한 동문 교직원들의 적극적인 지원이었다. 내 주위에는 각별한 애교심을 가지고 학교를 살리는 데 단합된 힘을 보내 준 이들이 있었다.

앞의 교직원들 말고도 여러 사람의 도움이 나를 총장으로서 앞장서서 뛰도록 했다. 학보사인 단대신문의 주간이었던 김상배 교수는 자칫 총장 업무에 매몰되어 지식인으로서 최소한의 글쓰기마저 잊을 수 있던 나에게 글을 쓰도록 용기를 불러일으켜 준 사람이다. 박정희 대통령에게 나와 단국대의 입지를 확실히 각인하는 데는 김유혁 교수와 김봉구 교수의 도움이 컸다. 김유혁 교수는 새마을운동의 이론 체계를 마련해 주었고, 이론의 실천 표본을 만들어 보여 준 분은 김봉구 교수였다. 그분들이 흘린 고귀한 눈물과 땀방울이 아니었으면 우리 대학이 70년대에 그나마 대학으로서 성장 기반을 닦지 못했을 거라 생각한다.

70년대의 단국대학은 정말 강풍 한 번에도 공중 분해가 될 수 있는 열세였다. 70년대에 나는 스스로에게 대학의 운명이, 단국대의 역사가 바람 앞의 촛불 같다고 생각했다. 나는 그 촛불을 어떡하든 일단은 꺼지지 않도록 하겠다는 생각만 가득했다. 앞에서 언급한 교직원들은 그런 내 모습을 가까이에서 보며 나의 운명을 동정하기도 했을 것이고 그래서 열심히 뛰었으리라 생각한다.

아무튼 이런 이들의 도움이 있었고 보좌를 받으며 대학 발전에 필요한 과제들을 해결해 나가고 있었지만 돈 문제는 정말 달리 도리가 없었다. 대학이 자금을 마련하는 방법은 예나 지금이나 둘 중 하나이다. 가진 부동산이나 기타 자산을 팔거나, 아니면 부채를 지거나. 정부의 재정 지원이란 7, 80년대의 국가 형편으로는 기대할 수 없는 노릇이다. 은행 이자도 심지어 연 12%를 상회하는 형편이었고 그나마 담보가 있어야 했다.

한창 단국대에 각종 교사동이 신축되고 있는데 거기에 투입할 등록금 재원도 힘든 판이었다. 이런 재정난을 피하고 대치동 부지를 매입하고, 건설비를 조달할 수 있었던 데는 누군가의 희생이 필수적이다. 나를 버리고 대의를 갖는 희생이 있을 때 대학은 일보 전진하는 것이다.

애교심이 만들어 낸 단국중고 부지

대치동 부지 대금을 마련할 길이 없어 동분서주하며 뛰어다니고 밤잠을 못 자고 궁리를 하고 있을 때였다. 영등포구에 소재한 장훈학교에서 우리 대학 재단이 을지로 2가에 가지고 있는 땅(약 170평)의 소유권을 이전해 달라는 소송을 걸어 왔다. 그 땅이 자기들이 영등포로 이전하기 전에 있던 장훈학교의 부지였으니 소유권도 장훈고등학교에 있다는 것이 요지였다.

문제는 그 땅이 장훈학교의 소유였다는 것이다. 하지만 그 장훈학교는 일제강점기에 박정숙 이사장의 아버지이신 고 박기홍 선생님이 세워 운영하셨다. 그러나 박기홍 선생님이 일제 말에 세상을 떠나자 장훈학교는 운영할 분이 없어서 해방 후 폐교되었고, 학교 부지 중 약 180여 평이 남았는데 이 토지를 박정숙 이사장님이 5·16 군사 정변 당시 우리 대학이 재정적으로 곤경에 처해 있을 적에 재단에 기부하였다.

문제는 해방 후에 영등포에 교명이 똑같은 장훈학교(長薰學校)가 설립되면서 시작되었다. 그 학교의 이사장은 국회의원인 박병배 의원이었다. 장훈고 재단의 주장인즉, 자신들의 원래 뿌리는 바로 그 일제시대의 장훈학교라는 것이다. 바로 일제시대의 장훈학교가 영등포 소재 장훈고등학교의 전신이니 단국대학 소유가 된 장훈학교의 땅 소유권을 자기들한테 넘기라고 소송을 제기하였다.

결국 학교 이름은 같지만 설립 시기와 내용에 있어 일제시대에 을지로 2가 장교동에 설립하였던 장훈학교와 해방 후에 영등포에 세운 장훈학교는 별개의 학교인데 무슨 엉뚱한 소리를 하는가 하고 일단 소송에 응했다. 우리 대학 재단의 변호사로는 강순원 이사와 김용진 전 학장이 소송대리인이 되어 재판을 하였다. 뜻밖에도 1심 재판에서 우리 재단이 패소하였다. 단국대 측이 일제시대 장훈학교와 현 장훈고등학교의 무관함을 재판부에 제대로 증명하는 노력이 부족해서였다. 우리 재단은 다시 고등법원에 상고하였다.

그런데 고법에서 심리가 끝나갈 무렵 판결을 앞두고 강순원 이사가 나를 보자고 했다. 그분 말이 2심에서도 패소 판결이 날 것 같으니 재판을 중단하고 화해하면 어떻겠느냐고 했다.

나는 수긍하기 힘들었다. 의구심을 갖고 물었다.

"화해하면 어떤 조건입니까?"

강순원 이사의 말이 당시 돈으로 2천만 원만 받고 화해하자는 것이었다. 같은 소송대리인인 김용진 전 학장도 화해하자는 데 동의하였느냐고 물었다. 그랬더니 김 전 학장도 자기와 동감이라고 하였다.

도저히 용납하기 힘들었다. 상식적으로 두 학교가 다르다는 점은 얼마든지 입증할 수 있으리라 자신했는데 변호사가 화해를 청하다니……. 그래서 나는 당시 우리 편 변호사와 상대방 변호사가 서로 짜고 법을 모르는 나와 박정숙 이사장을 바보로 알고 어떤 물밑 거래가 있지 않은가 의심이 생겨서 적극 반대하였다.

"돈 2천만 원 받자고 재판을 몇 년 동안 했습니까. 2심 재판에서 패소하더라도 3심인 대법원까지는 재판을 해야지요. 우리 대학은 개인이 아니라 공공기관이니까 3심까지 갈 겁니다."

나는 끝까지 재판을 할 것을 강력히 주장하였다. 아무리 생각해 봐도 장훈학교는 박기홍 선생이 설립한 학교이고 이미 폐교가 되었다. 자신들이 일제시대 장훈학교를 이어서 다시 영등포에 세웠다고 하지만 이는 자기들의 주장이고, 박기홍 선생의 재산은 그 부인인 조희재 여사와 따님인 박정숙 이사장을 통해 단국대 재단 설립과 운영에 기부되어 있는 것이다. 만약 박기홍 선생이 살아 계신다면 저들이 영등포에 장훈고등학교를 세울 수 없었을 것이다.

당시 이런 토지 송사가 많았었다. 일제시대와 광복 뒤 신생 정부 수립, 한국동란을 거치면서 역사 자료, 토지 등기 등이 부실했기에 브로커들이 개입한 재산 다툼과 사기 사건이 많았다. 일제강점기의 장훈학교는 없어지고 설립자 박기홍 선생님은 세상을 떠나신 데다 장훈학교 교지의 일부가 남아서 단국대학에 속했다. 거기에 영등포에 교명이 같고 그 뿌리를 일제시대 장훈학교로 두었다는 기관이 있었으니 토지 소송 브로커들이 관계자들을 부추겨 밑져야 본전이라는 식으로 재판을 걸어 오지 않았는가 하는 생각이 들었다.

더구나 내가 기분 나쁜 것은 우리 측 변호사들의 재판에 임하는 책임감 부족이었다. 마치 상대방 변호사와 서로 잘 알고 짜고 하는 재판이 아닌가 하는 의심이 들 정도로 소극적이었다. 나는 이 재판이 단순히 땅의 소유권을 가리는 차원이 아니라 생각했다. 내 선친과 박기홍 선생의 인연이 깃든 단국대 역사의 정통성에도 관련된 문제였다. 나는 재판을 끝까지 하자고 강력히 주장했다.

다른 한편으로는 우리 재단 측 변호사에 대한 불신이 생기자 여운환 법인 처장으로 하여금 은밀히 고병국 변호사(전 학장)의 사모님을 만나서 이 재판에 추가로 변호사 선임을 수락해 달라고 했다. 2심 판결의 결과를 보기에 앞서서 강순원 변호사, 김용진 변호사 외에 고병국 변호사를 추가로 소송대리인으로 계약하고 재판에 임했다.

여기에 법인 여운환 처장의 활동이 빛을 보았다. 여운환 처장은 당시 서울시 김 아무개 부교육감과 친한 사이였다. 김 부교육감은 행정고시 출신으로 오랜 기간 문교부에서 근무한 사람으로 여운환 처장하고는 인간적으로 매우 가까운 사이였다. 이분들의 도움이 없었으면 아마도 이 재판은 우리가 끝내 패소하였을 것이다.

여운환 처장은 장훈고 재단 측의 주장을 반박할 근거를 찾고자 했다. 여 처장은 고병국 변호사의 사무장과 힘을 합쳐 시청에 있는 관련 문서를 샅샅이 뒤졌다. 김 부교육감이 교육행정의 전문가로서 이를 함께 도와주었다. 일제시대부터 보관하고 있던 모든 문서를 일주일 이상 종일 뒤지다시피 하여 드디어 을지로에 소재하였던 장훈학교가 영등포에 소재한 장훈학교와는 전연 다른 학교라는 것을 증명할 수 있는 문서를 찾아냈다.

증거를 찾아 제출하니 재판은 당연히 우리의 승리였다. 고법과 대법원에서 역전 승소하여 우리 재단 소유의 재산을 지킬 수가 있었다. 그때 강순원 변호사(우리 재단 이사)와 김용진 변호사(전 학장)의 말대로 질 재판이니 고법에서 화해하고 2천만 원만 받았다면 그 후 서울시에서 수용하며 보상받은 5억 원이 넘는 토지 대금을 상실할 뻔하였다. 그런 일이 있은 후에도 김용진 변호사와 강순원 변호사는 미안하다는 사과 말 한마디가 없었다.

여운환 처장이 끝까지 고병국 변호사의 사모님(우리 대학 국문과 교수 역임)과 합의하여 이 재판을 이길 수 있도록 한 공로가 빛났다.

이렇게 지킨 을지로 2가 장훈학교 부지는 서울시로 수용되어 5억 원의 매각 대금으로 돌아왔고 나는 여기서 생긴 돈으로 대치동에 구입한 중·고교 부지 매입 대금을 지불할 수가 있었다.

사돈의 눈물 밴 부속고 신축 자금

앞에서 말한 것처럼 대법원까지 가는 법정 다툼을 통해 지켜낸 이 법인 소유 부지의 보상금은 부속 중·고교의 대치동 부지를 매입하는 자금으로 투입되었다. 참으로 소중하고 고마운 결과였다. 정작 더 큰 문제는 부지 매입에 이은 신축 건설 자금의 확보였다.

대치동 부지에는 모두 4개의 교사동을 지어야 하는데 자금 사정이 얼마나 어려우면 내 마음속으로 "자다가 그대로 깨어나지 않았으면 좋겠다."는 생각이 들었겠는가. 고민하고 또 고민하던 나에게 한 가지 돌파구가 생겼다. 그러나 그 희망은 한 사람의 고통과 희생이 있었기에 실현 가능했다. 그 한 사람은 다름 아닌 어렵고도 어렵다는 사돈이었으며, 사돈이 기꺼이 희생양이 되어 주었다.

내 장남의 장인이신 조경호 회장은 19세에 증권계에 투신하여 오랫동안 금융권에서 일하셨다. 1962년에 일국증권을 세웠는데 각고의 노력과 역량으로 이를 증권업계의 리더로 성장시켰다. 1982년 당시 일국증권(현 동양증권의 전신) 주식 지분은 사돈(조 회장)이 30%, 내가 30%(당시 범은장학재단에 기부)로서 사돈이 경영권을 갖고 있는 상태이고 회장으로 재직 중이었다. 나머지는 기아산업과 종근당 주식회사가 각각 20%씩 지분을 갖고 있었다.

1970년대만 해도 증권업은 상대적으로 금융계에서 큰 비중을 차지하지 못하고 있었고 증권사도 관심을 받지 못하던 업종이었다. 그러나 1980년대 들어 자본시장의 활성화가 경제발전의 기초가 된다는 인식이 국가적으로 확고해지면서 증권사를 인수하려는 재벌들의 의욕이 커졌다. 이에 따라 증권사 주식에 대한 권리금도 급상승하는 중이었다. 말하자면 증권회사 주식을 팔라는 제의가 많아진 것이다.

마침 증권업 진출을 서두르던 동양그룹에서 지분 매각 제의가 왔다. 나는 고민 끝에 일국증권 지분을 매각하기로 했다. 막대한 공사비를 달리 조달할 방법이 없었기 때문이다. 당시 금액으로도 지분 매각 대금은 20억 원을 상회했지만 여기에는 또 하나 어려운 점이 있었다. 매수자인 동양그룹이 내 지분만이 아니라 조 회장님의 지분도 함께 인수할 수 있어야 한다는 전제 조건을 제시했기 때문이다. 말하자면

1979년 있었던 중재의 장남 호성 씨의 결혼식. 신부 오른쪽 뒤편에 서 있는 사람이 조경호 전 일국증권 회장이다.

60%의 지분을 인수하여 경영권을 함께 확보한다는 의지가 있었던 것이다. 이렇게 되면 사돈인 조 회장님이 경영권을 내놓아야 하는 문제가 뒤따를 수밖에 없었다. 금전 문제가 아니라 한 기업인이 자신의 애정이 깃든 회사를 내놓는 일이 어찌 말처럼 쉽겠는가.

그러나 단국대에 대한 의지를 이해하고 계시던 사돈은 과감하게 결단을 내렸다. 개인의 기업가로서의 영달보다 사위에 대한 애정, 대학의 육영사업에 대한 대의를 선택하신 것이다. 결국 조 회장님은 눈물을 머금고 계약서에 서명을 했다. 물론 평생을 걸려 일군 일국증권의 대주주이자 회장직도 함께 넘겨주고 증권계를 물러나야 했다. 나는 지분 매각으로 마련한 자금으로 부속 중·고교 교사동 신축이라는 난제를 해결할 수 있었다.

조 회장님은 1997년 11월에 별세를 하셨다. 지금은 고인이 되셨지만 사위를 위해 평생의 사업마저 포기하신 조경호 회장의 고귀한 희생과 용기가 없었다면 불가능한 일이었다. 이 글을 쓰는 지금도 고인에 대한 죄송함과 큰 감사의 마음을 금할 수 없다.

이후 공사를 마치고 우리 대학 사대부중과 공업고등학교는 대치동으로 이전을 하였고 한남동 교정은 대학만의 온전한 캠퍼스로 기능하게 되었다. 당초 이전하려던 내곡동 부지에 비해서는 규모가 못하지만 그나마 대학의 교육 기능에 걸맞는 교육환경을 갖출 수 있었고, 이후 졸업정원제로 급팽창한 학생 정원에 대응할 공간 수요를 충당하는 데 결정적 역할을 하였으니 부속 중·고교 이전은 대학 발전에 굵은 획을 그었다는 평가를 할 만한 쾌거라 하겠다.

일류 학교가 되다

이에 앞서 삼호그룹의 조봉구 회장이 학교 용지로 지정된 6천여 평을 매각하면서 이 부지에 붙어 있는 공원 용지 1만여 평을 함께 인수하라는 강제 조건을 달아 우리 대학이 울며 겨자 먹기로 인수했다는 얘기를 했다. 이후 그 1만여 평의 공원 용지가 학교 용지로 변경된 데는 여러 분의 도움이 있었지만 강남 개발과 학부모들의 치맛바람이라는 시대 상황도 역설적이지만 긍정적 작용을 했다.

1980년대 들어 강남 지역, 그중에서도 강남구 지역은 급격한 인구 유입으로 중고등학교에 대한 수요 역시 급증하고 있었다. 반면에 학교 신축은 미미해서 정부가 강북 지역에 있는 중고등학교를 정책적으로 이전시켜야 할 만큼 사정이 열악했다. 그러다 보니 강남에 사는 학생들이 강북으로 통학해야 하는 경우도 있어 학부모들의 인문계 고등학교를 설치하라는 민원이 거세지고 있었는데 이 민원은 해당 지역구의 국회의원에게도 전달되었다. 물론 국회의원들은 고교 유치를 공약으로 앞세웠지만 땅값이 하루가 다르게 치솟기만 하는 강남에 돈이 안 되는 학교를, 그것도 건축비를 들여 신축하려는 이들은 드물었다.

당시 우리 대학이 대치동에 이전하려던 대상은 부속 중학교와 공업고등학교였다. 지역 내 학부모들의 입장에서는 대학 진학을 준비할 인문계 고등학교를 원하고 있었으니 공업고등학교가 온다는 소식을 반가워하지 않았다. 얼굴을 찌푸리던 지역 학부모들은 국회의원과 구청, 문교부 등에 민원을 제기했다. 요지는 인문계 고등학교를 세워 달라는 것이었다. 당시 지역구 국회의원은 이런 민원을 받아들여 나에게 고등학교 신설을 요구했다. 이 같은 국회의원과 문교부, 교육청의 민원 해결에 대한 기대가 있었기에 공원 용지가 빨리 학교 용지로 변경될 수 있었다.

한남동 캠퍼스에 함께 있던 중학교와 공업고등학교를 이전하는 것만 해도 엄청난 돈을 쏟아붓는 판에 새로이 부속고등학교를 세운다는 것은 정말 나에게는 힘에 겨운 사업이었다. 그 후로 한참 있다가 현대고등학교 등이 추가로 세워졌지만 한 가지 나에게는 또 어려운 일이 생겼다.

다름 아닌 일부 극성스러운 학부모들이 단국고등학교의 신설을 적극 반대하고 나섰다. 단국고등학교가 세워지지 않으면 자기 아들들이 휘문이나 경기고교에 배정받게 될 터인데 단국대 사대부속 고등학교가 자기들의 주거지에 신설되면 자기 아들들이 경기나 휘문에 배정을 못 받게 될 것이라는 속사정 때문이었다. 하도 어이가 없어서 상대하고 싶지 않았으나 대학 총장실까지 찾아오는 것이었고, 심하게 치맛바람을 일으키는 여성들은 집에까지 찾아와서 반대하는 시위를 하는 것이었다.

참다가 집에까지 오는 극성 학부모에게 나도 한마디 했다.

"나도 여러분 같은 학부모들을 위해 막대한 돈을 들여서 고등학교를 추가로 세우고 싶지 않습니다. 그러니 여러분들이 돈을 모아서 고등학교를 세우든가, 그렇지 않으면 그렇게 흠모하는 서울대, 연대,

고대 등을 찾아가서 강남에 인문고등학교를 세워 달라고 하든지, 그것도 안 되면 대통령이나 문교부 장관이 아니면 서울시장을 찾아가서 당신들의 구미에 맞는 학교를 세워 달라고 건의하세요."

보통의 나는 이런 식으로 학부모들을 대하지 않지만 이들의 마음 속에 단국대가 아이들을 가르칠 능력이나 있겠는가 하는 비아냥거림이 있음을 알고 있었다. 그래서 나도 그 자리에서 이들에게 면박을 주었다. 대신에 그런 일부 학부모들의 잘못된 인식을 깨뜨리겠다는 생각에 교사 신축 사업에 더 신경을 썼다. 교사진 구성도 학생들의 실력을 향상시키는 데 좋은 평가를 받는 선생님들을 모셔 오도록 신경을 썼다.

1981년 7월에 공사를 착공하고 현대건설이 시공을 맡아 일 년 만

단국대 사범대 부속 중·고교 교정에 세워진 두 분 설립자 흉상을 중재와 동문들이 제막하고 있다.

에 최신의 교육 환경을 갖춘 중학교·공업고등학교 교사동을 완공했다. 이어 단대부고 신축공사도 마무리하고 1983년에 첫 학생들을 배정받았다. 그런데 입학식이 끝난 후 한 여인이 나를 찾아왔다. 많이 울어서 눈이 많이 부었다. 그 여인은 내 사무실에 들어와서는 한동안 말을 못 하고 눈물을 흘리면서 울었다. 남편과 싸웠다는 것이다. 자기는 단대 졸업생인데 모교가 대치동에 고등학교를 세운다고 해서 자기가 강남으로 이사하자고 해서 이사 왔다고 했다. 기대했던 대로 자기 아들이 단대부고에 배정받게 되었다고 남편은 강남으로 이사 온 것을 원망하며 자존심이 상하도록 모교인 단국대를 비난하여 크게 부부 싸움을 하였다는 것이다. 그 졸업생은 남편에게 단대가 그렇게 싫으면 왜 단대 졸업생인 자기와 결혼했느냐 하고 싸웠다는 것이다. 그러고도 분이 안 풀려 모교의 총장인 나를 찾아와 꼭 좋은 고등학교를 만들어 달라는 하소연을 한 것이다. 나는 그 졸업생을 많이 위로해 주었다.

그렇게 3년이 지났다. 단대부속 고등학교가 설립되고 첫 졸업생이 배출되었다. 그 여성 동문의 아들은 서울대학 법대에 합격하였다. 단국대학 부속고등학교는 전국에서 예비고사 수석 합격자가 나오는 등 화제를 모았다. 이에 더해 상당수에 달하는 학생들이 서울대, 연대, 고대 등 소위 일류 대학에 대거 합격하였다. 일약 단대부고는 전국에서 명문 고교로 부상하였다. 3년 전에 나를 찾아와서 울던 졸업생이 서울대에 합격한 아들과 함께 나를 찾아와서 이번에는 감격과 기쁨의 눈물을 흘렸다.

III

기억나는 사람, 잊고 싶은 사람

석주선 박사의 헌신적 인생

석 박사의 집념을 처음 만나며

석주선 박사께서 피땀 흘려 모아 소장하고 있던 우리나라 민속 문화재를 넘겨받은 것은 1976년 9월 1일이었다. 석 박사는 국립민속 박물관도 소장하지 못한 4천 점이 넘는 조선시대의 귀중한 민속 문화재를 우리 대학에 기증하신 것이다. 기증식은 조촐하게 치렀다. 대학

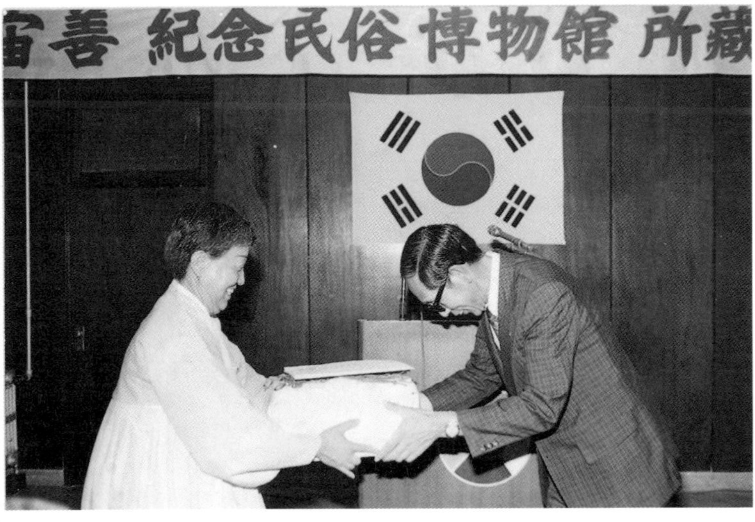

석주선 박사 소장품 증정식(1976. 9). 석주선 박사는 평생 모으신 귀중한 민속 문화재 4천 점을 단국대에 기증했다.

의 간부와 학계 원로들 그리고 석 박사의 제자들이 참석한 가운데 거행되었다. 성대한 기증식을 마련하고 싶었지만 석 박사 스스로 평소 생활, 평소 생각 그대로 조용한 가운데 기증을 하면 된다고 뜻을 굽히지 않아 나 역시 따르기로 했다. 석 박사는 그런 분이었다. 조용히, 부드러운 미소처럼 아름답게 세상을 사신 분이었다.

내가 처음 석주선 박사를 알게 된 것은 석주선 박사가 동덕여자대학교 학생과장으로 재직하고 계실 때였다. 그때 나는 강사로 그 대학에 출강하였으니 1960년경이었으리라. 복도에서 만나면 서로 인사만 하는 정도였지 대화를 나눈 일은 없었다.

그런데 1972년쯤이었다. 나는 경희대학교 지리학과에 재직하고 있던 조동규 교수의 소개로 석주선 박사 댁을 방문하게 되었다. 당시 나는 단국대 총장으로 재직하고 있었다.

조동규 박사는 우리 대학 제1회 졸업생으로 조 교수의 부인이 석주선 박사의 동덕여대 제자였다. 그런 인연으로 석주선 박사가 동덕여자대학에서 정년을 맞이하였는데 그분이 평생 수집한 민속자료를 기증할 대학을 찾고 있다는 소식을 듣고 방문한 것이다.

석 박사를 만나 보기 전 나는 조동규 교수에게 물었다.

"석 박사님은 소장품을 박사님이 오래 재직하셨던 동덕여자대학에 기증하면 될 것인데 왜 다른 대학에 기증하려고 하시는 것입니까?"

내 물음에 조 교수는 저간의 사정을 말했다.

"석 박사님이 제시하는 조건을 받아 주는 대학이라야 기증을 하시겠답니다. 그토록 심혈을 기울여 수집한 귀중한 자료니까 그러실 수밖에 없는 일이지요."

"그러면 어떤 조건이라야 하시겠다는 겁니까?"

조 교수는 내게 그동안 석 박사가 소장하고 있는 자료의 기증처를 찾기 위해 백방으로 노력했던 과정을 설명하고 그 조건을 말했다.

가장 중요한 조건은 석 박사가 기증하는 민속자료는 독립된 박물관을 지어서 잘 보존할 수 있는 시설을 갖추어야 한다는 것이다. 그런데 동덕여자대학에서는 석 박사님의 소장품을 기증 받는 조건에 동의할 수 없다는 것이다.

나는 조 교수에게 물었다.

"그렇다면 조동규 교수님이 재직하고 있는 경희대학은 따로 교섭을 해 보지 않으셨나요? 나중에 서운한 소리를 들을 수도 있을 텐데……. 왜 우리 대학에 기부하도록 추천하시는 건가요?"

"그동안 여러 대학의 총장 또는 이사장을 만났지요. 그런데 어느 누구도 석주선 박사님이 제시하는 조건에 동의하는 분이 없었습니다. 무조건 민속자료를 기부하라고만 해서 성사되지 않은 것입니다. 석주선 박사님이 나이는 들어가는데 귀중한 민속자료가 아직도 개인 집에 보관되고 있으니 안타까울 뿐입니다."

조 교수는 잠시 말을 멈추고 나를 바라보며 말했다.

마지막으로 내가 역사를 공부하는 사람이라 한번 민속자료를 보면 석주선 박사의 소장품이 얼마나 귀중한 것인가를 알게 될 것이고 잘만 하면 단국대학에 민속박물관을 건립할 수도 있지 않을까 해서 나를 찾아왔노라고 했다.

그런 설명을 듣고 조동규 교수 내외분을 따라 석주선 박사 댁을 방문하게 된 것이다.

석주선 박사 댁은 신당동에 있었다. 집은 한옥으로 방이 세 개였다. 석 박사는 나를 보자 매우 반가워하시며 동덕대학 재직 시절 학교에서 자주 본 기억이 난다고 하셨다.

안방 옷장 위, 아래 그리고 옷장 안에 가득 들어 있는 민속자료 중 매우 귀중한 것들을 보여 주시는데 구입한 일시와 장소 그리고 누가 사용하던 것들인가를 일일이 설명해 주었다. 그 많은 품목들에 얽힌 사정을 다 기억하시는 것만 봐도 얼마나 애정 어린 수집품인지 금세 이해가 되었다. 그것들을 수집하는 과정의 어려움을 설명하실 때에는 석 박사 눈에 눈물이 고였다.

"먹을 것 제대로 먹지 않고, 입을 것 제대로 입지 않고, 봉급을 털어 가면서 멀리는 전라도, 경상도, 강원도로 어디든지 민속자료가 있다는 소식만 들어오면 원근을 가리지 않고 교통이 불편한 곳도 마다하지 않았답니다. 추우나 더우나, 비가 오나 눈이 오나 혹시라도 다른 사람 손에 들어갈까 서둘러 찾아가서 물건을 사들였던 거예요."

석 박사의 음성이 떨리는 듯했다.

"그렇게 고생하면서 수집한 것들을 잘 정리하고 분류해서 나라든 학교든 공공기관에 기증하고 싶어요. 개인의 명예나 기업의 홍보에 쓰이지 않고 우리 민족 문화유산을 잘 보존하여 격조 높은 우리 민족의 문화 예술에 대한 가치를 세계 여러 나라 사람들에게 알려야 하지 않겠습니까? 그런데 정부 관계 기관장이나 대학의 총장들은 내가 평생 수집한 물건에 대해서는 탐을 내면서도 이것을 잘 보관 보존할 방법에 대해서는 나에게 전혀 제시해 주지 않았어요. 그저 자기 학교의 기존 도서관이나 박물관 한구석에 전시해 놓겠다고 하니 박물관에 대한 무지함과 유물 보존에 대한 몰상식에 크게 실망했어요. 그래 그냥 두말 않고 돌아서 나왔어요."

석 박사는 한탄하며 눈물을 흘리시는 것이었다.

"남편도 없고 자식도 없는 내가 늙어 가고 건강이 나빠지는데 저 귀중한 물건들을 학술적으로 분류하고 정리하는 작업만도 앞으로 10년 이상이나 시간이 필요한데……. 저 4천 점이 넘는 민속 유물은 거의 섬유로 된 것이라 전시장과 보관 창고는 일 년 내내 항온으로 보존돼야 해요. 항온실이 있어서 일정한 온도에서 보관해야 변질이 안 되는 거예요. 그리고 좀이 슬지 않게 오동나무로 내장해야만 하는 거지요. 저 민속 재료는 다른 역사 유물인 와당이나 석물, 목재 등과는 함께 전시할 수 없는 성질의 물건들이잖아요. 그런데 기부하면 기존에 있는 자기들의 박물관 한구석에 진열하겠다고 하니 너무 어이가 없는 대답을 듣고 크게 실망하였어요."

석주선 박사를 만나면 당신의 오빠에 관한 얘기를 많이 하셨다. 그분의 오빠인 석주명 선생은 전국의 나비를 평생 수집하였는데 6·25 전쟁 바람에 전부 불에 타 버렸다는 것이다. 그로 인해 석주명 선생은 충격을 받고 오래 살지 못하고 일찍 돌아가셨다고 한다.

민속 유물 하나하나에 석 박사의 사랑이 깃들어 있고, 정이 깃들어 있는 것이어서 나로서는 석 박사가 선뜻 기증하겠다는 결심을 할 수 있는 조건을 제시해야 할 것인데 나 역시 그 자리에서 기분만으로 수락할 수 없었다. 독립된 박물관을 짓는 일이 큰돈과 노력이 필요함을 잘 알고 있기에 더 그랬다. 공연히 공수표를 떼었다가 석 박사처럼 고운 심성을 가진 분에게 상처를 줄까 걱정이었다. 일단은 그동안의 수고에 격려와 존경의 뜻을 보이면서 다음에 다시 찾아오겠다는 여운을 남기고 물러 나왔다.

4년 동안 모은 17억 원 통장에 담긴 약속

그 자리에서 확언을 하지는 않았지만 나는 마음속으로 이미 결심을 했다. 석 박사의 뜻을 내가 모시기로, 그 소중한 유물에 담긴 아름다움을 우리나라, 아니 세계인에게 공유하게 하기로.

그 후 나는 만 4년간 저축을 하였다. 대학 운영비를 아껴서 따로 적금 붓듯 특별 회계로 조성토록 하였다. 그렇게 해서 17억 원을 모았다. 당시 사립대학 가운데 여유 자금으로 강남 지역의 땅을 사는 것이 유행이었다. 나에게도 그런 제의가 있었다. 1975년 정도에 나에게 들어온 부동산 매입 제의를 기억하자면 당시 강남의 핵심인 신사동의 땅값이 1만 5천 원 정도였다. 17억 원은 신사동 땅 1만여 평을 살 수 있는 돈이었다.

나는 이 돈이 예금된 저금통장과 내가 약속할 몇 가지 조건을 기

석주선기념 민속박물관 개관 뒤 석주선 박사로부터 소장물의 설명을 듣고 있는 중재

록한 문서를 들고 4년 만에 다시 석주선 박사를 찾아갔다. 그리고 석 박사가 좋아할 조건을 내가 먼저 제시하였다.

첫째, 석주선 박사의 이름을 따서 '석주선기념 민속박물관'으로 독립 건물을 짓겠다는 것,

둘째, 석주선 박사를 도와 일을 할 직원이나 연구원을 직접 추천해 주면 채용한다는 것,

셋째, 기증하는 민속물 외로 더 보충할 민속품은 매년 예산을 세워서 구입한다는 것,

넷째, 차량과 운전기사를 제공하여 출퇴근과 유물 탐사, 대외 학술 활동에 불편이 없도록 해 드린다는 것,

다섯째, 우리 대학에서 가장 높은 호봉의 봉급을 지급한다는 것,

여섯째, 평생 지내실 사택으로 아파트를 제공한다는 것,

그리고 마지막으로 사회의 저명한 역사학자로 구성되는 석주선기념 민속박물관 건립위원회를 조직하여 국민에게 알리고, 우리 대

학 재단 이사회가 이 사실을 확인하고 시행을 약속하는 결의를 할 것이라는 점.

뿐만 아니라 나는 이상의 조건을 제시하며 총장과 이사장이 이를 실천한다는 약속에 공동 서명한 문서를 석주선 박사에게 전달하였다.

바로 이 문서가 전달된 다음 날 석주선 박사는 본인이 수집 보관하여 온 모든 민속품의 이름, 수량을 기록한 문서와 보관한 옷장의 상징적인 열쇠, 그리고 자신의 소장품을 단국대학에 기증한다는 기증서를 지참하고 나를 찾아오셨다. 그리고 감격의 눈물을 흘리시면서 많은 대학의 총장과 이사장을 만나 보았지만 이런 조건을 제시하는 대학은 한 군데도 없었다고 하시면서 이제는 걱정과 근심은 놓을 수 있겠다고 하셨다.

"자나 깨나 오직 저것들 자료 걱정이었어요. 내가 오늘이라도 병이 나서 죽으면 저 귀중한 민족의 재산이 어떻게 될 것인가 걱정과 근심으로 살아왔어요. 이제 장 총장이 내 소원을 풀어 주었으니 기쁘기 한량없지요."

나는 석 박사에게 다시 다짐하였다.

"저는 석 박사님을 어머니처럼 모실 것입니다. 그러니 저를 아들처럼 사랑해 주십시오."

나는 석 박사에게 제시한 조건을 모두 실행하였다. 박물관 설계는 반년 만에 설계사 김인석 선생이 완성하여 구 한남동 교사의 교문 옆에서 기공식을 가졌다.

소신 있는 공직자

공사를 시작하니 예상 밖의 문제가 생겼다. 설계대로라면 기념박물관은 구 한남동 교정의 서문, 즉 한남 고가도로에 인접한 길가 쪽에 세우기로 했다. 그런데 서울시 도시계획이 새로 바뀌면서 한남동에서 한남대교로 향하는 도로를 확장한다는 것이었다. 다시 설계를 하여야 할 입장이었다. 상당 부분 대학 땅이 도로로 들어감으로써 부득이 박물관 위치를 변경해야 할 형편이었다. 설계사와 의논한 결과 난파기념관 옆이 가장 적합하다고 하는데 그곳은 녹지대로 수목을 벌목하여야만 박물관을 신축할 수 있다고 했다. 그리고 벌목을 하는 데는 서울시장의 허가가 있어야 한다는 것이다.

그래서 다음 날 양택식 당시 서울시장에게 전화를 걸어 면회를 신청하였다. 2시간 후에 시장실에서 만나자는 회신이 왔다.

대체로 우리나라 관청이란 고명한 사람이거나 권력이 있는 사람이 아니면 장관이나 시장 같은 지체 높은 사람들을 만날 수 없고 민원을 위해 면회를 신청하면 담당 과장 정도를 만나라는 것이 상례였다. 나 같은 사람이 면회를 신청하면 빨라야 3~4일, 늦으면 일주일 후나 열흘 후쯤 성사되는 것이 관례였다. 그런데 양 시장은 전화를 건 지 두 시간 만에 시장실로 오라는 것이었다. 너무나도 뜻밖이라 오히려 내가 놀랐다. 만나 보지는 않았지만 양 시장이란 분이 상당한 인격자이리라는 생각이 들었다.

두 시간 후에 시장을 만나서 석주선 박사에 대한 이야기며 그분의 오빠 되시는 석주명 나비 박사에 대한 얘기도 하면서 석주선 박사가 기증하는 많은 민속품을 보관하고 전시할 박물관 건립에 대한 설명을 했다. 그러면서 박물관 건립에 따르는 건설 허가를 해 줄 것을 건의했다. 양 시장은 모든 것을 긍정적으로 받아들이면서 현지답사까지 했다.

현지답사를 하고 나서 양 시장은 말했다.

"제3한강교(지금 한남대교)에서 서울로 들어오면서 이 방향을 볼 때 박물관 후보지가 보이지 않아야 합니다. 아시지만 박 대통령께선 녹화를 해치는 일에 대해서는 매우 엄격하게 제재를 가하는 분이라 이 점을 유의해야 해요."

그리고 양 시장 자신이 몸소 한남대교 위에서 우리 대학을 바라보면서 우리가 제시한 장소는 땅을 깎아도 보이지 않는다는 점을 직접 확인한 뒤 우선 구두로 허락하였다.

"하지만 공사를 시작하면 공사장 앞에 휘장을 높이 쳐 놓고 하세요."

한마디를 덧붙였다. 공사는 순조롭게 진행되었다.

석주선민속박물관 건립의 문제로 대해 본 양택식 시장은 훌륭한 분이었다. 나는 양 시장의 인품에 감동했다. 문화라든지 문화재에 대한 인식이 높은 분이었다. 그런데 그분은 얼마 지나지 않아 서울시장 자리에서 물러나게 되었다. 공교롭게도 그해 8·15 광복절 경축식이 장충단 국립극장에서 거행되었을 때 박 대통령 내외분이 참석한 가운데 박 대통령께서 경축 기념사를 하는 도중 대통령 암살범 문세광이 쏜 총탄에 육영수 여사가 희생되는 사건이 일어났다. 그 행사에 서울시청이 연계되어 있으므로 양택식 시장이 책임을 지고 물러났다.

그 후 몇 달이 지나 일간지의 청탁으로 글을 기고하는 기회가 있었다. 나는 양택식 시장이 떠올랐다. 그래서 양 시장의 이름은 익명으로 하여 그를 칭찬하는 글을 썼다. 정말 시민을 위한 참다운 목민관으로서의 인격과 인품에 경의를 표한다는 내용과 소박하고 겸손한 처세는 모든 공직자의 모범이 되고 표상이 될 수 있다는 내용이었다. 공교롭게도 박정희 대통령이 내가 신문에 기고한 칼럼을 읽고 이 글에 등장하는 공직자가 누구인지 알아보라 했다고 한다.

그래서 비서실에서 서울시장인 양택식 씨를 말한 것이라는 대답을 듣고 박 대통령은 청와대로 양택식 전 시장을 불러 칭찬을 하고 한국주택공사 사장직을 맡으라고 했다는 것이다. 물론 나로서는 이런 이면을 전혀 알지 못하고 있었다. 그런데 양택식 씨가 대통령의 칭찬을 받고는 바로 내 사무실로 와서 이런 경위를 알려 주었다.

양 전 시장은 "그 과분한 칭찬의 글을 일간 신문 칼럼에 써 주어서 그 덕택으로 다시금 공직을 맡게 되었다."고 나에게 진심 어린 감사의 뜻을 전하고 갔다.

눈물겨운 7억 원의 장학금

석주선민속박물관은 1976년 11월 3일, 기공식을 거행하여 착공

중재는 석주선 박사가 기증한 유물을 정리 보존하는 데서 한 걸음 더 나아가 전통 복식을 연구, 발굴할 전문 박물관을 세우기로 하고 개교 29주년(1976. 11. 3)을 맞아 '석주선기념 민속박물관' 기공식을 가졌다. 일석 선생, 석주선 박사, 박정숙 이사장, 중재가 시삽을 하고 있다.

1년 만인 1977년 11월 3일, 지하 1층 지상 2층 연 800평의 규모로 문을 열었다. 이날은 개교 30주년이 되는 날이어서 더 뜻깊은 날이었다.

박물관 안에는 중요민속자료 제1호로 지정된 덕온공주(德溫公主)의 당의(唐衣)와 제2호인 심동신(沈東臣)의 금관조복(金冠朝服)을 비롯하여 4,000점이 넘는 민속 유물이 전시, 보관되어 있다.

나는 약속대로 석주선 박사를 내 부모처럼 정성껏 모셨다. 남편도 자녀도 없이 평생을 민속품을 수집하고 그것을 학술적으로 분류, 연구하는 등 그분의 각고의 노력이 없었다면 이 민족의 귀중한 문화유산은 개인의 가정에서 멸실되었을 것이다. 나는 석주선 박사가 건강하셨을 때 흉상의 본을 뜨자고 권하였다. 그래서 이승택 조각가의 작업실로 모시고 가서 석 박사의 생존 시 모습을 그대로 본떠 흉상으로 제작하여 사무실에 보관하고 있다가 석 박사가 세상을 떠나신 다음에 박물관 홀에 전시하였다. 20년 가까이 우리 대학 교수로 재직하면서 그분은 정년을 뛰어넘어 영원한 현역으로 활약하셨다.

임종하시는 날 나를 부르셨다. 그분은 내 손을 꼭 잡고 내 귀를 당신의 입 가까이 대라고 하시고는 힘없는 목소리로 "그동안 내 소원을 다 들어주어서 고맙다."고 하시면서 "내가 박물관에 근무하는 아무개에게 7억여 원을 맡겨 놨으니 그 돈을 당신의 장학 기금으로 써달라."고 하셨다.

"은행이 실명제라 내 이름으로 저금하면 내가 죽은 후 찾기가 힘들 것이라 미리 다른 사람의 이름으로 저축하고 맡겨 놓았어요."

장례식이 끝난 다음 석 박사의 돈을 맡고 있었던 분이 조장환 당시

석주선기념 박물관 개관 21주년 기념식(2002. 5. 2)에 예방하신 이희호 여사께 석주선 박사 흉상에 얽힌 사연을 설명하고 있는 중재

총장을 찾아와서 관리하던 7억여 원을 대학에 내놓고 갔다. 참으로 눈물겨운 장학 기금이요 감히 흉내 낼 수 없는 감동적인 선행이었다.

그렇게 석주선 박사는 1996년 3월 3일, 이 세상에서 떠나셨다. 지금 단국대 죽전 캠퍼스에는 한남동에 있던 석주선기념 민속박물관보다도 약 두 배로 큰 박물관을 건설하였다. 그리고 홀에는 석주선 박사 흉상이 박물관을 찾는 사람들에게 무언의 미소로 반겨 주신다.

그리고 석주선 박사의 묘소는 그분의 오라버니 되시는 석주명 박사의 묘 옆에 안치되어 대학에서 관리하고 있으며 해마다 기일이 되면 석 박사의 생전의 업적을 기리면서 학술 행사를 거행하고 있다. 나는 단국대학에서 떠났지만 석 박사께 약속한 일들과 그분의 소원을 모두 풀어 드린 것을 매우 기쁘게 생각하고 있다.

'지성'을 앞세워 '이기'를 챙기는 군상

교수라는 이름을 걸고

1960년에 나는 고려대 대학원에서 사학과 동양사 전공으로 석사 학위를 받았다. 학위논문은 「명(明) 태조(太祖)의 농업정책고」를 주제로 했다. 학위를 마치자 나는 단국대에서 첫 강단에 섰다. 지도교수인 정재각 교수님이 단국대에 출강하였는데 당신이 맡던 '동양사 특강'을 나에게 물려주었다. 내 선친은 모르는 일이었다. 처음 강의에서 나는 이십오사(二十五史) 중 한(漢)시대사의 원서 강독을 중심으로 강의를 하였다. 당시 단국대 사학과 교수 중 기억나는 분은 국사에 서울대 출신 김철준 교수, 이기백 교수, 서양사에 차하순 교수 그리고 동양사 교수로 동국대 출신 김재만 교수가 있었다. 그러니까 고대 출신 교강사가 비집고 들어설 자리가 없었다. 그런데 나와 함께 고대 대학원에서 공부한 지동식 씨는 서양사를 전공하고 김영식 교수 밑에서 로마사로 석사 학위를 받았다. 지 씨는 나의 휘문중학교 몇 년 선배가 된다.

내가 단국대에서 강의를 한 지 1년이 지났을 때 고대 김영식 교수가 나를 보자고 해서 찾아갔더니 "내가 장 군에게 부탁할 일이 있네."

단국대 사학과 교수로 함께 재직했던 정영호 교수, 차문섭 교수와 독도에서(1979. 3. 27)

하시면서 당신의 지도하에 서양사로 학사, 석사 학위를 받은 지동식 씨를 단국대에서 강의할 수 있도록 길을 열어 줄 수 없겠느냐고 하는 것이었다. 당시 지동식 씨는 마포에 있는 동도공업고등학교 교사로 근무하고 있었다. 나는 노력하겠다고만 대답을 하고 돌아와서 이종흡 단국대 부학장께 청을 드렸고 마침내 지동식 씨는 정식으로 단대 사학과 전임이 되었다.

그 다음 얼마 지나서 고대 신석호 교수께서도 나를 만나자고 했다. 그분 역시 당신의 제자로 고대에서 국사를 전공해서 학사, 석사 학위를 받은 차문섭 씨를 단국대 사학과에서 강의할 수 있도록 해 달라고 부탁했다. 차문섭 씨 역시 같은 방법으로 전임으로 발령을 받게 해 주었다.

그러니까 고대 대학원 출신으로 나 말고도 두 사람이 더 단국대

사학과 전임강사로 들어오게 된 것이다. 어느 대학이든 마찬가지이지만 학연에 따른 교수들 간의 갈등은 잠재되어 있기 마련이다. 그런데 이번에는 그 갈등에 감정이 실려 정도가 심해졌다. 서울대 출신 교수 세 분이 일시에 사표를 냈다. 고대 출신 교수들과 같이 있을 수가 없다는 것이 사표를 낸 이유였다. 서울대 출신이든 고대 출신이든 단국대에서 열심히 학생들을 가르쳐 줄 젊은 교수를 필요로 하였던 것인데 세 사람의 서울대 출신 교수가 일시에 사표를 내고 가 버렸으니 그 후임을 모셔 오는 데는 시간이 필요하였다.

서울대 출신 세 분의 교수가 일시에 퇴장하고 나니까 한동안 서울대 출신들은 이상하게도 단국대 사학과에 교수로 오겠다는 사람이 없었다. 서울대 사학과 동문 사회에서 동맹이라도 한 듯한 느낌이 들 정도였다. 그러니 자연 고대나 연대 출신 등 다른 대학 출신으로 자리를 채울 수밖에 없었다.

그러는 사이에 몇 해가 흘렀다. 고대 졸업생 중에 신승하라는 젊은 사람이 있었는데 그는 고대를 졸업하고 대만에서 중국사로 석사학위를 마치고 돌아왔다. 그의 모교인 고대에서는 그를 전임으로 받아 줄 만한 자리가 없었다. 그의 스승인 김준엽 교수(훗날 고대 총장)께서 날 불렀다. 그분 역시 신승하라는 사람을 부탁했다. 그때 나는 이미 평교수가 아니라 인사권을 가지고 있는 총장직에 있었다. 신승하라는 인물이 어떤 위인인지 인격면이나 학문적 업적에 대해서 자세히 알지 못하였다. 하지만 신승하 씨를 추천한 김준엽 교수가 집요하게 부탁하였으므로 나로서는 거절할 수가 없었다. 그래서 나는 신승하 씨를 전임으로 채용하고 그의 연구를 보충하기 위해서 대만대학에 교환 교수로 2년간 보내 주었으며 일본 학자와 교분을 쌓도록 동경대학에도 방문 교수로 보내 주었다.

이 밖에도 사회경제사를 전공하는 강만길 교수를 비롯하여 미국사를 전공하는 김원모 교수, 고려사를 전공하는 송병기 교수 등 고대 출신을 기용하였으며 고고미술학을 전공하는 정영호 교수만이 유일하게 서울대 출신이었다.

그 이후에 단국대 사학과에는 공부 잘하는 학생들이 들어오기 시작했고 그 가운데는 일본 동경대, 교토대를 비롯하여 미국 시카고 대학에서 박사 학위를 공부하는 젊은 엘리트들이 진을 치고 학계에 진출하기 위하여 정진하고 있었다.

그중에서 김경현 군을 단국대 장학생으로 입학시켜 공부시키고, 석사 학위는 서울대 사학과로 진학을 시켜 그 모든 학비를 단국대에서 부담하면서 이어 고대 대학원에서 박사 학위를 취득하도록 힘껏 도와주었다. 심지어 그가 전임이 되는 데는 내가 앞장서서 도왔고 후에도 그를 동경대에 1년간 보내고 이어 미국 하버드 대학에도 2년간 보내 연구 활동을 도와주어서 중진 교수로 활동할 수 있게 물심양면으로 후원하였다.

그러니 지동식 교수와 신승하 교수, 그리고 김경현 교수 이 세 사람은 단국대의 전폭적인 재정적 뒷받침으로 다년간의 해외 연구를 경제적 어려움 없이 할 수 있었다. 달리 보면 단국대 사학과에 있던 서울대 출신 교수님을 잃으면서 '단국대 사람'으로 키우고자 내가 앞장서서 지원했다고 해도 무방한 일이었다.

지동식 교수가 단국대에 오면서 서울대 출신 교수들이 떠났을 때 단국대가 입은 충격은 대단히 컸다. 고대 출신 지동식 씨 한 사람을 받아들이면서 서울대 출신 세 사람을 놓쳐 버린 셈이 된 것이다. 지동식 교수의 지도 교수였던 고대의 김영식 교수는 정말 절실히 자기의 수제자인 지동식 교수를 단대 전임으로 만들기 위해서 나에게 많은 약속을 한 분이었다. 그뿐만 아니라 김영식 교수는 박 대통령의 삼선 개헌을 반대한 탓으로 정치교수로 몰려서 고대에서 해임이 되었다. 그분의 제자인 지동식 교수는 자기의 스승인 김영식 교수를 돕기 위해서 우리 대학 초빙교수로 모셔 달라고 사정을 했다. 그때 나는 문교부와 권력 기관의 반대에도 불구하고 김영식 교수를 초빙교수로 발령하여 그분을 경제적으로도 도왔다. 그 후 그분은 고대 교수로 복직하였다.

이처럼 참으로 어려운 과정을 겪으며 무명의 한 사람을 교수로, 또 그를 추천했고 그의 모교에서 제명된 사람은 정부의 반대를 무릅쓰고 초빙교수로까지 채용했다. 그럼에도 불구하고 김영식 교수는 우리 대학에 잘 있는 지동식 교수를 고대로 불러 갔다. 공업고등학교 교사로 있었던 평교사를 대학 전임 교원으로 발탁하고, 해외 연구 경험이 없는 사람에게 하와이 대학과 남오레곤 주립대학에서 연구를 할 수 있는 시간과 재정을 후원해 주었는데도 김영식 교수가 정년 퇴임하자 그 자리를 채워야 한다는 명분으로 지동식 교수는 단국대를 버리고 떠났다.

그런가 하면 고대 김준엽 교수는 정년 퇴임을 하면서 단국대에 있는 신승하 교수를 고대로 불러 갔다. 신 교수는 고대로 갈 때 인사 한마디 없이 사표 한 장 던지고 본교를 떠났다. 그런가 하면 이번에는 김경현 교수 역시 지동식 교수가 고대로 불러 갔다.

지동식 씨나 신승하 씨를 단국대학 교수로 추천하면서 이들 고려대 지도교수들은 약속이나 한 듯 '단국대를 위해 열심히 할 것이며, 결코 고대에서 이들을 빼 가지 않겠다.'고 내게 다짐까지 하였다. 고대 교수인 자신들이 고대 동문인 장 총장을 속이는 일은 결코 없을 것이라고까지 했다. 그러나 그런 약속은 물거품이 되고 말았다. 그분들의 인격과 신의를 믿고 지동식 씨나 신승하 씨를 기용한 나는 무엇을 한 것인가? 학내의 질시를 애써 외면하며 그들에게 적지 않은 후원까지 했던 나로서는 한동안 배신감과 실망의 충격에서 벗어나기 힘들었다.

나는 나와 그들과의 의리를 얘기하는 것이 아니다. 교수는 직업이지만 동시에 지성인으로서의 책무를 지킨다는 의무가 함께 부여된다. 그래서 교수를 존경하는 것이다. 그 책무에는 최소한의 직업윤리로서 자신을 믿고 혜택을 준 대학과의 약속을 지키는 일도 포함된다. 그런데 지성 사회라고 일컬어지는 대학 사회에서 이런 일들이 너무도 쉽게 일어난다. 비단 사학과에서만 일어난 일은 아니었다.

1986년 무렵이었다. 우리나라가 아시안게임과 서울 올림픽을 준비하던 그 시절에 중국어과는 소위 말하는 인기학과가 아니었다. 그래서 몇몇 대학이 중국어문학과를 폐과시킨다는 소식이 돌았고 그런 대학에서는 중국어과 학생들이 폐과에 항의하는 소동까지 있었다.

하지만 나는 역으로 우리 대학에 중어중문학과 신설을 추진하며 좋은 교수를 찾고 있었다.

마침 뒷날 부총장을 지낸 김석하 교수로부터 서울대 문리대 중국어과 출신 중 대학의 전임 교원이 되지 못한 젊은 인재가 있다는 소식을 들었다. 김 교수는 이휘교 씨, 공재석 씨 그리고 이장우 씨 세 사람을 소개하였다. 이 세 사람은 서울대 문리대 중문과를 졸업하고 대만에서 석사 학위를 받고 귀국했으나 귀국 후에 자리를 잡지 못하고 있었다. 중국과 수교도 없었던 그때 대학은 물론이고 기업체도 중국어 전문인에 대한 수요가 많지 않았으니 강단에 뜻을 둔 중국어 학자들은 진로 고민이 더욱 심각할 때였다. 나는 곧 중어중문학과를 설립하고 이 세 사람을 전임으로 채용하였다. 중어중문학과를 만들어 전임으로 채용해 주니 이 세 사람은 물 만난 고기처럼 기뻐하며 단국대 중문과를 위해서 헌신하겠다고 약속을 하였다. 내가 요구한 것도 아니고 그들이 스스로 장 총장님과 단국대를 위해 무엇이든 하겠다는 식으로 기뻐하며 약속했다.

세 사람을 전임으로 채용을 한 뒤 그들의 중국어 실력을 주시했다. 서울대 문리대라는 외형을 믿었는데 살펴보니 대만에서 공부한 탓인지 썩 마음에 들지 않았다. 아마도 그들은 내가 중국에서 소년 시절을 보냈고 중국 본토에서 생활하며 중국어를 한국어보다 먼저 학습한 일을 몰랐을 것이다. 가만히 살펴보니 특히 4성(聲) 구별 훈련이 불충분한 것 같아서 교양 중국어를 맡기는 데는 흡족하지 않았다. 말하자면 어문학은 모르겠지만 회화 부분에서는 좀 더 나은 교육 방법이 필요하다는 것이 내 생각이었다. 그래서 한국외국어대학 출신 성의제 씨와 지영재 씨를 교양 중국어 전임으로 임명하였다. 나는 중국에서 태어나 어려서부터 중국말을 구사하면서 성장하였기 때문에 대만에서 공부한 사람들의 발음에 대해서는, 특히 어른이 되어서 배운 중국어 발음은 중국인이 발음하는 것과는 사뭇 다르다는 점을 알고 있다.

그래서 발음이 좋고 중국어 회화 실력이 월등한 신임 교수가 교양 중국어를 가르치도록 임명한 것이다. 그런데 이휘교 교수가 나에게 와서 외국어대 출신을 교양 중국어 과목에 배정한 것에 항의를 했다. 이해하기 힘든 항의였다. 그래서 나는 잘라 말했다.

"교수에게 강의를 배정하는 것은 교양학부장의 권한이며 중문학과에서 간섭할 문제가 아닙니다."

그러자 그는 엉뚱한 말을 했다.

"우리 서울대 출신은 외대 출신들과 같은 대학에서 중국어를 가르칠 수 없습니다."

"도대체 그 이유가 뭐요?"

"이건 위신 문제입니다. 서울대학 체면 문제입니다."

어이없는 말이었다.

며칠 후 학기가 끝나기도 전에 그들 서울대 출신 세 사람은 사표를 내고 가 버렸다. 한때는 본인들의 말대로 만년 강사, 보따리장수로 대학 시간 강사가 지겹다며 단국대에 중어중문과가 생기면 견마지공(犬馬之功)의 마음으로 헌신하겠다던 서울대 중문과 출신 세 사람이

외대 출신 강사를 채용했다고 일시에 사표를 내고 나가 버렸다.

사표 소동이 있기 전 그들을 추천한 김 교수는 당시 박정숙 이사장의 개교 기념식사 대필을 부탁받았다. 김 교수는 원고 청탁을 중문과 이장우 교수에게 쓰도록 요청했다. 그런데 그 청을 받은 이장우 교수는 중문과 조교에게 지시해서 쓰도록 했다. 기념사를 쓴 그 조교가 그 사실을 자랑삼아 발설하여 물의가 일어났다. 그런 일로 박정숙 이사장에게 크게 결례를 한 것이 드러났다.

이런 것을 보며 교수의 인격을 다시 생각하지 않을 수 없었다. 결국은 이들 세 사람은 단국대 중문과를 떠났다. 나중에 소식을 들으니 서울에서는 어느 대학에서도 받아 주는 데가 없어서 고민하다가 지방의 대학으로 각각 흩어져 갔다고 들었다. 한편으로는 그들을 가르치신 서울대 중문과의 차주환 교수가 찾아와서 제자들이 여러모로 부족했다며 사람을 잘못 가르쳐서 죄송하다고 사과의 말을 하기도 했다.

아마도 이런 일들은 우리 대학만이 아니라 여러 대학에서 일어날 수 있는 일이리라. 일반 사기업에서는 기술 인력이나 전문 연구원들이 이직을 둘러싼 잡음으로 언론에 보도되기도 한다.

나는 그들이 대학을 전전하는 일을 탓하는 것이 아니다. 문제는 자신의 처지에 따라 표변하는 비지성적 자세이다. 대학 교수로 강단에 설 때는 그 임용권은 나, 즉 총장이나 이사장에게 있지만 이후 그 약속의 수혜자는 내가 아니라 자신들이 그토록 사랑한다는 제자들이다. 논문 지도를 하다가 대학을 떠나면 그 수하의 석박사 학생들은 어찌해야 하는가. 그 교수를 따랐던 학생들은 어찌해야 하는가. 사람을 기르는 일은 한두 학기로 그치지 않는다. 일이 년으로 그치지 않는다. 그 제자를 받아들이면 그 제자를 학부에서 석박사 과정, 아니면 사회인으로서 장가를 가고, 가정을 이뤄 한 인간으로서 책무를 다하도록 길러 줘야 한다.

나는 그 교수들에게 이런 역할을 해 달라고 성원을 아끼지 않은 것이다. 나에게 충성하고, 학맥을 구분해 "내가 나온 대학이 최고"라는 식의 독선을 바라지 않았다. 만약, 지금 이 글을 읽는 미래의 젊은 학인(學人)이 있다면 꼭 부탁하고 싶다. 교수는 권리가 아니다. 불가촉(不可觸)의 권위가 아니다. 우리 모두, 대학인은 결국 대학과 제자들을 위해 봉사해야 하는 한 명의 '대학시민'일 뿐이다.

현직 검사 동창회장의 월권

대학에서는 총동창회장의 역할도 중요하다. 대체로 총동창회장은 애교심과 특히, 동문들에 대한 각별한 애정이 있는 분들이 맡는다. 총동창회장은 자기의 마음과 몸, 시간과 돈을 들여 동문들을 만나고 설득하여 모교에 도움되는 일을 노심초사하며 솔선한다. 그러니 모교에서는 총동창회장을 대학의 원로이자 가장 큰 어른으로 늘 신경쓰고 예우를 한다. 그것은 사학으로서는 대학의 전통을 위해 당연한 일이기도 하다.

물론 앞선 교수 사회처럼 그렇지 않은 경우도 많다. 나 역시 대학인으로 발을 딛으면서 여러 가지로 인해 곤란한 경우를 만났다. 그중에서도 지금까지 용납하지 못할 일이 있는데 모교의 교명을 바꾸라고 요구했던 오정택(가명) 동창회장의 일이다.

실미도 사건이 나던 해(1971년)였다. 직전 동창회장의 임기 만료로 신임 동창회장을 선출해야 했다. 선거 결과를 보니 현역 검사로 있는 오정택 검사가 총동창회장이 되었다. 서울 시내는 물론 전국 대학을 찾아봐도 현직 검사가 총동창회장이 된 예는 없었다. 그런데 들려오는 소문이 오 검사가 자신이 영향력을 행사할 수 있는 관련 공무원들을 동원해서 다른 경쟁자에게 압력을 넣어 총동창회장 선거를 했다는 것이었다. 예를 들자면 오 검사는 세무서에 근무하는 동문을 찾아 그들을 불러내 은근히 자신이 총동창회장에 나간다고 말한다. 그러면서 총동창회장으로 입후보할 동문들의 이름을 거명하는데 그들은 관할 세무서에서 한다하는 기업인들이었다. 즉, 자기가 총동창회장으로 나가는데 그런 재력이 있는 동문이 자기를 총동창회장으로 추대하면 좋겠다는 식으로 말한 것이다. 그뿐 아니었다. 손이 닿는 공무원들을 통해, 자기를 지지하지 않는 동문들에게는 자기를 반대하면 언제고 한번 손을 보겠다는 식으로 얘기를 했다는 것이다. 그런 말이 당사자에게는 압력으로 해석될 수밖에 없는 이유는 현직 검사가 공무원에게 하는 말은 결코 흘려들을 수 없다는 것은 지금이나 그때나 사회의 속성이기 때문이다.

참으로 듣기에도 민망한 일이었다. 동창회 총회 날 오 검사는 세무 공무원들과 일반 공무원으로 재직하고 있는 동문들을 동원했다. 그뿐만 아니라 경찰관, 심지어 지방에 있는 공무원까지 공직에 있는 동문들을 손이 닿는 대로 동원해서 참석게 했다. 그가 동원한 동문들은 여러 대의 버스에 탑승해서 동창회장에 몰려들었다. 그러다 보니 다른 경쟁 후보가 나올 수가 없었다. 그런 분위기 속에서 오정택 검사가 단독 후보로 동창회장에 취임하였다.

현직 검사가 애교심이 넘쳐 총동창회장을 한다면 그럴 수도 있다. 이제 총장이 된 지 갓 3년 정도가 된 나로서는 그런 총동창회장이 있으면 도움이 되리라 생각할 수도 있었다. 그러나 취임 후 일어나는 일은 정반대였다. 오 검사가, 아니 총동창회장이 자기 수하에 있는 수사관이나 검찰 서기를 동원해서 내게 여러 요구를 가해 오는데 그 내용이 참 이해하기 어려운 일이었다.

오 검사는 총동창회장에 당선되자 제일 먼저 나에게 요구한 일은 대학의 교명을 바꾸라는 것이었다. 새로 제시하는 이름은 '강남대학'이었다. 오 검사가 중심이 되어 구성한 법조인 동문회 이름이 '강남춘추'인데 이를 차용한 것이다. 다음은 대학의 상징 동물인 곰을 제비로 바꾸라는 것이다.

나로서는 동창회장의 교명 변경 요청을 수용할 수도 없고 동창회장이 그런 것을 요청할 권리도 없으니 더 이상 해괴한 요구를 고집하면 묵과하지 않겠다고 분명히 말해 주었다. 그랬더니 이번에는 동창회보에 단국대학이라는 교명과 대학의 상징 동물인 곰에 대해서 온갖 이상한 해설을 해 놓고 '강남 제비'가 길조라는 둥, '강남대학'이란 교명이 행운이 따른다는 식으로 주장을 했다. 그 해설을 붙이는 이는 동양철학을 연구하는 사람이고 도무지 이해가 안 되는 억지여서 논쟁도 안 되는 주장이었다. 그러나 총동창회장이라는 사람이 자신의 모교 교명을 매도하니 총장으로서는 부끄럽기까지 했다.

신임 동창회장인 오 검사의 횡포는 그것만이 아니었다. 급기야 전에 서울지방 검사장으로 재직 시 단국대 법과에 나와서 강의를 하였다는 변호사를 법대 학장으로 임명하라는 요청을 해 왔다. 그런데도 나는 싸우기보다는 참고 있었다. 그저 묵묵부답으로 있으니 이번에는 재력이 있는 동문 8명에게 지시해서 동창회관을 건립하기 위한 기금을 조성한다는 명목으로 얼마씩 기부하라고 압력을 가하였다는 것이다. 동문들이 나를 찾아와 이런 압력을 견디기 힘들다고 하소연을 했다. 동창회관을 건립하려면 전 동문을 상대로 해서 모금을 할 일이지 몇 사람만 지명해서 동창회관 건립 기금을 챙긴다는 것이 말이 되는가? 도저히 묵과할 수 없어 조용히 만류하고 항의해도 그에게는 마이동풍(馬耳東風)이었다.

나는 더 이상 묵과하는 것은 동창 사회의 화합을 위해서도 안 되겠다고 결심했다. 함부로 자기 모교에 권력을 행사하는 오 검사에게 정말 권력의 맛을 보여 주어야겠다고 결론을 내리고 청와대 사정 수석에게 오 검사의 작태에 대해서 현직 검사로서 이런 일을 하는 것은 부당하다고 항의했다.

사정 수석은 현직 검사가 동창회장에 출마하는 일도 무리인데 이런 일을 벌이느냐며 옷을 벗겨야겠다고 상부에 보고하였다. 이런 내용은 즉시 법무부 장관에게 전달되었다.

한편 국회 법사위원으로 있던 김숙현 이사는 법무부 장관에게 오 검사의 월권 행위를 보고하여 징계를 받도록 건의하였다. 김숙현 이사는 공무원을 총동원해서 자기를 지지하도록 한 행위와 교명을 변경하라고 압력을 가한 일, 대학 인사에 간섭한 것 등을 가감 없이 다 말하고 장관에게 이런 검사를 두고 볼 거냐고 항의했다. 이런 항의를 받은 법무부 장관은 이런 검사가 이처럼 몰상식한 일을 한다는 것은 있을 수 없는 일이라 흥분하였다.

바로 그날 오 검사는 법무부 장관한테 불려 가서 사표를 내라는 지시를 받았다고 했다. 그날 오후 동문인 모 검찰 서기한테서 전화가 왔다. 급히 오 검사가 만나자는 것이었다. 내가 바빠서 만날 시간이 없다고 하자 이번에는 오 검사가 직접 전화를 걸었다. 제발 자기를 살려 주는 뜻에서 꼭 만나 주어야 한다는 것이다. 정말 만나고 싶지 않은 사람이었지만 너무 다급하게 사정하니 모 수사관과 오 검사 그리고 나 세 사람이 만났다.

얼마 전만 해도 서슬이 시퍼렇게 날이 서서 몰아치던 오 검사였다. 교명을 강남대학으로 바꿔라, 대학의 상징 동물인 곰을 제비로 바꾸어라, 법대 학장에 아무개 변호사를 임명하라고 호령하던 오 검사는 어디로 가고 내 앞에 나타난 오 검사는 다른 사람 같았다.

자기는 오늘 법무부 장관에게 불려 가서 호되게 야단을 맞았는데 검사직 옷을 벗으라고 했다는 것이다. 특히 청와대에서 강력하게 사임을 종용하니 이번에는 내가 나서서 사퇴 지시를 물리도록 해 달라는 간청이었다. 내가 무슨 힘이 있다고 검사직에서 물러날 사람을 도와드릴 수 있겠느냐고 한 발 물러섰다. 그러자 그는 동창회장직에서 물러나겠다고 하면서 잘못을 용서해 달라며 사정했다.

실소를 누를 수 없는 일이었다. 처음부터 말이 안 되는 오 검사의 억지나 달라진 자세가 밉지만 그 역시 동문이 아니던가. 나는 마음을 되돌려 그의 구명 운동을 했다. 그런 일이 알려지자 이후 권력을 앞세워 대학을 괴롭히는 동문이 나타나지 않았다.

이후 오 검사는 임기를 절반도 채우지 못하고 동창회장직에서 사임하고 부산 지검으로 좌천되어 갔다. 그러나 역시 흐린 마음은 쉽게 고쳐지지 않는 법이었다. 오 검사는 일부 재력가 동문한테서 받은 동창회관 건립 기금으로 건물을 사서는 자기 명의로 등기하고는 다른 동창회장이 취임하였는데도 근 10여 년간 명의를 바꾸어 주지 않았다. 그로 인해 동창회관의 소유권이 불명확해지면서 이후 이를 활용한 총동창회 자산 증식에 걸림돌이 되었다.

안타깝게도 이와 유사한 동문회와의 갈등 역시 사립대학에 드물지 않은 일이다. 최소한 동문들이 모교에 발언을 하려면 그만한 도움을 주면서 시정할 것은 시정하고, 제언할 것은 제언하는 풍토가 전제되어야 한다. 모교에 대한 지원은 소홀하면서 직위를 이용해 교명 개칭을 강요한 이 일은 비록 지금 생각하면 해프닝 같은 일이지만 혼돈의 길을 걷던 단국대의 부끄러운 자화상이었다.

내수동을 찾아든 불청객

해방 후 서울 종로에 있는 내수동 집(이 이름은 사실 내가 붙인 것이 아니고 단국대 개교 전후에 선친을 모신 제자들이 부르는 이름인데 개교 이후에도 그대로 굳어져 불리었다)에는 38선을 넘어 월남한 친척들이 많이 찾아왔다. 친척이라고는 하지만 가까운 친척은 아니었고 모두가 10촌 밖의 먼 인척들이었다. 그들은 해방 전까지는 우리 집하고 전혀 왕래가 없었던 사람들이다. 이남에는 우리 집안과 10촌 안에 드는 가까운 친척이 없었다.

이 내수동 집은 우리 할아버지께서 내가 태어나기 전에 사 둔 집이었다. 할아버지께서 맏손자가 태어난 기념으로 사 두신 것이라고 했다. 그래서 당신의 맏손자인 내 큰형님, 그러니까 장용식(張龍植) 이름으로 등기가 되어 있었다.

정확한 수치는 기억에 없지만 내수동 집은 그 규모가 상당히 커서 세 개의 큰 대문이 있었고 가운데에 중문이 있었다. 그리고 다시 작은 문을 들어서야 안채로 들어갈 수가 있었다. 그 집에는 방이 12개가 넘는 것으로 기억하고 있다.

해방 후 우리 집을 제일 먼저 찾아온 사람은 장 모라는 사람이었다. 촌수로는 14촌인가 15촌 정도가 된다고 들었다. 그가 내 아버님에게 형님이라고 했던 것으로 본다면 내게는 아저씨뻘인 15촌이라고 해야 되겠지만 그의 이름이 항렬을 따져 지은 것이 아니기 때문에 정확히는 알 수 없는 일이었다.

그 사람 역시 우리 가족이 고향에 있을 적에는 단 한 번도 찾아온 적이 없었던 사람이다. 나중에 밝혀진 것이지만 그는 북한에서 일제 시대 순사를 한 사람이었다. 그런데 그는 내 아버지께는 면서기를 했다고 거짓말을 하고 접근했다. 그러면서 아버지 앞에서 갖은 아양을 떨어 가족 다섯 명이 우리 집에 입주하였다. 물론 생활비 한 푼 내놓지 않았다. 아버지는 이남에는 별로 아는 분이 없는 터에 그나마 친척이라고 월남을 하여 찾아오니 나름대로 마음을 주었을 것이다. 아버지는 단국대학을 설립한 후에 그를 재단 상무이사로 임명하였다.

그런데 그는 매일 밤늦게 술에 취해서 귀가하였다. 거의 통금 시간인 밤 12시가 되어서야 만취가 되어 들어와서는 노래를 부르고 술주정을 하는 통에 집 안이 소란스러워서 잠을 잘 수가 없었다.

처음에는 이해하였다. 고달픈 피난살이의 한(恨)이거니 생각했다. 그러나 하루가 멀다고 술에 취해 큰 소리로 노래를 하다가 꼭 아버님이 주무시는 안방 문 앞으로 가서 큰 소리로 떠들었다.

"형님, 형님, 나 오늘 기분 좋아서 한잔 했시오."

그러고는 혼자 중얼거리며 자기 방으로 돌아가곤 했다. 아버님하고는 나이 차이가 20년은 되어 보였다. 처음 우리 집에 올 적에는 매우 공손한 태도를 보였고 아버님 비위를 맞추느라 눈치를 보더니 대학 재단 상무이사라는 직함이 주어지니까 우리 집에 들어온 지 1년도 채 안 되어 안하무인격으로 위세를 보였다. 급기야 아버님이 충고를 할 때에도 고분고분하지 않고 정면으로 말대꾸를 하며 시비를 거는 등 주사가 여간 심하지 않았다.

재단의 업무 처리를 하는 과정에서도 자기 뜻대로 되지 않으면 아버지를 향해 불평하고 언성을 높였다. 그리고 그런 날은 일부러 술에 만취되어 밤새도록 술주정을 하였다. 나중에는 아버지께서 하는 수 없이 돈을 주어 전셋집을 얻어 내보냈다.

술을 좋아하는 사람이라 대학 일을 본다는 핑계로 호기 있게 친구들을 자주 불러서 술집 출입을 했고 나중에는 공금을 축내서 아래 직원들한테 비판을 받게 되었다. 그러는 가운데 장 이사의 정체가 드러났다. 그가 일제시대 신의주 경찰서에서 경무부장이었다는 사실이 알려지게 된 것이다. 아버지가 더 이상 관용을 베풀 수 없는 일이었다. 결국 대학 재단 상무이사직에서 물러났다. 그러나 물러난 후에도 만나는 사람들에게 아버님에 대한 비판을 늘어놓고 심지어 재단에 대해 여러 가지 부정이 있다고 관공서에 투서질하여 사직 당국의 조사를 여러 번 받게 했다.

그런 장 이사가 단국대 재단에서 쫓겨나기 직전 어느 날 나의 작은형과 나를 잠시 보자고 해서 그가 거처하는 신당동 집을 찾아간 일이 있었다. 내가 대학 2학년 정도였던 걸로 기억된다. 그는 우리에게 자기가 쫓겨나게 된 것이 억울하다고 하면서 우리 아버님에 대해 불평과 비난을 퍼부었다.

평소 아버지께서 친척이고 항렬이 위이니까 예의를 지키라 했지만 참기 힘들었다. 그에게 따져 물었다.

"왜 우리 형제들을 불러 놓고 우리 아버지 욕을 하는 겁니까?"

내가 대들 듯이 항의하자 그는 더 심한 욕을 퍼부었다.

"배은망덕하는 인간!"

나는 분노에 차서 말이 이어지지 않았다. 잠시 숨을 돌리고 한마디 덧붙였다.

"이런 인간을 그래도 일가라고……. 오갈 데 없는 인간을 도와준 대가가 고작 이런 것이란 말이오?"

당시만 해도 나는 이렇게 뻔뻔한 인격을 가진 사람을 아버지께서 어찌 관용하는지 오히려 답답했다. 결국 이 사람은 다른 여러 일들로 해서 명예훼손과 무고 등 죄목으로 형무소로 보내졌다.

아버님은 자식들에게는 꾸짖음이 많고 엄했지만 정이 많은 분이었다. 망국의 한을 품고 이국 땅에서 청장년을 보내고 돌아오니 곁에 다가오는 사람에게 모질게 대하지 못했다. 처지가 곤란한 사람들을 보면 그 사람을 오래 사귀어 보지도 않고 도우려 하셨고 때로는 그런 사람을 기용했다가 화를 당하는 일이 많았다. 특히 생활이 어렵다고 편지를 보내 어려움을 호소하는 사람들에게 일할 자리를 마련해 주는 일이 많았다. 그 사람들이 처음에는 고마워하다가도 계속 돌봐 주지 않거나 소홀히 하는 기색이라도 보여 자기 마음에 차지 않을 때는 등을 돌리며 원망을 하고 배신을 하곤 했다.

특히 교직원 보직이 마음에 안 든다든지, 혹은 승진이 잘 되지 않았을 때, 또는 금전 사고를 내고 밀려났을 적에는 대학에 대해 온갖 불만을 드러내며 트집을 잡아 사직 당국에 투서하기도 했다. 그들은 그런 일로 대학에 어려움을 주었다. 장 모 씨야말로 아버지의 여린 감정을 가장 잘 이용한 사람이었다.

범정 선생은 인정이 많아 어려운 이들을 보면 지나치지를 못했고, 이런 인품을 악이용하는 이들로 난처한 일을 당하기도 했다.

학생을 앞세워 분열을 조장하는 교수들

1960년 4·19 혁명이 일어나자 한국의 대학가는 데모로 날을 보냈다. 정부를 규탄하는가 하면 여러 대학에서 교수, 학장, 총장, 이사장을 상대로 배척 운동이 일어났다.

단국대학에서도 학장과 이사장이 물러가라는 학생들의 데모가 있었지만 매우 미온적이었고 곧 진정을 보였다. 당시 나는 학생과장으로 설립자인 이사장을 배척하며 데모하는 학생들을 적극 설득하고 만류하였다.

4월 혁명 직후인 1960년 8월 '4월학생혁명부상동지회' 간부들을 초청하여 부상 학생들을 위로하고 있다. 사진 제일 안쪽이 당시 학생과장을 맡고 있던 중재

학생과장으로서 그들을 자주 만나 보니 학생들은 두 파로 갈라져 있었다. 설립자이자 이사장이신 아버지를 적극 옹호하는 세력과 이사장을 배척하려는 세력이었다. 결국 두 세력 간에 충돌은 피할 수 없었다.

설립자를 결사 옹호하자는 쪽은 럭비부였다. 반대로 설립자를 배척하자는 쪽은 태권도부가 선봉에 섰다. 럭비부와 태권도부 간에 자존심이 걸려 있는 데다 교내 학생 운동의 헤게모니를 놓고 쟁탈전의 성격까지 띤 것이다. 나중에는 전 교직원과 재학생이 보는 가운데 한남동 교정의 본관 앞에서 싸움이 벌어졌다. 이사장 배척 운동의 선봉에 선 사람은 이강재(가명) 학생(훗날 동창회 부회장 역임)과 학생회장이었다. 학생회장은 태권도부 주장을 맡고 있었다.

학생으로서 설립자를 배척한다는 것은 있을 수 없다는 명분을 내걸고 배척 운동에 대항하는 일에 앞장선 학생은 럭비부 주장인 윤원호(뒤에 대학 총무처장 역임)와 최원태(현 총동창회장), 민정식(전 학생처 부처장)이었다.

이들 간에 집단 충돌이 일어났다. 나는 학생과장 이전에 혈기 왕성한 28세의 젊은이였다. 같은 청년으로서 그들 모두를 사랑했다. 아버지에 대한 반감을 갖고 있던 학생회장이라 해도 그를 이해하려 했다. 나 역시 중국 무술(당수)을 연마한 젊은이로서 태권도장의 시설과 태권도부 발전을 위해서 적극 도와주었다. 그리고 학생회장을 비롯해 학생회 간부들과도 격의 없는 대화를 통해 학생들의 의견을 학교 당국에 건의했고 늘 열성적으로 그들의 편에 섰었다.

한편 단국대 럭비부는 내가 서울대 사대 럭비 선수였던 시절부터 친구인 최응련 씨(훗날 칠성사이다 대주주)가 창립을 주도했고, 부주장으로는 이중호 학생(나중에 서울신문 전무, 스포츠 투데이 사장, 동창회 수석부회장 역임, 현 재단이사) 등이 주축이 되어 창단되었다. 당시 서울대 사대 럭비부와 단국대 럭비부는 '전 선생'이라는 분이 두 대학 코치를 겸해서 맡았기 때문에 항상 같은 운동장에서 함께 연습을 하였다.

나는 서울대 사대에 재학하며 럭비부 활동에 열성이었다. 서울대 사대 럭비부는 일제시대에 경성사범학교 럭비부로 명성을 날렸고 해방 후 대학으로 승격되면서 사대 럭비부가 되었다. 그만큼 상당한 전통을 자랑하고 있었다. 그래서 내가 속한 서울대 사대 럭비부는 형이고 단국대 럭비부는 동생 격이라 늘 같이 어울려 다녔다. 거기다 운동선수들의 기질도 비슷하고 선배에 대한 복종심과 코치에 대해 존경하는 자세와 예절은 모범적이었다.

단국대 럭비부는 역사가 짧은 데 비해 비약적 발전을 거듭했다. 결승전에는 이사장인 아버님이 으레 한복 차림의 두루마기를 입고 가셔서 격려금을 주시며 일일이 선수들을 다독이며 격려해 주셨다. 그래서 마치 단국대 럭비부와 이사장이신 아버지는 할아버지와 손자 같은 다정한 가족적인 관계에 있었다. 그런 할아버지 같은 설립자를 태권도부와 학생들이 배척한다니 럭비부 학생들의 도덕심과 윤리관으로서는 있을 수 없는 것이었다. 럭비부 학생들은 그런 주장을 강하

중재는 패기와 신사도를 중시하는 럭비를 좋아했고, 후에 단국대에 부임한 뒤 럭비부 창단을 주도했다. 재학시절 활약한 서울대 럭비부 팀원들과 함께.

게 표시하고 여러 번 학생회장에게 설립자 배척을 중단하라고 경고하였다.

나 자신도 학생과장 입장에서 그리고 태권도 발전을 위해서 적극 지도했던 입장에서 태권도부 학생들을 여러 번 설득하고 타일렀으나 그들은 내 말을 듣지 않았다.

그런가 하면 일부 교직원과 교수들이 학생회 간부와 태권도부 선수들을 부추기면서 설립자 배척 운동을 전개하라며 뒤에서 자금을 대 주면서 조종하였다. 그런 가운데 학생회 간부 중 몇 사람은 주동자를 조종하는 교직원들의 명단을 나에게 몰래 보내 주기도 하며 여러 정보를 제공해 주었다. 그 명단을 보니 학생들을 뒤에서 조종하고 사주하는 교직원들은 다른 사람이 아니고 한결같이 아버님이 학자금을 대 주고 사회에 나와서 자리를 잡을 때까지 도와준 대학 간부였다.

결국 이들의 야심은 이사장을 배척하면 자신들이 대학의 중심 세력이 될 수 있다는 헛된 꿈을 꾸고 있었던 것이다. 이들 중 몇몇은 6·25 전쟁 때 국방부 정훈국장 이선근 장군 밑에서 일하였던 안 모(전 총동창회장, 당시 단국대 부설 통신학부장)씨, 신 모(모 신문 사장을 역임했던 자유당 국회의원)씨, 그리고 김 모(전 부총장)씨 등 정훈 장교 출신 동기생들이었다.

배척하려는 세력이 주동이 되어 동맹휴학을 결의하자는 주장이 일어났다. 내가 밤을 새워 가면서 학생회 간부들을 설득해 놓으면 다음 날 다시 태도가 바뀌었다. 나는 누군가 학생들을 종용하여 전교 동맹휴학을 결행시키려는 사람이 있다는 정보를 입수했지만 이사장께

학생들 배후에 이사장이 중용한 사람들이 있다고 보고할 수가 없었다. 보고했다가는 급한 성격을 가진 이사장이 큰 충격을 받을 것이 뻔하였고 그런 일이 있게 되면 연로하신 이사장, 즉 아버지의 심신이 상할까 걱정이 되었다. 학생과장이기 이전에 아들의 도리를 지키고 싶었다. 그래서 이사장에게는 비밀에 부치고 최후로 학생 간부들에게 선포하였다.

"더 이상 문제가 확대되는 것을 방치할 수 없다. 나는 너희들은 물론 배후의 교직원들도 더 이상 보호하지 않을 것이다."

동맹휴학을 하려면 학교를 떠나라는 최후 통첩을 한 것이다.

학생들이 동맹휴학을 결행할 날이 정해지자 동맹휴학을 강행하고자 하는 학생 대표들과 동맹휴학을 반대하는 학생들이 학생회에서 대결하는 국면에 이르렀다. 이 자리에는 학생회 간부들을 뒤에서 조종하는 교직원들이 전원 참석하여 학생 간부들을 말리는 척 하면서 은근히 동맹휴학을 사주하였다. 참석한 교수 중에는 이강복(가명) 법대 교수가 노골적으로 메모지를 전달하며 행동 지시를 하는 모습이 내 눈에 띄었다.

이때, 학생회 간부들은 태권도부 학생들의 호위를 받으면서 회의를 진행했다. 회장은 회의 절차를 무시하며 학생들에게 투표를 통해 의사를 묻지 않고 동맹휴학을 선언했다. 그리고 주동 학생들을 중심으로 "나가자" 하고 구호를 외치면서 대학 본부 교정으로 나갔다. 그들이 태권도부 학생들에게 둘러싸여 앞장서서 나가자 동맹휴학을 반대하는 일부 학생들과 럭비부 선수들이 이들을 제지하면서 정면으로 충돌하였다. 럭비부 학생들은 단체 운동을 하는 학생들이라 일사불란하게 움직였다. 태권도부 학생들의 진로를 가로막으면서 쌍방간 물리적 충돌이 발생하였다.

나 역시 스포츠를 가까이해서 평소 운동으로 단련된 학생들이 벌인 싸움이 심해지면 큰 부상이 나올 수 있음을 잘 알고 있었다. 50여 명의 학생들이 서로 엉켜서 싸우는 가운데 내가 앞장서 몇몇 교직원과 함께 말렸지만 싸움은 더욱 격렬해져서 부상자들이 나오기 시작하였다. 그러나 단체 운동이어서 팀워크가 잘 짜인 럭비부가 주도권을 잡기 시작했다. 싸움에서 열세로 몰리자 학생회 간부들과 그들을 지지했던 태권도부 학생들은 그들의 뒤를 따라오는 학생들을 버리고 다들 교문 밖으로 도망가고 말았다. 특히 회의장에서 동맹휴학을 강력하게 역설하고 주동하던 이강재 학생이 제일 먼저 도망가니 뒤따르던 학생들이 비겁한 놈이라고 욕을 하면서 자진 해산했다.

이러한 충돌은 4·19 학생 의거 사건이 발생하자 여러 대학가에서 일어났다. 총장이나 이사장 퇴진을 요구하는 데모가 연일 계속되면서 시달림을 받던 총장, 이사장 등이 자리에서 물러나는 사례도 있었다.

그러나 우리 대학에서는 럭비부 학생들과 그들의 선배는 물론 일부 학생 서클에서 활동하는 학생들이 이사장 퇴진을 적극적으로 반대하고 나서서 곧 안정되었다.

동맹휴학 강행파와 저지파 간의 유혈극은 일단 중단되었으나 용산서는 사법 기관으로서 학내 폭력을 모르는 척할 수 없었다. 대학 측으로서는 학생들을 사법 처리하도록 방관할 수 없는 입장이어서 경찰서를 설득했다. 그 결과 사건을 마무리할 테니 폭력 사태를 불러온 양쪽 학생의 주동자 중 한 명씩 자진해서 책임지도록 요구했다. 말하자면 희생양이 나와서 수사 확대를 막고 종결하자는 것이다. 그렇지 않으면 강제로 구인해서 여러 학생을 구속 수사할 것이라고 했다. 경찰 측은 학교 당국의 입장과 학생들의 희생을 적게 내기 위해서 사정을 봐주고자 하는 것이니 속히 주모자 명단을 보내라고 압박했다.

교무위원회에서의 결정은 용산서 방침에 협조하기로 하여 태권도부에서는 학생회장이 주동자로 자청하였고 럭비부에서는 민정식 학생이 주동자로 나섰다. 그래서 당일 조사를 받고 두 학생은 구속이 집행되었다. 실은 민정식은 럭비부원이 아니었지만 그가 동료들을 대신하여 처벌을 받았다. 태권도부 학생들에게 앞장서서 돌격한 학생은 럭비부 주장인 윤원호와 최원태(현재 총동창회장이며 럭비협회장)였다.

윤원호의 집은 교육계 집안이었다. 그의 큰누님은 이화여대 총장을 지낸 분이고 그는 해군사관학교 럭비 선수였었다. 그는 장교가 적성에 맞지 않는다고 사관학교를 자퇴하고 단국대에 편입하였다. 당시 윤원호의 입학 뒤 단국대 럭비부는 무적함대처럼 짧은 기간에 한국 최고의 전력을 인정받았다. 윤원호는 의리가 매우 강한 성격의 소유자였고, 최원태는 형의 지원으로 대학을 다니는 형편이라 이사장인 내 부친이 장학금을 주시어 학업을 이어 나갔던 학생들이었다. 그러니 이들에게 설립자이자 이사장인 아버지가 공격을 당한다는 것은 용납할 수 없는 일이었다. 그들은 자신들을 길러 준 분이나 마찬가지라며 물불 가리지 않고 투쟁하겠다고 할 학생들이다. 나는 학생과장으로 이들과 많은 시간을 가질 수가 있었다. 그래서 그들의 성품을 잘 알고 있었다.

학생회장은 지적인 학생이고 나름대로 비판 의식이 매우 높았다. 나와는 태권도부 지원과 활성화를 위해서 같이 노력했고 정도 많이 든 학생이었다. 그러나 이강복 교수의 영향을 많이 받은 탓에 개인적으로는 학생과장인 나를 존경하지만 나의 아버지에 대한 퇴진 운동은 물러설 수 없다고 하면서 죄송하다는 말을 여러 번 했고 학생회장으로서 학생회 간부와 약속한 일이니 이제 자기는 물러설 수 없다고 울면서 용서를 빌었다. 나도 단호하게 내 입장을 말했다.

"그래, 좋다. 너도 학생회장으로 한 조직의 책임자이니 너의 입장을 충분히 이해한다. 나는 학생과장으로 어떤 대가를 치르더라도 동맹휴학은 절대 용납하지 않을 것이다. 너희들이 성공하든 실패하든 너희들은 단국대와는 인연을 끊을 수밖에 없다는 것을 각오해야 한다. 너도 젊다. 나도 이제 나이 30이 아직 되지 않았다. 이사장이 내 아버지인 이상 나는 학생과장이라는 위치에서 내가 마땅히 할 일을 할 것이다. 너희들한테 칼침을 맞든 총알을 맞든 모든 수단을 동원해서 이사장을 지킬 것이다. 이제 너와 나는 헤어지는 것이다."

그리고 나는 내수동 아버님댁을 찾아가서 그동안 일들을 소상히 보고하였다. 그리고 아버님께 부탁을 드렸다.

"아버님께서는 절대로 이번 일을 모른 척하시고 학생들을 자극하시는 말씀은 하지 마세요."

나는 그날부터 집에 가지 않고 학교에서 기숙하였다. 학생들과 좀 더 많은 시간과 대화를 가지며 사태를 수습하고자 했다. 모든 노력이 허사가 된 뒤 학교로 출근해 학생과 교직원들에게 말했다. 학교 이사장을 지키기 위해 협조해 줄 학생과 교직원은 나를 따르라고 했다. 그리고 절대로 상대방 학생들에게는 폭력은 쓰지 말라고 당부하였다. 학생들도 폭력을 쓰지 않겠다고 약속을 하였다. 그런데 태권도부 학생 중 그들의 계획에 대해 일일이 정보를 전해 주는 학생이 있었다. 그 학생의 말에 의하면 이사장 배척의 명분은 전부 이강복 교수가 이론적으로 만들어 준다는 것이다.

이강복 교수와 내가 대결하는 양상이 되었다. 그는 이사장이 물러나도록 최대의 힘을 기울이고 나는 이사장을 지키기 위해서 모든 희생을 각오하고 전략을 세웠다. 결국 이강복 교수의 야심 찬 망상은 산산조각이 나고 말았다. 이사장 퇴임을 위한 동맹휴학이 실패했고 양측 학생 대표가 구속되는 사태로 일이 번지자 이강복 교수는 불안해하며 학교에 나오지를 못했다. 일부 졸업생들과 재학생들 사이에 이 교수를 학교에서 만나면 그냥 두지 않겠다는 소문이 파다하게 퍼졌다.

이강복 교수가 나를 만나자고 해서 시내 다방에서 만났다. 혹 자기를 폭행할 학생들을 데리고 오지 않나 하고 겁을 잔뜩 먹은 표정이었다. 내가 미리 말을 해 주었다.

"절대 당신을 해할 사람을 달고 다니지 않으니 안심하시오. 대체 나를 만나자는 목적은 무엇이오?"

그는 내 앞에서 변명을 늘어놓기 시작했다.

"사실 나는 동맹휴학을 하지 말라고 타일렀어요. 학생들이 내게 자문을 구하기에 온건한 방법으로 건의를 하라고 충고를 했어요."

그는 그런 식으로 모든 책임을 학생회장에게 돌렸다. 참으로 비겁한 사람이었다. 결국 자기를 대변해서 구명 운동을 해 달라는 것이었다.

이후 퇴진 운동을 뒤에서 조종한 대학 간부 중 이강복 교수와 오지순(가명) 교수를 재단 이사회에서 파면 결의를 하였다.

특히 이강복 교수가 이사장 배격을 앞장서서 주도한 데는 개인 가정사가 큰 원인이었다. 내가 보기에도 이강복 교수는 매우 과격한 성격이었지만 그전까지 아버지 앞에서는 무척 아첨을 잘하는 사람이었다. 하루가 멀다 하고 아침 일찍 우리 집에 와서 아버지에게 문안을 드리고, 말끝마다 정신적 아버지라고 하면서 충성을 다짐하곤 하였다. 그뿐만 아니라 그는 자기 아버지를 재단이 운영하는 기업에 취직을 시켰고, 아울러 나이가 들어 취업을 하지 못하는 자기 동생을 이부(야간)대학에 취직을 시켰다. 그때까지는 아무 문제가 없었다.

그런데 이강복 교수 집에 가정불화가 생겼다. 부부 싸움하다 이강복 교수가 담뱃불로 부인의 양 볼을 지졌다. 그의 부인이 우리 집까지 찾아와서 "이런 야만적 행위를 하는 제 남편을 처벌해 달라."고 요청하였다. 그러나 본인이 폭행죄로 고소하지 않는 이상 대학에서는 교직원 가정불화에서 빚어진 이 사건에 말려들 수가 없었다. 대신에 아버지는 이강복 교수를 불러 심히 꾸짖었다.

한 가지 행동을 보면 열 가지를 알 수 있다고 하루가 멀다 하고 문안 인사를 와서 아첨을 떨던 사람이 아버지한테 꾸지람을 받은 후로는 잘못을 뉘우치기는커녕 반기를 든 것이다. 4·19 혁명으로 인하여 사회와 학원이 소란해지자 갑자기 민주 교수라는 허울을 쓰고 아버지를 공격하며 배척하고 나섰다. 이 교수는 자기가 학장이 되겠다는 야심을 품고 일부 학생들의 세력을 업고 학생회 간부들에게 동맹휴학을 뒤에서 부추겼다. 구속은 되지 않았지만 경찰서에 불려 가서 조사를 받던 학생들의 입에서 이강복 교수와 오지순 교수가 뒤에서 조종했다고 자백함으로써 이 교수와 오 교수가 이사회 의결을 거쳐 파면을 당한 것이다.

파면을 당한 오 교수는 우리 집에서 도보로 2분 정도 떨어진 곳에 살고 있었다. 내 큰딸이 그의 부인한테서 피아노 개인 지도를 받고 있었다. 매일 부부가 나를 찾아와서 자신들을 구제해 달라고 사정하면서 절대 자기는 적극적으로 가담하지 않았다고 변명하였다. 거의 열흘 동안 시달림을 받다가 나는 용기를 내어 아버지에게 복직을 호소하였다. 처음에는 그의 복직을 완강히 거부하시다가 내가 매달려 사정을 하는 바람에 결국 아버지는 오 교수를 복직시켜 주었다. 그런데 복직을 하고 나더니 전체 교수회의에서 오 교수는 나에게 공격을 퍼부었다.

"이사회에서 나에 대한 파면 결의 그 자체를 취소해 달라고 했지 복직시켜 달라고 한 것이 아니오."

그는 얼굴이 시뻘겋게 달아오르고 입에서 거품을 물며 나를 공격하였다. 하도 어이가 없어서 한마디 충고했다.

"사람이 그러면 못 씁니다. 여기 많은 교수들 앞에서 이런 추태를 보이지 않는 것이 좋을 것이오."

정중하게 충고를 했다. 많은 교수들이 이번 교수회의의 의제에 없는 사안이니 이 일은 개인적으로 말할 사안이라며 오 교수의 발언을 묵살시켰다. 훗날 오 교수는 투서 잘하는 교수로 평판이 높았고 그의 주변은 늘 분란이 따라다녔다. 그러더니 끝내 남의 논문을 표절, 복사한 것이 들통나 재임용에서 탈락되었다. 이와 관련된 일에 대해서는 다음 기회에 자세히 기술할 것이다.

곤경에서 구해 준 직원의 황당한 배신

사월 혁명 이후 불어닥친 학내 갈등이 진정된 1960년 말경이었다. 당시 서무과장으로 일하던 이상철(가명) 씨가 문제를 일으켰다. 일의 발단은 그가 대학 직원으로 오기 전에 동대문 청과 시장에서 아버지 일을 도우며 저지른 횡령이 알려지면서부터이다.

아버지는 당시 동대문시장에서 청과도매상을 부업으로 운영하고 있었다. 주거래 품목이 사과였는데 이를 외상으로 판매하고 수금을 하는데 그 일을 이상철 씨가 맡고 있었다. 현금 다루는 일을 이 씨가 맡기까지 남다른 사연이 있었다.

이상철 씨는 정상적인 절차에 의해서 직원으로 채용된 사람은 아니었다. 한국전쟁이 끝나고 서울로 돌아온 단국대는 한남동 교사를 짓기 전이어서 신당동 교사를 임시로 쓰고 있었다. 이 씨는 이 교사의 빈 교실에 가족들을 데리고 와서는 이불 보따리를 풀어 놓고 무단으로 기숙을 했다. 오래지 않아 이런 이 씨의 강의실 무단 사용은 들통이 났다. 밤중에 강의실로 가족들을 데리고 들어와 아침에는 잠을 잔 강의실에서 밥을 해 먹고 있었으니 첫 강의를 들을 학생들은 난감할 수밖에 없었다. 낯선 사람이 가재 도구와 침구들을 강의실에 지저분하게 늘어놓고 밥을 해 먹고 있었던 것이다. 상상도 할 수 없는 일이었다.

자연 등교한 학생들이 고함을 지르고 강의실에서 나가라고 밀어내려고 하자 충돌이 일어났다. 시비가 벌어지고 학교 직원이 와서 내쫓으려고 하자 이 씨는 오히려 직원들과 몸싸움을 벌였다. 이상철은 폭행을 유도하기 위하여 학생들의 심기를 건드렸고 욕설을 퍼부었다. 마침내 학생들한테 따귀를 맞았다. 그는 이를 기화로 마당에 있는 벽돌을 주워 가지고는 변소에 가서 자기 얼굴에 심한 상처를 내고 머리를 벽돌로 때려서는 피가 흐르게 하였다. 사진관에 가서 자작극으로 상처낸 얼굴 모습을 촬영하고 자기 친지인 대리인을 통해 성동경찰서에 당일로 고소장을 제출하였다. 그는 의사의 진단서를 들고 한 학생이 따귀를 때린 것을 가지고 집단 폭행을 당했다고 하며 그날로 학생은 물론 서무과장도 고소하였다. 더구나 자기가 잘 아는 형사를 시켜서 수사를 하도록 했고 폭행을 했다는 학생은 구속되었다.

마치 오갈 데 없는 피난민이 교실에서 잠시 기숙하다가 단국대로

부터 핍박을 받고 몰매를 맞은 형국이 된 것이다. 결국 이런 사실이 이사장에게 보고되었다.

나중에 알게 된 사실이지만 이 모든 일은 이상철 씨가 사전에 각본을 만들어 계산하고 연출한 일이었다. 즉, 시비가 일어나고 소란을 피우다가 폭행으로 확대시키면 이 일이 이사장 귀에 들어갈 것이고 그렇게 되면 반드시 이사장으로부터 구원을 받을 것이라는 것을 계산하고 일을 저지른 것이다. 이 씨는 서무과장이 된 후 우리 형제와 가까운 사이가 되자 스스로 이런 자작극의 경위를 밝혔다. 마치 자신의 지혜를 자랑하는 듯했지만 듣는 나로서는 새삼 그의 교활함을 알게 되어 깜짝 놀라고 속으로 "저 사람을 조심해야겠다."는 결론을 내리고 있었다.

아무튼 보고를 받은 이사장은 이상철 씨를 불러오라고 했다. 이 씨는 이미 궁리를 한 대로 온갖 거짓말을 하며 당장 굶어 죽게 되어서 가족들과 집단 자살을 하려고 했다고 엄살을 했다. 그다음은 그의 의도대로 흘러갔다. 아버지는 이런 딱한 사정을 알면 절대로 못 본 척하는 성품이 아니었으니까.

그것이 인연이 되어 그날로 아버지는 방 얻을 돈을 주었다. 또한 아버지가 운영하는 동대문 청과 시장 도매상에서 일을 하게 했다. 현지에서 과일을 사서 공급하는 중개상 책임자로 채용한 것이다. 이 씨는 여기서 열심히 일을 하여 일 잘하는 사람으로 신임을 얻었고 그의 일 솜씨를 좋게 본 아버지는 그를 대학 직원으로 자리를 옮겨 주었다. 그 후 그는 아버지의 신뢰를 바탕으로 고속 승진되어 서무과장이 되었다.

그런데 각 도매상에게 사과를 외상으로 주고 수금을 하는 과정에서 개인적으로 횡령한 사실이 청과 시장의 이동근 경리과장을 통해 아버지께 보고된 것이다. 이상철 과장은 이 같은 동정을 눈치챘고 무언가 탈출구를 찾아야 했다. 그래서 꾸민 일이 아버지의 이사장 자진 사퇴 유도였다.

이상철은 비밀리에 움직였다. 마치 대학을 사랑하는 직원들이 모였는데 그들이 대학을 위해 이사장이 물러나기를 청원하는 식의 요지로 연판장을 만들었다. 우선 실정을 모르는 나이 어린 직원들에게 좋은 일을 하려 한다고 속이고는 서명을 받았다. 그러고는 마치 거의 전체 직원들이 이사장 배척에 동의하는 서명을 한 것처럼 서류를 만들었다. 특히 아버지가 이 씨처럼 어려운 형편의 젊은이들을 학교로 데려와 채용한, 그래서 아버지가 가장 신뢰하여 배신이라고는 상상할 수도 없는 사람들의 이름을 맨 첫 장에 써 놓았다. 그런 이들이 아버지를 배척한다면 아버지가 스스로 실망하고, 낙담하여 이성을 잃으리라 기대한 교활한 농간이었다.

이 씨는 그 조작된 연판장을 들고 아버지를 찾아갔다. 비서와 기사가 퇴근하고 없을 때를 기다렸다가 "은밀히 학교 일을 보고할 것이 있다."고 어머니마저 방에서 나가게 한 다음 독대를 하였다. 이 씨는 연판장을 내보이며 은근히 협박하였다. 그리고 바로 그 연판장의 앞부분만 보이고 아버님께 교언을 늘어놓았다.

"이사장님 연판장 앞에 써 있는 이름만 보십시오. 더 이상 보시면 안 됩니다. 더 보시면 기가 차서 쓰러지실 것 같아서 여기에 찬동한 직원 명단을 모두 보여 드릴 수가 없습니다. 우선 일을 수습하는 게 중요합니다. 먼저 이사장님께서 자진 사퇴하신다는 성명을 발표하시고 그렇다고 대학 경영을 남에게 맡길 수는 없잖습니까. 그러니 이사장직에는 차남인 장봉식(당시 단국공고 교감) 씨를 임명한다고 뜻을 밝히십시오. 그러면 서무과장인 제가 책임지고 수습하겠습니다."

이 과장은 주도면밀했다. 일단 아버지를 용퇴하도록 한 다음 내형을 이사장에 앉힌 다음 이를 공로로 내세워 자신의 영달을 도모하려 한 것이다. 이 과장은 이를 위해 이미 나의 작은형을 만나 감언이설로 속여서 학교에 변고가 있으니 우선 수습할 때까지 며칠 집에 들어가지 말라고 했다. 작은형도 얼마 전 학생들의 싸움도 있고 하니 또 무슨 큰일이 생겼나 하고 이 과장 말대로 자하문 밖 소림사에 은거하고 있었다.

이상철 과장은 이제 나에게 손을 썼다. 아버님을 만난 후에 바로 나를 만나자고 하여 시내 모 다방에 나갔다. 그는 내게도 같은 말을 했다.

"이사장님께서 나이도 많으시고, 시국도 소란스럽고 해서 이제 이사장직에서 물러서야 하실 때가 되신 것이오. 장남은 세상을 떠났고 차남인 봉식 씨를 이사장으로 임명하신다고 하시니 그 뜻을 받아들이는 것이 아버님을 위한 도리가 아니겠소."

나는 '아니 이게 갑자기 무슨 소리인가? 아버지가 아무런 말씀도 없었고, 학교도 별다른 일이 없는데…….'라는 생각에 오히려 그를 의심했다. 그가 스스로 자신이 어떻게 아버지 눈에 들었는지 말한 일이 있어 나는 믿을 수 없었다. 그에게 되물었다.

"만약 아버님이 그런 생각이 있으시면 그 중대한 일을 대학의 다른 간부와 아들인 우리 형제한테 먼저 말씀하실 일이지 어떻게 일개 서무과장에게 먼저 말씀하십니까?"

내가 납득이 가지 않는다고 하자 이상철은 자기한테서 들었다는 말을 절대 비밀로 해 준다면 서명한 직원명을 알려 주겠다는 것이었다. 그자의 말을 가만히 듣고 있자니 이 과장이 여우처럼 꾀가 많으나 정작 논리적이거나 합리성이란 전연 모르고 자란 인간이라는 것을 알 수가 있었다.

나름대로 확신이 서서 물었다.

"그럼 그 놀랄 만한 이가 누구요?"

이 과장은 유여환(가명) 주임, 신두성(가명) 등의 직원도 서명했다는 것이다. 그의 말대로 이런 이들이 서명을 했다면 뭔가 비밀리에 큰 일이 생겼다고 할 만한 일이다. 왜냐하면 그 두 사람은 정말 아버지가 아들처럼 정을 주는 사람이었기 때문이다.

우선 신두성이란 직원은 내가 데려온 직원이었다. 내가 사업을 하면서 만났는데 당시 그는 야간 고등학교를 다니면서 아르바이트를 하는 고학생이었다. 그런 고생이 가여웠고 자립심이 믿음직해 집에 데리고 와서 함께 살면서 대학에서 공부시키고 대학 직원으로 채용한 사람이다.

이런 사람들이 아버지에게 이사장직 사퇴를 요구하는 연판장에 앞장서서 서명했다면 정말 세상에 믿을 인간이 어디 있는가 하는 의문이 들었다. 내가 나름대로 의심을 더욱 강하게 갖고 이 과장에게 물었다.

"그런 일이 있으면 당신이 말렸어야 할 일 아닙니까?"

나의 추궁에 그는 변명만 늘어놓았다.

"절대로 내 설득이 먹혀 들어가지 않아요. 며칠 안으로 이 일이 수습되지 않으면 일간 신문에 성명 광고가 나가게 돼요. 그때는 이사장님께서 이승만 박사처럼 되는 게 아니겠어요. 그러니 장 과장도 아버님의 심중을 헤아려서 퇴진하신다면 그렇게 하시라고 동의하고 작은 형님을 이사장으로 추대하도록 함께 노력합시다."

그 순간 나는 더 이상 그의 교활한 잔꾀를 두고 볼 수 없었다. 이미 그가 거짓말을 하고 있음을 확신했다.

"뭐야, 이 자식아. 너 같은 놈이 서무과장이야! 이 자식 당장 내 주먹으로……."

그를 내치고 바로 아버지를 만났다.

"아버님, 이상철한테 무엇이라고 약속하셨습니까?"

나는 다급하게 물었다. 아버지는 어리둥절한 표정으로 영문을 모르겠다고 한숨을 쉬셨다.

"약속은 무슨 약속? 직원 중에서도 내가 채용한 인동 장씨의 자손들, 유여환, 그리고 네가 불쌍하다고 데리고 집에 와서 키워 준 신가란 녀석, 그리고 또 누구더라, 고대에 있는 정 모 교수의 조카라는 여식 아이까지 나를 배척하는 연판장에 서명했다고 하고, 심지어 네 형봉식이도 연판장에 도장을 찍었다니 세상에 이런 불효자식에게 이사장직을 물려주라는 것이야? 아니 그 많은 교직원들이 정신병자가 아니고서야 어찌 그런 일에 서명한다는 말이냐, 한심한 놈.”

아버님은 잠시 말을 멈추셨다가 이어 가셨다.

“이상철이란 놈이 와서 하는 말이 서명한 사람들에게 돈 얼마씩 나누어 주면서 서명 무효화 운동을 전개한다며 책임지고 해결할 테니 자금을 지원해 달라고 하더구나. 내가 그놈의 속을 뻔히 알고도 얼마가 필요한가 물었더니 엄청난 돈을 요구하는 거야. 모자라면 자기가 살고 있는 전셋방이라도 팔아서 해결한다고 하며 돌아갔다고. 그리고 절대 이사들한테 말하지 말라고 해서 내가 잠시 두고 보자고 했다. 그러고는 네 작은형을 찾았는데 어디 가고 없다고 하니 애비한테 말도 안 하고 이놈이 어디 갔다는 말이냐.”

나는 아버지의 마음을 진정시키며 말씀드렸다.

“지금 그놈이 사기극을 벌이고 있어요. 아버님은 가만히 계세요. 내가 나서서 무리 없이 해결할 것입니다.”

내수동 집을 물러 나와서 바로 유 주임과 신 군을 각기 만났다. 그들에게 아버님 배척 운동에 서명한 일이 있느냐고 물었더니 절대 그런 일에 서명할 리가 있겠느냐고, 오히려 자신을 못 믿는다고 화를 내며 부정하였다. 묻는 내가 머쓱할 일이었다. 이 과장은 이들에게 “많은 직원들이 지금 이사장 퇴진 운동에 가담하고 교수들도 조만간 이사장 배척 운동에 앞장설 것 같으니 당신도 서명하고 이사장을 명분 좋게 명예롭게 퇴임하도록 하는 것이 좋지 않겠느냐?”고 했다는 것이다. 그리고 "만약 서명하지 않으면 이 일이 성공한 뒤에 당신들은 학교에서 쫓겨날 것"이라고 협박하더라고 말했다. 그러면서 자기들은 은인인 이사장님께 끝까지 충성하겠다고 서명을 거부하였다는 것이다. 정 모 교수님의 조카와 몇몇 여직원에게도 물어봤다.

"아주 좋은 일이 생길 것이니 서명하라고 해서 서명했는데요. 내용은 전연 모르고 서명했어요. 왜 무슨 잘못된 일이라도 생겼어요?"

참으로 실소를 금할 수 없었다. 이 과장이 한 사람씩 자기 방으로 불러서, 대개 다 서명하고 교직원 중 너만 안 했으니 서명하라고 해서 서명했다는 것이다.

나는 다른 과장들을 만나서 이상철 음모에 대한 전반적인 의견을 교환하고 대책을 세웠다. 대책이랄 것도 없는 사기극이었다. 이날 이상철 서무과장을 관리과장이 본관 2층 서류 창고 안으로 데리고 갔다. 여러 가지 학교 일에 대해서 의논하자고 하니 순순히 따라나섰다.

관리과장이 학교 일에 대해서 의견 교환을 하는 척하면서 시간을 끄는 가운데 힘깨나 쓰는 교직원 약 30여 명이 이 과장과 관리과장이 대화하는 창고 방으로 들어갔다. 그 방의 유리창문은 서류 상자로 천장 높이까지 쌓여 있어서 출입문을 막아서면 도망갈 곳이 없었다. 나하고 몇몇 직원은 마대 자루와 부삽을 들고 들어가서 당장 큰 소리로 호령을 하면서 다그쳤다.

"이사장 배척에 서명했다는 서류가 어디 있느냐? 지금 당장 말하지 않으면 이 부삽으로 때려 죽여서 저 한강 모래밭에 묻어 버릴 것이다!"

소리를 지르니 이상철은 공포에 질려서 얼굴이 창백해지며 벌벌 떨면서 용서해 달라고 빌었다. 서류를 당장 내놓으라고 했다. 자기 서랍에 있다고 해서 직원을 시켜서 찾아왔다. 엉터리로 작성한 서류에는 십여 명의 이름뿐이었다. 물론 교수들은 한 명도 서명한 사람이 없었다.

이처럼 사실이 밝혀지고 나자 학교에서는 정식 절차를 밟아 이상철을 파면하였다. 또한 이미 청과 시장에서 일하는 이동근 회계과장이 이상철 씨의 횡령 사실을 다 파악하였기에 이 과장과 내 이름으로 이상철을 공금횡령죄로 검찰에 고소 고발하였다. 나는 검사실에서 여러 번 그리고 재판장에서 여러 번 만나서 대질을 가졌다. 결국 그자는 1년 6개월 실형을 살고 출옥한 다음에 다시 그와 유사한 횡령 사건으로 재차 피소되어 또다시 감옥에서 근 3년을 보냈다.

이 씨 사건이 종결되고 알아보니 그자에게 협조한 사람 중에는 아버지 덕택으로 온 집안 식구까지 여러 곳에 직장을 갖게 된 직원도 있었다. 그들은 모두 이 씨가 감언이설과 공갈협박을 하여 할 수 없이 서명했다고 말했다. 그런 이들은 아버지가 모두 용서해 주었다.

이 씨는 그렇게 옥살이를 하고 출옥 후에 나를 찾아와서 이제는 정말 잘못을 뉘우치고 다시는 대학에 대해서 나쁜 일을 안 할 것이니 다른 죄는 고소를 하지 말아 달라고 애원하였다. 그래서 아직은 공소기간이 남아 있는 사건이 두 개 더 있으니 이번에는 내가 철저히 더 많은 증거를 확보하겠다고 했다. 그리고 곧 고소장을 검찰에 제출하겠다고 단호한 태도로 말했다. 결국 그가 울면서 용서를 해 달라고 애걸하는 바람에 소송을 중단하고 기억에서 지웠다.

이 씨는 아버지의 은덕으로 형편이 좋아지자 자신의 능력을 과대평가하여 일확천금을 노린 과욕을 부렸다. 그런 죗값으로 자신의 삶을 스스로 짓밟고 나중에는 부인과 이혼을 하는 등 불행한 말로를 걸었다.

이런 위기를 겪고 나서 아버지는 나를 장성한 사회인으로 다시 보셨던 듯하다. 이후 아버지는 어려운 일이 있을 때마다 나를 불러서 상의하셨다.

불리하면 읍소, 힘 생기면 고발로 처신하는 몰염치

나는 40년을 넘게 대학의 총장이나 이사장, 다른 자리에서 대학 경영의 일선에 있었다. 그 긴 시간 동안 마음속에 가져 온 원칙은 '사람에 대한 정을 잊지 말자.'는 것이다. 사람이 사는 사회에서 인정을 앞세워 원칙을 무시해도 문제가 생기지만 정을 가벼이 여겨 매몰차게 사람을 대하는 일도 교육자로서는 취할 자세가 아니다. 그래서 나는 대학의 명예를 훼손하거나 압력을 가하는 이들과는 대립했지만 나를 욕하고 비방하는 이들에게는 오히려 더 관용하고 정을 주려 애썼다. 특히 학생이나 교수들이 나를 비방하더라도 나는 묵묵히 감수했다. 그것이 총장이나 이사장으로서 대학의 화합을 지키는 일이라 믿어서이다. 그러다 보니 속이 상할 때도 많았지만 그런 일을 인내하는 그 자체가 대학을 책임지는 사람으로 응당 치러야 하는 대가라 생각했다.

그러나 그런 마음속에서 살아왔어도 지금까지 내 마음을 아프게 하고 상처를 준 사람이 없지는 않다. 그 대표적인 사람이 오지순(가명) 교수와 김두표(가명) 교수였다.

두 사람은 몇 가지 공통점이 있다. 우선 감투에 대한 욕심이 남다르다. 자신의 능력을 연구나 교육으로 확인받기보다 다른 사람을 부리고, 그 권위를 추앙받을 만한 자리에 앉음으로써 존재 가치를 드러내고자 했다. 또 하나의 공통점은 남하고 대화를 하다가 타인의 개인적 비밀, 또는 치부라 생각되는 소재는 빼놓지 않고 수첩에 적어 놓는 것이었다. 그중에는 물론 사생활에 관한 것도 있었다. 그렇게 적어 둔 것을 자신의 이해관계가 얽히는 일이 있을 때 폭로하려는 것이었다. 학내에서 이러한 두 사람의 행태를 한 번이라도 경험을 한 이는 모두 고개를 저으며 손가락질을 했다. 그러니 그 오랜 시간이 쌓인 뒤 두 사람을 보는 대학 식구들의 시각이 어떠했을지는 불문가지이다.

오지순 교수는 앞서 말한 것처럼 사월혁명 당시 해임되었다가 나에게 간청을 하여 복직한 교수였다. 자신이 저지른 일로 처벌을 받을 위기를 당하면 갖은 방법으로 용서를 구하고는 변명하며 위기를 넘기지만 그 때뿐이었다. 가만히 있지 못하고 계속 자기와 이해가 다른 이를 투서로 고변하고, 학교 안팎으로 다니며 엉뚱한 일을 만들어 나를 괴롭혔다. 때로는 나를 찾아와서 왜 자기는 부총장을 시켜 주지 않는 것이냐고 항변을 하는가 하면 그런 일을 비판하는 교수에게 달려가 학교 편을 든다고 시비를 걸었다. 이런 행패에 시달리다 못해 어떤 교수는 단국대에 정이 떨어졌다며 대학을 옮겨 가는 사람도 있었다.

언젠가 성격이 독하다고 소문난 두 사람, 그러니까 오 교수와 김두표 교수가 언쟁을 벌인 일이 있었다. 1981년 무렵인데 당시 공석 중인 대한교련 회장에 오지순 교수가 출마한다는 소문이 있었다. 김두표 교수는 오 교수의 경쟁 후보 쪽 선거운동을 준비하고 있었으니 두 사람의 사이가 원만할 수 없었을 것이다. 아니나 다를까, 김두표 교수는 나를 만날 적마다 '오지순은 내 손에 죽을 것입니다.' 하고 입버릇처럼 말하곤 하였다. 그러던 중 하루는 문교부 장관과 만날 일이 있어 그 장관의 집무실로 갔다. 나를 본 장관이 내게 물었다.

"귀 대학에 오지순이라는 교수가 있습니까?"

"네, 있습니다. 그런데……?"

"그분을 이번에 재임용에서 제외하는 것이 어떻습니까."

장관이 교수 개인의 이름을 거명하며 재임용 얘기를 하는 것은 흔치 않은 일이라 나는 깜짝 놀랐고 그 이유를 물었다.

"그 오 교수라는 분이 귀 대학 이 모 교수의 논문을 표절 복사해서 구제(舊制) 박사 학위를 받았다는 진정서가 들어와 있습니다. 그리고 진정서를 낸 교수를 직접 만나서 자세한 내용을 들었어요. 그러니 본인한테 확인하시고 재임명하지 마세요."

장관은 매우 강한 어조로 말하였다. 그래서 진정서의 신빙성을 확인하기 위해서 누가 진정서를 냈느냐고 물으니까 김두표 교수라고 했다.

구제 박사 학위는 미국식, 그러니까 학점 이수 과정과 논문 심사 과정을 다 거치도록 하는 신제(新制) 박사 학위 수여 제도를 도입하면서, 특정한 자격이 있는 이에게 논문 심사만 해서 박사 학위를 주도록 한시적으로 운용한 제도였다. 오 교수가 표절한 논문의 원저자인 이 모 교수 역시 이 구제 박사 학위를 가진 교수였다. 70년대에는 이 구제 박사로 인해 큰 사회적 물의도 있어서 자칫하면 대학의 신뢰성을 해칠 심각한 사안이었다.

그처럼 민감한 사안을 어떻게 김두표 교수가 알았는지 모르지만 김두표 교수가 오지순 교수의 박사 학위 논문 표절 사실을 문교부 장관에게 투서한 것은 사실이었다. 조사를 해 보니 그 일이 사실로 규명되어 오 교수를 재임용에서 탈락시킬 수밖에 없었다. 오 교수 자신도 상경대 이 모 교수의 논문을 표절하였다고 시인을 했다.

그 과정에서 놀라운 일은 오지순 교수가 이 모 교수에게 50만 원 주고 논문을 샀다고 고백한 것이다. 죄를 뉘우쳐 고백한 것이 아니었다. 오 교수가 말하기를 자기가 이 모 교수로부터 돈을 주고 샀으니까 논문을 판 사람도 함께 책임을 져야 한다는 것이다. 그런데 어처구니없는 것은 그의 다음 말이었다.

"나만 희생시킬 것이 아니라 이 모 교수도 같이 책임져야 하지 않습니까? 그렇게 되면 이 모 교수까지 희생되는데 그렇게까지 하면서 나를 재임명에서 탈락시킬 수 있겠어요?"

한 치도 어긋남이 없는 '물귀신 작전' 같은 논리였다. 나는 논문 표절보다 그 후안무치가 더 참기 힘들었다. 그에게 분명히 말했다.

"당신이 몰래 그의 논문을 표절해서 박사 학위 논문에 사용하였다면 그는 죄가 없지만 정말 당신이 말한 대로 돈을 주고받은 일이면 두 분 다 책임지고 대학에서 물러서야 해요. 다른 방법이 없어요. 재임용 심사위원회가 열리기 전에 일신상의 이유로 의원사직서를 제출하면 내가 사표를 수리하겠소. 그러면 당신의 경우는 이미 대학을 그만둔 교수이니 재임명하고 말 것도 없고 그러면 적어도 명예에는 상처를 받지 않을 거요."

퇴직을 하면 최소한 논문 표절이라는 치욕스러운 기록은 피할 터이니 더 이상 피해자를 만들지 말라는 충고였다. 이것도 원칙을 지키지 않는 일이지만 동료 교수마저 해임되는 불상사로 확산되는 일은 피하자는 뜻이었다.

그는 고맙다고 인사하고 돌아갔다. 그런데 그 이튿날 보따리를 하나 들고 내 집무실로 찾아왔다. 그리고는 만약 자기를 희생시키면 이 보따리를 관계 기관에 들고 가서 학교의 모든 부정을 고발하겠다고 협박하였다. 이것은 또 무슨 말인가? 어제는 고맙다 머리를 숙이더니 이제는 대학의 부정을 고발하겠다니……. 하도 어이가 없어서 그러면 당신 좋을 대로 할 일이지 그 보따리를 왜 들고 와서 협박하느냐고 했다.

나는 그에게 말했다.

"이것을 사직서 대신 가지고 왔나요. 그 보따리에 무엇이 들어 있든 상관하지 않을 것이고 지금부터는 징계위원회에 회부해서 파면을 시킬 수밖에 없습니다."

그러자 이번에는 통사정을 하였다.

"사표를 낼 터이니 재임용 탈락 대상이 안 되게 해 주세요. 또 한 가지 내가 이 모 교수를 물고 넘어가지 않을 테니 2천만 원만 퇴직금에 얹어 주었으면 좋겠습니다. 가족의 생계가 문제이니 부탁합니다."

그 말을 할 때는 매우 공손하게 나왔다. 결국 돈을 주지 않은 채로 사표를 수리하였다. 사표가 수리된 다음 한동안 조용하던 그가 다시 내 사무실을 찾아와서는 자기가 제출한 사표는 다시 돌려주어야 한다고 목청을 높였다. 만약 안 돌려주면 들고 온 보따리에 담긴 학교 비리와 총장을 비롯한 교무위원들의 비리를 폭로할 것이라고 협박을 하는 것이었다. 그 말을 들으니 나는 기가 막혀서 말이 나오지 않았다. 오지순 씨가 정신적으로 병이 있는 사람이라고 생각할 수밖에 없었다. 나는 더 이상 그를 상대로 말을 나누고 싶지 않았다.

"그 보따리에 무엇이 들어 있는지 알 수 없으나 마음대로, 좋을 대로 하시오."

한마디 하고는 내 방에서 나가 달라 하였다. 그는 그 보따리를 들고 총무과장실로 가서는 여러 사람 앞에 공개해 달라고 말했다. 잠시 후 총무과장이 그 보따리를 들고 내 방으로 왔다. 나는 그것을 교무위원 전원이 모인 자리에서 공개하였다. 다들 호기심과 궁금증을 가지고 보따리 속의 내용물을 보고 싶어 했다.

그런데 학교의 비리라고 할 내용은 하나도 없고 자신과 사이가 나빴던 교무위원들의 개인적인 기록들이었다. 한 예를 들면 '어느 교무위원의 아버지는 6·25 동란 시 인민군에 부역했다.' 등 잡다한 것들로 명예를 훼손하는 내용이었다. 그 자리에 있던 교무위원들은 다들 격분하였다. 어처구니가 없어 허탈하게 웃는 이도 있었고 모두들 오지순 교수의 몰지각한 인성에 혀를 찼다. 그는 정년을 넘기지 못하고 대학에서 쫓겨났고 많은 교수와 직원들, 그리고 자신의 친구들에 대한 명예를 훼손하는 투서질로 자신의 인격마저 쓰레기로 취급하도록 만들고 말았다.

결국 그는 박사 학위도 취소당하고 문서 없는 투서 박사가 되었다. 그는 대학에서 떠난 후에도 어느 교회에서는 목사와 싸우고 지역 문화원에서는 골칫덩이 문화원장 노릇을 했다는 소문이 들리기도 했다. 그런가 하면 일간 신문사, 방송사 등에 찾아가서 총장인 나와 학교를 비난하는 광고를 하겠다고 광고 문건을 내밀었으나 광고부에서 거절당했다는 말이 들렸다.

오지순 교수를 상대로 끝내 투서 고발로 나름대로 복수에 성공한 김두표 교수 역시 상식적인 대학인은 아니었다. 그는 나와 친한 서울대 사범대 동기의 동생이었다. 그 인연을 이용해 '가족은 여러 명인데 밥을 먹고 살 수 없다.'며 일할 자리를 만들어 달라고 간청했다. 한 달이 멀다고 우리 집을 찾아와서 단국대에 자리를 구해 달라 사정을 했던 사람이었다. 젊은 사람도 아니고 육군 대위로 전역했으며 들리는 바에는 군 보안대 출신이라고 했다.

나 역시 아버지를 닮아서인지 그런 간청, 말하자면 '처자식을 먹여 살리기 힘들어 죽겠다.'는 말을 들으면 정이 앞서는 사람이다. 단국대에 직원으로 채용하기로 마음먹었다. 내 뜻을 들은 대학의 간부들 사이에서는 그를 두고 군 경력에 비추어 대학에 맞지 않는 사람이라고 반대하는 사람이 많았다. 다들 여론이 안 좋으니 총장이라 해도 채용하기가 힘들었다. 그럼에도 불구하고 부부가 애걸하는 바람에 딱한 생각이 들어서 이사장 비서실에서 일하게 했다. 그런데 이사장께서 같이 지내시더니 '자기에게 맞지 않는 사람'이라고 하여 대학원 교학과 직원으로 보냈다.

당초 걱정과는 달리 그는 근무를 시작한 지 얼마 지나지 않았는데도 어느새 내 주위의 간부들과 잘 어울렸다. 한편으로는 자기 부인을 앞세워 내 아내와 아주 친숙한 사이가 되었다. 한 달에도 몇 번 그 부부는 우리 집을 찾아와서는 시키지도 않았는데 교내외 소식을 전해 주고 우리 내외의 신임을 얻으려고 노력하였다. 그렇게 몇 해 근무하는 사이에 그는 박사 과정을 밟고 모든 과정을 마쳤다. 복무 규정대로라면 직원이 자신이 있는 대학에서 학위 과정을 다닐 수 없었다. 이것은 대학이 정한 규정을 어기는 일이었다. 김 모 대학원 교학과장이 은밀히 봐주고 이 사실을 비밀에 부쳤기 때문에 나는 그 사실을 전혀 모르고 있었다.

내가 화를 내자 당시 부총장 등 간부들도 자신은 알고 있었지만 사람이 공부를 하고 싶어 하는데 이를 억누르는 것은 교육기관에서 너무 모질지 않으냐고 나를 설득했다. 자신이 공부하고 싶은 소망을 꺾을 수가 없어서 부총장인 자신이 용납했으니 잘 키워서 좋은 학교

식구를 만들자고 건의하였다. 더구나 6학기나 등록금을 내고 공부한 사람이고 논문도 다 작성해서 이미 심사에 통과되었으므로 학위 수여를 거부할 수 없다는 것이 간부들의 의견이었다. 그는 부총장의 신임을 얻어 규정을 어기면서 서울 시내에 있는 야간대학에 강사로 출강하기도 하였다. 이런 식으로 자기 성장을 꾀하여 드디어 대학 전임강사의 위치에 자신을 올려놓았다.

어찌 보면 자기 계발에 그토록 열성을 보이는 일이 기특하기도 해 더 이상 문제 삼지 않았다. 그런 그에게 새로운 기회가 왔다. 어쩌면 그 기회가 반대로 김두표 씨에게 희망 이상의 야심을 심어 준 시작이었는지도 모른다. 1979년 10월 26일 박 대통령이 별세한 뒤 전두환 대통령이 정권을 잡았다. 김두표는 부산대 출신이었는데 5공화국을 수립하는 데 핵심이었던 이들이 같은 고향, 혹은 같은 대학 출신 선배들이었다. 막강한 권력을 행사하던 그들과의 지연과 학연을 이용해 갑자기 김두표 교수는 단국대라는 울타리를 벗어나 교외 활동에 열을 올렸다.

그 첫 번째 성과가 대한교련(현 한국교총 전신)의 사무총장으로 취임한 것이다. 나중에 대한교련을 비판한 동아일보는 이런 보도를 했다.

"(전략) 5공화국 들어서는 허문도, 허삼수 씨 등 핵심 세력과 고교 동창인 김두표 씨와 전두환 대통령과 동기동창인 백순달 씨가 잇따라 낙하산식으로 (대한교련) 사무총장으로 취임해 결과적으로 교련의 어용화가 가속됐다는 평을 받아 왔다(후략)"〈동아일보 1988. 11.16〉

사무총장이 되면 강의를 할 수 없으니 휴직을 해야 했다. 청와대 비서실과 문교부 장관이 미리 나에게 전화를 걸어서 대한교련 사무총장으로 가는 데 동의해 주면 좋겠다고 했다. 본인도 아니고 대학을 지도 감독하는 책임자가 교수의 휴직을 청탁하는 일이 달갑지 않았고 그런 일을 사전 양해 없이 권력에 의지해 총장에게 전달하는 김 교수의 일처리가 실망스러웠다. 이후 김두표 교수는 나를 만날 때마다 장관과 골프 친 것을 자랑하거나 부부가 자주 장관 댁을 방문했다는 것을 나에게 은근히 과시하였다.

그를 둘러싼 큰 불상사는 그가 다시 대학으로 돌아와서 일어났다. 김 교수가 소속된 행정학과의 신 모 교수와 전공 과목 배정을 놓고 심한 언쟁이 벌어졌다는 것이다. 개별 학과의 일을 다 알 수 없기에 나는 전혀 사정을 몰랐다. 하루는 김두표 교수가 보안사 출신으로 청와대 비서관에 근무 중인 모 씨와 함께하는 식사 자리에 나를 초대하였다. 그 자리에서 비서관은 자기의 후배인 김두표를 잘 도와달라고 내게 부탁하였다. 그런 정치권력의 과시가 효력을 보이기 시작했다.

재단 이사인 김숙현 의원이 인천에서 국회의원으로 당선되어 국회 법사위원으로 배속되었다. 김숙현 의원은 법사위원장이 되고 싶어했는데 이 인사 청탁을 김두표 교수에게 부탁하였다. 김 교수가 갖고 있는 청와대 비서실의 힘을 빌린 것이다. 김숙현 의원은 법사위원장이 되었다.

이런 일이 있은 후 김두표 교수는 더 이상 거칠 것이 없는 듯 언행이 거칠어졌다. 그가 속한 행정학과의 신 모 교수와의 언쟁도 그런 자기 과시의 일환이었으리라. 교단 경력이 자기보다 선배인 교수에게 과목 배정을 놓고 심한 언쟁을 소문이 날 만큼 벌였다는 것은 선후배 간 예의가 깍듯한 대학의 정서에 비춰서 흔한 일이 아니었다. 갈수록 말을 가리지 않고 더욱 기고만장하여 안하무인격으로 설치는 바람에 그 비난이 오히려 다 나에게 돌아왔다. 한마디로 "그렇게 반대를 하는데도 저런 몰상식한 사람을 먹고살게 하겠다고 대학에 데려와 교수까지 시켰느냐?"는 비아냥이었다. 속이 상하는 일이었다. 대학 직원으로 일해서 가족들과 알뜰살뜰 먹고살겠다며 고마워하고 기뻐하던 김두표는 어디로 갔는지 기가 막혔다.

강의 과목을 놓고 같은 학과 신 교수와 불화가 있다는 사실을 모르던 차에 이번에는 문교부 차관이 나에게 연락을 했다. 만나자는 제의에 면담을 했더니 차관이 진지하게 물었다.

"행정학과의 신 모 교수가 어떤 사람입니까?"

"무슨 문제라도 있습니까?"

"총장님, 김두표 교수 아시죠? 그 사람이 나를 찾아와서 신 모 교수가 문교부 로비 자금을 쓴다고 많은 돈을 대학 당국에서 받아 내서는 자기 주머니에 넣는 사람이라고 하더군요. 그러니 신 모 교수를 주의하라고 충고를 하더라고요."

차관만이 아니었다. 그 소문이 문교부 몇몇 부서에 퍼져서 해명하느라 한동안 어려움을 겪었다. 정권 초기에 공직자 기강 확립과 사정은 언제나 엄하기 마련인데 있지도 않은 사실을 이렇게 관가에 퍼뜨리면 자칫 대학에 치명적인 결과가 올 수도 있는 터이다. 오지순 교수를 문교부 장관에게 고발하여 대학을 나가게 한 일이 있는 김두표 교수가 아예 마음에 안 드는 이들은 이런 식으로 쫓아내려 작심한 듯했다.

나는 다시 한 번 김두표 씨를 가만히 생각해 보았다. 그와 인연을 맺게 된 것은 주일 한국대사관에 있던 내 동기 동창 김 모 씨가 미국으로 망명을 간 이후 그 친동생인 김두표 씨가 찾아와 생활고를 호소하면서부터이다. 그 이후 약 1년이 넘게 그는 나를 찾아왔다. 그는 나를 찾아올 때 자기 아내를 동반했다. 그리고 자기 아내는 어느 대학 경영학과 출신이라고 했다. 그리고 그는 자기 부인으로 하여금 우리 대학 간부 교수들의 부인들하고도 친교를 맺게 했다. 김두표 씨의 아내는 자청해서 내 아내에게 거의 하루가 멀다고 접근하여 형님, 사모님으로 부르면서 듣기 좋은 말을 했다. 당시 내 아내는 국회의원이어서 각종 행사 참여 요구가 많았는데 아내가 역할을 맡은 행사에는 원하지 않아도 김두표 씨의 아내가 약방의 감초처럼 따라다녔다. 내 아내의 스케줄을 나보다 김두표 씨 아내가 더 잘 알 정도였다.

그뿐인가. 다방을 한다, 식당을 한다는 명분으로 내 아내와 내 아내의 친구들이 하는 계모임에 가입하였다. 곗돈을 타는 분한테서 아무런 담보도 없이 돈을 빌려서 자기 사업에 투자하였다. 자연히 내 아내가 소개한 사람처럼 되었기 때문에 내 아내는 보증서 없는 보증을 서게 된 것이나 다름없게 되었다.

그러다가 내 아내가 국회의원을 그만둔 이후로 전두환 정부가 서자 김두표는 청와대 비서관을 배경으로 행세를 하였다.

그리고 한편으로는 대학 내에서 교수들의 관혼상제에는 친분이 있거나 없거나 내외가 함께 찾아가기도 했다. 특히 경남 출신 교수들과 친교를 맺는 데 힘을 기울였다. 그리고 서울 캠퍼스에는 원로 교수가 많으니까 자기한테 보직할 기회가 올 수 없다는 것으로 알고는 천안 캠퍼스로 이적하여 젊은 교수들이 많은 천안 캠퍼스에서 학장 자리를 얻어내는 데 성공하였다.

그 후로 김영삼 정부가 들어서자 이번에는 부산 출신 국회의원들에게 접근하여 자기의 야심을 채우기 위한 전략을 세워 가고 있었다. 김영삼 정권이 들어서고 군사정부에 있던 측근이 물러나자 그는 교수협의회 회장직에 출마하려는 야심을 갖고 회장직에 출마할 것으로 예상되는 사람들을 찾아다니면서 출마를 포기하도록 유도했다.

당시 나는 이사장직을 맡고 있었는데 교수들에게 태연히 "이사장께서 나보고 교수협의회 회장으로 입후보하라고 해서 마지못해 나오려 하니 나를 지원해 달라."고 하면서 서울과 천안 캠퍼스를 다녔다. 이런 소문이 나니 입후보하고자 했던 교수들이 장충식 이사장의 체면을 존중한다고 입후보의 뜻을 포기하였다. 나도 모르는 동안 이런 일이 있었는데 나를 잘 아는 원로 교수들이 "왜 그런 사람을 교수협의회 회장으로 지명했느냐?"고 따지며 불만을 토해서 알게 되었다.

나는 당황스러웠다. "그 사람을 교수협의회 회장 입후보자로 지명한 적도 없고, 교수협의회 회장 자리는 내가 지명할 성격의 자리가 아닌데 무슨 소리냐?"고 오히려 되물었다. 이미 소문은 날 대로 나서 협의회장으로 입후보할 교수가 없자 김두표 교수가 무투표 당선되었다.

전두환, 노태우 정권이 물러나자 대학가는 '자율과 민주'라는 화두가 지배했는데 교수협의회는 바로 새시대를 맞아 지난 정권 시절 민주화 운동을 했던 인사들이 구성을 주도하고 회장에 선출되는 형국이었다. 그러니 김두표 교수는 이번에는 대학 민주화에 고민하는 민주 교수가 된 셈이었다.

김두표 씨는 내가 노태우 대통령 말년에 노 대통령과 독대한 사실을 알았고 자기 부인을 통해 내가 장차 가족 중심의 대학 경영을 대신해 외부의 유능한 인사에게 이를 위임하리라는 생각을 파악하고 있었다. 그의 야망은 대학 총장으로 확대되었다. 이를 달성하려는 전초 기지로 교수협의회장직을 최대로 활용하고 다녔다. 대학 내에서 평교수들에게 나의 심복이라고 자칭하고 대학 학장 보직과 교수협의회장으로 취임하였다.

그리고는 대학 내에서 과거 자신을 도와주었던 부총장이나 여타 원로 교수들을 비판하면서 평교수들의 인기를 얻기 위해서 동분서주하였다. 그리고 우리 대학에 김영삼 대통령의 매제로 사회복지학을 강의하는 분이 있었는데 그분에게 자기를 소개해 달라고 했다. 아마 그분을 통해 출셋길을 찾으려했던 모양이었다.

자신이 생각한 때가 왔다고 생각했는지 그는 나에게 우리 대학 부총장으로 자기를 임명해 줄 것을 간청했다. 나는 이미 김두표라는 위인의 마음을 읽고 있었다. 자리가 문제가 아니라 그가 이미 권력에 중독되어 있음을 파악하고 있었다. 당연히 나는 그의 간청을 거절했다. 그러자 내가 선생님으로 존중하고 있는 김 모 전임 부총장을 찾아가 발톱을 드러냈다. 만약 자기에게 보직을 주지 않으면 나를 배척하는 운동을 3단계로 추진하겠다고 말했다.

1단계는 학생들을 동원하여 배척 운동을 하고 2단계는 언론 기관에 나에 대한 비판 기사를 실어 명예를 실추시킨다는 것, 3단계는 비리 사실로 형사 고발한다는 것이었다.

이상의 3단계로 나를 몰락시킬 전략을 짜 놓았다고 하면서 김 모 교수에게 이런 사실을 나에게 전달해 달라고 했다. 김 교수는 그 말을 듣고 하도 어이없어서 "당신이야말로 일개 직원으로 장 이사장의 은덕을 입고 오늘날 학장이 되고 심지어 그분의 이름을 팔아 교수협의 회장이 됐는데 어떻게 그런 배은망덕한 일을 할 수 있는가."라며 꾸짖었다고 했다. 나에게 그런 내용을 말하면 김두표 교수의 말을 따르는 셈이 되니 다른 후배 교수와 상의를 한 내용이 나에게 들어왔다. 이미 오지순 교수나 자신이 속한 학과의 원로 교수를 투서와 고변으로 해코지한 사실을 잘 알고 있기에 나는 별로 놀라지도 않았다. 언젠가 그런 일을 하리라 짐작했기 때문이다.

그러지 않아도 밖에서는 그가 단국대 총장 운동을 한다는 소문이 나에게 심심치 않게 들려왔다. 김두표 씨를 아는 많은 사람들에게 스스로 배신자의 길을 걸어가는 자로 확인이 되면서 그의 이기적이고 난폭한 언행들이 부메랑이 되어 자신의 마각을 들추는 반증이 되고 말았다.

학내에서 그는 외톨이가 되었다. 언제고 이해가 상충되면 김두표가 누구에게나 못된 짓을 한다는 사실을 다 알게 되었으니 누가 김두표 교수와 우의를 지속하겠는가. 협박을 하면 부총장의 자리를 주고 달래 줄 것으로 기대했던 모양이나 나는 오히려 "김두표 교수가 무슨 짓을 하든 두려운 일이 없으니 자기 마음대로 할 일이고 그 책임은 반드시 공식적으로 물어야 한다."고 일축했다. 내가 처음으로 김두표 씨에게 강하게 질책을 하니 어느 날 그는 자신이 고립된 것을 알고 나에게 용서를 빌러 부인을 대동하고 내 집으로 찾아왔다.

집 앞까지 와서는 그의 부인이 먼저 들어오고 김두표는 차 안에서 기다리고 있었다. 그의 부인이 나와 내 아내 앞에서 무릎을 꿇고 용서를 빌었다. 그리고는 "제 남편은 그런 뜻으로 말한 것이 아닌데 그 말을 전한 김 모 교수라는 사람이 엉뚱하게 왜곡시켰다."고 억울함을 호소했다.

남편을 위해 무릎 꿇고 용서를 구하는 아녀자에게 무슨 말을 하겠는가. 그저 "남편에게 가서 '자기 분수에 맞게 처세하라.'는 말을 전하라." 하고 돌려보냈다. 그러자 밖으로 나가더니 남편인 김두표 교수를 데리고 들어왔다. 김두표 씨는 내 눈치를 살피기 위해 부인을 먼저 들여보낸 것이었다. 내가 그 부인에게 화도 내지 않고 충고하더라는 말을 듣고 뒤따라 들어온 것이다. 부인이 말한 대로 그 역시 자기 말을 전한 김 교수의 모함이라고 변명을 늘어놓았다. 나는 "앞으로 말 조심하고 절대로 공갈 협박 등으로 남을 위협해서 이익을 얻을 생각은 말라."고 충고하였다.

그 뒤 나는 그와 관련된 모든 일을 지난 일로 치부하고 김두표 교수 일은 잊어버리고 지냈다. 그럼에도 김두표 교수는 여기저기 교수들을 찾아다니면서 이사장이 자기와 화해를 했다는 소문을 퍼트리고 다녔다. 화해라니, 내가 김두표 씨와 화해를 할 정도로 그가 대단하단 말인지, 내가 무슨 약점을 잡혀 그와 악수를 하며 화해를 하는 것인지, 도무지 이해가 안 되고 불쾌하였다.

그가 이런 식으로 허세를 떨고 다니자 교수들이 그를 비난하고 나섰다. 그동안 쌓인 김두표 씨에 대한 악감정이 여론화되면서 부실한 강의, 게으른 연구 업적 등이 문제화되어 결국 징계위원회가 열리기에 이르렀다. 그 사례와 증거는 내가 지면으로 일일이 열거하고 싶지 않다.

해임 처분이 났고 연이은 행정소송 등으로 십 년간의 재판이 사안에 따라 진행되었다. 한때는 대학이 승소하는가 하면 한때는 김두표가 승소하기도 하여 재판을 여러 번 했다. 우리 대학이 법에 의거해 교수를 해임시킨 선례가 없어 절차상의 미숙함으로 빌미를 잡혀 다시 복직 처분이 나기도 했다.

그런데 재판이 진행되는 중도에 교육인적자원부 장관이 공문을 보냈다. 내용은 전 교수협의회장 김두표 교수를 복직시키라는 통지문이었다. 대학마다 교수협의회장과 대학 당국의 마찰이 많다 보니 마치 김두표 씨가 교협회장으로 대학 민주화 운동을 하다가 탄압을 받는다고 착각하고 있는 것 같았다. 그래서 교육인적자원부 장관을 방문하였다.

김두표가 지난 정권 시절 청와대 비서관의 배경을 업고 한 행동

거지와 다른 교수들이 교수협의회장으로 입후보 못 하게 내 이름을 팔아서 방해하여 무투표 당선되었다는 사실 등을 하나하나 자세히 경위를 들어 설명했다. 교육인적부 장관이 내 해명을 들은 이후 다시는 그의 복직 문제에 대해서는 재론하지 않았다.

법정 판결이 엎치락뒤치락하는 10년이라는 세월 동안 대학이 치러야 했던 불필요한 행정력 소비, 그리고 피로감은 참으로 컸다. 지성인의 공동체라는 대학의 상식에서는 너무도 쉽게 판가름 날 일임에도 교원 신분 보장을 중시하는 법의 취지에 맞추다 보니 대학 당국도 인내하며 재판을 진행해야 했다.

김두표 씨는 최후로 대학 강단에 다시 서겠다고 복직을 요청하는 재판을 걸어 왔다. 상대자인 내가 그의 복직을 인정할 수 없음은 재론할 여지가 없는 것이기도 하지만 진리와 인격을 기본으로 하는 대학사회가, 교직원들이 더 그의 복직을 진심으로 반대했다. 재판정에서 드러나지 않는 실제 생활 속에서 김두표 씨가 보여 준 무절제하고 비겁한 행각들은 그와 같은 교정에서 생활한 교직원들이 더 잘 알기에 오히려 더 끈질기게 재판에 임했다. 결국 재판 도중 김두표 씨는 정년을 넘겼다. 재판장 말대로 정년이 넘은 마당에 그가 제기한 재판은 효력을 상실하고 그는 복직이 되지 않았다.

그는 교언영색으로 나의 호의를 얻었고, 이를 보람찬 삶의 기반으로 선용하기는커녕 출세와 영달에만 이용했다. 나중에는 학교 밖의 권력을 학내로 끌고 들어와 동료, 선배 대학인에게 상처를 주었다. 이 과정에서 강의나 연구 업적은 뒷전이었다. 그는 나에게 하나의 반면교사였다. 사람은 겉과 속을 정말 알 수 없다는 지극히 평범한 진리를 일깨워 준 산증인이었다.

IV

신의와 봉사는 내 삶의 기둥

'나'를 버리고 '대의'에 충실하라

총장에 취임하며 자신과 맺은 약속

나는 1967년 3월, 단국대의 총장직에 취임하면서 대학과 국민을 위해 특별히 지켜야 할 원칙을 정했다.

첫째, 기업 활동은 절대로 하지 않는다는 것,

둘째, 정치에 발을 딛지 않는다는 것,

셋째, 나의 사회적 지위가 올라서 정부에 봉사하는 자리를 맡아도 급여를 받는 일은 절대로 사양한다는 것이다.

이를 마음속에 갈무리하면서 동시에 생전에 아버지께서 남기신 유훈을 지키겠다는 것도 다짐하였다. 아버지께서는 평소 내게 간곡한 가르침을 주셨다.

그 첫 번째가 독립운동가들의 가족을 돕는 일이 생기면 어떤 어려움이 있더라도 거절하거나 피하지 말라는 것이었다. 특별히 백범 김구 선생님을 추모하는 일에 정성껏 봉사하고 공을 들이라는 것이었다.

두 번째는 경제적으로 어려운 학생들이 도움을 청해 올 경우 그들을 도와주는 일에 적극적으로 발 벗고 나서라는 것이었다.

세 번째는 집안 가족이나 친인척 중에 공익을 위해서 봉사할 신념과 능력이 있는 사람은 힘이 겨워도 도와주라는 것이었다.

네 번째는 학생 중에 국가와 민족을 위한 이념을 가지고 정치 활동을 하는 학생들과 정의로운 입장에서 활동하는 학생들의 힘이 되어 주라는 것이었다.

다섯 번째는 남북한이 같은 민족으로 화합하는 일이나 통일에 도움이 되는 일이라면 언제라도 앞장서야 한다는 것이다.

그리고 마지막으로 단국대는 단군의 이념인 홍익인간 정신을 바탕으로 세워졌으니 이 정신을 교육으로 발전시켜야 한다고 말씀하셨다.

선친은 이런 교훈을 가족에게만 강조하지 않았다. 제자들에게도 늘 독립운동가들의 고난과 탁월한 풍모를 일화로 들어 설명하기도 했고, 교직원 전체 회의에서도 자주 강조하였다. 선친은 나를 교직원 회의에 참석시켜 대학 운영을 보고 배우도록 하였는데 그런 자리에서는 회의 벽두에 항상 나를 꾸짖는 말씀으로 시작하였다. 아직 20대의 어린 나이였기에 나는 그런 아버지의 말씀에 때로 서운한 감정을 느끼곤 했다. 그래서 어머님께 불만을 비친 적이 있었다.

내 말을 들으신 어머님께서 아버님께 말씀하시곤 했다.

"막내아들을 야단칠 일이 있으시면 조용히 집에서 주의 주면 될 일을 전체 교직원이 있는 자리에서 야단치는 것은 삼가 주세요. 이제 막내도 아이가 아니라 자식을 둔 엄연한 가장인데 아들의 인격과 체면을 세워 주어야 되잖겠어요. 전체 교직원들이 모인 자리에서 듣는 이들이 무안할 정도로 혼을 내면 막내가 얼마나 못된 사람이기에 늘 저렇게 아버지한테 야단만 맞느냐고 생각할 거고 나중에 교직원들이 막내 알기를 우습게 알지 않겠어요. 장차 영감이 돌아가시고 나면 뒤를 이어 대학을 잘 운영하라고 말하시면서 그렇게 막내를 몰아세우니 아버지가 세운 학교에서 일하고 싶지 않다고 하지요."

어머니는 아버지에게 이렇게 항변하였다. 아버지와 어머니가 이런 일로 말다툼을 할 정도였지만 아버지는 공개 석상에서 나를 야단치는 일은 별로 달라지지 않았다.

아버지가 내게 꾸중을 내리는 일 중에 가장 중요한 일은 애국 선열이나 독립지사 묘소에 가서 성묘를 하지 않는다는 것이다. 이런 아버지의 가르침에 따라 나는 국경일이나 뜻깊은 날이 되면 효창 공원에 가서 백범 선생님과 윤봉길, 백정기, 이봉창 의사의 묘소에 성묘를 갔었다. 아버지가 돌아가신 후로는 백범김구기념사업협회에 이사 또는 부회장의 직책을 맡으면서 협회 운영비에 쓰도록 항상 남보다 앞장서서 후원금을 냈다. 그리고 평소 아버지를 찾아와서 도움을 청하였던 독립투사의 가족들을 돕는 일에는 늘 앞장섰다. 그중에서도 삼일만세운동 당시 민족대표 33인의 한 분이신 이갑성 선생님께 물질적인 도움을 드리는 일에도 각별한 신경을 써서 내 부모님 섬기듯이 정성을 다하였다. 이갑성 선생님은 내 정성을 갸륵하게 생각하여 내 일을 도와주기도 하였고, 우리 대학 행사에 초청을 하면 노령에도 불구하고 돌아가시는 그해까지 불참하신 일이 없으셨다.

그러고 보면 아버지의 꾸지람으로 얻은 가르침이지만 애국지사에 대한 존경심을 실천하는 일은 결국 나를 스스로 돕는 일이나 다름없는 일이었으니 새삼 아버지의 깊은 뜻이 감사할 뿐이다.

백범 선생 추모 사업에 쏟은 열정

백범 선생이 한국 독립운동사와 현대사에 남긴 족적은 크고 위대하다. 그렇지만 정작 기념 사업은 그 위업에 비해 빈약했다. 우선 기념 사업회에 대한 재정적 후원자가 아주 적었다. 이는 우리의 현대사에서 항일과 친일 경력을 구분하여 그 공과를 따져 묻지 않고 해방 후 독립국가를 건설한 데서 그 원인을 찾을 수 있다. 한국전쟁 이후 철벽처럼 강해진 반공 이념은 백범 선생을 마치 공산당에 가까운 우유부단한 정치인으로 자리 잡게 하는 데 일조하였다. 그러니 일제치하에서 사회 경력을 쌓기 시작한 이들로서는 백범 선생의 높은 뜻을 추모하기도, 이를 지원하기도 달갑지 않았을 것이다.

특히 군부 출신 유력 인사나 정부의 요직에 있었던 사람들은 거의 백범 선생 추도식에 불참하였다. 헌병사령관의 지령에 의해 안두희가 백범 선생님을 암살했다는 소문이 나면서는 더더욱 군의 고위 장성들이 백범 선생 추도식에 참석하지 않았다.

물론 재계, 교육계, 보수주의를 자처하는 단체장들은 약속이나 한 듯이 백범 선생 추도식에는 불참하였다. 참석한다는 사람들은 거의 독립운동을 한 사람들이 만든 단체의 장이나 독립운동한 분들의 유가족과 광복회 회원들이었다. 애국 단체 회원들 중에서도 재향군인회는 으레 참석하지 않았다. 국회의원 등 정치인들은 불참하는 것이 상식처럼 되어 있었다.

그러다 보니 백범김구선생기념사업회는 빚에 쪼들리고 셋방 신세를 면할 수 없었고, 사무실도 효창동 과자점 주인의 건물을 빌려 썼는데 월세를 제대로 내지 못했다. 집주인은 보증금을 인상하려고 했지만 협회에서 감당할 수 없다고 난색을 보이자 사무실을 비워 달라고 독촉을 하고 있었다.

당시 나는 부회장으로 있었다. 회장들이 돈을 만들어 오지 못하고 협회가 어렵게 되었을 때 백범 선생님의 아들인 김신 장군(현재 백범김구선생기념사업협회장)과 당시 대구매일신문의 대표인 최석채 사장(대구매일신문, 조선일보 주필 역임, 문화방송 사장)이 나를 만나자고 했다. 그분들의 말이 이제는 장 총장이 환갑도 넘었으니 백범기념사업협회장을 맡아서 운영해 달라는 것이다. 나는 부회장으로 족하다고 사양했으나 강하게 부탁했다. 거듭 회장직을 고사했지만 아버지의 가르침을 따르기로 한 나와의 약속 때문에 협회장 자리를 수락하였다.

1991년 2월 회장에 취임한 뒤 업무를 파악하니 당연히 협회 재정을 확충하는 일이 급선무였다. 이를 풀기 위해 먼저 이사진을 교체할 수밖에 없었다. 이사진 개편에 있어서 두 가지 측면을 고려했다. 하나는 재정적 부담을 할 수 있는 사람을 영입해야 하고, 둘은 백범의 사상과 이념을 존중하는 학자와 교육자들을 모시는 것이다. 백범 선생기념 사업을 하려면 재정과 지식을 충당해야 하니 당연한 일이었다. 그렇지만 설사 이 두 가지를 다 충족하더라도 친일파 후손들의 도움은 받지 않았다. 백범 선생이 이를 원하지 않을 터였다. 또 하나 정부에 보조금을 요구하지 않았다. 독립지사를 숭모하는 사업을 국가가 아닌 민간의 뜻과 힘으로 진행해야 더 큰 뜻이 빛나리라 믿었다.

협회 운영의 실무를 맡아 오던 이들도 교체하였다. 실무 사업 추진자들의 나이가 너무 고령이니 아무래도 아이디어와 추진력이 진취적이기 힘들었다. 사업회 운영이 주먹구구식이다 보니 협회 운영 기록도 없었고 장부와 모든 것이 가정집 살림하듯이 부실하였다. 그런 실정이어서 전임 회장들이 집행한 기록물이나 회계장부 등 사무 인계를 일체절 받지 못하였다.

그래서 새로운 집행부를 구성하기 위해서 우선 실무 책임자로 김구 선생님 생전에 비서로 근무한 선우진 선생을 영입했고, 국방부 병무과 계장을 지낸 조인식 선생을 실무과장으로 발령하여 사단법인체로 조직을 개편하도록 지시하였다. 법인체로 만드는 일에 일부 회원들은 지지하였으나 김구 선생님의 장남인 김신 장군은 법인체로 만드는 일에는 반대하였다. 그러나 나는 강행하였다. 사람이 인격이 없으면 사람답지 못한 것처럼 사회 단체도 그 사업 목적에 따라서 재단법인이든 사단법인이든 법으로 뒷받침되는 인격이 있어야 한다고 고집하여 사단법인으로 등록했다.

사단법인이 되면 우선 회계 관련 업무가 정확해야 한다. 이를 소홀히 하면 법인으로서 법의 추궁을 받는다. 이로써 기부금 들어오는 것부터 지출 내용까지 일일이 장부에 정확히 기록하고 회계법에 의해 작성하여 정부에 보고하도록 했다. 기부하는 사람들의 명단과 기부 내역 등 모든 것을 세무서에 보고하였고, 스스로 정부의 감독을 받도록 기틀을 마련한 것이다.

이후부터 업무가 기틀이 잡히고 체계화되었다. 사단법인이 되니 신뢰성도 높아져 기금도 늘어나고 이를 알뜰살뜰 적립하였다. 이에 힘입어 모든 부채를 말끔히 청산하고, 월세로 있던 사무실도 전세로 전환하여 3층짜리 단독 빌딩 전체를 장기 임대하였다. 그래서 맨 아래층에는 백범 선생님 유품과 사진들을 전시하고, 2층은 회장실과 사무실로 사용하였으며, 3층은 백범 강좌를 개설하여 운영하면서 강당

중재는 백범 사상 보급을 위해 마련한 '백범 강좌' 100회를 기념하여 당시 아시아태평양평화재단 이사장인 김대중 전 대통령을 강사로 초빙하였다.

으로 사용하기로 하였다. 이런 노력 덕분에 사무실 운영비를 자체적으로 부담하고 현금으로 3억 원의 기금을 비축해 놓았다. 협회의 전체 자산은 5억 원 정도 조성하여 원만한 운영의 토대를 마련하였다.

단독 건물을 쓰면서 백범 사상 보급에도 힘을 냈다. 정기 강좌로 〈백범 강좌〉를 운영하였다. 한 달에 한 번 백범 사상을 중심 내용으로 중진급 대학 교수와 언론인들을 강사로 초빙하여 진행했는데 임기 중 단 한 번도 빠짐없이 계속하였다.

동시에 처음으로 『백범일지』를 중국어로 번역 출판(1993년)하게 했다. 대한민국의 뿌리가 된 임시정부가 중국과 유대관계가 밀접했음을 감안해 백범 선생의 업적과 사상을 중국인에게 적극적으로 알릴 필요가 있었다. 임시정부의 발원지인 상해에서 출판 기념회도 열면서 중국 각지의 저명인사를 초청하여 중국인들에게도 『백범일지』를 읽을 수 있도록 하였다.

한편 상해에 있는 임시정부 구청사가 있는 지역이 재개발된다는 소식이 들어왔다. 나는 이 소식을 듣고 김신 장군과 의논하여 임시정부 청사를 복원하는 사업에 착수하였다. 자칫 재개발로 청사가 사라질 수도 있었다. 그렇지만 이를 사기도 여의치 않은 것이 임시정부 구청사가 상해시 소유로 되어 있어서 우리가 매입하기가 힘들었다. 논의 결과 청사 소유권의 법적인 지위는 달라질 수 없지만 구 청사를 우리 돈으로 복원하여 한국인 관광객이 방문할 수 있게 하고 소정의 입장료를 징수하는 구상을 했다. 그 입장료 수입은 상해시가 획득하면 상해시는 수입이 늘어 좋고, 유지 보수의 명분도 생기니 구 청사 보존도 수월해지는 셈이었다. 이 방안에 상해시도 합의했다. 복원비를 조달하는 일은 삼성 그룹이 나섰다. 삼성 그룹의 헌신적 지원으로 복원 작업이 무사히 끝나고 중국과 국교가 맺어지면서 상해를 찾는 한국 관광객이 급증하면서 이곳은 새로운 한국인 필수 관광지로 자리 잡았다. 관광 회사들이 반드시 임시정부 청사를 방문하도록 해서 입장료 수입도 적은 편은 아니었다. 이 수입이 모두 상해시로 입금되었다.

그다음에 한 일은 중국 사천성 중경시와 상의하여 상해시의 임시정부 구 청사를 복원했듯이 중경에서도 임시정부 구 청사를 말끔히 복원하였다. 이 일에도 삼성 그룹이 전적으로 지원하여 주었다. 물론 여기의 입장료도 전액 중경시의 수입원이 되었다. 건물이 복원이 되자 나는 서울 백범기념사업협회에 있는 백범 동상(흉상으로 되어 있음)과 똑같은 크기의 동상을 만들어 상해와 중경에 있는 구 임정 건물에 설치하였다. 중경의 청사도 한국인 관광객이 방문하는 관광 코스가 되었다. 물론 중경시에서 관리하게 되었다.

백범 선생께서는 환국 전까지 중경 청사에 머물러 계시다가 상해를 거쳐 귀국하셨다. 나는 어머니와 중경에 여러 번 가 본 것으로 기억하나 너무 어려서 자세한 내용은 떠오르지 않는다.

나는 아버님 유언대로 백범김구선생기념사업협회를 돕는 일에 추호도 게으름을 피운 적이 없으며 내 주머니에 돈이 있는 이상은 우선적으로 협회 운영비를 납부하였다.

해마다 효창공원에서 행해지는 추도식에는 전국 각지에서 뜻있는 인사들이 많이 참석하였다. 내가 협회의 이사, 부회장, 회장으로 관여하면서 여러 해 동안 살펴보니 추도식에 대학 총장이나 대학생들이 참석하는 일은 거의 없었고 백범회 청년회원들만 많은 도움을 주었다. 바로 근처에는 숙명여자대학교가 있었으나 숙대 총장이나 교수들, 학생들이 참석한 일은 거의 없었던 것으로 기억한다. 단지 숙대 사학과 교수인 이만열 교수만이 협회 일을 도와주었다. 서울대에서는 신용하 교수가 중심이 되어 백범 강좌의 운영을 전적으로 맡아 주셨다. 내가 회장이 된 이후로는 단국대 학생회 간부들과 음악대학 밴드부 학생들이 추도식 날 참석하여 음악 연주로 추도식을 빛내 주었다.

정부 인사 중에도 보훈처장만이 참석하고 정부의 각료는 참석한 일이 없었다. 정치인 가운데는 김대중 전 대통령이 야당 지도자로 있을 때부터 해마다 추도식에는 참석하였으나 보수파라는 정치인들은 거의 참석한 일이 없었던 것으로 기억한다. 유달리 김대중 전 대통령을 따르는 야당 인사들이 많이 참석하였는데 김대중 선생이 백범 선생에게 깊은 애정과 존경을 보여 온 점에 힘입은 바가 크다.

그러나 김대중 전 대통령과는 달리 야당을 대표하고 민주화 운동에 앞장섰던 김영삼 전 대통령은 백범 선생 추도식에는 단 한 번 참석하였는데 김대중 후보와 김영삼 후보 그리고 정주영 후보가 대통령으로 출마했을 때였다. 당시 독립 유공자들이 나에게 말하기를 적어도 한국의 민주화 대통령으로 출마하겠다는 의사를 가진 분이라면 한 번쯤은 백범 선생 묘역에서 거행되는 추도식에 참석하게 하는 것이 좋지 않겠느냐고 했다. 대통령으로 출마하는 입후보자 입장에서 자신들의 이념과 포부를 백범 추도식을 하는 자리에서 발표하도록 교섭을 하라는 것이었다. 참석 교섭을 한 결과 김대중 후보와 정주영 후보는 즉시 참석하겠다는 회신이 왔으나 김영삼 후보한테서는 아무런 기별이 없었다. 그래서 "여당 공천 후보인 김영삼 후보께서 불참하신다면 불참한 상태로 야당 후보 두 분만을 모시고 추도식을 거행하겠다."고 통첩을 하자 그때서야 참석한다는 기별이 왔다. 그것도 한 가지 조건을 달았는데 그것은 백범김구선생기념사업협회장이 방문하여 모셔 가기를 바란다는 것이었다. 그래서 내가 직접 김영삼 후보를 방문하였다.

결국 백범 선생 묘역에서 추도식이 있는 날 대통령으로 출마하는 세 후보인 김대중 후보, 김영삼 후보 그리고 정주영 후보가 독립운동가와 그의 유족들이 함께 참석한 자리에서 국민을 향해 대통령으로 출마하는 변을 토했다. 선거 결과 김영삼 후보가 대통령으로 당선되었다.

백범 김구 추도식에 참석한 1992년 당시 대선 유력 후보인 김영삼, 김대중, 정주영

김영삼 후보가 당선된 후 나는 5년이라는 세월을 여러 가지 일로 탄압을 받았다. 우리 대학이 쓰러지지 않은 것만도 불행 중 다행이었고 내가 투옥되지 않은 것만도 요행이었다. 그런 상황이었으니 내가 백범김구선생기념사업협회장직에 있다는 사실도 김영삼 대통령 사람들에게는 달갑지 않은 일인지 여러 사람들을 시켜서 내가 백범김구선생기념사업협회장직에서 사퇴하도록 압력을 가하기 시작하였다. 나는 김영삼 정권의 말기에 회장직을 물러나기로 했다. 김신 장군과 독립운동가 유족들이 사직을 만류하였지만 결국 나는 물러섰다.

백범 선생 추모 사업 외에도 나는 독립운동가들의 유족 중 생활이 어려운 사람들은 내 힘이 미치는 한 성의를 다해 돕고자 했다. 윤봉길 의사의 외손녀가 교직을 희망하지만 아직 취업을 못 했다기에 단국대 사대 부속고등학교 교사로 특채하여 주었다. 그리고 광복회 이강훈 회장의 외아들이 대학에 입학하지 못하고 있다고 해서 천안 캠퍼스 농과대학에 특별 입학을 허가하였다.

생전에 아버지는 "내가 세운 단국대는 정부가 무엇이라 해도 독립운동가의 자녀들에게는 학비를 받지 않고 대학에서 공부할 수 있도록 입학 특전의 기회를 열어 주어야 한다."고 강조했다. 나는 이강훈 회장의 아들에게 처음으로 공식적인 특례 입학을 허용하였다. 이는 정부의 입학 전형 운영 규정을 어기는 일이었지만 책임을 물으면 감수한다는 자세로 이를 강행하였다.

사실 이강훈 광복회 회장과 나의 선친은 생전에 사이가 좋은 편은 아니었다. 그것은 이강훈 회장이 이갑성 선생을 비난한 데서 틈이 생긴 것이다. 이강훈 선생이 일본에서 귀국하자 이승만 정부에서는 그를 공산당으로 몰아서 투옥하였다. 이런 관계에서 아버님하고도 갈등이 생겼다. 그러나 아버지가 돌아가신 후 나는 기회가 있을 때마다 이강훈 선생의 독립운동에 대한 업적을 높이 평가하고 그분이 하시는 일에는 적극적으로 협조하였다. 특히 백범선생암살진상위원회 구성에 있어서도 이강훈 선생과 나는 공동 위원장으로 선출되어 함께 일하였다. 이강훈 선생은 나와 함께 일하는 것을 매우 기쁘게 생각하였고, 기회가 있을 때마다 아버님에 대해 훌륭한 점을 말씀하셨다. 생전에는 아버님을 오해했었으나 아버님이 돌아가신 후에 아버지에 대해 새롭게 인식하게 되었다고 하셨다. 특히 아들인 나를 잘 교육하셨다고 하시면서 귀국 후에 육영사업을 펼친 일에 대해 높이 평가하였다.

이제 나 역시 나이가 들어 애국선열에 대한 추모 사업을 일선에서 뛰기는 어렵지만 아버지의 유지와 내 결심은 여전히 효력을 갖고 있다. 나는 지금도 광복회 추천을 받아 생계가 어려운 독립운동가들의 가족 20분에게 매달 약간의 보조금을 후원하고 있다. 우리 사회의 지도층에 있는 분들이 독립운동가 유가족에 대한 애정과 후원에 좀 더 많은 힘을 기울인다면 이런 일들이 쌓여 조국의 기상을 정립하는 기반이 될 것이다.

에스페란토 운동의 일선에 서다

에스페란토는 1887년 폴란드의 안과 의사인 자멘호프 박사가 만든 국제 공용어이다. 민족들이 서로 다른 언어를 사용해 상호이해가 곤란하여 분쟁과 갈등이 일어나니 전 세계가 공용어를 써서 언어 평등권을 갖자는 국제 평화 실현이라는 취지로 만들어졌다.

내가 에스페란토 운동에 동참하고 한국에스페란토협회 회장으로 공산 국가와의 민간 교류에 앞장서게 된 배경에는 자의가 아니라 당시 국내 상황이 작용하였다. 1970년 당시 우리나라 에스페란토 운동은 두 개의 큰 인맥이 대립하고 있었다. 하나는 서길수 교수가 주축이 되었고, 다른 한쪽에는 중앙정보부 2국장 출신인 한무협 장군이 주도하고 있었다. 서길수 교수 쪽은 에스페란토협회를 주도하고 있었고, 한무협 장군 측은 『ESPERO』라는 에스페란토 전문 잡지를 펴내며 연구자 중심의 활동을 전개하고 있었다.

서길수 교수는 경제학을 전공하는 국제대학 교수로 오랜 세월 에스페란토 연구에 심혈을 바쳐 온 분이었다. 한무협 장군은 에스페란토 운동에 가담한 경력은 일천하나 한 장군을 중심으로 발행하는 에스페란토 잡지는 한국을 소개하는 데 큰 힘을 발휘하고 있었다.

원래 에스페란토 운동이 세계 인류의 공통 언어와 인류 평화를 추구하는 만큼 에스페란토어로 발간되는 잡지는 이념과 체제를 초월해 회원 국가라면 모두 상호 교환, 구독하는 것이 의무였다. 세계 각국의 에스페란토협회는 자유 세계이든 공산 세계이든 이념을 내세워 잡지를 수령하지 않고 거부하면 세계 에스페란토 사회에서는 고립되게 되어 있었다. 오로지 북한만 이를 거부하여 세계 에스페란토 사회에서는 교류 대상 국가에서 제외되고 있었다. 하지만 공산 국가인 중국은 세계에서 가장 많은 에스페란토 회원을 보유하고 있었고 무려 35만 명이 에스페란토를 구사하고 있었다. 그뿐만 아니라 에스페란토 방송국까지 개설되어 있었다.

1970년대는 세계가 냉전 체제로 나뉘어 있었다. 한국은 동구권이나 사회주의 국가들과는 어떤 인적, 문화적 교류도 갖지 못했다. 그러니 한국에서 에스페란토어로 만든 잡지는 공산 국가인 동유럽과 중국에 한국의 소식을 알릴 수 있는 유일한 매체였던 셈이다. 당시 한창 경제개발로 인해 눈부시게 성장하는 한국의 진면목이 에스페란토 잡지를 통해 공산 국가에게까지 알려지면서 경제적, 문화적인 측면은 물론 교육과 과학 분야의 발전상을 알게 된 공산 국가의 에스페란토 협회를 중심으로 새로운 교류의 조짐이 나타나기 시작하였다.

그런데 서길수 교수가 이끌어 가고 있는 에스페란토협회와 한무협 장군이 이끌어 가고 있는 에스페란토협회가 대립되어 있는 상황이라 좀 더 효과적인 사업 추진이 어렵다는 것이 우리나라 에스페란토 운동 원로들의 걱정이었다. 나누어진 두 협회를 하나로 통합하자는 여론이 확대되면서 이쪽도 아니고 저쪽도 아닌 새로운 인사를 회장으로 영입하여 화합을 이루기로 의견이 모아졌다. 그리고 그 적임자로 나를 지명했다.

에스페란토 원로 운동가 중 한 분인 이화여고 재단의 신봉조 이사장님이 원로 몇 분과 함께 나를 찾아오셨다. 그리고 둘로 나누어진 에스페란토협회를 통합해서 하나로 만들고 그 회장직을 맡아 주었으면 좋겠다고 간청을 하셨다. 처음에 나는 완강히 사양했지만 원로들은 물러서지 않았다. 신봉조 이사장은 삼일만세운동에 참가해 옥고도 치르고 교장으로서 이화여고를 육성한 교육계의 원로여서 내가 평소 존경하는 분이었다. 특히, 신 이사장은 내 아내에게 장학금을 지원해 서울대학교에서 공부하도록 해 준 분이라 내가 그분의 뜻을 끝내 거역할 수가 없었다.

1982년 9월에 나는 한국 에스페란토협회 회장으로 선임되었다. 원래 어학에 취미가 많은 나는 에스페란토어에 많은 흥미가 있었는데 회장이 되었으니 더욱 열심히 공부하였다. 다행히 스페인어와 불어에 많은 취미를 가지고 공부해 온 나에게는 에스페란토어는 배우기 매우 간편하고 쉬웠다. 단어만 외우면 회화와 문장에는 별로 어려움이 없었다. 물론 그것이 에스페란토어의 장점이기도하다.

내가 회장이 된 후로 나는 사무실도 마련하고 운영비도 원만하게 준비하여 협회 발전이 급속도로 향상되었다. 우리 협회가 발간하는 『ESPERO』 즉 우리말로 『희망』이라는 잡지는 북한을 제외한 모든 국가에 보내졌다. 우리나라와 국교가 없는 동구 사회주의 국가에도 보내져서 한국의 발전상을 홍보할 수가 있었다. 그로 인해 국교가 없는 사회주의 국가와 에스페란토를 통한 인적 교류가 이뤄지면서 러시아, 폴란드, 중국, 몽골, 유고슬라비아, 헝가리 등에 한국 인사들이 진출할 수 있는 교두보를 구축할 수 있었다.

그런데 마침 1986년 중국 북경에서 제71차 세계 에스페란토 대회가 열렸다. 이 대회에는 세계에서 약 5,000명의 에스페란티스트(에스페란토를 쓰고 이 운동에 동참하는 사람) 회원들이 참석하였다. 나는 한국을 대표하여 한무협 장군과 김현욱 국회의원 등 정관계 인사들을 대동하고 중국에 입국하였다.

그전에는 중국에서 어떠한 국제 행사가 열려도 한국은 초청받지 못했고, 중국 정부는 한국인들의 입국을 불허했었다. 국제 에스페란토 운동은 자국에서 국제 대회를 개최하면서 이념이나 정치 체제를 내세워 국교가 없다고 대표를 입국시키지 않으면 그 국제 대회에는 모든 회원이 불참하는 것이 관행이자 의무였다. 그래서 처음으로 중국은 한국 대표단을 받아들였다. 나는 북경 대회에 참석한 5,000여 명의 세계 에스페란토 회원들 앞에서 한국을 알리는 연설을 할 수 있었다. 북한 공관원들과 이들을 추종하는 중국 공작원들이 우리들에게 위협과 협박을 가하고 심지어 납치를 시도하는 험악한 분위기 속에서도 우리 일행은 당당히 맞서서 우리의 임무를 완수하였다.

에스페란토로 이뤄 낸 공산국가와의 수교

에스페란토 운동은 인류 평화를 목적으로 한다. 그러니 에스페란토 회원끼리는 국경을 초월한 우정을 쌓을 수 있다. 나 역시 인류의 평등과 평화를 신념으로 하기에 에스페란토의 전통에 더 큰 열의를 보였다. 그러다 보니 세계 각국의 에스페란티시트와 가까워졌고 이 우정을 바탕으로 공산권 국가와의 민간 교류를 수월히 진행할 수 있었다. 마침 서울 올림픽을 앞두고 노태우 정부가 북방 정책을 전략적으로 추진하던 때인 만큼 기여하는 바가 더 컸다.

헝가리 부다페스트 공대의 부총장은 에스페란토 애호가였다. 나는 편지를 통해서 그와 가까워졌는데 급기야 국교는 없지만 상호 방문하고 대학 간 자매결연을 맺도록 하자는 제의를 보내 합의가 이루어졌다. 나는 처음으로 대학 총장 자격으로 사회주의 국가인 헝가리를 공식 방문하여 1989년 자매결연을 맺고 귀국하였다.

후속 사업으로 헝가리로서는 최초로 한국의 단국대에 5명의 유학생을 보냈다. 이들은 대학원 석사 과정에 입학했다. 우리 측에서도 건축, 전자공학, 물리학을 공부하는 세 명의 학생을 유학 보냈다. 이것이 헝가리에 유학을 가고 또한 헝가리에서 유학을 오게 된 최초의 일이었다. 지금 우리 대학 응용물리학과의 현준원 교수가 한국인 최초로 헝가리 대학에서 박사 학위를 받은 유학생이다.

이런 민간 교류를 하면서 나는 노태우 당시 대통령에게 긴의하여 한국과 헝가리가 국교를 맺도록 했다. 그리고 부다페스트 공대에 500만 불을 지원해 주었다. 그 자금으로 부다페스트 공대는 원자로를 수리하고 여러 가지 새로운 실험 기자재를 구입할 수 있었다. 그 후 헝가리는 급속도로 한국에 기울어졌고 삼성그룹이 현지 사업소를 개설하는 등 우리나라 기업의 동구권 진출에 교두보 역할을 했다. 이런 교류 활성화 시점에서 헝가리어를 하는 한국 전문가가 없었으니 현준원 교수가 통역원 역할을 많이 해 주었다.

나는 단국대에 에스페란토어 강좌를 설치하여 최초로 제2외국어로 인정하고 학점을 부여하도록 해서 대학생들에게 에스페란토를 보급하는 데 주력했다. 8년간 에스페란토협회장에 재임하면서 우리나라가 몽골, 베트남과의 국교를 맺는 데 초석이 된 점도 잊을 수 없는 보람이다.

당시 국교가 없는 몽골에 입국하기 위해서는 일본이나 다른 3국에서 비자를 얻어야만 했고 몽골에 들어가는 데 빨리 가야 3일이 걸렸다. 더구나 가장 어려운 일은 북한 공관원들의 방해와 협박으로 우리 신변을 위태롭게 하는 것이었다. 그러나 나는 1990년, 북한의 협박

단국대학교와 몽골 울란바토르 국립종합대학교와의 자매결연식(1990. 11. 1)

오치르바트 몽골 대통령에 대한 명예 경영학박사 학위 수여식에서 축하 인사를 나누는 중재

을 무릅쓰고 여러 차례 몽골에 입국하여 몽골의 국립대학인 울란바토르 대학과 자매결연을 맺었다. 이 역시 에스페란토를 기반으로 닦은 몽골 지도자들과의 우정이 큰 역할을 했다. 우리 대학과 자매결연을 맺은 국립 울란바토르 대학은 몽골 최초로 한국어과를 설치했다. 단국대도 이에 맞춰 역시 한국 최초로 몽골어과를 개설했다. 지금 양국 간의 상호협력 사업이 진행될 때 실무진에는 우리 대학 몽골어과 졸업생들이 두드러진 활약을 보이고 있다. 나는 헝가리와 마찬가지로 단국대 출신으로 국문학과에서 어학을 전공한 이성규와 영문학과에서 영어학을 공부한 강신을 교수 요원으로 몽골 국립대학에 파견하여 몽골어 습득과 한국어 강의를 할 수 있도록 하였다. 유학 후 두

사람은 몽골학과 교수로 재직하고 있다. 나중에 강신 교수는 김대중 대통령이 몽골을 방문했을 때 통역을 담당하기도 했다.

남들이 공산 국가라고 염려하여 민간 교류를 머뭇거리던 1980년대는 냉전시대임에도 불구하고 나는 위험을 무릅쓰고 공산 국가에 진출하여 우리나라가 국교를 맺을 수 있도록 교량 역할을 하는 데 최선을 다하였다. 1980년대 후반 내가 처음 몽골에 들어갔을 적에는 몽골의 수도 울란바토르에는 현대적인 호텔이 없었다. 물론 택시도 눈에 띄지 않았다. 당시 몽골은 민주화 운동이 한창이어서 사회가 상당히 불안정했다. 아직은 공산당이 집권하고 있어서 비수교 국가에서 온 나의 신변을 보호해 줄 기관도 사람도 없었다.

내가 묵고 있는 숙소는 대통령 궁이었다. 대통령 궁에는 여러 채의 건물이 있었다. 시내에서 멀리 떨어져 있었고 시내에 들어가려면 차량편이 불편하였다. 우리에게 공급된 차량은 군용 지프였다. 정부 청사 앞 광장에서는 민주화 운동을 주도하는 세력들이 매일 시위를 벌이고 있었다. 다행히 시위 군중은 과격하지 않았다. 오히려 이들이 혹시라도 있을지 모르는 북한 측의 신변 위협에 대비해 우리를 보호해 주었다. 나를 보호해 준 단체는 몽골 민주화 운동을 주도하는 젊은 이들이었는데 이들을 지도하는 이가 나중에 민주화된 몽골공화국의 초대 대통령이 된 오치르바트 씨였다.

그는 대통령이 된 후에도 나와의 우정을 소중히 여겨 국교를 수립하고 한국을 방문하였다. 이때 한국 정부가 오치르바트 대통령에게 서울대에서 명예박사 학위를 수여하도록 추천했으나 그는 극구 사양하고 내가 총장으로 있는 단국대를 지정했다. 서울대와 자기는 아무런 관계도 없거니와 울란바토르 국립대학과 자매결연을 맺고 한국에 몽골어학과를 처음으로 설치한 대학은 단국대학이니 다른 대학에서 명예박사 학위를 받는다는 것은 아무런 의미가 없다고 고집했다. 결국 몽골 대통령은 우리 대학에서 명예박사 학위를 받았다. 그 후에도 오치르바트 씨는 대통령 임기를 마친 후 한국을 왕래하는데 그때마다 나와 만나 우정을 나누고 있다.

다음으로 내가 발을 디딘 나라는 베트남이었다. 나는 우리나라가 월남전에 참전한 것을 늘 가슴 아프게 여기고 있었다. 월남에서 우리 국군의 희생자만도 5,000명에 가깝다. 우리 군에 의해서 사살된 월남 베트콩과 월맹 정규군의 희생자는 대충 우리의 10배인 5만 명을 넘는다고 듣고 있다. 시대적 배경과 역사적 은원 관계를 떠나 우리는 베트남에 대한 빚이 있다고 생각한다.

1967년, 총장에 취임한 직후 나는 학생처장 전원으로 구성된 월남 참전 용사 위문단 단장으로 명을 받고 전투가 치열하게 전개되고 있는 월남 현지를 방문한 바 있다. 최고위 장군과 장교, 참혹한 전장의 병사는 물론 부상자까지 만나면서 나는 월남전이 끝난 후에 우리 한국은 월남인들에게 도움이 되는 원조 사업을 해야 하는 의무가 있다고 스스로에게 다짐한 바 있다.

1991년, 나는 월남이 패망한 후 처음으로 통일 베트남의 수도인 하노이 공대 총장 일행을 한국으로 초청하였다. 당시 국교가 수립되기 전이었고 한국에서도 베트남의 대학 총장이 오기는 최초였다. 모든 비용을 물론 우리 대학이 부담하였다. 그리고 한국에서는 최초로 하노이 공대와 자매결연을 맺었다. 나는 앞에서와 마찬가지로 통일 베트남과의 국교 정상화에 적극적으로 나서 줄 것을 건의했다. 정부도 나의 건의를 받아들이고 공산 베트남과의 국교 정상화를 이루어야 한다는 결정을 내렸다.

정치와 달리 에스페란토 운동이나 대학인 간의 학술 교류는 이념의 규제에서 한 걸음 비켜설 수 있다. 나라와 나라의 관계는 이처럼 양국 정부의 공식적 의례보다는 민간인들의 우정에서 실마리를 찾는 것이 더 효과적이고 장기적이다. 나는 대학인으로서 그런 소명 의식을 갖고 있었다. 선진국만 찾아가 편안한 교류를 하기보다 누구도 가기

1991년 중재는 하노이 국립 공과대학과 자매결연을 맺고 다양한 지원 사업을 펼쳤다.

꺼려하고 북한의 입김이 강한 사회주의 국가를 찾아가 작은 물꼬라도 터 보려 애썼다. 지금도 그 신념과 의지는 변함없다. 조국의 미래를 위해 필요하다면 기꺼이 몸을 던져 민간 교류의 빗장을 열 것이다.

체육 활동과 적십자 운동

나는 청년 시절부터 스포츠를 좋아했다. 서울대 사대 재학 시절에는 럭비부로 활동했다. 럭비는 신사 스포츠이다. 서로가 몸을 부딪히는 과격한 운동이지만 상대방을 존중해야 하고 동시에 신뢰해야 한다. 그래야 치명적인 부상을 피할 수 있다. 또한 팀워크가 없으면 승리를 할 수 없으니 나보다 전체를 생각하는 예의, 배려심이 저절로 생긴다.

사회생활을 하면서는 대학 총장이 되기 전 평교수 시절부터 스포츠에 대하여 많은 관심을 가졌었다. 부학장이 된 30대 초반에 배드민턴 협회장이 되면서 대학 학사 업무를 보는 틈틈이 체육계 활동을 하기 시작하였다. 배드민턴은 당시에 매우 비인기 종목이었다.

총장이 된 후로는 대학 스포츠 활성화를 위해서 많은 분야에 관여하였다. 대학 스포츠 분야에서는 간여하지 않은 분야가 없을 정도로 다양한 단체에서 활동했다. 대학축구연맹 위원장을 거치고 대학농구연맹 위원장을 비롯하여, 대학야구연맹 위원장, 대학육상연맹 위원장, 대학스키연맹 위원장을 역임하면서 많은 대학 스포츠 담당 교수

대학축구연맹 회장으로 취임 후 대학축구선수권대회 우승팀에게 우승기를 수여하고 있는 중재(1971)

들과 인간관계를 넓혔다. 그래서 한국 대학 스포츠의 실상을 파악하게 되었다.

대학의 경기 종목 단체장을 하던 중 대한체육회, 대한올림픽 위원회에 참여한 데는 이연택 현 인천 아시안게임 조직 위원장의 권유가 있었다. 1979년으로 기억하는데 당시 국무총리실에 있던 이연택 실장이 나를 박종규 당시 대한체육회장에게 대한체육회 이사로 추천했다. 그분은 "나이가 젊은 대학 총장이 체육회 이사로 있으면서 대학 스포츠 활성화에 기여해 달라."고 각별히 부탁하며 격려했다. 박종규 회장은 '피스톨 박'으로 불리면서 일세를 풍미한 권력자였다. 대통령 경호실장으로 10년간 재임하다가 육영수 영부인의 피살 사건을 책임지고 사임한 뒤 체육계에서 활동하고 있었다.

박종규 회장은 매우 머리가 명석한 분이고 일하는 추진력도 강한 분이었다. 그러나 청와대에서 물러난 후로는 권력의 핵에서 멀어져 가고 있는 데다 대통령 경호실장으로 육영수 여사의 피격을 막지 못했다는 죄책감에 빠져 있었다. 그래서 저녁이면 술을 자주 마셨는데 과음을 하며 힘들어했다.

그분이 체육회장으로 처음으로 해낸 일이 국제 사격 대회였다. 준비 기간이 짧았는데도 태릉에 국제 사격장을 마련하고 워커힐 호텔 경내에 선수 숙소를 마련하였다. 이것이 지금의 워커힐 아파트다. 오늘날에는 고급스러운 아파트로 소문이 났지만 세계 사격 대회가 끝난 직후 선수촌으로 사용했던 워커힐 아파트는 팔리지 않는 애물단지였다. 분양이 안 되다 보니 대회 조직 위원회와 건설 업체 간에 공사 대금 지불이 제대로 진행되지 않아서 분규가 났다. 박종규 회장은 자신이 대회를 유치하고 준비까지 강행했는데 일이 이렇게 되니 무척 곤란한 입장에 놓였다. 나에게도 워커힐 아파트로 입주하라고 부탁했다. 당시 군자동은 교통이 별로 좋지 않은 곳이었지만 이왕 대한체육회 이사이니 협회를 돕자는 마음에서 이사를 했다. 내가 화곡동 집을 단국대학에 기부하고 워커힐 아파트로 이사한 데는 이런 개인사가 있었다.

박종규 회장은 나에게 많은 고민을 털어놓고 지냈는데 여기에는 그럴 만한 경위가 있다. 당시 내 아내는 국회의원이었는데 의회 업무 외에 또 하나의 일을 맡고 있었다. 육 여사의 별세 이후 대통령 영부인 역을 대신하던 박근혜 씨가 만든 '새마음 봉사단'의 사무총장 일을 하고 있었다. 새마음 봉사단 총재인 박근혜 씨가 영부인을 대신하느라 전국을 순회하다시피 하니 자연히 총재를 대신해 일을 해야 할 일이 많아졌다. 박근혜 총재를 대신해 지방을 가서 연설문을 대독하는 일까지 있으니 의원 생활을 하랴 봉사단 사무총장을 하랴 정신없이 돌아다녀야 했다.

아내는 성격이 원래 조용한 편이고 남의 말을 안 하는 사람이다. 아마도 그런 점이 박근혜 총재와 맞았는지 보좌 업무 범위도 넓어지고 신임도 큰 듯했다. 아내는 국회에서는 문공분과 위원회 소속이었다. 그러니 장차관부터 정치인까지 여러 사람이 아내를 만나고자 했고, 전화가 예전보다 10배는 빈번해진 듯했다.

나는 대한체육회 일을 보다가 박종규 회장을 가까이에서 만났는데 박 회장이 과음하는 모습이 안타까웠다. 10년간 대통령의 신임과 그만한 권력을 누리다가 낙마하고, 심지어 친척에게 배신당하는 가정사도 얽혀 고민하는 듯했다. 물론 이런 박 회장의 시름과 과음 소식은 박정희 대통령에게도 다 보고되고 있었을 것이다. 그래서 대통령의 신망을 더 잃었다는 소문도 있었다.

인간적으로 육 여사 피살 사건으로 고뇌하는 박 회장을 돕고 싶었다. 그가 다시 기력을 되찾으면 특유의 추진력으로 스포츠계도 도움을 받을 것이다. 그래서 나는 아내에게 부탁을 했다. 요즘 박 회장이 너무 실의에 빠져 있는 것 같으니 대통령이 불러서 식사라도 같이 하며 격려해 주면 좋겠다는 말이었다.

세계 사격 대회가 끝나고 청와대에서 박종규 회장과 나를 들어오라고 했다. 박 회장은 대통령이 부른다는 소식에 매우 기뻐했다.

앞에서도 말한 바와 같이 박종규 회장은 술을 과음하는 날이 많았다. 5·16 군사 정변 이후 줄곧 대통령 경호실장으로 권력이 집중되어 있는 청와대에 있다가 육영수 여사가 피살된 후 책임을 지고 대통령 경호실장직에서 물러난 후라 박종규 회장은 많은 고독감을 느끼고 있었다. 더구나 집안 친척이 배신한 일로 많은 고민에 빠져 있었다는 소문도 돌고 있었다. 자연히 박종규 회장이 과음한다는 소문이 정보기관을 통해서 박 대통령에게 보고되었다. 그러는 가운데 세계 사격 대회가 원만히 끝난 후 박 대통령이 박종규 회장을 불렀다. 마침 박종규 회장은 정치적으로 고독한 입장이었는데 박 대통령이 나하고 같이 청와대로 들어오라고 하자 무척 기뻐하였다.

나는 술은 경과는 말을 않고 같이 들어갔다. 그 자리에서 박 회장은 체육회 근황에 대해서 그리고 세계 사격 대회에 대해서 자세히 보고하였다. 그러나 박 회장은 자책감에 빠져서 그런지 박 대통령 앞에서 매우 어색해했다. 박 대통령도 10년간 자기를 지킨 경호실장을 반기는 눈치가 아니었다.

보고를 받은 뒤 박 대통령이 나에게 "한국이 예전에 아시안게임 개최권을 반납한 것에 대하여 지금까지도 국내외 여론이 좋지 않다는데 장 총장은 어떻게 생각하느냐?"고 물었다. 나는 솔직한 내 생각과 각 경기 단체의 지도자들의 견해를 전해 드렸다. 제6회 아시안 대회를 반납함으로써 국제 스포츠 무대에서 한국의 신용이 떨어져 외국 스포츠 지도자들을 대하기 매우 부끄러워한다고 밝혔다. 내가 만난 외국 체육 지도자들이 한국만이 경제 개발하는 일에 어려움이 있는 것이 아닌데 약속을 어겼으니 신의가 없다고 불평하기도 하고, 특히 태국의 경우는 우리가 반납한 대회를 맡아 연이어 대회를 개최하느라 경제적 어려움도 컸다는 말을 들었다고 국제 여론을 전하였다.

끝으로 "우리도 일본처럼 서울에서 올림픽을 개최하여 경제적으로 발전하는 모습을 세계만방에 보여 주면 한국 상품을 수출하는 데 커다란 효과가 있을 것"이라는 건의를 했다.

대통령은 내 건의를 긍정적으로 받아 주었다. 그러더니 "이번에 박 회장이 세계 사격 대회를 잘 치렀으니 올림픽 개최도 잘 연구해 보라."며 "나도 관계 기관에 지시하여 성공 여부를 조사시키겠다."고 약속하였다.

박종규 회장은 기분이 좋았다. 세계 사격 대회를 국내로 유치하여 성공적으로 치른 것을 인정받았고 서울 올림픽 개최를 위한 타당성 여부를 검토하라고 지시를 받은 터라 무척 기뻐하였다. 이후 대한체육회와 대한올림픽위원회는 1979년 3월에 제24회 올림픽 서울 유치의 건(안)을 문교부에 제출하였다. 그해 8월 3일 문교부는 올림픽 유치 문제를 국민체육진흥위원회에 상정하였으며, 한 달 후인 9월 3일 국민체육진흥위원회는 서울 올림픽 유치 건(안)을 의결하였다. 물론 박정희 대통령은 서울 올림픽 유치 계획안을 재가했다. 드디어 10월 8일 정상천 서울시장이 서울 올림픽 유치를 정식 발표하였다.

이처럼 올림픽 유치 결정이 신속하게 이뤄진 것은 박 대통령의 의지가 뒤에서 움직였기 때문인데 사실 그 과정에서 대통령의 마음을 움직인 데는 박근혜 새마음 봉사단 총재의 힘이 컸다. 그러나 불행히도 서울 올림픽 유치를 선언한 지 20일도 못 되어서 박 대통령은 김재규가 쏜 총탄에 맞아 세상을 떠났다.

그 후에 박종규 회장도 병환이 깊어지면서 1980년 7월14일 대한체육회와 대한올림픽위원회 위원장직에서 물러나고 다음날 조상호 회장이 후임으로 취임하였다. 전두환 장군이 대통령으로 취임할 당시 박종규 회장의 병환이 위급해지자 그 후임자를 물색하는 가운데 내 이름이 거론된 것을 알고 있었다. 전두환 대통령의 동생인 전경환 씨가 만나자고 해서 만났더니 박종규 회장의 병세가 회복될 것 같지 않은데 만약 사망할 시에 그 후임 체육회장직을 맡는 것이 어떠한가 물었다.

대한체육회 회장을 맡으면 나 개인으로는 체육인으로서 영광이었다. 그러나 중책인 만큼 대학 총장은 물러나야 했으니 그것은 내 원칙과 어긋나는 일이었다. 나는 지금 5공화국이 새로 들어섰는데 내가 단국대를 떠나면 학내가 어수선해질 것이라 설명하고는 총장직에 있으면서 그런 중책을 감당할 수 없다고 사양하였다. 대신에 정부가 스포츠를 통해 국제 외교에서 많은 소득을 얻을 수 있는 만큼 그런 분야에서라면 대통령이 원하는 일에 얼마든지 최선을 다하겠다는 약속을 했다.

사실 5공화국에서 서울 올림픽 유치를 성공시켰지만 그 과정에는 말 못 할 곡절이 많았다. 박 대통령 서거 후 최규하 대통령 권한 대행

'81 루마니아 부쿠레슈티 하계 유니버시아드 대회에서 한국 선수단 단장에 선임된 중재가 조상호 당시 체육부 장관으로부터 단기를 건네받고 있다.

의 과도정부는 서울 올림픽 유치에 대해서 매우 회의적이었다. 그리고 전두환 정부가 들어서서도 처음에는 서울 올림픽 개최에 대해서 군부 내부에서는 반대하는 사람들이 많았던 것으로 알고 있다. 특히 보안사 중심으로 전두환 대통령과 박 대통령과의 정치 이념의 차별화를 내세울 필요가 있었기에 박정희 대통령이 공표한 서울 올림픽 개최에 대해서 매우 부정적이었다.

그런 상황에서 조상호 회장이 대한올림픽위원회 위원장으로 취임하였다. 조상호 회장은 나를 대한체육회 부회장, 대한올림픽위원회 부위원장으로 임명하고 협조를 구하였다.

김운용 회장—올림픽 유치 이면의 공로자

서울 올림픽이 끝나고 이제 세월이 많이 흘러갔다. 세상에 알려지지 않은 사실들을 털어놓아도 큰 허물이 되지 않으리라. 내 나이 팔순에 이르렀으니 이제는 서울 올림픽 유치를 위한 이면사의 극히 일부지만 알려야 할 것은 알려야 한다고 생각한다.

서울 올림픽의 성공적인 개최로 우리나라의 스포츠 외교력이 커지고 국민의 호응이 커지면서 서울 올림픽 유치에 자신이 공로자라고 자처하는 인사들이 많아졌다. 세상 인심이란 원래 그러하니 일일이 가리고 싶지 않다. 다만 한 사람은 기록에 남겨야 한다고 생각한다. 국제 무대에서 표면에 나서지 않고 서울 올림픽 유치에 결정적으로 기여한 이가 있으니 김운용 당시 세계태권도연맹(WTF) 회장이었다.

1985년, 사마란치 IOC 위원장은 스위스 로잔에 있는 국제올림픽위원회 사무국으로 김종하 당시 체육회장과 나를 초청했다. 이 자리에서 사마란치 위원장은 김운용 회장이 서울 올림픽 유치에 지대한 공로를 세운 것을 전두환 대통령에게 전해 달라고 말하였다.

체육계 원로인 김운용 회장과 나는 태권도로 인연을 맺었다. 나는 1978년 한국대학태권도연맹 위원장을 맡아서 대학 태권도 육성에 주력하기로 하고 대학태권도연맹을 조직했다. 사무총장에 본교 정찬모 교수를 주축으로 해서 전국대학연맹을 조직하는 데 역점을 두고 출발하였다. 이면에서 김운용 회장이 전적으로 후원하였다.

당시 김운용 회장은 세계태권도연맹 회장으로서 한국 태권도의 진면목을 알리고 보급하는 데 주력하였다. 한국의 태권도는 김운용 회장의 눈부신 활동으로 전 세계 여러 나라에 보급되었고, 특히 아프리카와 중동 지역에서는 그 사회의 지도자급에 이르는 인사들 중에 태권도를 배우는 인사들이 많았다. 그 실례의 극히 한 부분을 소개하고 싶다.

내가 아프리카 여러 나라의 대학 총장들을 방문하면서 서울 올림픽 유치와 홍보 활동을 하고 다닐 때 한국 하면 태권도라고 할 정도로 태권도 문화가 세계 구석구석에서 뿌리를 내렸음을 보았다. 그리고 각국에서 활동하는 태권도 사범들이 한국을 알리는 데 큰 역할을 하고 있다는 것을 알게 되었다. 아이보리코스트(Ivory Coast)의 수도인 아비장을 방문했을 적에 나를 안내해 준 사람은 태권도 사범으로 그 나라의 지도층 인사들이 그의 태권도 제자들이었다. 그 나라의 군 참모총장, 군 간부와 경찰 책임자들을 비롯하여 국회의원들, 대학 교수와 체육 지도자들이 태권도를 배우고 있었다.

아이보리코스트의 태권도 사범은 우리 대학 부속고등학교 졸업생이었으므로 나를 안내하는 데 정성을 다해 주었다. 그의 자동차가 지나가면 교통정리를 하고 있던 경찰들이 차려 자세로 거수경례를 하는 것이었다. 후진국이나 개발도상국일수록 그 사회의 지도층 인사들이 태권도를 직접 배우는 사람들이 많았고 아울러 군과 경찰에서는 필수적 훈련으로 받아들이는 나라가 많았다. 태권도는 일본의 유도보다 세계 무대에는 늦게 나섰지만 그 보급이 비약적으로 확대 발전해 가고 있었다. 이러한 현상은 세계태권도연맹을 조직하고 주도한 김운용 회장의 태권도 세계화 전략이 주효를 거두고 있었기 때문이다.

김운용 회장은 외교관 생활로 쌓은 풍부한 경험, 능숙한 영어 구사력과 불어 실력을 갖고 있었다. 그 경험이 한국 태권도를 알리고 보급하는 데 큰 도움을 주었다. 특히 서울 올림픽 유치를 하려면 결국 IOC 위원들이 한국에 투표를 해야 하는데 김 회장이 관리해 온 위원들과의 친분이 결정적 도움을 주었다는 사실을 나는 여러 나라의 체육 지도자들과 만나는 자리에서 직접 확인할 수 있었다. 우리나라는 잘 몰라도 김운용 회장에 대해서는 엄지손가락을 펴며 웃음으로 답하는 IOC 위원들을 많이 만날 수 있었다.

불행히도 우리나라 체육계 지도자 중에 대한체육회장직과 대한올림픽위원장직을 원하는 사람들은 김운용 회장의 국내 활동을 반대하는 사람들이 많았다.

'88올림픽 유치를 하기로 하고 스포츠 외교 무대에 나가 보면 일본은 우리보다 몇 년 앞서서 활동을 개시하였기에 우리보다 한참 앞서 있었다. 일본이 경제력과 1960년 동경 올림픽을 개최한 경험을 앞세워 세계를 누비고 다닐 적에 우리는 후발국으로 스포츠 외교면에서 일본에 비해 매우 뒤진 편이었다. 특히 중동 지역의 국가나 아프리카 국가들은 일본 나고야에 많은 관심을 가지고 있었고 서울 올림픽 유치에 대해서는 매우 냉소적이었다.

그러나 김운용 세계태권도연맹 회장은 이런 상황을 두려워하지 않았다. 올림픽 유치의 성공 비결은 중동 아랍 국가와 아프리카 국가 IOC 위원들의 지지를 끌어내는 데 있음을 이미 알고 있었다. 그들의 적극적 지원이 성공 열쇠라고 하면서 그렇게 되면 일본을 꺾을 수 있다고 나에게 협력을 구하였다. 하지만 김운용 회장의 의견이 아무리 좋다고 하여도 그가 국내로 들어와서 활동을 하는 것을 싫어한 인사들은 그분이 아무리 좋은 대책과 의견을 내세워도 반대하였다.

일본 체육 지도자들은 우리가 올림픽 유치 캠페인에 뛰어든 1981년 초반만 해도 나고야가 제24회 하계 올림픽 개최지로 선정될 것이라고 확신하고 있었다. 일본의 기업들은 혼연일체가 되어서 중동과 아프리카, 중남미에 선물 공세를 하면서 지지표를 확보하는 데 심혈을 기울이고 있었다.

특히 중동의 강력한 스포츠계 지도자이자 아시아올림픽위원회(OCA) 위원장인 쉐이크 파하드는 쿠웨이트 국왕의 막냇동생인데 김일성과 친분이 가까운 사람이었다. 쉐이크 파하드 위원장은 한국에 우호적이지 않았다. 한국은 당시 국제 정치적으로는 이스라엘을 지지하고 있어서 아랍 국가들로서는 한국을 지지할 마음이 없었다. 반면에 북한은 반이스라엘 정책을 유지하고 있었으니 남북이 대치하고 있는 상황에서 중동 아랍 국가로서는 북한 편을 들어 서울 올림픽 유치에 적극적으로 반대하고 나올 것이라고 예측했다. 내가 일본 쪽 언론인들을 만나면 특히, 스포츠 기자들 중에는 나고야가 중동 국가의 지지세를 업고 있으니 한국이 열심히 해도 헛수고가 될 것이라며 농담을 거는 사람도 있었다.

그런데 김운용 회장은 이미 쿠웨이트의 쉐이크 파하드 왕자는 물론 그에게 영향을 미칠 수 있는 쿠웨이트 귀족들과 깊은 친분을 가지고 있었다. 세계태권도연맹 회장으로 중동에서 그의 역할과 인기는 매우 높은 편이었다. 태권도로 세계를 누비면서 태권도 보급에 김 회장은 혼신의 힘을 기울이며 세계 각국의 IOC 위원들과 친교를 쌓아 놓은 것이다.

김운용 회장은 나에게 단국대에서 조건과 대가 없이 쉐이크 파하드 왕자에게 명예박사 학위를 수여하면 자연스럽게 그를 친북한에서 우리 측으로 마음을 돌릴 수 있다고 협조를 구하였다. 김운용 회장 말대로 나는 쿠웨이트의 쉐이크 파하드 왕자를 초청하여 한국의 스포츠인들이 모인 자리에서 그에게 명예박사 학위를 수여하였다. 물론 김운용 회장의 권유와 추천에 의해서 아랍 국가들의 스포츠 지도자들을 대동하고 한국을 방문케 하였다.

북한의 김일성이 양아들이라고 부르며 친분을 과시했던 쉐이크 파하드가 북한의 만류를 물리치고 한국 땅을 밟고 우리 대학에서 수여하는 명예박사 학위를 받은 것이다. 그리고 그는 답사에서 한국 스포츠의 발전과 태권도가 세계 청소년들에게 정신 수양과 스포츠 정신을 제고하는 데 지대한 공로를 쌓고 있다고 말하고 김운용 회장이 세계태권도연맹 회장으로서 세계 평화 증진에 기여함에 존경과 감사의 뜻을 표한다고 말하였다.

그러나 한국의 대부분의 스포츠인들은 당시에도 김운용 회장이 세계태권도연맹 회장으로 서울 올림픽 유치를 위해서 심혈을 기울이

쿠웨이트의 쉐이크 파하드 왕자(아시아올림픽 위원회 위원장)에게 명예 법학박사 학위를 수여하고 있는 중재

면서 활동하는 것을 높이 평가하는 데 매우 인색하였다. 쉐이크 파하드 왕자는 이후 그동안의 반한 감정을 버리고 여러 아랍 국가의 IOC 위원을 설득하고 지지를 호소하고 다녔다.

이날 한 가지 에피소드가 있었다. 쉐이크 파하드 왕자에게 명예박사 학위를 수여하는 행사에서 아랍어를 하는 이를 찾던 중에 단국대에서 박사 과정에 있는 레바논 학생이 있음을 알게 되어 그를 통역으로 썼다. 쉐이크 파하드 왕자의 공적 개요와 그리고 나의 축사, 왕자의 답사를 그가 다 통역했다. 수여식이 끝난 뒤 쉐이크 파하드 왕자가 나를 따로 만나자고 하더니 조용히 말하기를 "오늘 통역을 맡은 이는 아랍 사람이 아니오."라는 것이다. 나는 영문을 몰라 그가 레바논 출신이라고 하자, 그는 "저 사람이 하는 아랍어는 외국인이 하는 아랍어지 아랍인이 하는 아랍어가 아니다."라고 다시 한 번 확인해 주었다. 경황 중에 별로 의식하지 않고 지나갔는데 과연 나중에 보니 그 통역하는 이는 레바논인이 아니고 바로 북한에서 파견한 간첩, 즉 정수일이었다. 당시는 모하메드 깐수라는 이름으로 학적과 국적을 위조하여 우리 대학에 들어와 있었으니 그 기억이 새롭다.

아무튼 나중에 바덴바덴 총회에서 표결 결과를 분석하니 김운용 회장이 말한 대로 중동 지역의 아랍 국가에서 일본보다 한국을 지지하는 표가 많이 나왔다. 김운용 회장은 아프리카의 IOC 위원들을 한국 지지로 마음을 돌리는 데 심혈을 기울였다. 여기에는 아프리카 현지에서 활약하는 태권도 사범들을 대거 동원했다. 그들이 일대일로 해당 국가의 IOC 위원들을 만나 대한민국을 도와 달라고 애국심으로 호소하니 각국 위원들이 그 진실한 호소에 많은 감명을 받았다.

그 한 예로 김운용 회장은 아이보리코스트의 주 캐나다 대사이자 아프리카올림픽위원회 위원장을 나에게 소개하고 우리 대학에서 명예박사 학위를 수여하도록 추천하였다.

나는 그분의 경력을 보고 아프리카에서 각국의 올림픽 위원들에게 영향력이 크게 작용할 수 있다고 판단하고 명예박사 학위를 수여하도록 하였다. 처음에는 한 해에 같은 대학에서 IOC 위원 두 사람에게 명예박사 학위를 수여한다는 것이 좀 마음에 걸려서 다른 몇 대학에 추천하였으나 별로 좋은 대답이 오지 않았다. 학내에서도 국제올림픽 위원회 위원들에게 명예박사 학위를 주자는 의견에 반대하였다.

김운용 회장은 우리 대학 말고도 다른 대학과도 교섭을 해 봤을 것이고 아마도 호의적 반응이 없었거나 명예박사 학위 수여에 대한 반대 급부를 요구받았으리라고 짐작하였다. 나는 김운용 회장이 국제 스포츠 사회에서 두터운 신임을 받고 있다는 점을 믿었기에 김 회장의 안목을 신뢰하고 그분의 뜻을 존중하였다.

당시 한국은 IOC 위원이 없었다. 세계 수준의 경기 연맹 단체의 대표도 없었다. 국제 스포츠 외교에서 이렇다 할 위상을 가진 한국 출신 지도자가 없는 현실에서 김운용 회장은 세계태권도연맹 회장의

IOC는 국제 스포츠에 공적이 많은 중재에게 올림픽 훈장을 수여하였으며, 김운용 IOC 위원이 이를 중재에게 전달하고 있다(1996. 4. 1).

지위를 십분 이용해 국제 올림픽 위원들과의 두터운 친분을 쌓았고 신뢰와 존경을 받고 있었으며 이를 올림픽 유치와 성공적 개최에 기여하는 데 최선을 다했다. 앞서 사마란치 당시 IOC 위원장의 비화가 이를 입증한다.

바덴바덴 IOC 총회에서 제24회 하계 올림픽 개최지로 서울이 결정되자 1985년 북한은 공동 개최를 요구하였다. 북한은 부총리 명의로 제24회 올림픽 공동 개최를 요구하며 대회 명칭도 '조선 평양—서울 올림픽 대회'로 하고 대회 장소도 '평양과 서울'로 나눠서 '종목도 반반'으로 하되 선수단은 남북 단일팀으로 구성하자고 제의했다.

그러나 사마란치 IOC 위원장은 북한이 주장하는 공동 개최는 IOC 헌장에 따라 불가능하다는 원칙을 밝혔다. 대신에 많은 나라가 서울

IOC는 서울 올림픽이 한반도의 평화 정착에 중요한 계기가 될 것이라는 판단 아래 남북한 분산 개최를 주내용으로 한 체육 회담을 주선했다. 중재는 이 회담에 한국 측 차석으로 참가했는데 이 경험이 1989년 남북 체육 회담에 밑거름이 됐다고 회고한다. 한국 측 제안을 설명하는 중재

올림픽 대회에 참가할 수 있도록 하자는 취지로 북한 지역 내에서 몇 종목을 분산 개최하는 안을 제시하며 서울 올림픽 조직 위원회와 협의하겠다고 성명을 발표하였다.

그래서 그해 10월 8일부터 스위스 로잔에서 IOC 위원장 주재로 남북한 체육 회담 대표가 만났다. 나는 로잔 체육 회담에 남측 차석 대표로 참석했고 김종하 대한올림픽위원회 위원장이 수석 대표로 참석하였다. 앞에서 사마란치 위원장과 김종하 위원장과 내가 만난 것은 바로 이때였다. 회담이 열리기 전날 사마란치 위원장은 김종하 대표와 나를 IOC 본부 자기 집무실로 와 달라고 했다. 나는 김종하 회담 대표와 함께 사마란치 위원장 사무실로 그를 방문하였다.

간단한 인사가 끝나자 그는 첫마디가 "전두환 한국 대통령에게 뜻을 전해 달라고 부탁하기 위해서 만나자 했다."고 말하였다. 그 요지는 다음 IOC 총회에서는 한국의 올림픽 위원을 선정하기로 했다는 것, 그 위원으로는 김운용 회장을 선출할 것이라는 점이었다. 더불어 이는 이미 유력한 IOC 위원들과 합의한 결과임을 분명히 했다.

이 같은 메시지를 전달해 달라는 이유는 전두환 대통령의 제안 때문이었다. 사마란치 위원장이 서울을 방문했는데 전두환 대통령이 청와대로 초청한 자리에서 한국의 차기 IOC 위원으로 김종하 위원장을 추천했다는 것이 사마란치 위원장의 말이었다. 그러면서 사마란치 위원장은 결론을 내렸다.

"비록 대통령의 추천이 있었지만 그동안 '88 서울 올림픽 대회 유치를 위해서 백방으로 노력하고 특히 태권도를 세계 각국에 널리 보급하는 일에 앞장선 김운용 회장의 공로를 많은 IOC 위원들이 높이 평가하고 있습니다. 이는 IOC 본부의 입장이고 나 역시 김운용 회장을 지지할 수밖에 없습니다."

사마란치 위원장은 이런 입장을 전두환 대통령께 전해 달라고 했다. 특히 내게는, 미스터 장은 장본인이 아니니 증인의 입장에서 자기의 뜻을 대통령에게 꼭 전해 달라고 강조하였다.

전연 소문도 없었던 이야기였다. 한 나라의 대통령이 IOC 위원장을 불러서 특청한 일인데 받아들일 수 없는 자신의 미안한 뜻을 전해 달라고 나에게 당부하였다. 그리고 자리에서 일어나 나오는데 사마란치 위원장은 내게 당신도 한국 대학 태권도 초대 위원장을 역임한 사람으로 협조를 당부한다고 또다시 강조했다.

마지막으로 또 놀라운 말을 했다. "내 임기 중에 반드시 태권도를 국제 올림픽 대회 정식 종목으로 채택하도록 최선을 다할 것을 김운용 회장에게 약속한 바 있다."면서 김운용 회장의 애국심과 성실함을 존경하고 그가 세계 스포츠 발전에 헌신한 노고에 감사의 뜻을 밝혔다.

나는 김종하 회장이 이런 면담 결과를 대통령에게 충분히 전달했으리라 믿었다. 동시에 청와대가 아닌 전경환 새마을 회장을 통해 사마란치 위원장의 뜻을 전했다. 사마란치의 솔직한 말을 그대로 대통령이 느끼게 하기 위해서였다. 어떤 일이든지 이뤄지고 난 다음은 그 일을 평가하기도 쉽고, 참견하기도 쉽다. 그러나 성공에 이르기까지 자신의 모든 것을 바친 공로자의 희생은 왜곡하지 말아야 한다. 그것이 미래를 생각하는 국가의 기본이다.

"학원 안정법 지지 결의 못하겠소."

1980년 언론이 신군부라 칭하는 새로운 정치 세력이 등장했다. 신군부는 '국가보위 비상대책 위원회(국보위)'를 만들고 '사회 정화'를 목표로 사회 각 분야에서 새로운 개혁정책을 실시했다. 역사를 보면 정권이 바뀌는 전환기에 권력은 항상 교육개혁을 주장한다. 당시에도 그러했는데 학생운동에 대한 강경한 대책과 동시에 대학 경영의 투명성을 제고한다는 취지로 새로운 정책이 공표되었다.

그중 하나가 사립대학 설립자의 직계 존비속 및 배우자는 해당 대학의 총·학장으로 임명될 수 없다는 것이다. 이는 1980년 8월, 국보위 문공위의 의결을 거쳐 실행에 옮겨졌다. 교육법이 개정되지는 않았지만 비상계엄이라는 당시의 시대상황이 상황인지라 전국의 사립대학 총·학장 중 대학을 설립한 직계 자손들은 모두가 사표를 내고 물러났다. 마침 당시 국보위 문공위원장 오자복 장군이 나를 문교부로 들어오라고 했다. 총장 사퇴서를 가지고 들어갔다.

내가 사퇴서를 내밀자 오자복 장관은 호탕하게 웃으면서 내게 말했다.

"법으로 봐서는 장 총장이 총장직에서 물러나야 하지만 장 총장의 경우는 좀 달라질 것 같습니다. 여러 기관에서 대학 총장들을 조사했는데 지난 14년간 대학 총장으로서 사립대학을 운영하면서 재산을 치부하지 않았다는 보고가 들어왔어요. 장 총장처럼 대학 총·학장들이 사심 없이 치부하지 않고 청렴하게 대학을 운영해 주면 대학 설립자 직계 자손들의 총학장직에 임명되는 것을 반대할 사람들이 누가 있겠습니까? 법이 그렇게 개정되면 총장직에 머물러 있을 수는 없으나 총장 서리로 직무를 수행할 수는 있으니 사퇴서는 제가 받을 수 없습니다."

나는 사실 지금 국보위의 문공위가 사실상 사립대학의 감독관청인데 예외를 인정하면 국보위의 입장도 어려워질 것이니 내 의사를 받아 달라 했다. 사실 나이는 아직 젊지만 벌써 10여 년이 넘게 총장직을 수행하며 지치기도 해 쉬고 싶었다. 거기에 더해 1979년, 80년의 격변기에서 일어나는 일들을 보며 새삼 권력과 인간사의 무상함을 실감해 일선에서 물러나 장학 사업을 하고 싶었다. 그러니 총장 사표를 안 받는다고 해서 그리 감격할 일은 아니었다. 내친 김에 속내를 털어놓았다.

"장군님 뜻은 고마운데, 지금 이 정책은 그 취지는 좋아도 인권을 침해할 수 있습니다. 헌법을 보면 누구나 직업을 선택할 수 있다고 하는데 법이 '누구누구는 대학 총장이 되면 안 된다.'고 규제하는 것이 아닙니까. 이런 논리를 확대하면 기업 창업자의 자식들은 아버지 기업에서 일하는 것을 부끄럽게 생각해야 한다는 것이 됩니다. 대학이 공익기관이라 해도 사학은 나름의 설립 이념과 교육 방침을 갖고 있습니다. 이런 전통과 배경은 다 뒤로하고 오로지 '아버지가 설립자이면 그 자식들은 떠나라.' 하니 이는 인권 문제라고 생각합니다. 서리가 문제가 아니라 그런 눈총을 받으며 총장을 하고 싶지는 않습니다. 사퇴서를 받아 주세요."

기분이 상할 수도 있는 내 말을 들으면서도 오자복 장군은 껄껄 웃으면서 오히려 나를 달랬다.

"지금이야 시대 상황이 그러하니 이런 정책도 나오는 것이죠. 장 총장님이 그런 생각이 있다면 오히려 대학 운영을 더 잘 해 주시면 되잖습니까? 그러면 정부 시각도 좋아지고 교육법도 다시 개정될 수 있지 않습니까?"

오 장군은 그러면서 "지금 사퇴서를 반려하는 것은 나 혼자 결정한 것이 아니니 나의 말을 따라 달라."고 거듭 만류했다. 나는 사퇴서를 다시 갖고 나올 수밖에 없었다. 사실 그 엄혹한 국보위 시절에 '그만두라'는 것도, '더 있으라'는 것도 내가 결정할 문제가 아니었다.

그래서 나는 전국의 사립대학 중 유일하게 총장으로 유임되었다.

전두환 대통령이 취임해 5공화국이 출범한 이후에도 역시 서리직으로 근무했는데 정부의 방침에 따라 1984년 4월, 대학교육협의회 제2대 회장이 되었다. 5공화국 당시 정부의 핵심 과제 중 하나가 '학원안정'이었다. 1980년 '서울의 봄'을 겪으면서 정권을 창출한 5공화국 입장에서는 정치적 안정을 위해서도 대학가의 민주화 운동을 사전에 억제할 필요가 있었다. 그럼에도 대학가의 민주화 시위는 잦아들지 않았다. 정부와 대학생의 대립은 1985년 5월 광화문에 있는 미국 문화원 점거 농성 사건으로 폭발하였다. 정부는 전면적인 대학가 시위

억제 정책을 고민하기 시작했다.

당시 민정당, 교육부, 청와대가 협의하여 내놓은 정책은 '학원 안정법'의 입법이었다. 취지는 "처벌 위주의 학생 지도를 지양하고 사전 계도로 운동권 학생을 지도한다."는 것이었다. 그러나 만약 그럼에도 시위가 일어나면 문제되는 학생은 물론이고, 이를 방조, 지원한 사람도 동시에 처벌한다는 것이다. 징역이 5년이나 되는 중형이니 만약 이를 피하려면 대학이 나서서 소요를 일으킬 학생들을 사법 당국에 고발해야 하는 것이다. 어찌 보면 시위가 많은 대학의 총장들은 자리를 물러나는 데서 그치지 않고 감옥을 갈 수도 있다는 것이다. 교육자로서 그런 문제는 감수한다 해도 어찌 학교가 학생을 고발하란 것인가.

이 문제로 인해 당시 손제석 문교부 장관은 무척 고심하고 있으며 대통령의 심복이라는 청와대의 허 모 씨가 입안을 했다는 소문이 내 귀까지 들려왔다. 이런 소문을 들은 당시는 학원 안정법의 전모가 밝혀지지 않았을 때였다. 일단 나는 언제고 이 풍파가 대학교육협의회에 미칠 것이라 예상하고 부회장들과 상의하였다. 그러나 학원법의 골자도 아직 구체적으로 모르고 정부의 진행 의지도 모르니 속 시원한 결정을 내릴 수가 없었다.

그런 상황에서 1985년 7월경, 갑자기 문교부 장관의 지시로 전국대학총장협의회 이사회를 소집했다. 동시에 전국대학총장협의회 총회를 세종문화회관에서 개최하기로 일시가 결정되어 대학총장협의회장인 내 이름으로 각 대학 총장의 소집 통고가 송달되었다.

대학총장협의회 이사회는 총회가 열리기 전날 대학교육협의회 회의실에서 문교부 대학국장이 배석한 가운데 개최되었다. 이사회가 소집되던 날 문교부에서는 간부들이 총동원되어 회의에 전원 참석해 달라고 전화로 전달하였다. 직감적으로 학원 안정법 상정을 위한 회의임을 알았다. 고려대 김준엽 총장은 전화로 사정이 있어서 불참한다고 알렸는데 막상 회의에는 참석하였다. 회의 시작 전 서울대 이현재 총장과 고대 김준엽 총장은 나를 찾아왔다.

두 분은 "이 학원법을 대학교육협의회에서 받아들이도록 우리가 결의한다는 것은 우리가 스스로 대학 총장 자리에 설 수 없게 되는 것"이라고 은밀하게 자신들의 소신을 전하면서 "장 총장이 이 법안의

1999년 백범 김구 선생 기념관 건립 위원회 고문으로 추대된 전두환 전 대통령과 함께 한 중재

상정을 대교협에서 하지 않도록 해 달라."고 요구했다. 그러나 문교부는 이사회에서 학원 안정법을 상정키로 했다면서 "다음 날 있을 전국대학총장협의회에서 반드시 통과시키도록 이사들이 동의하라."고 부탁했다. 말이 부탁이지 회의를 소집한 것도 문교부이고, 안건을 제시한 것도 문교부이니 사실상 정부 방침을 따르라는 지시나 마찬가지였다.

공개된 회의 석상에서 국장을 앞에 두고 반대 의견을 제시해 봐야 별 도움이 안 된다는 것을 알기에 나는 다른 방법을 생각해 냈다. 바로 그날 나는 고명승 보안사령관에게 전화를 걸어 긴급히 만나 줄 것을 요청하였다.

그날 저녁 7시에 퇴계로에 있는 퍼시픽 호텔에서 고명승 보안사령관과 만찬을 가졌다. 나는 그 자리에서 고명승 보안사령관에게 "내일 세종문화회관에서 개최되는 전국 대학 총장 회의에 참석할 수 없다."는 내 입장을 밝혔다. 내가 회의에 불참한다는 것은 곧 학원 안정법 지지 결의를 안 하겠다는 뜻이다. 나는 내 소신을 밝혔다.

"문교부에서 지금 각 대학 총장들에게 총회를 사전에 통고하여 내일 개최되는 총장 회의에서 학원법 제정을 지지하는 결의를 하라고 재촉하고 있습니다. 비록 협조를 구한다지만 결국 지지를 강제적으로 얻어내려는 거죠. 만약에 내가 회장으로 회의를 열어 학원 안정법 제정에 지지를 결의한다면 결국 자기 학생들을 잡아가라는 법을 만들라고 앞장서는 셈이 됩니다.

총장으로서 학생들을 처벌하는 법에 반대는 못 할망정 이를 지지 결의하면 이후 나중에 어떻게 학생들을 지도합니까. 결국은 대학 총장들이 스스로 자신들의 무덤을 파는 일이 됩니다. 교육자들에게 제자들로 하여금 반정부 시위를 하지 말라고 지도하라고 부탁하는 것은 있을 수 있지만 이를 어기는 학생들은 처벌해 달라고 입법을 청원한다는 것은 있을 수 없는 일입니다. 결국 대통령에게도 나중에 큰 부담을 줄 일입니다.

나는 그동안 정부 정책에 많은 협조를 한 사람이지만 이 학원법만큼은 지지할 수 없습니다."

끝으로 나는 마지막 의지를 밝혔다.

"내가 문교부의 지시를 거부했으니 오늘로서 나는 대학 총장직에서 스스로 물러나겠습니다. 그러니 내일 총회에 참석하지 않아도 되겠죠."

고명승 보안사령관은 매우 당황하는 표정이었다.

"회장이 불참한다면 회의는 진행이 어려우니 결국 내일 총장회의에서 학원법이 통과되겠습니까?" 하고 반문하였다.

나는 학원 안정법을 대학 총장들에게 제청하는 결의를 하도록 하는 것은 누구의 아이디어인지는 모르나 이는 역사 앞에서 죄를 짓는 일이며, 대학 총장들이 자살하는 행위와 다를 바가 없다고 다시 한 번 반대 의사를 강하게 표명하였다.

고명승 보안사령관도 내 뜻을 이해하는 듯했다.

"만약 장 총장이 대학 총장직에서 사퇴하면서 반대를 표명한다면 정국이 시끄러워질 것이요. 내가 장 총장 뜻을 알았으니 지금 당장 청와대에 가서 대통령에게 건의하죠."라며 약속을 하였다.

그리고 그 자리에서 고명승 보안사령관은 대통령 면담을 신청했다. 회식을 서둘러 마친 뒤 고명승 사령관은 현역 장성 7명과 함께 긴급히 청와대에 가서 전두환 대통령에게 나의 총장 사퇴 의사를 전하면서 학원 안정법 제정의 현실적 어려움까지 얘기했다고 한다. 다행히 전두환 대통령도 대학 총장들의 고민을 이해하여 고명승 사령관의 건의를 수용하겠다는 다짐이 있었다고 했다.

고명승 사령관은 나에게 일을 끝내고 심야임에도 전화를 걸어 이런 경위를 다 설명해 주었다. 다음 날 나는 회의에 참석했다. 물론 총회에서 학원 안정법 지지 결의는 회의 안건에 올라 있지 않았다.

이후 정부는 학원 안정법 추진을 야당과 협조하여 처리한다고 공표하였다. 물론 야당이 이를 받아들이지 않았고 한바탕 소동 끝에 학원 안정법 입법은 '사회가 이 법에 대한 오해를 하고 있으니 잠정 보류한다.'는 대통령의 발표와 함께 역사의 뒤안길로 사라졌다.

물값을 아끼는 저의가 뭐요?

1981년, 루마니아의 수도 부쿠레슈티에서 제11회 하계 유니버시아드 대회가 개최되었다. 대한체육회는 나를 한국 선수단 단장으로 임명하였다. 이 대회는 종전과 다른 의미가 있었다. 우선 루마니아는 우리나라와 국교가 없는 동구권 사회주의 국가였다. 루마니아의 차

우셰스쿠 대통령은 북한의 김일성과는 형제의 우정을 맺고 있었다. 치열한 냉전 시대였으니 북한의 최우호국인 루마니아에 태극기가 휘날리는 일은 정치적으로 의미심장한 일이었다.

북한은 루마니아가 한국의 참가를 용인한 데에 불만을 품고 같은 사회주의 국가인 루마니아 대회에 불참하였다. 루마니아의 유니버시아드 조직 위원회는 북한에 대해서 몹시 불쾌하게 생각하였다. 같은 사회주의 국가이면서 특히 양국 지도자가 형제처럼 다정한 사이인데도 선수단을 보내지 않았다고 나에게까지 푸념을 토했다.

정부에서는 공산 국가에 체육인이라 해도 한국의 대표들이 가는 일이라 신경을 많이 썼다. 내가 루마니아에 한국 선수단 단장으로 임명된 이면에는 이런 정책적 배려가 있었다. 즉, 단순히 선수단 단장으로 가는 것에 더해 서울 올림픽 대회 유치를 위해 공산권 국가들에 대한 스포츠 외교 활동을 적극적으로 펼쳐 달라는 임무가 주어졌다. 대학생들이 기량을 겨루는 대회이니 체육회 산하 기관의 교수를 단장으로 보낼 수 있었으나 일본 나고야와 서울이 '88년 올림픽 유치를 위해서 경쟁을 하고 있는 마당에 대학 총장이 단장으로 임명되었다는 것에 의미를 더 높였다.

각국 선수단장을 위한 환영 파티에서도 차우셰스쿠 대통령의 누이인 조직 위원장은 한국이 선수단을 보내 준 것에 대해서 깊은 감사를 표했고 자기는 개인적으로 서울에 가고 싶다고 말했다. 그 말은 서울 올림픽 대회를 지지한다는 간접적 표현이라고 생각하였다.

각국 선수단 단장 환영 모임에는 루마니아 정부의 주요 장관들과 각종 스포츠 지도자들 그리고 루마니아 주재 각국 대사들이 대거 참석하였다. 그러나 우리나라와는 국교가 없으니 한국을 대표하는 대사는 없었다. 전화위복이라고 '정부 대표' 아닌 '스포츠 대표'라는 신분이니 공산권 체육인은 물론이고 정치적 대표라 할 해당국 대사들도 마음대로 만날 수 있었다. 그쪽도 부담이 덜했다. 실제로 당시 중국은 한국을 적성국으로 취급해 어떤 모임에서든 한국 정부와 관계 있는 이는 접촉을 거부하고 피하였다. 나는 선수단 환영회를 통해 주 루마니아 중국 대사와 중국 선수단장을 동시에 만나 서울 올림픽 유치를 위한 노력 등 민감한 사안을 개인적 의견이라며 얼마든지 피력할 수 있었다.

특히, 이런 자리에서 내가 독립운동으로 망명한 선친을 둔 덕에 중국에서 태어난 것을 알고 또한 중국말로 의사가 교환되자 이내 마음을 열어 주었다. 중국 선수단장과 한국 선수단장이 미소 짓는 표정으로 담소하는 광경을 본 다른 나라 선수단장들은 좋아 보인다고 하였다. 반면에 경쟁국인 일본 선수단장은 우리를 외면하였다. 또한 대체로 사회주의 국가들의 선수단장늘은 우리 한국 선수단을 의식적으로 피하는 것을 피부로 느낄 수 있었다.

그러나 과거 다른 곳에서는 한국 선수단을 외면했던 중국 선수단장하고는 짧은 만남이었지만 앞으로 협력을 부탁한다고 친교를 확인하였고 그 실례로 대회 기간 중 한국 선수단 테니스 대표팀과 중국 선수단 대표팀과의 친선 경기를 갖기로 약속하였다.

전에는 중국과 한국 선수들이 친선 경기를 갖는다는 것은 상상할 수도 없는 일이었다. 이렇게 해서 처음으로 중국과 한국 테니스 선수단이 루마니아에서 친선 대회를 가졌는데 그 자리에 차우세스쿠 대통령 아들이 약혼자와 같이 참석하였다. 루마니아가 한국에 대해서 전향적이고 우호적인 생각을 갖고 있음을 알 수 있었다.

비록 루마니아 대회에서 경기면에서는 좋은 성적을 거두지는 못했으나 발전하는 한국을 알리는 데 많은 효과가 있었다. 그리고 스포츠 외교면에서 중국과 친선 대회를 갖는 등 공산권 국가들에게 한국이 스포츠 분야에서 종전과 달리 개방적으로 교류하겠다는 의지를 알리는 소득이 있었다.

그 후 독일의 바덴바덴에서 열린 IOC 총회에서 일본을 물리치고 서울이 '88올림픽' 유치에 성공했는데 중국은 북한을 의식하여 적극

서울 올림픽 개최의 주역들이 서울올림픽스포츠과학학술대회 부대 행사로 열린 전시회에 참가해 개막 테이프를 자르고 있다. 왼쪽부터 조상호 당시 체육부 장관, 사마란치 당시 IOC 위원장, 박세직 서울 올림픽 조직 위원장, 학술대회 조직 위원장인 중재

적 지지를 보내지는 못했으나 속내는 한국을 은근히 편드는 입장에서 있었다. 한국 역시 1990년 북경 아시안게임 유치 경쟁에서 중국의 손을 들어 주었다. 한국의 지지는 중국에 큰 도움이 되었다. 정치에 앞서 체육이 양국의 우정을 쌓는 데 실마리가 된 셈이다.

이후 내가 '90 북경 아시안게임의 한국 선수단장으로 임명되자 북경 아시안게임 조직 위원장과 북경시장과 부시장 등은 나의 선임을 무척 기뻐하고 환영해 주었다. 물론 90년 북경 대회에 앞서 나는 중국의 체육계 지도자와 다양한 교분을 갖고 있었다. 나는 '88 서울 올림픽 때 '국제올림픽스포츠과학학술대회' 위원장을 맡은 바 있다. 이 학술 대회를 단국대 천안 캠퍼스에서 개최하였는데 당시 동독의 체육부 차관과 함께 중국의 체육위원회 장백발(張百發) 부위원장(체육부

서울올림픽스포츠과학학술대회 환영 리셉션에서 박세직 서울 올림픽 조직 위원장, 중재, 사마란치 IOC 위원장

차관급)이 학술 대회 기간 중 처음부터 끝까지 참석하여 대회를 빛내 주었다.

그 당시 친교를 맺은 장백발 부위원장은 1990년 북경 아시안게임 조직 위원회 부위원장으로 있었는데 이후 국제 스포츠 무대에서 나를 만나면 자국의 준비 상황도 설명해 주고 하면서 한국의 적극적인 협조를 당부해 왔다. 1990년도만 해도 중국의 경제적 사정은 그리 좋은 편이 아닌 데다 중국 정부 수립 이후 처음으로 열리는 대규모 국제 스포츠 대회인 만큼 아시아 전 회원국이 참가해 주기를 바라고 기대하였다. 그런데 중국으로서는 이런 대회를 치르는 데 있어서 가장 문제가 되는 것은 차량이었다. 아시아 회원국에서 차량을 생산하는 나라는 일본과 한국밖에 없었다.

한국에서는 북경 아시안게임을 위해서 500대의 차량을 지원해 주었고, 유명 회사들이 중국과 합작 형식으로 대형 식당을 개설하는 사업에 투자를 해 주었다. 그뿐만 아니라 도핑 테스트 기술과 이에 따른 기자재 일체도 우리가 지원해 주었다.

나는 1981년 루마니아에서 개최한 부쿠레슈티 유니버시아드 대회 단장으로 임명된 후 줄곧 캐나다 에드먼턴 대회('83)와 일본 고베 대회('85), 유고슬라비아 자그레브 대회('87)의 단장으로 임명되었다. 대학 총장으로서 대학 운영에도 시간이 아쉬운 형편에 이처럼 4개 대회를 연속으로 단장직을 맡아 나가기는 어려웠다. 그렇지만 나는 정부의 부탁을 거부하지 않았다. 속좁은 사람은 마치 선수단 단장을 하면 무슨 큰 영화를 누리리라 질시하는 이도 있었지만 선수단 단장이란 자리는 그런 위세를 부릴 만한 권한도, 금전적 반대급부도 없는 봉사직이다. 그럼에도 내가 내 시간과 돈을 들여 이 일을 떠맡은 이유는 정부의 고충을 이해하기 때문이었다.

처음 루마니아 대회 단장을 맡은 것은 올림픽 대회 유치 캠페인을 펼칠 때였다. 공산권 체육 지도자와의 접촉과 협조 유도가 절실하기에 이를 실행할 인사가 필요해 내가 임명되었다. 이후 서울 올림픽이 결정된 뒤에는 자칫 동구권 국가들이 북한의 청을 들어 대회 불참을 결정할까 우려되는 상황이었다. 이를 막고 오히려 더 적극적인 서울 올림픽 참가를 도모하고자 외교활동이 필요했으니 외면하기 힘들었다. 나는 젊었을 때나 지금이나 외국어 습득에 열심인 편이다. 외국 사람과 친해지려면 언어를 마음대로 구사하는 것이 최선임을 잘 알고 있다. 그래서 꾸준히 노력을 해 중국어, 일본어, 영어, 프랑스어,

'81 루마니아 부쿠레슈티 하계 유니버시아드 대회에 참가하기 위해 선수단을 인솔하고 출국하는 중재

스페인어, 거기에 에스페란토어를 구사할 수 있다. 세계의 스포츠 지도자를 만나 우리 쪽 입장을 설득하고 도움을 받는 데 이 언어 능력이 큰 강점이 되었다. 그렇다 해도 단장을 하는 것은 때로는 보람만이 아니라 피곤한 일이기도 했는데 이런 일화도 있었다.

루마니아 대회에 단장으로 참가했을 때였다. 선수들의 연습장을 찾았는데 선수들이 물 대신 코카콜라를 마시고 있었다. 나는 너무도 놀랐다. 강훈련으로 온몸이 땀으로 흠뻑 젖은 선수들이 갈증을 느낄 때 물 대신 콜라를 마시는 것이었다. 땀을 흘리고 콜라를 마시면 되는가 하고 선수에게 물었다. 선수와 코치는 너무나도 의외의 대답을 하는 것이었다. 물 대신 콜라를 마시라는 지시가 있었다는 것이다. 알아보니 선수들에게 물을 공급하지 않는다는 것이다.

도대체 어느 무식한 임원이 그런 지시를 하는가 하고 조사를 하였

'85 이탈리아 벨루노 동계 유니버시아드 대회 대표 결단식에서 선수단 단장으로서 인사말을 하고 있는 중재(1985. 2. 5)

다. 그 결과 선수단 임원 중 최고 간부에 있는 이가 지시를 해서 물 공급이 당초부터 거부되고 각 팀별로 물 대신 콜라를 마시라고 했다는 것이다. 그 말을 듣고 나는 대단히 흥분하였다.

대회 기간 중 콜라 회사는 자사 제품을 선전하려 무상으로 콜라를 제공한다. 그러나 휴식 시간이라면 모를까 연습 중에 콜라를 마시면 경기력은커녕 선수들의 건강마저 해칠 수 있는 일이다. 국가대표가 되기 위해 피땀 흘렸을 저 젊은이들, 그리고 부모님의 자랑인 저 선수들에게 이런 무식한 짓을 하는 임원을 두고 볼 수 없다고 나는 분노했다.

본부 임원 한 사람에게 선수단 예산에 물값이 포함되어 있었느냐고 물었다. 물값 예산이 별도로 책정되어 있다고 했다. 그러면 지금 남은 물값은 얼마나 되는가 물으니 관련 예산이 2만 달러인데 한 푼도 사용하지 않고 그냥 남아 있다고 했다. 그럼 왜 선수들이나 코치들이 개선을 요구하지 않았느냐고 했다. 코치와 선수들은 이런 상황을 다 알고 있지만 드러내놓고 항의하거나 개선을 요구할 수 없다고 했다. 체육회 임원이나 연맹 단체의 임원들한테 밉보이면 다음 국제 대회의 임원 선정 시에 탈락되거나 대표 선수 선발에 지장이 있다는 두려움 때문이었다.

그러니 선수, 코치들이 불만이 있어도 모르는 척 참는 것이 관행이고 정히 필요하면 코치나 선수들이 제 주머니를 털어 필요한 물을 사야 했던 것이다. 공교롭게도 대회가 공산권 국가이다 보니 물을 구하기 어려워 이런 전례를 지키지 못하고 공짜로 주는 콜라를 마시며 경기 연습을 하고 있었다.

나는 기가 막혔다. 다시는 우리 선수단에서 이런 일이 일어나지 않도록 이번 기회에 근절을 해야겠다고 결심했다. 더 깊은 사연을 알아보니 선수단 경비는 남겨서 갖고 돌아가야 해당 임원진들이 운영을 잘했다는 평가도 받거니와 이렇게 조성된 돈은 또 나름대로의 사실 구조를 따라 도는 것 같았다. 물론 나는 어디까지나 명예직인 '단장'이고, 그 임원은 실질적인 '운영 책임자'이기에 가능하면 단장이 실무진의 체면을 생각해 모르는 척할 수 있었다. 그러나 나는 이런 일은 참을 수 없었다. 단장이기 이전에 학부모를 만나야 할 교육인이었다.

나는 임원 회의를 열어 이런 행위를 두고 볼 수 없으며 근절시켜야 한다고 공언하였다. 그때가 대회가 막바지에 들어가는 무렵이었다. 내 강경한 입장을 들은 임원들은 "이런 일이 알려지면 체육회도 망신이니 남은 예산을 전용해서라도 다 쓰고 귀국하자."고 건의했다. 물론 그 밑에는 물값을 안 썼다는 증거를 없애고 귀국 뒤에는 다른 변명을 대려는 뜻이 있었다.

나는 물값을 책정하고도 선수들에게 물을 공급하지 않은 이러한 행위는 도저히 용서할 수 없는 일이며 선수들의 피를 빨아먹는 해충과 같은 간부는 몰아내야 한다고 강하게 주장했다. 대회가 끝나고 귀국한 뒤 2만 달러는 그대로 정부에 돌려보냈다. 그리고 해당되는 체육회 임원의 퇴진을 체육협회장과 소속 부서 장관에게 건의하여 체육회를 떠나게 하였다.

우스운 일이지만 이 일로 나도 묘한 보복을 받았다. 어찌 된 영문인지 바덴바덴에서 열린 IOC 총회에 올림픽 유치단으로 가리라는 사전 설명을 받았는데 발표된 명단을 보니 없었다. 알아보니 협회에서 총회에 참가할 인사를 추천하면서 나를 제외한 것이다. 우습고 유치한 일이었지만 묵인하고 말았다. 나중에 1983년 대한체육회 부회장으로 임명된 뒤에도 이에 대한 일은 더 이상 캐묻지 않았다.

우리 가족과 동계 스포츠

이제 10여 일이 지나면 평창 동계 올림픽 유치단이 남아공 더반으로 출정한다.* 서울 올림픽 유치 캠페인에 참여했던 나로서는 유치단의 절박한 심정이 충분히 공감된다. 이명박 대통령이나 조양호 위원장, 이건희 IOC 위원, 정병국 문화체육관광부 장관 등의 고위 임원은 물론이요 김연아 선수까지 위아래 없이 한마음으로 노고를 아끼지 않는다니 좋은 성과가 있으리라 확신한다.

평창 동계 올림픽을 유치하는 일이 국가적 과제가 된 지금의 상황을 보면서 나는 개인적인 감회가 더욱 커졌다. 내 인생 역정에서 동계 스포츠는 떼려야 뗄 수 없는 사연을 갖고 있다.

물론 나는 여러 스포츠를 즐기고 사랑한다. 그중에서도 스키는 내가 가장 즐기는 운동이다. 스키, 스케이팅 같은 종목을 스스로 즐기

*편집자 주 : 필자가 글을 쓸 당시는 동계 올림픽 유치단이 떠나기 전이었다. 이후 평창 동계 올림픽 유치가 확정되었지만 회고록의 취지를 존중해 가감하지 않았다.

기도 하지만 그런 비인기 종목을 단국대에서 집중적으로 육성하도록 투자를 아끼지 않았다. 내 큰사위인 고 김남응(金南應) 교수도 스키 선수 출신이다. 김남응 교수는 한국 스키의 요람이라 할 평창군 대관령 토박이다. 나는 스키를 사랑했기에 대관령을 넘나들었고, 그래서 어린 선수들에게 꿈을 주려 했고, 그렇게 내 큰사위를 얻었다.

내가 남응이(내 사위였고 나는 그를 아들로 생각했으니 달리 붙일 이름도 없다)와 인연을 맺은 것은 그가 강릉중학교 3학년 때였다. 그는 스키의 고장 대관령에서 태어나 도암초등학교와 강릉중학교를 졸업하였다. 그의 부친은 대관령 고랭지 농업 기술자로 평생을 살아온 분이었다. 남응이는 위로 두 형이 있었다. 큰형은 동국대학교 크로스컨트리 스키 선수 출신이었다. 남응이는 초등학교에 입학하기 전부터 스키를 배웠고 초등학교와 중학교 시절에 누구도 따라오지 못하는 소년 스키 선수로 전도 유망한 꿈나무였다. 동계 전국 체전에서 남응이는 스키 알파인 경기 세 종목에서 모두 금메달을 따냈다. 당시 일간지 스포츠면에는 남응이에 대한 기사가 넘쳐 났었다. 중3 선수로서 기량과 기록이 고등학교 선수들보다 월등히 앞섰고 대학 선수들의 기록을 뛰어넘는 실력을 발휘하였기 때문이었다.

남응이가 알파인 활강, 대회전, 회전 세 종목에서 다른 경쟁 선수들에 비해 탁월한 기량을 발휘하는 그 현장에 나는 내 아들과 함께 있었다. 그 경기를 직접 보았다. 내가 그때 경기장에 간 이유는 내 아들의 경기중학교 입학시험 합격을 축하해 주기 위해서였다. 시험 준비를 하느라 힘들었을 아들에게 스포츠를 즐기게 해서 활기를 충전시켜 주려는 뜻이었다.

여기서 나는 1970년경의 우리나라 동계 스포츠 환경을 되돌아본다. 지금은 동계 스포츠가 화려한 조명을 받지만(사실 여전히 일부 종목의 스타 선수에 해당되기는 하지만) 40년 전 한국은 동계 스포츠 불모지나 다름없었다. 우선 제대로 된 스키장이 없었다. 강원도 평창군, 그러니까 대관령의 횡계에 있는 지르메산(지금 용평 스키장이 들어선 일대)이 그나마 경기를 치를 만한 최소한의 규격을 갖고 있었다. 그래서 우리나라 유일의 동계 체전이 지르메산에서 열렸다.

당시 서울에서 대관령에 가려면 버스로 13시간이나 걸렸다. 눈이 와서 도로가 미끄러우면 15시간, 폭설을 만나면 오도 가도 못하고 자동차 안에서 잠을 자야만 했다. 숙박 시설이라고는 횡계 읍내에 열 채도 안 되는 여관이 옹기종기 모여 있을 뿐이었다. 모두 구공탄을 때는 여관이었다. 호텔은 상상도 못 할 일이었다. 우리나라 유일의 스키장이었지만 리프트가 없었다. 스키 선수나 스키 애호가들은 천연의 슬로프에서 스키를 타야만 했다. 눈이 오지 않으면 인공눈을 만드는 기계가 없이시 눈이 올 때까지 하늘만을 바라보며 눈 오기를 기다려야만 했다.

그 후 현대적 시설을 갖춘 용평 스키장이 조성되기 바로 전에 스키 애호가들을 위해 마련된 것이 횡계산장이다. 여기에 처음으로 보일러가 설치된 온돌방이 마련되었고 식당과 커피숍이 생겼다. 내 기억에 그 산장의 1층 거실쯤 되는 로비에 장작불을 피워서 각지에서 온 스키 애호가들이 친교를 나눌 수 있었다. 짐작하건대 당시 대관령에 전국에서 모이는 사람들이 도합 기백 명에 불과했으니 이 산장은 전국 스키 애호가의 겨울철 사교장인 셈이었다. 바로 산장 앞뜰에는 약 50미터쯤 되는 임시 방편의 스키장이 생겨서 초심자들의 사랑을 받기도 하였다.

혹시 서울에 급한 일이 있어 상경을 하려면 횡계에서 강릉까지 내려와 기차를 타야 하는데 밤새 1미터 이상 눈이 내리면 꼼짝없이 갇혀 있어야 했다. 군 공병대의 제설 차량이 눈을 치워 주는데 이것이 여의치 않으면 며칠간이고 꼼짝없이 갇혀 있을 수밖에 없었다. 나는 일주일간 갇혀 있은 적도 있었는데 모두들 여관집에 준비된 식량이 부족하여 걱정을 한 적이 한두 번이 아니었다.

1972년 스키 선수로 활약하던 김남응 군을 찾아 격려하고 있다. 김남응 박사는 국가 대표 스키 선수로 활약하기도 했다.

나는 내 아들을 일부러 이런 곳에 데려왔다. 아직 중학교에 입학하지도 않은 어린이였지만 이런 대자연, 그것도 차가운 눈밭에서 겨울을 나면서 스키를 배우게 하고 싶었다. 설원을 누비며 호연지기를 기르고 체력을 단련하기에는 스키만 한 운동이 없음을 나는 몸으로 배워 알고 있었다.

나는 내 아들을 도암초등학교 스키 담당 교사 집에 의탁하였다. 1970년 동계 체전 당시 예산이 부족한 처지여서 인근 지역에서 오는 시골 학교 선수들은 지도교사 집에서 묵는 것이 일반적이었다. 나도 내 아들을 그렇게 부탁했다. 아들은 세상에 태어나서 부모와 처음 떨어져서 낯선 집에서 지내야만 했다. 중학교 입학 전까지 2달 정도의 여유 시간이 있으니 스키를 어느 정도 숙달시키기에는 넉넉한 기간이었다. 여러모로 다른 환경이니 불편하겠지만 나는 모르는 척했다. 오히려 집 주인에게 간곡히 부탁하였다. 스키를 가르칠 때나, 생활을 시킬 때 다른 스키 선수들하고 어떤 차이도 두지 말라고 했다. 서울에서 온 학생이라고 밥이나 반찬이 주인댁의 평상시 식단과 달라서는 절대로 안 된다고 신신당부하였다.

당시 내 아들은 처음 스키를 배우는 것이었다. 그래서 서울에서 장비를 사 갔는데 국산을 만들지 못할 때라 스키를 일본제 중고품으로 구했다. 스키복은 신품이고 일제이니 모양이 좋아 보였다. 여관에 들어가 비슷한 아이들의 장비를 보니 나는 마음에 걸렸다. 현지 학생 선수들의 스키 장비와 복장은 어느 하나 새것이 없는 것 같았다. 남들이 사용한 것들을 대물림해서 얻은 것 아니면 중고품도 한참된 것들을 산 것이라고 들었다. 스키 대회장에 선수로 등록한 학생들은 대부분 강원도 출신들이었다. 그러니 형편도 어렵고 장비를 수입한 신품으로 쓸 만한 여력이 없는 것이 오히려 당연했다. 장비를 물려받고, 옷은 찢어지면 다시 기워 입고……. 내가 비록 중고품 스키를 아들에게 사 줬지만 마음이 무겁고 미안하기까지 했다. 한창 기량이 늘어날 나이의 선수들이 여건이 미흡해 마음껏 운동을 못 하는 현실이 안타까웠다.

당시 스키 대회를 보면 서울에서 온 몇 선수도 있었지만 강원도 출신 선수들에 비해 실력 차이가 많이 났다. 내가 유럽과 미국에서 본 스키장에 비하면 대관령의 스키장은 스키장이라고도 말할 수 없을 정도로 열악하였다. 일본만 해도 우리와 비교하면 하늘과 땅 차이였다. 스키 선수들을 가르치는 교사들도 외국에 나가서 시합에 참가한 적도 없는 사람들이고 외국의 시설 좋은 환경에서 코치 강습을 제대로 받은 지도자도 없었다.

아무튼 선수나 아마추어나 다들 어렵게 스키를 배우고 즐기던 시절이었다. 그해, 그러니까 1970년 겨울에 내 아들은 그렇게 스키에 입문했다. 나중에 데리러 가니 아들은 현지 선수들하고 친구가 되어 있었다. 또한 원래 소박한 아들의 성품에 더해서 그런지 선생님의 가르침을 잘 따르고 생활도 질박하게 한마디 불평 없이 잘 지내고 있었다. 물론 이후 성장을 하면서도 내 아들은 사치나 과소비를 하여 부모를 실망시킨 적이 한 번도 없었다. 어쩌면 이런 품성도 스키를 통해 다져진 소득인지도 모른다.

나는 이 과정에서 선수는 물론 현지 학부모들을 적잖게 만나게 되었다. 열악한 환경에서 자녀들에게 스키를 장려하는 학부모들의 정성에 나는 감동하였다. 경제적으로 정말 어려운 형편인데도 아이들에게 중고품 스키를 구해 주고 생계를 걱정하면서도 자식들을 선수로 키우느라 뒷바라지하는 '대관령 학부모'의 스키에 대한 열정은 나를 숙연하게 했다.

나는 아들뿐만 아니라 아내와 딸 셋에게도 스키를 타도록 권했다. 그래서 우리 가족은 모두가 스키를 배웠다. 물론 지금처럼 무슨 리조트나 휴양의 수준이 아니었다. 당시 스키장은 너무 열악해 스키를 각

1982년 대관령을 찾아 스키를 즐기고 있는 중재

자 어깨에 메고 눈길을 30분 내지 40분은 걸어야만 슬로프에 도달하였다. 기온이 내려가고 한파가 몰아치는 날에 스키를 메고 슬로프 정상까지 올라가는 일은 쉬운 일이 아니었다. 그러나 정상에서 스키를 타고 내려오는 데는 불과 1, 2분밖에 안 걸린다. 다시 스키를 메고 30분을 올라가야 한다. 초심자로서 이것을 종일 반복하면 보통 피곤한 것이 아니었다. 그래도 나는 강행을 시켰다. 내가 자녀들에게 스키를 가르친 것은 바로 이런 자연에 대한 복종심과 역경에 대한 개척 정신을 길러 주고 싶었기 때문이었다.

당시 내가 세계 각국을 돌아보면 눈이 오는 나라는 대부분 잘살았다. 그러나 중국과 북한 그리고 우리나라만 못사는 나라 측에 속한다고 생각하였다. 그리고 동계 스포츠에 대한 관심이나 애호도가 없었다. 나는 언젠가 지금처럼 한국이 경제성장을 이루면 분명히 다른 선진국처럼 동계 스포츠, 그것도 스키를 좋아하게 되리라 생각했다. 그러면 당연히 올림픽이나 세계 대회에 나가서 좋은 성적을 올려서 이를 앞당겨야 하는데 당시 같아서는 도무지 미래를 기약할 수 없었다. 나는 대관령을 넘나들면서 설원 위에서 땀 흘리는 꿈나무들을 직접 보고, 같이 운동했다. 그래, 저 아이들이 꿈을 이룰 수 있도록 힘이 되어 주자고 결심했다. 저들 꿈나무를 길러서 세계 무대에 올려 세우면 분명히 선진국들이 한국을 다시 보고, 그러면 동계 스포츠도 더 인기를 얻을 것이라 믿었다.

나는 한 번 한 결심은 뒤로 미루지 않는다. 우선 도암초등학교 교사에게 갔다. 앞에서 말한 남웅이, 그러니까 중3 학생으로 스키 3관왕인 김남웅 군을 서울로 데리고 가서 스키 선수로 키우고 나중에 좋은 스키 지도자의 길을 가도록 하고 싶다는 뜻을 말했다. 내 뜻을 김남웅 군 본인과 그의 부모님에게 전해 달라고 부탁했다. 며칠 후에 김남웅 선수의 부모님을 만날 수가 있었다. 그의 부모는 나의 제안에 동의하였고 나는 김남웅 군을 내 자식처럼 키워서 성공시키겠다고 약속을 했다. 김남웅 군이 중학교를 졸업하자 단국공고에 입학시켰다. 그리고 우리 집으로 와서 살게 했다. 남의 귀한 자식을 홀로 서울에 살게 할 수 없었다. 처음부터 우리 집에 데리고 있을 작정이었다. 남웅이는 내 자식들하고 똑같이 생활하며 공부하고, 운동했다. 그는 고등학교에 입학하면서 스키 선수로서 그의 실력은 한 차원 높아졌다. 기량이 대학 선수와 맞먹을 정도로 향상되었다. 동계 스포츠 시즌이 되면 언론 기사는 남웅이에게 집중되었다.

내 슬하에는 4남매의 자녀가 있다. 남웅이를 데려왔을 때 당시 큰딸 말고 제일 큰 아이가 13세, 남웅이가 15세였다. 당연히 김남웅이가 장남 위치에 서게 되었다. 남웅이는 머리가 명석한 편이었다. 대학에 들어와서도 남웅이의 실력은 타의 추종을 불허했다. 체육인으로서 지도자가 되려면 외국 유학을 하는 것이 좋겠다는 생각으로 나는 남웅이에게 독일어를 가르쳤다. 독일은 남웅이가 공부하고 싶은 건축학 분야의 선진국이고, 동계 스포츠가 발달한 북유럽도 독일어를 공용어로 채택한 나라가 많다. 장차 대학을 졸업하면 독일로 유학을 보내겠다는 생각으로 기초 독일어는 내가 가르쳤다. 중급과 고급 독일어부터는 가정교사를 붙였다. 남웅이가 건축학과에 입학하였을 때 그는 이미 건축학에 관한 독일어 원서는 다 해득하였다. 그리고 이후 내 장녀와 혼인의 연을 맺고 부부가 되었으니 나는 스키로 사위를 얻은 셈이었다.

한편, 선수로 맹활약하는 남웅이를 보면서 다시 동계 스포츠 현실을 생각했다.

"저렇게 좋은 재목을 길러 내면 뭐하나……."라는 한탄이 절로 들었다. 당시 우리나라에서는 스키 지도자를 양성하는 시스템이 없었다. 해외 연수도 물론 없었다. 그뿐만 아니라 외국인 스키 코치를 데리고 올 형편도 못 되었다. 대한체육회에는 동계 스포츠를 한 이사들이 전무하다고 할 정도였다. 세계 동계 스포츠의 실상과 그 중요성을 인식하지 못하고 있으니 꿈나무를 키울 생각도 없었다. 동계 스포츠에 대한 그 어떤 정책 수립이나 대책도 없었다.

나는 독자적으로 단국공고와 대학에 스키부를 만들었다. 남웅이 같은 대관령의 꿈나무들을 육성하기 위해서였다. 과거 동계 올림픽에 나갔을 만큼 훌륭한 선수였던 임경순 선생을 찾았다. 그는 당시 명성여고 체육 교사로 있었다. 임경순 선생을 우리 대학에 초빙하여 스키부를 창설하고 대관령 꿈나무들을 입학시켜 육성하도록 하였다. 임경순 선생은 우리나라 최초의 국제 스키 선수권 대회에 출전한 경력을 가진 선수 출신이었다. 선수 생활을 끝내고도 공부를 쉬지 않아 스키 이론에 매우 박식한 사람이었다. 그분의 지도하에 남웅이의 실력은 더욱 향상되었고 뒤를 이어 고태현, 어재석 등을 데려왔다. 그들 모두 한국을 대표하는 스타로 육성하였다.

긍정의 힘으로 일군 동계 스포츠 강국의 꿈

우리 선수들이 한국에서만 연습하기에는 환경과 조건이 열악하였다. 그래서 나는 이들을 일본 나가노현(長野縣, 동계 올림픽 개최지)의 스키장으로 보냈다. 아울러 일본의 유명한 스키 지도자의 지도를 받도록 하였다. 우리 대학 선수에게만 해외 전지훈련을 시킨 것은 아니었다. 시합에서 좋은 성적을 얻은 초등학생, 중학생까지도 선발하여 해외 훈련에 참가시켰다. 나 혼자 이들을 뒷바라지하다 보니 재정이 넉넉지 않았다. 내가 아쉬운 소리를 잘 하지 않는 성격이라 힘들었지만 젊은 선수들을 생각하면 힘이 났다.

이렇게 도움을 받고, 또 돈을 모아서 나는 강원도의 스키부가 있는 초등학교와 중학교에 장비를 지원했다. 우리 대학만이 아니라 다른 학교도 힘을 내야 한국 동계 스포츠 선수층이 두터워지기 때문이었다. 나는 일본에서 200대의 스키를 가지고 와서 무상으로 보급하여 주었다. 이 일이 실현되는 데 체육계 원로이자 문교부 장관으로 있던 민관식 박사의 후원이 절대적이었고, 나의 오랜 친구인 새일 교포 배기욱 사장의 물심양면의 지원이 다대하였다. 돈을 들여 장비를 사 오는 데 여간 어려움을 겪지 않았다. 세관 당국은 스키 장비를 사치품으로 간주하여 과다한 세금을 부과하였다. 또 이를 해결하느라 동분서주했던 기억이 새롭다.

처음 해외 전지훈련에 가서 해발 3,000미터에 있는 스키 슬로프 정상에 우리 선수들을 내려놓았을 때 한국 선수들은 아예 스타트를 하기 힘들어했다. 이런 길고 가파른 슬로프를 처음 구경하거니와 그 경사도를 눈으로 마주하면 공포감을 갖기 때문이다. 그들은 처음에 상당히 겁을 먹고 한국에서 배우고 익힌 기량조차도 발휘하지 못하였다. 그러나 하루 이틀이 지나 일주일째 되자 우리 꿈나무 선수들의 기량은 상승하였다. 한 달이 지나서 일본 선수들과의 경기에서 비록 우승은 하지 못했으나 일본 최고 선수들과 어깨를 나란히 할 수 있다는 자신감을 얻었다. 더구나 일본 최고의 코치들은 우리 선수들이 잘못 익힌 기법을 고쳐 주는 데 정성을 다하여 지도하여 주었다. 나는 이에 자신을 얻어 유럽 전지훈련을 기획하였다.

유럽 알프스의 스키장은 고산 지대에 있는 데다 날씨가 일본에 비해서 추웠고 눈의 성질이 한국이나 일본과는 딴판이었다. 즉 유럽 슬로프의 설질은 우리나라보다 딱딱해서 얼음판이 많았다. 한국과 일본에서만 익힌 스키 기술로는 빙판 슬로프를 돌파하는 데 기술적 어려움을 겪기 마련이었다. 세계적 선수를 길러 내는 데 한 대학의 힘으로는 한계가 있었다. 그러나 인내심을 가지고 좋은 선수를 길러 낼 수 있는 환경과 조건이 마련될 때까지라도 우리 대학이 독자적인 투자를 해 나가기로 결심하였다.

유럽 전지훈련에서 우리 선수들은 자신들의 결점이 무엇이라는 것을 곧 발견하였고 유럽 코치의 지도 아래 한국과 일본에서 잘못 익힌 결점을 털어 내는 데 큰 힘은 들지 않았다. 문제는 소수의 꿈나무 육성만으로는 동계 스포츠의 저변이 확대될 수 없으며 선수층이 얇으면 좋은 꿈나무들을 육성할 수 없다는 것이었다. 더구나 체육회 지도부의 동계 스포츠에 대한 인식 부족으로 국제 대회에 선수 한두 명을 파견하고 상위권에 들지 않으면 그다음 해에는 국제 대회에 참가할 선수들을 협회에서 선발해 놓고 해외 출전을 금지시키는 사례가 허다한 실정이었다.

나는 이를 고치려 대한체육회에 갔다. 일제시대 럭비 선수 출신의 김종렬 회장은 스키 선수를 해외에서 열리는 국제대회에 참가시키자는 건의에 늘 반대만 하였다.

내가 국제 대회 참가의 필요성을 얘기하면 그분이 하는 말이 "그깟 놈들 국제 대회에 내보내면 뭘 해! 꼴찌에서 몇 번째 서는 놈들, 돈 버리고 보낼 필요가 없어요!"

실적 중심으로 스포츠를 바라보는 체육인이라니, 이래서는 한국 스포츠가 장기적으로 발전하기 어렵다는 생각에 울컥했다. 그래서 나는 그분에게 직격탄을 쏘았다.

"회장님, 스키장이 있는 대관령에 한 번이라도 가 보셨습니까? 외국의 스키장이나 스케이트장이 얼마나 좋은 시설을 갖춰 놓고 선수들을 육성하는가 보고 오셔서 말씀하세요. 그깟 놈이라니요. 말씀이 과하십니다. 동계 스포츠에 대해서 잘 모르시면 반대를 하시기 전에 자문이라도 받으셔서 실상을 알고 말씀하십시오. 함부로 스키 선수들을 그깟 놈이라고 말하지 마세요!"

대화가 이렇게 흐르니 분위기가 좋을 수 없었다. 선수들의 해외 파견 문제를 놓고 나는 김 회장과 대판 언쟁을 벌였다. 나는 물러서지 않았다. 대한체육회 회장이 반대한다고 뜻을 꺾을 수 없었다. 원로들을 찾아 호소하고, 정부에 예산 배정을 해 달라 호소했다. 김 회장도 나중에 자신의 선수 파견 반대론을 접고 내 건의를 받아들였다. 나중에 김 회장과 화해를 한 뒤 이 일을 회상하며 웃기도 했다.

선수만 키울 것이 아니라 학생들에게 동계 스포츠를 보급하는 일도 중요했다. 나는 우리나라에서는 처음으로 단국대 체육과에 전공 선택 과목으로 스키와 빙상 과목을 집어넣었다. 스키 강습과 실습용으로 일본에서 스키 60대를 들여왔다. 반은 재일 교포 친구인 배기욱 사장이 기증하고 반은 대학에서 교비로 구입하였다. 그리고 일반 학생과 교직원에게도 스키 강습을 받을 기회를 만들어 주었다. 모든 것을 무료로 하였다. 우리 대학 교직원과 학생들을 위한 스키 강습에 많은 교직원의 가족과 학생들이 참가하였다. 이 인원수는 해마다 기하급수적으로 증가하였다.

내가 체육학과에 스키와 빙상을 전공 선택 과목으로 집어넣으라고 지시하자 학과장인 유인현 교수는 심하게 반대하였다. 그리고 임경순 선생을 학과 전임으로 특채하라고 지시하자 이번에는 더욱 크게 반발하였다. 내가 나서지 않을 수 없었다.

"유 교수님, 스키나 빙상을 직접 타 보지 않았으니 종목에 대한 이해는 부족할 수 있겠죠. 또 그런 종목이 가진 강점도 모를 수 있습니다. 그러나 같은 체육인으로 하계 스포츠만이 아니라 동계 스포츠도 장려해야 하고, 균형 있게 발전해야 하는 것은 당연한 일 아닙니까? 내가 특별히 지금 이런 종목에 투자하는 건 내가 그런 종목만 편애해서도 아니고 뭘 바라서도 아닙니다. 하계, 동계 스포츠 모두 균형 발전을 시키자는 사명감 때문입니다."

물론 유 교수님도 이를 이해했고 대학 차원에서 스키, 빙상 종목을 육성하는 데 많은 도움을 주었다.

한편 나는 스키부를 한국 최강의 전력을 갖추고 정상의 위치에 올려놓은 뒤 빙상부를 만들도록 했다. 1976년 빙상부를 창단하면서 스키부를 육성한 같은 방식으로 선수들을 데려오고 중점 육성했다. 고교 유망주 나윤수 선수와 배기태 선수가 그렇게 단국대에 들어왔다. 나는 빙상부 지도자들에게 "그들이 단번에 세계적 선수가 될 수 없더라도 등수에 매달리지 말아 달라."고 당부했다. "그의 후배들이 좋은 선배들을 보면서 장차 세계적 빙상 선수가 될 수 있다는 희망과 자신을 가질 수 있도록 가르치라."고 격려했다. 단기적 성적보다 저변에 있는 어린 선수들이 희망을 가져야 장기적으로 선수층이 두터워지고 그래야 좋은 선수들이 길러진다는 소신을 전수하고 싶었다.

나는 총장 직책을 수행하면서도 겨울철에는 빙상장과 스키장에 가서 현지에서 훈련하는 선수들을 격려하면서 동계 스포츠 지도자들과 많은 대화를 나누었다. 그렇게 현장을 지켜보다가 우선 스피드 스케이트 선수 일부를 쇼트트랙 선수로 전환시켜 세계 무대에 도전시키기로 작심하였다.

사실 빙상 레이스는 아무래도 체격과 체력이 좋은 유럽과 북미계 선수들이 유리할 수밖에 없다. 그렇지만 쇼트트랙은 코너워크가 생명인데 순발력이 좋은 한국 선수들에게 아주 적합한 종목이었다. 여기에는 또 다른 역설적 원인이 있다. 우리나라는 빙상 경기장이 많지 않아 대회를 하면 초등부에서는 선수들을 레인에 맞춰 배치하지 않고 한꺼번에 출발시키곤 한다. 그러니 어렸을 때부터 우리 빙상 선수들은 '스타트', 즉 상대방 선수보다 먼저 어깨를 집어넣어 좋은 레인을 선점하려는 노력을 기울이기 마련이다. 그러니 우리나라 선수들은 몸싸움이 어느 정도 허용된 쇼트트랙에 적응하기가 쉬웠다.

한국적 특성에 맞는 쇼트트랙을 길러 보자는 의지로 한국 최초로 단국대에 쇼트트랙 팀을 구성하였다. 여기에 처음으로 등장한 선수가 김기훈이었다.

처음 생긴 쇼트트랙 종목에 생소해 할 뿐 국민들은 별로 관심이 없었다. 그러나 이들 선수들이 국제 경기 대회에서 몸집이 큰 유럽 선수들을 물리치고 1등, 2등, 3등 모두 최상위권에 입상함으로써 한국 선수들의 위상을 굳혔던 것이다. 처음에는 올림픽에 쇼트트랙 종목이 정책 시범 종목으로 선정되었으나 경기 자체가 스피드 종목보다 흥미롭고 스릴이 있으며 재치가 돋보이는 종목이라서 대중의 관심을 끌기 시작했다. 머리가 좋은 선수들이 기량을 발휘하면서 경기를 치르는 것이 매우 흥미롭고 머리가 둔하고 순발력이 없는 선수는 이 경기를 해낼 수 없다는 것을 일반 팬들이 인식하면서 국민들로부터 사랑을 받는 종목으로 한몫을 보게 된 것이다. 처음 쇼트트랙 종목이 올림픽 대회의 시범 종목으로 채택될 때부터 한국 선수들은 눈부신 기량을 발휘하여 전 종목에서 남녀 모두 최고의 성적을 내고 우승하였다.

곧 올림픽 정식 종목으로 채택되어 한국 선수들은 국제 올림픽 대회와 세계 선수권 대회에서 남녀 공히 최고의 성적을 올렸다. 그리고 동계 올림픽에서 우리나라 선수들이 최초로 금메달을 획득하였다. 선수들을 선발해서 훈련시킨 지 몇 년도 되지 않아서 한국은 최강국의 실력임을 김기훈이 입증하였다.

단국대가 키운 스키와 빙상의 꿈나무들이 세계 무대에서 훨훨 나는 모습을 보며 "그깟 놈들 돈 써 가면서 국제 대회에 내보내면 꼴찌만 하는 놈들 무엇하러 보내는가!"라고 호통을 치던 김 회장도 비로소 마음을 열었다.

빙상 종목과는 별도로 스키의 경우 나는 남웅이를 대학 4년 동안 기회가 닿는 대로 전지훈련을 보냈다. 한국에서는 그를 따라잡을 선수가 없었다. 그러나 그의 선배들이 해외 경기 대회에서 입상권에 들지 못하자 그다음부터 국제 대회에 참가하는 것 자체도 허락하지 않았다. 그렇다고 머리가 굳은 선배 체육계 간부들과 싸울 수도 없었다. 체육계에서 남웅이가 내 아들과 같다는 것은 주지의 사실이었다. 자칫하면 마치 내 아들 편의를 돕는다고 선수들 해외 파견을 고집하는 양 오해받는 일이 싫었다. 결국 나는 '김남웅 선수'를 경기인으로, 체육 지도자로 키우기를 포기했다. 대신에 건축학자로 키우기로 마음을 돌리고 유학을 보냈다. 남웅이는 독일 담슈타트 공과대학에서 한국인으로서는 최초로 건축학 박사 학위를 획득하였고 이후 대학 교단에 섰다. 보람찬 교수 생활을 하던 김남웅 교수는 2008년 3월에 불의의 병으로 세상을 달리했다.

나는 지금도 겨울이면 슬로프에 오른다. 청소년 스키 대회를 개최하기도 한다. 하얀 눈으로 덮힌 설원을 한창 때처럼 누비지는 못하지만 그 위에는 동계 스포츠에 대한 내 열정과 가족에 대한 내 사랑이 아직도 여전히 숨쉬고 있다.

남웅이도 그렇지만 그 뒤를 이어 단국대에 입학한 고태현, 어재석 등은 한국 스키를 대표하는 걸출한 선수들이었다. 나는 이들을 단국대에 데려와 최고의 선수로 키웠다. 그들은 모두 김남웅 다음을 이어 한국 최고의 알파인 스키 선수가 되었다. 알파인 선수들만을 육성하는 데 힘을 쓴 것은 아니었다. 크로스컨트리에도 많은 선수들을 유치하여 선수들을 길렀으나 눈이 부족한 우리나라에서는 크로스컨트리 운동을 연습할 코스가 없었다. 눈이 온다 해도 이내 기온이 오르면 녹아서 달릴 수가 없었다. 최소한 일본에라도 전지훈련을 시켜야 하는데 한 대학의 예산으로는 대단히 어려운 일이었다.

이들 꿈 많은 동계 스포츠 선수들은 불우한 시대를 만났다. 동계 스포츠에 무지한 체육계 최고 정책 수립자와 집행자들로 인해 국제 대회에 참가할 기회가 너무도 적었다. 항상 예산 부족이라는 이유였다. 과연 그랬을까.

나는 단국대를 통해 스키, 빙상만이 아니라 럭비, 조정, 씨름 같은 비인기 종목을 집중 육성했다. 단국대가 부자 대학이라서, 내가 돈이 많아서가 아니었다. 그것은 사명감이었다. 운동장에서, 눈밭에서, 얼음판에서 눈물과 땀을 아끼지 않는 선수들은 그 자체로 아름답다. 그들의 아름다운 꿈을 길러 주고 키워 주는 것은 우리 사회가, 정부가, 그리고 나 같은 기성세대가 할 일이다.

전국 대회를 석권한 단국대 씨름부(왼쪽에서 세 번째 이준희 장사)

비록 선배들은 불운한 시대에 운동을 했지만 그 속에서 거둔 성과는 경이롭다. 단국대에서 길러 낸 선수들이 역대 동계 올림픽에서 따온 금메달만 11개이다. 나는 메달보다 그토록 어려운 환경에서 땀 흘린 그들의 패기와 진취적 기상이 놀랍고 자랑스럽다.

매사에 긍정적인 사고가 성공을 가져온다고 나는 믿는다. 한국에서는 세계적인 피겨 선수가 나오지 못한다고 장담하던 체육계 선배들의 부정적 사고로는 김연아 양 같은 인재를 발견할 수가 없었다. 김연아 양 어머니의 안목과 투지가 그의 딸을 세계적인 피겨 스케이팅 선수로 육성한 것이다.

몇 년 전 나는 고등학교에 다니며 이제 막 국제 무대에 등장한 박

태환 선수를 알게 되었다. 태환 군을 데려와 우리 대학에서 육성하자고 제안을 했을 때 한국 수영 선수는 세계적인 선수가 되기 힘들다고 공연한 수고를 하지 말라며 나를 말리던 분들이 지금은 내 앞에서 입을 열지 못한다. 매사 부정적으로 세상을 보는 사람은 길게 보지 못하고, 그러다 보면 큰 성공을 거두지 못하기 마련이다.

이제 10여 일만 있으면 평창 동계 올림픽 유치 여부가 결정된다. 1차, 2차의 실패를 겪었고 여러 원인이 있었겠지만 결국은 우리가 그동안 동계 스포츠에 투자한 열정이 모자랐던 점을 꼽고 싶다. 이제 3차는 성공할 수 있을까? 무엇보다 유치단 멤버들이 그동안 동계 스포츠에 많은 애정을 기울였던 분들이라는 점이 안심이 된다. 결과를 점치는 것은 경박스러운 일이다. 다만 긍정적으로 동계 스포츠의 미래를 보고, 지금보다 더 큰 열정을 기울여 준비하려는 자세가 중요하다고 생각한다. 그런 점에서 이번 유치단의 힘과 우리 한국 체육계의 저력을 믿고 싶다.

V

통일의 꿈 싣고 백두산까지

겨레의 소망, 단일팀을 만들다

남북 체육 회담의 발자취

우리 민족이 남북으로 분단된 후에도 체육 회담과 스포츠 교류는 지속적으로 시도해 왔다. 물론 남북한의 스포츠 교류가 체육을 통한 평화통일 성취라는 순수한 의미만을 지닌 것은 아니었다. 남북의 정치적 상황 변화에 따라 많은 갈등이 발생했고 체육 회담과 스포츠 교류 역시 남북 대결과 체제 경쟁의 수단으로 이용되기도 하였다.

그러나 남북 체육 회담과 교류는 반세기 동안 분단으로 이질화되어 있는 한민족의 동질성과 정체성을 확인하는 장이 되기도 했다.

최초의 남북 체육 회담은 북한의 제의에 따라 IOC 중재로 1963년 스위스 로잔에서 이루어졌다. 1963년 1월 24일 스위스 로잔 IOC 본부에서 최초로 올림픽 참가를 위한 체육 회담이 열렸다. 그 후 홍콩에서 회담을 두 차례 가졌으나 단일팀 구성은 성사되지 못했다. 북한은 그들의 당초 의도대로 IOC 정식 가입과 동경 올림픽 단독 참가권을 따냈다.

두 번째 남북 체육 회담은 1979년 2월 27일부터 3월 12일까지 4차례에 걸쳐서 판문점에서 열렸다. 이 회담은 평양에서 열리는 제35회 세계 탁구 선수권 대회 남북 단일팀 구성을 위한 회담이었다. 1979년 2월 20일 북한 제의에 의해 4차례에 걸쳐 판문점에서 회담을 가졌으나 역시 예상대로 결렬되고 말았다.

이 회담은 애초부터 실현 가능성이 없는 것이었다. 대회가 두 달도 남지 않았을 뿐 아니라 대진표 추첨일이 불과 20여 일밖에 남지 않은 상황이었기 때문이다. 이 회담도 결국 평양 탁구 대회에 한국팀 참가를 원천 봉쇄하기 위한 북한 당국의 정당하지 못한 정치적 술책의 희생물이 되고 말았다.

1980년대에는 3건의 남북 체육 회담이 있었다. 84년 LA 올림픽과 88년 서울 올림픽, 그리고 90년 베이징 아시안게임 등의 대회에 남북 단일팀 구성을 위한 회담이 열렸다.

나는 서울 올림픽 남북 단일팀 구성을 위한 로잔 회담에 한국 측 차석 대표로 참가하였는데 총 5차례의 회담이 있었다. 베이징 아시안 게임 회담에는 내가 수석대표로, 당시 한양대 교수로 있던 이학래 박사가 차석 대표로 참가해 9차례에 걸쳐 회의가 열렸다.

내가 처음으로 남북 체육 회담에 참가한 것은 '88 서울 올림픽 남북단일팀 구성을 위한 회담이었다. 사마란치 IOC 위원장은 1985년 2월 1일 "남북한이 동의하면 체육 회담을 주재할 용의가 있다."는 내용의 공식 서한을 양쪽에 발송했다. 올림픽이 평화를 지향하는 국제 행사이니 양측이 거부할 이유가 없었다. IOC는 같은해 10월 8일부터 IOC 본부(스위스 로잔)에서 개최한다고 발표했다.

한국 측에서는 김종하 KOC 위원장이 수석대표를, KOC 부위원장인 내가 차석 대표를 맡았다. 그밖에 우리 측에서는 최만립 위원, 이종하 위원, 임태순 위원, 남정문 위원 등이 참여하였다.

북측은 김유순 NOC 위원장, 차석은 진충국 북한 NOC 부위원장, 한장은, 안만복, 조명황, 장웅 위원 등이었다.

회담은 IOC가 정한 대로 4차례 진행되었다. 회담의 핵심 사안은 서울 올림픽 경기를 북한에서 분산해서 열고, 경기 종목도 이에 맞게 배분하는 일이었다. 북한의 요구는 올림픽 전 종목의 50%를 배분해 달라는 것이었다. 대회 명칭을 제24차 조선 평양·서울올림픽 대회로 하고 평양 조직 위원회를 별도로 설치할 것을 주장했다. 물론 이런 요구는 너무 무리여서 한국이 아니라 국제 여론도 긍정적이지 않았다. 그러다가 북한은 8종목 개최, TV 방영권, 개폐회식의 남북 공동 실시 등을 주장하다가 결국 올림픽 불참을 선언함으로써 물거품으로 만들었다.

사실 북한은 올림픽을 개최할 만한 의지가 없었다. 지금도 그렇지만 올림픽을 하면 전 세계의 젊은이만이 아니라 대규모의 해외 언론이 일거에 북한으로 들어가야 한다. 이들을 일일이 다 관리 감독하는 일은 불가능하다. 개방을 결심하지 않는 이상 이 같은 초대형 대회를 유치하고 운영하리라는 기대를 할 수 없었다.

북한으로서는 서울 올림픽에 동구권, 공산권 국가가 대거 참가한다는 것이 불안했고 이를 막을 외교적 명분이 필요했다. 거기에 자신들도 불참을 해야 하니 남북한 체육 회담의 결렬은 정치적으로는 이미 예정된 일이었다.

우리 측은 서울 올림픽이 역대 최대 규모로 열리길 희망했다. 당시 소련, 중국, 동구권 국가들이 참가해서 한국에 국교 수립의 문을 여는 계기가 되길 기대했다. 따라서 사회주의권 국가들이 북한을 의식한 부담을 덜도록 명분을 쌓는 데 치중한 측면도 없지 않았다. 그렇다 해도 당시 회담 차석으로 진행 상황을 보면 북한이 조금 더 전향적인 자세를 보인다면, 그리고 우리가 좀 더 양보하고 적극적으로 유도한다면 실질적인 성과를 얻는 일이 불가능하지 않다는 생각을 했다.

"단가는 아리랑으로 합시다."

1988년, 서울 올림픽을 앞두고 취임한 노태우 대통령은 남북 문제를 '민족 공동체'의 시각에서 보자고 했다. 남북한을 휴전 상태의 적국으로 상호 인식하지 말고 한핏줄이라는 점에 더 무게를 두고 교류를 해 나가자는 메시지였다. 이에 대한 화답이라도 하듯 북한에서는 1988년 12월 21일 자로 '90 베이징 아시안게임에 남북 단일팀을 구성하기 위한 체육 회담을 제의해 왔다. 이 같은 제의에 대해 그동안 북한이 보여 온 불성실한 회담 태도로 볼 때 그 진정성을 의심할 수밖에 없었지만, 가능한 모든 기회를 활용하자는 생각으로 제의를 받아들였다.

정부는 이 회담의 남측 수석대표로 나를 임명했다. 각 대표들을 선정하고 회담을 준비하기 위한 예비 학습의 하나로 1984년 LA 올림픽 단일팀 구성을 위한 회담 장면을 비디오로 보여 주었다. 보도용 녹화와 달리 회담 자료용 녹화는 분석을 위해서 회의 광경을 샅샅이 기록해 놓았다. 회담 장면을 보니 내용이 충격적이었다. 회담을 하다가 의견 대립이 생기면 차분히 토론을 하는 것이 아니라 고성을 지르다가 이윽고 욕설이 나오고 결국은 성냥통이나 재떨이를 던지고, 깨트리는 살벌한 장면도 있었다.

아마도 회담을 결렬시키는 전술의 하나인 것 같기도 했고 북한 측이 사전 의도하여 회담장을 살벌하게 만드는 '기죽이기' 작전이 아닌가 생각했다. 물론 남한은 북한의 이런 자세에 한 술 더 떠야 하는 것이 또 다른 전술이었다. 회담장에서 기가 죽어 그들의 거친 언행에 휘말리면 결코 안 된다고 했다. 말하자면 남북한이 휴전 중이니 회담장에서라도 상대방에 밀리면 전쟁에 지는 것이라 생각하고 있었다.

나는 이 회담의 광경을 보고 나서 많은 생각을 했다. 물론 회담을 보니 북한이 도발적이고 거칠게 발언을 하면서 한국을 비난하는 일이 일반적이었다. 그러나 이를 반박하기 위해 우리도 똑같이 한다면 이는 한국의 자존심을 지키는 것이 아니라 똑같은 사람이 되는 일이라고 생각했다. 내가 교육자인데 국가를 대표하는 회담에서 인신 공격, 욕설, 기물 파손을 한다면 어떻게 학생들을 볼 수 있겠는가. 나중에 우리 후손들이 이 광경을 보면 조상들을 어떻게 볼 것인가.

나는 김집 체육부 장관을 찾아갔다. 그리고 남북 체육 회담 영상자료를 본 소감을 솔직하게 털어놓았다.

"장관님, 회담을 저런 식으로 하라면 나는 못 합니다. 아무리 북한

이 불손한 행동을 하더라도 우리는 지성적이고, 담백하게 회담을 끌어가야 합니다. 그런데 저렇게 비지성적으로 회담을 끌어가야 하니 저는 교육자로서 자신이 없습니다. 제가 수석대표직을 사양할테니 적합한 이를 골라 주세요."

김집 장관이 강하게 만류했지만 나는 뜻을 굽히지 않았다.

"회담 대표로 이미 언론 보도까지 나왔는데 이제 와서 그러면 안 된다."고 했다. 나는 또 한 번 사퇴 의사를 밝히고 물러났다. 김 장관은 다시 나를 만류하였다.

내가 이렇게 공표된 수석대표 자리를 사퇴하겠다고 나선 데는 이유가 있었다. 당시 회담을 진행하면 그 뒤에서 회담을 관찰하는 분석가들이 있었다. 이들이 수시로 쪽지를 넣어 각 대표들에게 북측의 발언이나 행동에 대응할 내용을 전달한다. 점잖은 체면에 대표들이 욕설을 하는 데는 이 쪽지의 역할이 컸다. 물론 그 지침에는 '이에는 이, 눈에는 눈' 식의 강경 대응이 주조를 이뤘다. 그러니 의견이 대립되면 북한이든 한국이든 점점 분위기가 격앙되어 나중에는 성냥통을 집어 던지는 추태가 나오는 것이다. 나는 사실 이런 회담 배후의 쪽지를 차단하고 싶었다.

회담의 결과가 좋지 않더라도, 북한이 정치적으로 회담을 이용하려 불순한 정책과 공작을 전개한다고 하더라도 나는 무지하고 비지성적인 언행을 따라갈 필요가 없다는 점을 사전에 확인받고 싶었던 것이다. 결국 이런 회담 진행에 대한 수석대표로서의 재량을 인정받고 나는 회담을 준비하기 시작했다. 정부 역시 대통령의 새로운 남북 문제 해결 방안이 공표되어서 회담 대표단에게 최대한 신축성 있게 진행하도록 했다. '형식적' 회담이 아닌 '실질적' 회담을 만들 수 있다는 자신이 생겼다.

회담은 1989년 3월 9일부터 시작했다. 1차 회담은 판문점 남측 지역 '평화의 집'에서 열렸다. 회담 대표 상호 간 인사를 나눈 뒤 북측 김형진 수석대표가 먼저 기조 발언을 했다.

그는 기조 발언에서 "반만 년의 유구한 세월, 하나의 강토 위에서 화목하게 살아온 우리 민족이 외세에 의해 강요된 분열의 고통만도 헤아릴 수 없는데 우리 체육인들마저 국제 경기에 나가 서로 맞서 승벽내기를 하는 것은 민족의 수치이기도 하다."고 전제하면서 12가지

1989년 3월부터 남북한은 북경 아시안게임 단일팀 구성을 위한 남북 체육 회담을 가졌다. 이 회담은 해방 뒤 비정치 분야에서는 남북 간 합의로 이뤄진 최초의 회담이라는 점에서 국제적인 관심을 받았다. 1차 회담에서 양측이 상견례를 겸해 덕담을 나누고 있다.

회담 의제를 제기했다.

이어서 남측의 수석대표로 내가 기조 발언을 하였다.

"오늘날 세계 모든 나라들은 이념과 체제를 초월하여 화해와 협력, 개방과 공존의 길을 추구하고 있다. 남북의 온 겨레 역시 오랜 반목과 대결 구조를 과감히 청산하고 화해와 단합을 위한 새로운 기틀이 마련되기를 그 어느 때보다도 절실히 바라고 있다. 우리 체육인들은 이 같은 내외 정세의 추세와 민족적 여망에 부응하기 위하여 마땅히 체육 분야에서의 상호교류와 협력의 실현을 위해 최선을 다해야 할 것"이라고 주장하면서 10가지 회담 의제를 제기했다.

첫째 선수단 호칭, 둘째 선수단 단기, 셋째 선수단 단가, 넷째 선수단 구성, 다섯째 선수단 복장, 여섯째 선수 선발, 일곱째 선수 훈련, 여덟째 신변 안전 보장, 아홉째 선수단 경비, 열째 단일팀공동위원회 구성 등이다.

회담장에서 보니 그전에 있었던 회담에서 만난 이들도 있어서 분위기가 좋았다. 양측이 제시한 안건도 대체적으로 비슷했다. 북한 측도 우호적으로 나왔다.

의제를 놓고 일단 상호 의견을 제시하는데 의외로 합의가 원활히 나왔다. 우선 선수단 단가는 1920년대의 '아리랑'으로 하자는 제의를 했는데 이를 북한이 수용했다. 선수 선발도 기량이 가장 우수한 선수를 뽑는다는 것을 원칙으로 하는 데 의견 일치를 보았다.

그러나 선수단 호칭에 있어서 한국 측은 우리말로 객관적 용어인 '남북 단일팀'으로 할 것과 영문자 'KOREA'로 표기할 것을 제의한 데

반해, 북한 측은 우리말로 '고려', 영문자로 'KORYO'로 할 것을 주장해 합의점을 찾지 못하였다.

1차이지만 나름대로 기대 이상의 성과가 있었다. 북측의 김형진 수석이나 참가자들이 다른 회담 때와는 달리 꼬리를 무는 식의 비방이나 한없이 의제를 산만하게 제안하는 자세가 안 보였다. 이는 이번 회담으로 뭔가를 만들어 보려는 의도라는 희망을 가질 수 있었다.

2차 회담은 3월 28일 판문점 북측 지역 '통일각'에서 개최하였다.

북한 측은 단기 문제와 관련, 우리나라 지도로 하되, 색깔은 '하늘색'으로 하고, 지도 아래에 아무런 외래어 표기를 하지 말자는 수정안을 제시하였다. 또한 단일팀 명칭에 있어서도 우리말로는 고려를 고수하면서도 영문 표기는 'KORYO' 대신 'KOREA'로 할 것에 동의하였다.

그러나 북한 측은 고려와 KOREA는 별도로 떼어서 합의할 성질의 것이 아니라고 밝힘으로써, 그 같은 제의가 우선 고려라는 명칭에 합의를 유도하기 위한 의도임을 드러냈다.

단기는 서로 합의가 어느 정도 이뤄졌지만 선수단 명칭은 북측이 다분히 정치적 주장을 하고 있었다. '고려'라는 단어는 북측이 추진하는 '고려연방제'를 상기시킬 수 있다. 나로서는 대회에 공동 출전하는 취지를 살려 '남북 단일팀'으로 하는 것이 좋다고 했다. 이 명칭은 정치 중립적이어서 국민들 정서에도 맞는 이름이었다. 그러나 북측은 영문 표기는 우리 안을 수용하지만 사실상 고려라는 이름과 연계를 시켜 정치적 목적을 구체화시켰다.

그럼에도 회담에 진전이 있다는 것은 희망적이었다. 그러나 돌연 북측이 문익환 목사의 사법 처리를 구실로 제3차 회담을 연기한다고 일방적으로 알려 왔다.

3차 회담은 7개월 만에 열렸다.

나는 회담이 지연될수록 목적을 달성하는 게 힘들어진다고 보았다. 회담이란 어차피 양보를 하면서 전략적 목적을 달성하는 것이다. 우리가 좀 더 전향적으로 나가자고 대표들과 합의했다.

북한이 제시한 단기를 받아들였다. 흰색 바탕에 하늘색으로 우리나라 지도를 그려 넣자는 북한 측 제안을 받아들인 것이다. 이날 회의에서 북측은 내가 자기들의 단기 제안을 수용하자 오히려 당황하는 기미가 있었다.

3차 회담에서 양측은 단일팀이 사용할 단기를 합의하는 성과를 거두었다. 평화를 상징하는 흰색 바탕의 하늘색 남북 단일팀 단기는 이후 국제 대회에서 통일을 염원하는 상징으로 애용되고 있다.

우리 측도 시끄러웠다. "장충식 대표가 북한 의견을 너무 쉽게 받아들인다."는 비판이 있다고 했다. 북한을 적대 관계로만 풀려는 이들이 대부분인 상황이기에 그 비판은 힘을 얻었다. 아마추어 수석대표가 북한에 놀아난다는 말까지 나올 정도였다. 그러나 내 신념은 확고했다. 회담을 하는 이유는 선전, 선동이 아니라 관계 개선을 위한 것이다. 한 걸음씩 서로 앞으로 나아가지 않는다면 무엇 때문에 회담을 한단 말인가.

11월 16일에 열린 4차 회담도 진전이 있었다.

고려를 고집하던 북한이 이번에는 한 걸음 전진했다. 북한 측이 처음에 고려를 포기하고 우리가 주장하는 '코리아'에 동의했다. 단기는 우리가, 명칭은 북한이 서로 양보를 했다. 이렇게 되니 일단 단일팀의 외형적 조건은 어느 정도 그림이 그려졌다.

사실 회담 중에도 북한은 끊임없이 회담장 뒤에서 쪽지가 들어왔다. 예전 서울 올림픽 단일팀 회담에서도 그렇지만 쪽지가 들어오면 점잖았던 북측 대표가 갑자기 정치 공세를 늘어놓거나 장광설을 펼치며 회담 분위기를 엉망으로 만들곤 했다. 나는 그것이 해당되는 대표가 원해서가 아니라 북측의 회담 전술을 짜고 지시하는 전문가가 있기 때문이라는 점을 이해했다. 그래서 우리 측 대표들에게도 어떤 험담을 듣더라도 흥분하지 말고 우리가 역사상 최초로 단일팀을 엮어 낸다는 목표에만 충실하자고 몇 번이고 당부했다.

베이징 아시안게임에 단일팀으로 출전하려면 1990년 1월 말까지는 회담을 끝내야 한다. 회담을 서둘러야 했다. 1989년 11월 16일 5차 회담을 가졌다. 이때부터 회담은 어긋나기 시작했다. 북한은 선수단 선발에 있어서 공동 훈련을 하고 선수들을 혼합하여 선발 경기를 실시해 대표 선수를 뽑자는 주장을 하면서 구체적인 방법은 공동 위원회를 만들어 논의하자고 했다. 그러면서도 사무국을 서울, 평양 양쪽에 두고, 선수단장도 양측에서 두 사람이 공동으로 맡자고 했다. 문제는 시간이었다. 회담은 앞으로 45일 안에 끝내야 하는데 중국어로 단일팀을 표기하는 방법, 선수 선발하는 방법, 사무국 운영 방법, 훈련 방법, 심지어 단일팀의 선수 선발 뒤 진행할 훈련의 명칭 등을 다 합

1990년 북경 아시안게임은 당시 수교 초기였던 중국에서 열린 대회에 대규모 한국 선수단이 참가한다는 점에서 각별한 의미를 갖고 있었다. 한국 선수단 단장으로 선임된 중재가 당시 노태우 대통령으로부터 단기를 인수하며 필승을 다짐하고 있다.

의하자면 결국 무성한 말잔치 끝에 결과는 없이 빈손으로 끝날 수 있었다.

우리 대표단은 7차 회담에서 일단 큰 원칙을 만들고 나머지는 다시 논의하자고 했다. 그래서 단일팀으로 출전한다는 합의서를 만들어 아시안게임 조직 위원회에 제출하자고 했다. 여기서부터 북한은 상당히 과민한 자세를 보였다. 합의서가 중요하지 않고 남북한 단일팀을 반드시 구성한다는 보장이 있어야 한다고 고집했다. 그 말속에는 단일팀이 구성 안 되면 베이징 아시안게임에 출전하지 않는다는 약속이 포함되길 바라는 것이다. 그럴 수는 없었다.

우리 측 입장에서는 중국에서 열리는 아시안게임이 공산권 국가와의 교류를 트는 첫 관문이었다. 만약 북한의 말대로 합의서에 '단일팀 구성 불발 시 아시안게임 불참'이라는 조건을 명시하면 그것은 남북한 모두 자기 목을 조이는 셈이 된다. 정부의 정치 외교적 전략은 차치하고 젊은 선수들이 가꿔 온 아시안게임 참가의 꿈은 어찌하란 말인가.

결국 북한 측은 8차부터 종전처럼 정치 공세를 시작했고 사과 요구, 불참 이행 약속 등을 강변하다가 결렬을 일방적으로 선언했다. 또 한 번 남북한 체육 회담은 좌절되었다. 나로서도 아쉽고 여운이 남는 회담이었다. 그러나 한편으로는 단일팀 명칭, 영어 표기 방법, 단기 등을 합의했다는 점에서 진일보한 회담이었음을 자평했다. 언론도 이 점을 평가했다.

이런 결과는 이후 남북 단일팀 구성과 대회 출전에 그대로 적용이 되었으니 나로서는 수석대표로서 회담을 이끌었다는 점에 나름대로 자부심을 가질 만하다고 위안을 했다.

분단 후 처음 갖는 경평전

1990년 7월 27일부터 베이징에서 열리는 제1회 다이너스티컵 국제 축구 대회(한·중·일·북한) 참관을 위해 김용균 체육부 차관이 서울을 출발했다. 이때 정동성 체육부 장관은 "이 대회에 참석하는 북한 고위 체육 관계자들과 경평 축구 부활에 대한 협의를 해 보라."는 임무를 김용균 차관에게 주었다.

조선체육지도위원회 강득춘 부위원장(차관급)을 만난 김용균 차관은 '경평 친선 축구 경기' 부활을 조심스럽게 타진했다. 강득춘도 의외로 '경평전'의 부활을 우리도 바라는 것이라고 응답하면서 북에 돌아가는 대로 이 문제를 적극 검토하여 판문점을 통해 연락하겠다고 했다. 우리 측은 이런 반응을 보면서도 의례적 제스처로 이해했는데 베이징 아시안게임 개막을 며칠 앞두고 동의한다는 연락이 왔다. 양측 체육장관 회담을 갖기로 했다.

남북 체육장관 회담은 90년 9월 23일 열렸다. 비공개로 진행된 이 회담에서는 남북 스포츠 단일팀 구성 문제, 남북 스포츠 교류 문제가 동시에 논의되었다. 양측 장관은 각종 국제 대회에 단일팀을 구성하여 참가하는 문제 등을 협의할 회담을 조속히 개최하기로 했다. 이날 회담이 끝난 후 정 장관은 나를 찾았다.

"장 단장님, 내가 사마란치 IOC 위원장에 대한 서울 평화상 시상식 관계로 귀국을 해야 합니다. 그러니 경평 축구에 대한 구체 사항은 단장님이 해 주세요."

정 장관으로부터 회담을 위임받은 나는 북측의 김형진 선수단장과 비공개 회담을 가졌다. 이미 다른 회담에서 자주 만났으니 서로 따지고 가리고 할 일이 없었다. 거기에 지난해 회담에서 많은 사항들을 논의해 합의한 일들이 있어 회담은 순조롭게 진행되었다. 1990년 9월 29일 베이징 메인 프레스 센터에서 공식 기자 회견을 통해 결과를 발표하였다.

요지는 이러했다.

하나, 남북(남·여) 축구 경기를 평양(10월11일)과 서울(10월23일)에서 갖는다.

둘, 명칭은 남북 통일 축구 경기로 한다.

셋, 남측 선수단은 10월 9일 베이징에서 북측이 제공하는 비행기 편으로 평양으로 직행, 4박 5일 체류 후 판문점을 통해 귀환한다.

넷, 북측 선수단은 10월 21일 판문점을 통하여 서울에 들어가 4박 5일 체류 후 북으로 돌아간다.

다섯, 경기 시 쌍방은 아무런 표시 없이 유니폼 색깔로 구분한다.

이로써 분단 이후 처음으로 남북한이 서로를 방문해 경기를 치르는 쾌거를 만들 수 있었다. 이때 우리 쪽이 인솔단, 선수단, 기자단을 포함한 방북 선수단 80명의 명단을 북측에 전달했으나 최종 방북 축

'90 베이징 아시안게임이 끝날 무렵인 1990년 9월 29일 남한과 북한은 베이징 메인 프레스 센터에서 평양과 서울에서 '남북 통일 축구 경기' 개최 합의문을 발표하였다.

구단의 규모는 76명으로 조정되었다.

이때 북측에서는 남측 언론사들의 과잉 보도를 문제 삼아 보도진을 7명으로 제한할 것을 강력히 주장했다. 내가 다시 김형진 단장을 만나서 한국의 언론 상황을 설명했다. 그래도 북한 측은 언론의 자유분방한 취재를 달가워하지 않았다. 그러나 나는 이에 동의하지 않고 북측을 끈질기게 설득한 끝에 보도진을 12개 언론사 20명으로 하는 것에 대해 북측의 동의를 받아 냈다. 그럼에도 언론들은 '누구는 가고 누구는 못 가는' 언론 취재단 제한에 대해 매우 비판적이었다. 북한과의 협상도 힘든 일이었지만 애써 취재 기자들의 인원을 늘리느라 북한 측에 사정을 해야 할 정도였는데 이를 비판하여 섭섭하기도 했다.

나중에 어떤 언론사는 자사의 기자가 못 간 것을 서운해한 끝에 그 화풀이를 나에게 했다. 한국 선수단 단장인 내가 베이징에서 횡단보도를 무시하고 무단 횡단을 하여 나라 망신을 시켰다는 기사를 내보냈다. 그러나 당시 베이징에는 횡단보도가 운영되지 않았다. 나는 안팎으로 언론 문제로 어려움을 겪었다. 북한은 한국의 언론 환경을 이해하려 하지 않고 언론인을 통제하려 하는데 한국 측 언론은 장충식 단장이 지나치게 북한 말을 잘 들어 취재도 못 하게 됐다고 아우성이었다.

물론 통일 축구 합의를 성공시킨 나도 북한에 왜 안 가고 싶었겠는가. 나 역시 실향민인데……. 그러나 나는 한국 선수단 단장으로서 아직 대회 기간이라는 것을 잊어서는 안 되는 일이다. 통일 축구만 중요한 것이 아니라 선수단을 격려하여 좋은 성적을 올리는 것도 중요했다. 결국 나는 북한 행을 나중으로 미루고 대회 마지막까지 선수단을 챙겼다. 우리 선수단은 금 54, 은 54, 동 73으로 4년 전 서울 아시안게임에 이어 다시 종합 성적 2위를 기록했다. 성적도 좋았고, 체육회담의 아쉬움도 떨칠 수 있는 보람 있는 대회였다.

한국 선수단이 북한을 가서 성공적으로 통일 축구 대회를 갖고 이어서 북한이 남측으로 오게 되었다. 10월 21일은 통일 축구 서울 경기를 위해 북한 선수단이 처음으로 판문점을 넘어오는 날이었다. 나는 KOC 및 체육부 인사들과 영접을 나갔다.

북측은 김유순 위원장을 단장으로 하는 북한의 남녀 축구 선수단과 임원 56명, 그리고 22명의 기자단 등이 왔다. 분위기는 아주 좋았다. 이미 평양에서 경기를 치른 터라 양측 인사들이 오랜 친구들처럼

중재는 1990년 북경 아시안게임 단장으로 한국 선수단을 이끌어 종합 2위의 성적을 거두었다. 개회식 당시 선수단을 인솔하고 있는 중재

정담을 나눌 정도였다.

그런데 북한팀 서울 도착 첫날 예상치 못한 문제가 터졌다. 만찬이 끝나고 밤 11시부터 일정 협의를 위한 연락관 회의를 해야 하는데 북측이 경기를 취소하겠다는 것이다. 이유를 알아보니 그날 KBS의 드라마에서 김일성을 비판하는 내용이 나왔다며 일정 협의를 거부했다.

북측 연락관은 '남측이 통일을 위한 화합 행사에 북측을 초청해 놓고 언론을 통해 비방하는 것은 예의에 어긋나는 일'이라고 비판했고 김유순 북측 단장은 '정동성 장관이 나와 일정을 협의하든가 아니면 축구 경기를 취소하든가를 결정해야 한다.'고 강도 높은 항의를 했다. 이 문제는 결국 자정이 넘은 새벽 2시경 잠자던 정동성 체육부 장관이 직접 차를 몰고 워커힐 호텔에 다시 나와 새벽까지 협의 끝에 무마시키고 넘어갔다. 그날 밤 나와 이학래 남측 차석 대표 등은 꼬박 밤을 새워가면서 북측을 이해시키느라 진땀을 흘렸다.

결국 북측은 우리들의 진심을 이해하고 10월 23일 2차 남북 통일축구 대회를 열기로 합의하였다. 북한 측 인사들은 어디에 있든 '평양'을 의식하는 것이 불문율이다. 사소한 문제라도 김일성이나 김정일과 관련된 일은 묵인하지 않았다. 이를 가벼이 여기면 '평양'에 돌아간 뒤 언제든 비판을 받고 모든 것을 잃을 수 있다. 북한과의 교류에서는 이 점을 잘 염두에 두는 것이 사업의 성공적 진행을 위해 필수적이다. 언론에 대한 북측의 과민 반응에는 이런 북측 인사들의 고충이 있음을 이해하기에 나 역시 그들의 입장을 최대한 수용하려 애쓴 것이다.

경기는 한국이 1:0으로 이겼지만 이미 승패는 중요한 문제가 아니었다. 10월 25일 워커힐호텔 광장에서 북측 선수단 환송 행사가 있었다. 짧은 시간이었지만 서로 정이 들어서 아쉽고 서운한 마음이었다. 북한 측 여자 선수들은 버스에 앉아 눈물을 흘리며 상기된 얼굴로 남측 선수단에게 눈을 돌리지 못하였다. 스포츠는 이렇게 인간의 깊은 곳에 있는 순수한 마음을 하나로 엮는 힘이 있다.

탁구·축구 단일팀을 만들어 내다

통일 축구에 대한 남북한 국민들의 반응은 폭발적이었다. 평양이나 서울이나 모두들 한목소리로 '우리의 소원은 통일'을 부르며 뜨거운 함성으로 서로를 응원했다. 언론도 '통일 골문'을 열었다는 찬사를 보냈다.

이런 열화 같은 반응에 양측의 권력 상층부들도 고무되었는지 '남북 스포츠 교류 및 단일팀 구성, 참가를 위한 회담'을 갖기로 합의했다. 1990년 11월 29일부터 1991년 2월 12일까지 본회담 4차례, 실무대표 접촉 4차례(탁구와 축구 각각 2차례씩)를 가졌다.

이미 베이징 아시안게임 단일팀 구성 회담, 통일 축구 등 2년간에 걸쳐 수많은 회담, 실무 협의 등을 치러서 그런지 우리는 담배를 나눠 피우는 일은 물론이요 개인사를 물어볼 만큼 서로를 알게 되었다. 김형진 수석과 내가 갖고 있는 인간적 유대감은 회담을 안정되면서도 빠르게 진행하게 했다.

4차 회담이 열리기까지 별다른 충돌이 없었다. 핵심은 탁구와 축구 중 어떤 종목의 단장을 나눠서 맡느냐 하는 것이었다. 또 하나는 단일팀 선수 선발과 훈련 방법이었다. 나는 지난 회담에서 느꼈지만 회담이란 차수를 늘려 갈수록 합의가 어렵다고 생각했다. 왜냐하면 남북한 모두 회담을 둘러싼 정치적 계산과 이를 달성하는 방법에 대한 강온파가 있는데 시간이 길어지면 이런 방정식이 더 복잡해지고 결국 '없던 일로 하자.'는 결론이 나기 쉬웠다. 왜냐하면 회담이 성공

해도 만약 실천 단계에서 일이 어긋나면 그 후유증을 책임지려는 사람은 없기 때문이다.

나는 그동안의 경험을 살려 '오늘 회담에서 결론을 내리자.'는 결심을 했다. 그러려면 북측의 제안을 내가 받아들이면서 당일 합의를 완결하도록 압박을 해야겠다고 구상했다. 물론 내가 이렇게 회담을 진행하면 우리 쪽 강경파도 "장 수석이 또 북한에 졌다."는 등의 비판이 있을 것이다. 그러나 나는 두렵지 않았다. 통일 축구 대회에서도 드러났듯이 스포츠가 가진 힘은 컸다. 교류는 결국 사람이 만나는 일이니 이처럼 대규모의 교류가 이뤄지면 북한의 경직성도 서서히 유연화될 것이다. 당시 냉전 체제의 붕괴가 세계적 흐름이었는데 이런 때 북한의 문을 열지 못하면 다음 기회에도 어렵다고 믿었다. 오히려 이런 정세에서라면 북한이 문을 닫으려 할 것이다. 우리가 먼저 양보하고 그들의 문에 작은 틈을 열어야 한다고 생각했다. 회담은 승리와 패배를 따질 전장이 아니고 서로 이기는 상생의 마당이 아닌가.

일이 잘되려 했는지 김형진 단장이 회담장을 들어오는 표정이 더 밝아 보였다. 나도 좀 더 굳게 악수를 하며 슬쩍 "오늘 합의 못 보면 이 회담장 못 나가요."라고 농담을 건넸다. 김형진 단장이 내 마음이라도 읽었는지 기조 발언을 통해 "단일팀 대표 선수 선발전을 2차례 상호 왕복하여 갖자. 훈련도 역시 2차례 왕복하여 실시하자."고 제안했다. 그동안 단일팀 훈련은 대회가 열리는 일본 현지에서만 하자는 입장에서 진일보한 것이다.

그동안 우리 측은 선발과 훈련을 모두 남북한 왕복하며 하자는 안을 주장해 왔고 북한은 이를 거부해 왔었다. 사실 북측의 입장에서는 남북 간의 교류가 많아지고, 규모가 커질수록 부담이 될 수밖에 없다. 체제의 폐쇄성을 유지하기 힘들어지기 때문이다. 동구의 몰락이 서방의 교류 때문이라는 것이 북측 강경파의 논리였다. 그러니 '남북을 오가며 훈련하자.'는 것은 나름 큰 결심을 한 셈이었다.

나는 조건이 무르익었음을 직감했다. 나도 진일보했다. 선수단 단장 문제를 북한 측이 하자는 대로 수용한다고 했다. 북측의 주장은 "탁구 단장은 북한이, 축구 단장은 남한이 맡자."는 것이다. 그들의 주장에는 재일 교포가 많은 일본에서 열리는 탁구 대회의 단장을 북한이 맡겠다는 의지가 있었다. 일본에는 조총련계 재일 동포가 많다. 남북 단일팀으로 참가하면 많은 조총련계 동포들이 응원하기 위해서 참석하게 될 것이다. 그때 남북 단일팀 단장을 북측이 맡지 못하고 남측이 맡을 경우 정치적으로 북이 남에게 밀렸다는 인상을 받을 것이 두려웠던 것이란 생각이 들었다.

반면에 포르투갈 리스본에는 남북 대사관은 있으나 북한을 지지하고 응원해 주는 북한 동포가 전무한 상태였다. 북한 측이 축구 단일팀 단장을 맡을 경우 여러 가지 면에서 어려운 일이 있으리라고 우려했을 것이다. 그래서 날보고 축구팀 단장을 맡아 달라고 제의한 것이라 생각했다. 나는 내 짐작이 어떻든 탁구팀 단장을 북에서 맡고 싶다고 했을 적에 두말없이 그렇게 하라고 선뜻 동의해 주었다.

수석대표인 나는 자유 토론을 하는 중에 "이제는 단일팀 구성 참가에 대한 의견 조율이 많이 되었고 남북 간의 별 차이도 없는 것 같으니 지금부터 실무 대표 접촉을 통해서 문안 정리를 하고 합의서를 오늘 발표합시다."라고 말했다. 오늘 끝내자는 것이 내 요지였다.

김형진 수석대표는 조금 당황스러워했다.

"실무 대표 접촉은 지금보다……."

자신들이 주장한 바가 받아들여졌지만 뭔가 상부의 최종 허락 없이 합의하는 일에 부담을 느끼는 듯했다. 그러면서 "고거 다른 때 하자는데……." 하며 결심을 못 했다. 나는 김형진 수석을 웃음으로 달랬다.

"지금 기자들이 추운 데서 결과를 기다리느라 얼마나 고생이 많겠어요. 오늘 우리가 끝내는 게 양측에 모두 이로울 겁니다. 뭐 합의볼 것이 따로 있는 것도 아니고 한데……."

김형진 수석은 그제서야 내가 오늘 보인 자세에 담긴 속뜻을 파악한 듯했다. 무언가 감을 잡은 듯 "그러면 좋습니다. 오후 1시부터 실무 대표 접촉을 해서 문안 정리를 하고 오후 5시에 우리 다시 마주 앉아서 사인합시다." 하면서 적극적인 자세를 보였다.

남측에서 3명, 북측에서 3명의 실무 대표가 모여 본회담에서 이미 제시되었던 양측의 각종 합의 문안에 대한 정리를 했다. 이후 오후 5시에 양측이 상부의 최종 결재를 끝냈다. 다행히 어디서도 거부가 없었다. 장장 8시간에 걸친 회담이 막을 내리는 시점이었고 동시에 '코리아 단일팀'이 탄생하는 새 장이 열리는 순간이었다.

설마 하다가 온 겨레가 깜짝 놀라는 일이 벌어졌다. 고성과 욕설이 오가지 않고도 얼마든지 남북 회담을 성사시킬 수 있다는 내 소신을 확인하기도 하였다. 한 번도 걸어가 본 적 없는, 한 번도 만들어 본 적 없는 신세계로 우리 민족이 들어가고 있었다.

결론적으로 말하자면 단일팀은 대회 성적도 기대 이상이었다. 1991년 4월, 일본 지바시에서 열린 제41회 세계 탁구 선수권 대회에 코리아 팀은 여자 단체전에서 중국을 꺾고 세계를 제패해 또 한 번 기쁨을 선사했다.

또한 같은 해 6월, 포르투갈 리스본에서 열린 제6회 세계 청소년 축구 대회에 참가한 코리아 팀 역시 강력한 우승후보였던 아르헨티나팀을 1:0으로 격파하고 8강에 진출함으로써 세계를 놀라게 했다.

'코리아 축구팀 단장' 평양 가다

회담이 끝나고 나중에 만난 북측 김형진 단장은 자기들의 제안에 내가 동의해 준 것에 대해서 매우 고마워했다. 통일 축구가 이뤄질 무렵부터 김형진 단장은 사석에서 나에게 형님이라고 불렀다. 그만큼 자주 만나면서 정이 쌓이고 서로 믿음이 가는 사이가 된 것이다.

사석에서 만난 김 단장은 "형님이랑 회담을 함께 해서 성사가 된 것"이라며 "형님이 내 입장을 늘 생각해 주어서 고맙다."고 말했다. 내가 탁구 선수단 단장을 맡겠다고 고집하고 북측 김형진 단장에게는 포르투갈 리스본에서 열리는 축구 선수권 대회 단장을 맡으라고 고집했다면 북측은 매우 난처한 입장에 놓이게 될 것이고 북측 대표들은 평양에 돌아가서 문책을 받았을 것이다. 당시 북한의 입장도 체육회담 성사에 적극적이었으니 피차 좋은 운과 능력을 함께 나눌 수 있어서 나 역시 고맙고 기뻤다.

나는 축구 단일팀 단장직에 임명되었다. 제1차 평가전은 서울(1991년 5월 6~9일)에서, 2차는 평양(5월 10~16일)에서 실시하였다. 평가전은 남북 간에 승패를 따지는 시합이 아니라 양측 선수들은 별로 부담을 느끼지 않았다.

정작 부담스러운 사람은 나였다. 나는 역사상 최초의 단일팀 단장이었다. 이전까지 누가 해 본 경험도 없고, 따를 만한 다른 나라의 사례도 없다. 그뿐인가, 비록 단일팀이라 해도 엄연히 남한과 북한의 국민이고, 각자 지켜야 할 정치적 입장이 있다. 사회 문화적으로는 벌써 40년을 넘게 다른 체제에서 살았으니 생각도, 말도, 예절과 관행도 다를 수밖에 없었다. 속으로 더 걱정스러운 일은 선수단이 아직 미성숙한 스무 살 미만의 청소년이라는 점이었다. 내가 유니버시아드 단장을 오래 해 봐서 알지만 젊은이들은 아무래도 자유분방하기 마련이고 자칫 자기 중심적으로 행동하기 쉽다. 거기에 남북한 간의 경제력 차이로 씀씀이가 다르니 이들을 조화롭게 생활하도록 단장이 신경 쓸 일이 한두 가지가 아니었다.

평가전을 준비하러 평양으로 가는 날 나는 바로 이 같은 '차이'의 심각성을 절감하는 일이 생겼다.

평가전을 치르러 서울을 떠나 개성을 거쳐 평양으로 가는 기차를 탔다. 떠난 지 2시간여 만에 우리를 태운 기차가 평양역에 도착하였다. 예상하던 바이지만 평양역 플랫폼과 평양역 앞 광장에는 남에서 온 선수단을 환영하기 위해서 환영 인파가 인산인해를 이루고 있었다. 단장인 내가 먼저 기차에서 내리고 임원진이 뒤를 따랐다. 우리 뒤를 선수들이 따라 내리는데 그 순간 나는 깜짝 놀랐다. 서울을 떠날 때 분명히 정장을 입혔는데 선수들이 모두 간편한 운동복을 입고 있었다. 반팔 티셔츠는 물론이고 반바지를 입은 친구도 있었다. 구두도 다 벗어서 가방 안에 챙겨 넣고 슬리퍼나 운동화를 신었다. 물어보니 개성에서 평양에 오는 도중 기차 안에서 선수들이 전부 정장을 벗어 버리고 갈아입었다고 한다. 5월이라 기차 안이 더워지니 어린 선수들

제6회 세계 청소년 축구 선수권 대회 남북 단일팀 구성 합의에 따라 청소년 단일팀은 평양과 서울을 오가며 해방 뒤 최초로 상호 방문 경기를 치러 국민들을 기쁘게 했다.

은 아무 생각 없이 시원한 옷으로 갈아입은 것이다.

내가 깜짝 놀랄 정도였으니 마중나온 평양측 체육계 인사와 환영 나온 고위 인사들은 어땠을까. 조국 분단 40여 년 만에 북을 찾아온 남측의 선수들이 붉은색, 노란색, 파란색, 흰색 등 다양한 셔츠는 물론이고 반바지에 운동화나 슬리퍼를 신고 차에서 내리는 모습을 보면서 비난과 탄식의 소리가 환영 인파 속에서 들려왔다. 어느 북한 고위 간부는 나에게 말하기를 "당신들이 북측보다 경제 형편이 나은 건 익히 알고 있죠. 그러나 우리 북을 찾아오는 손님이라고 생각해서 많은 평양 시민들이 통일 깃발을 들고 환영하러 나왔는데 양말도 신지 않고 슬리퍼는 물론 운동화도 뒤축을 꺾어 신고 평양에 들놀이하러 온 사람들의 옷차림으로 기차에서 내리니 우리들을 무엇으로 알고 이러는 것입니까." 하고 항의까지 했다.

할 말이 없는 나는 여러 번 미안하다고 사과하고 이해를 구했다. 우리 남측 축구 감독이나 코치가 좀 더 남북 간의 미묘한 정서를 고려했다면 선수들에게 정장 차림으로 예의를 차리라 미리 지시했을 터이다. 경제적으로 어렵고, 주민들이 여유가 없었지만 북한은 보수적이어서 예의나 체면을 더욱 중시하는 편이었다. 우리 아버지 대의 관습이 여전한 곳이 북한이다. 그러니 오래간만에 이웃집을 찾는다면 정장 차림으로 방문하는 것이 북한 사람들의 생활 습관이고 예의였다. 북측 선수들이 평가전을 갖기 위해서 서울을 방문할 적에 북측 임원과 선수들은 전원이 다 양복에 넥타이를 맨 정장 차림에 구두를 신고 왔다.

그러나 우리나라 스포츠계는 전지훈련이나 국제 경기 등 외국에 가는 경우 비행기에서 편한 옷차림으로 가는 것이 일반화되었다. 우리나라뿐만 아니라 다른 서방 국가의 선수들이 경기차 우리나라를 찾아올 적에도 편안한 옷차림으로 찾아오는 것이 일반화되어 있다. 이런 경우 우리나라 선수들과 임원들이 북한의 폐쇄성이나 국제적으로 이질화된 사회라는 것을 이해해 적절한 예절을 갖추었으면 그들이 불쾌하게 생각하거나 화나게 만들지 않았을 것이다. 이는 축구 감독과 코치가 정장을 벗어 버리고 편안한 운동복으로 갈아입는 것을 묵인하였기 때문에 일어난 실수였다. 평양 정거장에 환영차 나온 수천 명의 평양 시민들이 우리 선수들의 버릇없는(?) 옷차림에 불쾌했으리라 생각하니 얼굴이 화끈거릴 정도로 민망스러워 얼굴을 들 수가 없었다.

이렇게 남과 북의 청소년 축구 선수들의 만남은 처음부터 이질화 현상이 나타났지만 이를 계기로 남측 선수들도 새로운 교훈을 얻었다. 이후 남과 북의 선수들은 기본적 예의는 지키려고 서로가 조심하는 기색이 역력했다.

평양역에서 고려호텔까지는 멀지 않아서 도보로 갔다. 평양 시민들의 환영 인파는 대단했다. 수많은 평양 시민들은 통일 깃발을 흔들며 통일의 노래를 우렁차게 부르고 우리 일행이 호텔에 도착하는 순간까지 통일의 구호를 목청 높여 외쳤다.

여러 날을 남북 축구 선수들이 같은 숙소에서 함께 숙식을 하는데 있어서는 신경을 써야 할 일들이 많았다. 특히 우리보다도 북측의 임원과 선수들이 신경을 많이 쓰는 편이었다. 체제와 정치에 대해서 자유롭게 아무런 부담 없이 비판할 수 있는 사회에서 성장한 남한의 선수들과 그렇지 못한 환경에서 자란 북한 선수들이 여러 날을 함께 투숙해야 하니 북측 임원들은 신경을 많이 썼다. 자칫 북측 선수들이 영향을 받을까 북측 임원들은 경기 활동 이외에는 남북 간의 선수들이 함께 지낼 수 없도록 철저히 선수들을 단속하였다.

그러다 보니 함께 식사를 하지만 북한은 북한대로, 남한은 남한대로 저희끼리 모여서 식사를 하였다. 선수들은 절대로 정치에 대해서 말하지 않았다. 정치에 대해서 묻지도 않았고 물어도 대답을 하지 않았다. 우리도 선수 간의 대화에서 일상생활에 대한 얘기는 해도 경제와 정치에 대한 문제, 특히 북한 지도자에 대한 질문은 절대로 하지 않도록 여러 번 당부했다. 서로가 함께 있다는 것이 즐겁고 유쾌하기보다 여러 가지로 불편하고 서로가 구속을 받는 일이 많았다.

서울 평가전을 마친 다음 날 우리 남측 선수들은 판문점을 통해 개성까지 버스로 가서는 개성에서부터는 기차로 평양까지 갔다. 우리 선수들은 북한 기차를 타는 순간부터 북의 사회를 직접 보면서 남한에 비해서 경제적으로 많이 낙후된 사회라는 것을 직감할 수 있었을 것이다. 우리 선수들은 북한 선수들에게 많은 것을 묻고 싶었으나 그들에게 부담을 주는 정치 이야기는 하지 않도록 철저하게 사전 교육을 시켰기 때문에 우리 선수들은 어른스럽게 잘 대처해 나갔다.

서울에 온 북한 선수들은 남쪽의 음식에 대해서 거부감을 느꼈다. 남한 음식에는 조미료를 많이 사용하고 설탕을 많이 섞는 터라 음식이 너무 달다고 어려움을 표하였다. 축구 용어에 있어서도 우리는 국제어인 영어를 많이 쓰는 반면 북한은 전부 자기들이 만들어 낸 독특한 경기 용어를 사용하기 때문에 서로 용어를 설명하면서 연습을 해야만 했다. 서울에서 평가전을 할 때에도 북측 임원 중에 운동 경기와는 전연 관계가 없는 특수 임무를 띠고 온 사람들은 남북한 선수들을 감시하느라 여념이 없었다. 한 북측 임원은 방 안에 들어앉아 우리 일간 신문 전체를 살펴 읽느라 고생하는가 하면 또 다른 임원은 종일 우리 남측에서 방영하는 텔레비전 전 프로그램을 시청하여 보고서를 만드느라 식사 시간 외에는 볼 수가 없었다. 남북 임원 간에는 겉으로는 웃고 평화스러우나 한편에서는 서로 어려움을 주지 않으려고 매우 긴장하고 세심하게 신경을 썼다. 그래서 주의 깊게 살펴야 할 일이 많았다.

남북한의 선수들은 임원들이 보지 않을 때는 서로 만나서 담소하기를 좋아한다. 그러나 감시의 눈초리로 항상 주의 깊게 살펴야 하는 어려움이 따랐다.

우리가 개성을 통해 평양으로 가는 여정은 즐겁기만 한 것이 아니었다. 나이 어린 우리 선수들은 북한 농촌의 척박하고 황량한 풍경을 보고 실망하는 표정이었다. 철길 따라 줄을 긋듯 만들어진 자동차 도로는 아스팔트길이 아니라 흙길이었다. 비만 오면 사람들은 질퍽한 진흙탕 길을 걸어 다녀야만 했을 것이다. 개성에서 평양으로 가는 도로엔 트럭이나 버스가 극히 적어 몇 대밖에는 지나가지 않았다. 사람들도 별반 눈에 띄지 않았다. 간혹 지나는 행인들은 대부분 배낭을 메고 걸어가고 있었다. 자전거를 타고 가는 사람도 눈에 띄지 않았다.

기찻길 양편의 언덕과 야산에서는 나무를 볼 수가 없었다. 산의 나무를 벌목하고 계단식으로 밭을 만들어 놓았다. 한 눈으로 보아도 북한의 산과 들에는 나무가 없고 전부 밭으로 만들어서 북한의 식량난을 대변해 주는 듯했다.

우리나라로 들어오니 고속도로나 기찻길 주변 산들은 울창한 수목으로 꽉 들어찼다. 북한 선수들도 서울에 오는 도중 우리 농촌 풍경을 바라보면서 북의 현실과 많이 비교해 보았을 것이란 생각을 하게 되었다. 농가엔 대부분 자가용이 있었고 지방 도로에 질주하는 자동차들은 평양 시내를 달리는 자동차 수보다 몇 배나 많은 것이다. 이런 광경을 나이 어린 선수들이 보고 어떻게 받아들일까 북측 당국자들은 걱정이 앞섰을 것이었다.

H 이사의 돌출 행동

우리 남측 선수단은 평양에서 평가전을 치르고, 선수 선발과 연습을 위해서 일주일간 머물렀다. 숙소나 음식에 있어서 불편이 없도록 평양 당국도 정성을 기울여 주었다. 그러나 우리 축구 협회의 한 임원이 해괴한 일을 저질러서 남측 대표단의 입장을 난처하게 만들었다.

고려호텔의 지배인은 중년 여성이었다. 인물이 원만하게 생겼고 항상 미소 짓는 얼굴을 하고 있었다. 그녀는 우리 선수들과 임원들을 매우 친절하게 대해 주었다. 고려호텔이 귀빈들이 묵는 숙소였고 그런 중요 시설의 지배인을 하고 있다면 성분이나 북한 노동당 내 위상도 높은 여성 지도자 중의 한 사람이었을 것이다. 물론 결혼을 해 가정도 있을 것이다.

그런데 남측 축구 협회 이사라는 우리 선수단 임원이 무슨 마음을 먹어서인지 그 여성 지배인에게 여성용 손목시계를 선물하면서 연애편지를 함께 준 것이다. 당연히 연애편지가 북측 단장의 손에 넘어갔다. 혹 연애편지를 주고받는 사람들이 결혼하지 않은 남북 선수들이라면 그나마 억지로 이해를 할 수 있겠지만 남측 축구 협회 이사라는 공직자가 북측의 유부녀에게 연애편지를 은밀히 주었으니 말썽이 나는 것이 당연한 일이다.

북측 단장이 내게 강력히 항의했다. 분단 40여 년 만에 갖는 단일팀 구성을 앞둔 중대한 시기에 북을 처음 찾아온 남측 임원이 이런 짓을 하는 것은 이해할 수 없는 일이라 했다. 그들의 말속에는 보기에 따라서는 치기 어린 불장난이 아니라 정치적 공작이 아니냐는 의심도 있었다. 이 일은 노동당에 보고되었고 노동당 고위 간부가 북측 선수 단장에게 다시는 이런 일이 일어나지 않도록 남측 단장인 나에게 주의를 촉구하라고 지시를 했다고 했다.

남북 선수들이 합동 연습하는 운동장으로 가는데 내 차에 북측 이명성 단장이 동승하였다. 그는 우리 측 축구 협회 이사가 고려호텔 여성 지배인에게 주었다는 연애편지와 손목시계를 보여 주고는 앞에서 말한 사실을 설명하면서 매우 불쾌하다고 했다. 그는 날보고 그 편지를 읽어 보라는 것이었다.

나는 편지를 읽어 보고 놀라지 않을 수가 없었다. 이 내용이 남북한 기자들에게 알려지는 날에는 큰 소동이 일어날 것이었다. 북에서는 축구 협회 이사라는 사람을 오늘 당장 서울로 돌려보내라고 했다.

"강경한 조치를 취해야 앞으로 이런 해괴망측한 일이 재발되지 않을 것입니다. 그리고 그 임원을 단일팀 구성에서 제명합시다."

나는 거절할 명분이 없었다. 대신에 연애편지와 손목시계를 내 주머니에 넣고는 되돌려 주지 않았다. 북측 단장이 돌려 달라 항의했지만 나는 "내 입장도 있으니 내가 잘 처리하도록 이 증거물은 내가 보관토록 해 달라."고 강변했다. 대신에 "앞으로 이런 사건이 재발되지 않도록 하겠다."고 깊이 사과하였다. 그리고 "이 단장이 잘 수습해 달라."고 간곡히 부탁하였다.

북측은 해당 임원을 당장 한국으로 되돌려 보내라는 요구였다. 이명성 단장은 그래도 화가 안 풀렸는지 "유부녀를, 그것도 당 간부이자 고려호텔 지배인에게 연애편지나 쓰고 장난기로 희롱하는 이런 종자를 남측에서 어째서 선수단에 추천했느냐?"고 분을 삭이지 못했다. 자칫 공식적으로 문제화하면 정말 나라 망신이 될 판이었다. 무슨 수가 있겠는가. 그래서 나는 다시 한 번 사과하면서 부탁했다.

"그 임원을 지금 평양에서 추방하면 기자들이 알게 돼요. 그러면 남한의 온 신문이 대서특필로 법석을 떨 것이니 일이 커져서 오히려 우리의 단일팀 구성 사업에 거는 국민들의 기대를 실망시키는 셈이 될 수도 있어요. 나도 그 이사가 좋아서 그런 거는 아니니 조금만 여유를 두고 조용히 해결합시다."

다행히 북측이 더 이상 '즉시 추방'을 고집하지 않아 일단 그 이사의 대외 활동은 중지시키는 선에서 조용히 수습하였다.

그렇지만 문제의 그 이사는 다시 말썽을 일으켰다. 훈련하는 동안 여가를 이용해서 평양의 지하철을 견학시켰다. 평양역장이 직접 안내를 맡았다. 지하철 정류장 한 구간의 양쪽 벽에 타일을 이용한 모자이크 그림을 붙여 놓았다. 물론 내용은 김일성을 찬양하는 그림인데 색감이 화려해 볼 만하였다. 북측 인사의 말로는 전체 지하철 구간을 화려하게 단장을 한 것이 아니라 첫 구간만을 모자이크로 단장하고 나머지 구간은 그렇지 않다고 했다. 그래서 외국인들이 오면 으레 지하철을 구경시키는데 한 구간만 탑승시킨다고 귀띔해 주었다.

평양역장은 북에서 매우 높은 지위인데 그분이 초청해서 참관하는 자리에 또 일행을 망신시키는 인물이 있었다. 바로 편지 사건을 일으킨 H 이사였다. 우리 일행과 북한 일행 모두가 평양역장 사무실에 정장 차림으로 모여서 브리핑을 듣고 있었다. 유독 문제의 H 이사만이 반바지를 입고 양말도 신지 않은 채 운동화 바람이었다. 그는 티셔츠 차림으로 뒷좌석에 앉아 있었다. 나는 다른 승용차를 이용해서 도착하는 바람에 그 사람이 따라온 줄을 전연 몰랐다.

평양역 직원들이 매우 험한 인상을 쓰면서 불평을 토하였다. 여기 평양역장 집무실이 자기 집 마당인 줄 알고 있다고 하면서 남측이 우리보다 경제적으로 좀 잘산다고 우릴 깔본다고 화를 내었다. 나는 이 광경을 보고 매우 당황하여 그 이사를 평양역장 사무실 밖에 나가 있으라고 일렀다. 이런 일이 있고 보니 도저히 '조용히' 있게 한다고 될 일이 아니었다. 나는 결국 H 이사를 제6차 세계 청소년 축구 선수권 대회에 참가하는 임원진에서 제명했다.

훈련은 같이 생활은 따로

평양에서 일주일간 선수 평가전을 가진 후 다시 남북한 선수들은 서울에 돌아와서 5월 17일부터 합동 훈련을 한 다음 21일에 단일팀 결단식을 가졌다.

내가 단장에 임명되었고 부단장에는 북한의 체육부 차관격인 북한 체육 위원회 이명성 부위원장이 임명되었다. 72명의 남북한 임원과 선수들은 우리나라가 분단된 지 반세기 만에 처음으로 코리아라는 단일팀으로 국제 경기에 참가하게 되었다.

5월 21일 워커힐 호텔에서 결단식을 가졌다. 코리아 팀의 단복은 북한에서 제공하기로 하였다. 그리고 선수들의 운동복과 운동화 일체는 남측에서 공급하기로 하였다.

수백 명의 축하객이 참석한 가운데 세계 청소년 축구 대회 남북 단일팀 결단식은 화기애애하고 흥분된 분위기에서 질서 정연하게 거행되었다.

이명성 단일팀 부단장은 북한의 인민 체육인으로 축구 선수 출신이다. 대단히 온순하고 예의 바른 사람이다. 나중에는 사석에서 나와

서로 형님 아우하고 부르는 사이가 되었다. 두 달간 서울과 평양을 오가면서 함께했고 포르투갈 현지에서 근 한 달 동안 함께 지낸 생활을 통해 서로가 우의를 다졌고 정이 많이 들었다.

북측 임원들은 통제 사회에서 성장한 북측 선수와 자유스러운 사회에서 성장한 남측 선수들 간에 생각과 가치관, 생활습관이 판이하게 이질화되어 있음을 우려했다. 자유로운 대화가 이루어지면 북한 선수들에게 사상적으로 미칠 영향이 크다고 판단한 것 같았다. 그들은 철저하게 남측 선수와의 개인적 접촉을 통제하였다. 남북한 임원끼리는 비교적 자유롭게 접촉하며 지냈지만 선수들은 북은 북대로, 남은 남대로 지냈다. 호텔의 방 배정도 남과 북은 완전히 갈라져 있었다. 말은 단일팀이나 생활은 남과 북이 여전히 따로따로였다. 식사 때

단일팀을 환영하는 행사의 마무리에서 중재와 주요 인사들이 화합과 승리를 기원하며 축하 박수를 보내고 있다. 중재는 원만한 인품과 민족애를 인정받아 단일팀 단장에 선정됐다.

도 같은 식당이지만 북 따로 남 따로 앉아서 먹었다.

나는 가급적 대회 기간 중 북의 임원들과 함께 생활을 하려 애썼다. 그들이 싫어하고 기피하는 질문이나 행동은 하지 않았다. 그러나 우리 임원 가운데는 평소 자유로운 생활 습관대로 행동하여 북한 측 임원들과 선수들에게 이질감을 일으키는 사람도 있어서 나는 항상 긴장하는 생활에서 벗어날 수가 없었다. 북측 생활은 '정치 우선'이었다. 노동당 지침을 현지 생활에서도 그대로 적용하는 듯했다. 나이 어린 선수들이 혹시라도 돌발 행동을 하거나 사상 무장이 약화될까 임원들의 걱정이 큰 듯했다. 나는 남측 선수들이 너무 튀는 행동을 하여 북측 선수들을 자극할까 근심, 북측 단장은 사상이 물들까 걱정, 이래저래 지도자로서 스트레스가 있는 법이니 임원들끼리는 동병상련의 교감도 있었다.

포르투갈 출발 전 김우중 당시 축구 협회장은 우리 코리아 팀에게 서울에서 평가전 관람 입장료 수입이라는 명목으로 남북한 대표에게 각각 미화 5만 불을 주었다. 축구 협회장으로서 현지에서 대회를 치르는 데 필요한 운영비를 좀 더 넉넉하게 쓰라는 배려였다. 그러나 북한 측은 단호하게 사양하였다. 개인에게 주는 돈도 아니고 공식적인 지원금인데도 그랬다. 결국 김우중 회장은 북측이 사양한 5만 불을 나에게 주면서 현지에 가서 북한 선수단에게 전해 달라고 의뢰하였다.

결단식이 끝나자 우리 '코리아 팀'은 김포공항에서 영국 런던 행 대한항공 비행기에 탑승하였다. 김포공항(당시 인천공항은 개항 전이었음)을 본 북한 선수들과 임원들은 그 규모가 큰 것에 놀라는 표정이었다. 북한의 어느 임원이 제안하기를, 비행기의 창가 좌석을 자기들에게 양보해 주었으면 좋겠다고 하여 북측 선수들과 임원들을 창가자리에 앉도록 하였다. 그러나 자리만큼은 남과 북이 섞어 앉지는 않았다. 창가에 앉은 북측 임원들과 선수들은 비행기 창을 통해 서울을 내려다보고는 서울이 이렇게 큰 줄 미처 몰랐다고 감탄하였다. 기내식사는 북한의 고려항공에서 제공하는 기내 식사와는 질과 맛이 비교가 되지 않았다. 매사 나도 남북한을 비교하니 어린 선수들은 어땠을까. 나는 몇 번이고 북측 임원이나 선수들에게 다정하게 대해 주되 절대로 서로를 비교하거나 아픈 곳을 건드리지 말아야 한다고 스스로에게 주의를 주었다.

우리 선수단은 영국 런던에 도착해서 영국 비행기를 타고 그날 밤 포르투갈 리스본에 도착하였다. 리스본 공항에 우리 코리아 팀이 도착하자 교민들이 나와서 열렬히 환영하여 주었다. 그러나 환영객 대부분은 남한 측의 현지 교민들이었다. 북한 측은 대사관 직원들이 아이들을 데리고 나와서 환영해 주었다. 남북한 대사도 다 같이 나왔다. 포르투갈 축구 대회 조직 위원회는 우리 팀에게 리스본에서 가장 좋은 호텔을 숙소로 정해 주었다. 리스본 시내에는 여러 호텔이 있으나 수영장을 가지고 있는 호텔은 우리가 숙소로 사용하는 호텔뿐이었다.

호텔이 너무 좋은 것도 신경이 쓰였다. 수영장을 찾아 북유럽의 금발 미인들이 이 호텔에 몰려 있었다. 아침 10시부터 햇볕을 즐기러 온 북구의 금발 여인들이 비키니 차림으로 수영장 벤치에 누워 있었다. 남측 임원들은 수영복을 입고 금발 미인들의 근처에 가서 자리를 잡고 햇볕을 함께 즐기면서 수영도 하고 여인들과 담소도 하는데 북측 임원들은 단 한 사람도 수영장 근처에 얼씬 안 했다. 내가 북측 임원들에게 물었다.

"당신네 임원들은 왜 수영장에는 아예 오지도 않는 거야?"

"평양에 가서 비판을 받기 때문에 몸조심해야 합니다."

한 식구가 되었으니 솔직하게 말해 주니 고마웠지만 한편으로는 어디서든 당과 당의 지침을 의식해야 하는 그들이 안스러웠다.

우리 선수와 임원들은 서울에서부터 영국을 거쳐 리스본에 오는데 근 20시간을 여행에 시달렸다. 호텔에 투숙하자 호텔에는 좋은 사우나 시설이 있었다. 짐을 풀고 몇몇 남북한 고위 임원들은 사우나부터 하면서 피로를 풀자고 했다. 사우나 욕실에 들어갔다. 그런데 사우나 욕실을 남녀 공동으로 사용한다는 사실을 전연 몰랐다. 단지 호텔 직원이 안내해 주는 대로 입실을 했던 것이다. 우리는 으레 욕탕이 남자 욕실이거니 하고 옷을 벗고 수건도 걸치지 않은 채 욕실 안으로 들어갔다. 그러나 이미 그 욕실 안에는 대여섯 명이 머리에 수건을 쓰고 유방을 가리고 앉아서 사우나를 즐기고 있었다. 처음엔 그들이 남자이거니 생각하고 바라보는데 자세히 보니 여인들이었다. 그들은 앞을 가리지 않고 욕실에 들어오는 우리를 태연히 바라보면서 미소 짓는 것이었다. 우리들은 우리가 착각하고 여자 사우나에 들어왔나 하고 황급히 몰려나왔다. 그리고 직원에게 항의했다.

"왜 여성 사우나에 안내했어요?"

그는 웃으면서 말했다.

"여기는 남자용과 여자용 구별 없이 남녀가 공동으로 사용합니다."

그 말을 듣고 북측 임원들은 옷을 챙겨 입고 밖으로 나가고 남측 임원들만 사우나를 즐겼다. 욕실 안의 여인들은 우리가 당황해서 사우나 욕실에 들어갔다가 황급히 몰려 나가는 것을 보고 일면 놀라기도 하고 신기하기도 한지 우리에게 물었다.

"왜 우리들을 보자 욕실 밖으로 나갔나요?"

"여자용 욕실에 잘못 들어온 줄 알고 나갔다가 남녀 공동으로 사용한다는 말을 듣고 다시 들어왔습니다."

"코리아에서는 대중 사우나를 남녀가 따로 사용합니까?"

나는 그렇다고 했다. 그 후부터 북한 임원들은 호텔 측에서 무료 사우나 입장권을 주었는데도 단 한 사람도 사우나에 출입하는 사람이 없었다.

우리는 같은 숙소에서 잠을 자고 밥을 먹으면서도 일절 정치에 관한 말을 금기시했고 평소의 일상생활 이외에는 말을 주고받는 일이 없었다. 임원들은 저녁에는 자주 어울려서 술을 즐겼다. 때로는 근방의 유원지나 중국 식당에 가서 중국 음식과 술을 즐겼다. 낮에는 운동장에 나가 선수들 연습하는 것을 참관하는 것으로 일과를 보냈으나 밤에는 따로 할 일이 없었다. 남측 임원들은 자유롭게 호텔 밖에 나가 쇼핑도 하고 도시 구경도 할 수 있으나 북한 임원들과 선수들은 창살 없는 감옥에 갇혀 있는 죄수들처럼 통제를 받고 있었다.

아침 식사 시에는 남북한 선수들이 한자리에 모여서 식사를 하였다. 몇몇 임원들은 구별 없이 자리를 같이하여 식사를 함께 하지만 선수들은 철저히 남한과 북한이 따로 행동을 하였다. 북의 당 지침이 엄격히 통제하라고 지시한 것 같았다. 북한 선수와 임원들은 모든 여권을 회수하여 특정한 사람이 보관하고 있는 것 같았다. 그러나 남한 선수들은 환전을 한다든가 시내 볼일을 보러 간다든가 하는 경우 여권이 필요했기 때문에 여권은 각자가 소지하고 있었다. 선수들에게 훈련과 연습 시간 외에는 자유를 주었다. 그러나 북한은 내가 단장으로서 자유를 주었어도 그들 나름대로 통제하는 기구와 임원이 있었다.

세계 청소년 축구 선수권 대회가 열린 포르투갈에서 선수들 앞에서 유머러스한 묘기를 선보이는 중재

북측 임원 중에는 이명성 체육 위원회 부위원장이 북 단장직을 맡고 있었으나 북측 임원 중에는 정치적으로 체육 위원회 부위원장보다 실력이 강한 사람이 있었다. 바로 그 사람이 북한 사로청 위원장 리 아무개라는 사람으로 김정일 위원장과 김일성대학 동기 동창이라는 것이다. 그는 남한에 대해서 공부를 많이 한 사람 같았다. 남한에 와 본 적이 없다는데도 남한의 지리를 꿰뚫고 있었다. 우리 남한 임원들보다도 남한 각 지방의 소식을 잘 알고 있었다.

그의 언행은 매우 신중하고 흠 잡힐 만한 일은 결코 하지 않았다. 북한의 임원과 선수들은 그를 의식하지 않을 수 없었다. 대단히 높은 세련된 교육을 받은 사람 같았다. 나를 만날 적마다 은근히 남한 사회의 정치 현황과 경제 사정에 대해서 물어 왔다. 그러나 나는 일관되게 스포츠 이외의 문제에 대해서 일절 토론하거나 묻는 질문에 답변을 해 주지 않았다.

나는 리스본에 도착하자 김우중 축구 협회장이 우리 팀에게 나누어 주라고 의뢰한 5만 불을 다들 각자에게 나누어 주었다. 이번에는 거절하지 않고 받았다. 의아해서 북측 단장에게 물었다.

"김우중 회장이 북측 선수단 책임자에게 우리와 같은 액수인 5만 불을 서울에서 주었을 때 왜 사양했습니까?"

임원과 선수들에게 나누어 주라는 돈인데 왜 받지 않고 사양하였는가 하고 물으니까 그의 대답이 쓸 데는 많은데 서울에서 받으면 판문점을 통해 북으로 돌아가는 임원에 주어서 당에 기부하여야 한다는 것이다.

마침 그때 북한 기자단이 도착해서 체재비가 부족하니 도와달라고 한다며 우리가 보관 중인 5만 불 중에서 북한 기자단에게 준다고 일부는 가지고 갔다. 나머지는 선수와 임원들이 각자 개인 용처로 사용한다고 전부 수령해 갔다. 민족의 숙원인 통일에 다가가기 위해 남북한 체육인이 화해와 협력하는 바탕 위에서 단일팀을 구성하여 국제 대회에 남북한 선수가 한 몸이 되어 참가하였으나 역시 체제와 이념이 다른 사회에서 각기 달리 성장한 남북한 선수 간에는 많은 문제점이 가로놓였었다.

그러나 다른 한편으로는 남북 간의 평화를 위한 교류에서 아무래도 우리가 먼저 그들을 이해하는 자세를 가져야 한다고 거듭 확인했다. 그들은 '특수성'을 가진 사회이고, 우리는 '보편성'을 앞세우는 사회이다. 당연히 이해의 폭을 넓히기 쉬운 쪽도 우리이다. 어쩌면 그것이 민주주의의 장점이고, 장기적으로 남북 공동체를 이루는 지름길인 것이다.

아리랑의 힘

'코리아'는 단일팀이지만 선수들은 각각 따로 놀았다. 남측 선수들은 연습과 시합하는 시간 이외에는 어느 정도 자유 행동이 보장된다. 외출하고 관광도 하고 쇼핑도 할 수 있다. 북측 선수들은 행동의 제약을 받는다. 절대로 개인행동은 불허하고 외출 시에도 집단적으로 외출한다. 반드시 임원하고 함께 행동해야 하고 연습과 시합 이외에는 접촉을 금지시키고 있었다.

남측 선수들은 거의 카메라를 가지고 있는 형편이었고 선수단에서 지급한 연습복과 단복 외에도 개인 소유의 운동복이라든지 티셔츠 등 다양한 차림을 하고 있는 데다 휴식 시간에는 워크맨 등을 가지고 음악 감상을 하는 선수들이 많았다. 그리고 연습과 시합을 마치고 호텔에 돌아와서는 저녁이나 아침에 호텔 로비에 있는 전화를 이용해서 한국의 부모들과 자유롭게 통화를 하기도 했다. 그런 모든 것을 북측 선수들은 많이 부러워하는 눈치였다.

북측 선수들은 감독과 코치의 지시에 복종했다. 그에 비해 남측 선수들은 자유스럽게 자란 편이라 태도면에서 차이가 있었다. 이렇게 다르니 양쪽이 모두 불편하였다.

남북 임원들은 포르투갈에 머물고 있는 저녁이면 자주 근처 중국 식당을 찾았다. 물론 비용 지출은 우리 측에서 부담하였다. 하루는 단일팀 단합 대회를 겸해 남북 대사가 주최한 환영 만찬회가 있었다. 양쪽 대사가 남북을 상징하는 표시를 하지 않았기 때문에 누가 북한 대사인지 남한 대사인지 구별하기가 어려웠다. 단일팀 임원들도 남북을 식별하는 표시를 않고 똑같은 단체 운동복을 입고 있어서 남북 대사들도 남한의 임원과 북한의 임원을 식별하지 못했다. 정치를 빼고는 못 할 얘기가 없었다. 술이 어느 정도 들어가자 남북 임원 가운데 익살스러운 임원은 서로가 음담패설을 경쟁적으로 토해 놓고는 마음껏 웃었다. 그리고 즐거워했다. 서로들 이대로 통일이 되었으면 좋겠다고 기뻐들 했다. 나는 그 다정한 분위기가 너무 마음에 들었다. 나는 실향민이다. 정말 이대로 통일이 되어 내 고향에 가서 어릴 적 친구도 만나고, 내가 살던 고향도 들러보고 싶었다. 이렇게 옷만 같이 입어도 구분도 하지 못할 형제들인데……. 새삼 마음속에 울컥하는 감정이 차올랐다.

연습 기간이 끝나고 본격적으로 경기를 시작하는 날이 다가왔다. 여론은 우승 가능한 팀으로 아르헨티나와 포르투갈 두 팀을 꼽았다. 워낙 축구가 강국인 나라이다. 현지 언론들도 기사 방향을 두 나라에 맞추었다. 그러다 보니 포르투갈 국민들은 한국이 아르헨티나를 이기기를 간절히 바랐다. 언론마저 중립이라는 원칙을 버리고 한국을 응원하는 기사를 썼다. 아르헨티나 팀과 첫 경기를 갖는데 마치 홈그라운드 같았다. 우승 후보라고 생각했던 아르헨티나 팀이 포르투갈 국민의 희망대로 우리에게 1대0으로 패배를 당하였다. 경기장의 관중들은 온통 코리아 팀을 열렬히 응원하였다.

남과 북이 하나가 되어서 열심히 싸웠다. 한국의 대사관과 북의 대사관 직원들도 하나가 되었고 북한에서 온 언론 방송 기자와 한국 언론 방송 기자들도 하나가 되어 취재에 열을 올렸다. 시합을 승리로 끝내고 퇴장하는 코리아 팀의 모든 선수들은 소리 없이 눈물을 흘렸다. 관중석에서 응원한 교민들의 눈에서도 눈물이 흘러내렸다. 누가 시킨 것도 아닌데 남북한 사람들은 하나가 되어 아리랑의 노래를 합창하였다. 단일팀 단가가 아리랑이라 하지만 누가 그렇게 부르라고 한 것도 아니었다. 그저 마음 깊은 곳에서 터져 나오듯 아리랑을 목놓아 부르는 남북한인들을 보며 나도 눈물이 흘렀다.

조국 분단 50년 만에 이루어진 단일팀으로 세계 무대에 처음 등장하여 최강팀 아르헨티나를 격파한 장한 승리의 감격에 취하고 말았다.

"당원은 공격수, 비당원은 수비수"

승리의 감격을 다스리고 잠자리에 들려 하는데 한 임원이 다급하게 단장실로 달려왔다. 양측 감독과 코치들이 언성을 높여 싸우고 있다는 것이었다. 코치들이 있는 방문을 열고 들어가니 남북한 감독과 코치가 상기된 얼굴과 흥분된 표정으로 고함을 지르고 있었다.

다음 시합을 위한 선수 포지션 배분을 놓고 양측 감독 간에 의견과 구상이 달라서 합의점을 보지 못한 것이다. 언쟁이 고조에 달하고 있었다. 나가서 말리지 않았으면 당장 주먹 싸움으로 이어질 판이었다. 이런 대립의 원인은 간단했다. 북의 코치들은 철저히 대회 전에 받은 당 차원의 지침을 지키려 했다. 그 대원칙 아래 경기 전술을 짜고, 선수도 운용하려 했다. 남한 코치는 그렇지 않다. 대회 현장에서 보는 상대팀의 전술을 고려해 작전을 바꾸기도 하고, 선수들의 컨디션을 고려해 팀 운용도 바꿔야 한다고 생각했다. 당연한 생각이었다. 축구에 현장이 아닌 당의 지침이 왜 필요한지 남측 코치진은 이해할 수 없었다. 코치진의 독자성을 생각하는 인식이 다르니 의견이 갈라지고 마찰과 대립이 극에 달해 있었다.

이명성 부단장도 자다 말고 복도로 나왔다. 다행스럽게도 우리들의 숙소 층에는 외국인을 받지 않아서 남북한 선수와 임원 이외에는 다른 손님들이 없었다. 남북 단일팀 간부의 직책은 내가 단장이고 북의 차관급 이명성이 부단장으로 정했었다. 그리고 감독은 북한 측이, 코치는 남한 측이 맡기로 실무 회담에서 합의했던 것이다.

그런데 선수 선발 평가전을 할 때부터 북한은 용의주도하게 독자적인 전략을 세워 일을 꾸몄다. 북한 선수들이 골을 넣을 수 있는 기회를 많이 갖기 위해 북한 선수들을 전진 배치하여 공격수로 내세우고 남한 선수들을 후방의 수비를 맡도록 꾸민 것이다. 북한 축구는 공격수는 공격 위치에서 뛰고 수비수는 주로 수비의 임무와 역할을 맡

중재가 관광 중 휴식 시간을 갖고 북한 측의 김형진 단장(왼쪽) 등과 담배를 나눠 피우고 있다.

는 식으로 경기를 운영하고 있다. 그것은 70년대식 축구 전술이었다. 남한은 공격수가 수비수도 할 수 있고 수비수가 공격수도 맡을 수가 있는 것이다. 즉 게임의 상황에 따라 선수들의 포지션도 달라질 수가 있는 것이다. 물론 코치도 상황을 봐 가면서 수시로 포지션을 바꾸게 지시했다. 세계 축구의 흐름이 그랬고 그런 전술이 효과적임은 내가 더 잘 안다.

평양과 서울에서 선수를 선발을 하는 데 있어서 북한 지도부는 남한의 수비수들이 잘한다고 하면서 수비 선수 위주로 선발하도록 계략을 세웠던 것이다. 그러한 속셈을 간파하지 못한 남한 지도부가 북측 계략에 속은 것이었다. 그뿐만이 아니라 북한 선수들 중에는 노동당 당원과 비당원으로 구분되어 있었다. 북한 지도부는 노동당 당원 선수들이 골을 넣을 수 있는 위치에 배치돼야 하고 항상 유리한 위치에서 공을 세울 수 있도록 작전을 세운다고 했다. 당원이 아닌 선수들은 당원들을 돕기 위해 볼을 패스해야 한다는 것이니 놀라지 않을 수가 없었다. 이것은 또 무슨 궤변이란 말인가? 공산당식 혁명 이론이 축구에도 적용된다니!

북한 지도부는 나에게 사정을 하면서 양해해 달라고 했다. 우리 지도부는 선수 선발부터 북이 하자는 대로 따라온 셈이었다. 집단적인 정치 논리에 의해서 스포츠도 운영된다는 사실을 뒤늦게 알게 된 것이다. 만약 남한 측 코치가 반대해서 자기들이 세운 작전이 무산된다면 남북한 단일팀은 내분으로 대회 도중임에도 불구하고 팀이 해체될 것 같았다.

누구라고 말할 수 없지만 북한 지도부는 나에게 매달리다시피 자신들의 입장을 호소하였다. 솔직한 심정이라면 나는 "아니, 이봐요. 무슨 축구를 하는데 비당원 선수는 당원 선수를 도와야 한단 말이오? 그럼 우리 남측 선수들은 들러리요? 지금이 어떤 세상인데 수비수, 공격수 편가르고, 거기에 당원, 비당원을 갈라서 언제 승리를 하겠어요?" 화를 내고 싶었다.

물론 나는 그렇지 못했다. 억장이 미어지지만 내가 단장으로서 남한 코치의 주장에 동조해 고집을 피웠다면 세계 대회 도중 코리아 팀은 깨지고 세계인들 앞에서 큰 망신을 당하였을 것이다. 나는 할 수 없이 북의 주장대로 양보하여 단일팀 코리아를 구하기로 했다. 한국 코치들은 너무 분해했으나 이 단일팀은 승리라는 성적에 더해 '화합'이라는 목표가 더해져 있었으니 참아야 했다.

대회의 최종 성적은 8강이었다. 코리아 팀은 세 골을 넣었고 세 골을 먹었다. 결국 골을 넣은 것은 공격수인 북측 선수였고 골을 먹은 것은 수비수의 몫이 되고 말았다. "남측이 잘했으면 4강도 갔을 텐데, 북측이 잘해서 8강이라도 간 거야." 이것이 북측의 자기 과시용 논리였다. 평양은 이 대회의 중계 방송을 통해 북측 선수들이 골을 넣는 장면을 대대적으로 홍보하였다. 참으로 북은 하나에서 열까지 정치적 책략을 깔고서 이를 달성하는 데 최선을 다하는 집단이라는 것을 스포츠에서도 역력히 보여 주었다.

시합에 임하여서도 북측 선수들은 좀처럼 남측 선수들에게 패스를 하지 않아 골을 넣을 수 있는 기회를 주지 않았다. 북한 선수들은 의식적으로 자기들끼리 볼을 주고받는 경기를 전개하고 있었다. 남측 선수한테 볼을 연결시켜 주면 우리 팀이 유리한데도 북측 선수는 저희들끼리만 공을 주고받으니 자꾸 흐름이 끊겼다. 경기 현장에서 내 옆에는 한국 축구 협회 오완근 부회장이, 바로 그 옆에는 북한 사로청 이영복 위원장이 앉아 있었다. 오완근 부회장은 축구 선수 출신이라 이런 북측 선수들의 책략이 한눈에 들어왔다. 더 이상 참을 수 없게 된 오 부회장이 경기를 관전하면서 열이 나서 큰 소리로 운동장을 향해 소리쳤다.

"야, 이 공산당 놈아, 볼을 줘야지!"

고성을 지르면서 북측 선수에게 욕설을 퍼부었다. 그러자 그 옆에 앉아 있던 북측 이영복 사로청 위원장이 언성을 높였다.

"뭐이야, 여기서도 공산당을 들먹거리며 욕하기야!"

맞고함을 질러서 내가 말리었다. 물론 이런 충돌은 순간적이었다. 대체로 남북한 임원과 선수들은 서로 존중해 주는 분위기였다.

유리 꽃병

오래 같이 생활하다 보면 엉뚱하지만 재미있는 일도 있다. 시합을 앞두고 진지한 논의가 있었다.

시합 전날인 토요일 밤 일부 선수와 임원들이 TV 앞에서 포르노를 밤새 보았다는 보고가 올라왔다. 포르투갈은 독일에서 방영되는 섹스 영화를 시청할 수 있는데 매주 토요일 밤 11시부터 다음 날 새벽 4시까지 방영된다는 것이다. 북측 선수나 남측 선수나 방에 TV가 설치되어 있어 채널을 여기저기 돌리다 보니 포르노 영상이 방영되어 호기심이 동해서 보았다는 변명도 들었다.

이런 사실을 전혀 모르고 있던 나는 아침 식사를 하는 자리에서 이 문제로 갑론을박하는 것을 보며 알게 되었다. 남북 임원들은 어제 일부 선수들이 밤을 새워 포르노 영상을 감상했다는데 오늘 이런 선수가 경기에 임할 수가 있겠느냐며 흥분했다. 눈동자가 빨간 선수는 밤새워 포르노를 시청했을 테니 오늘 경기에 참가시키지 말자는 주장이 나왔다.

그리고 선수들의 방에 설치되어 있는 TV를 치워 달라고 호텔 측에 요청하자는 데 의견이 모아졌다. 그러자 일부 임원들은 임원 방에 설치된 TV는 그냥 놔 달라는 것이다. 우리들 인격을 믿어 주어야지 우리 방의 TV까지 치우면 마치 임원들이 그런 저속한 영상물을 감상하는 사람으로 취급하는 것이냐고 항의했다.

호텔 측에 선수들의 방에 놓여 있는 TV를 치워 달라고 요청하니까 호텔 측은 냉정하게 거절하고 오히려 정히 TV 없는 방을 원하면 다른 곳으로 숙소를 옮기라는 것이었다. 그래서 그날 밤 임원진이 나서서 호텔 측 몰래 선수들 방에 놓여 있는 TV들을 한 임원의 방으로 전부 옮겼다. 이번에는 일부 선수들이 항의를 했다. "우리는 포르노를 보지 않는데 왜 TV를 치우느냐, 건전한 영상조차 감상하지 말라는 거냐."며 "다른 팀들의 시합 장면을 보아야 한다."고 강한 불만을 표시하였다.

그런대로 잘 무마하여 큰일은 없었으나 한편으로는 걱정을 하기도 했다. 북측 청소년들이 이렇게 생활하다가 돌아가면 자유로운 생활을 동경하고 부러워할 텐데 돌아가서 감독이나 코치의 지도를 제대로 받아들이겠는가 하는 염려였다.

코리아 팀이 인사차 리스본 시장과 대회 조직 위원회 위원장을 공식 방문한 일이 있었다. 그때 선물을 주기로 하였는데 실무 회담 시에 북측이 선물을 준비하기로 정했다면서 자기들이 가지고 온 선물을 내놓았다. 실물을 보니 흔히 볼 수 있는 크리스털 꽃병이었다.

북측은 이 꽃병을 선물로 내놓으면서 평양에서 가지고 온 것이라고 강조하며 자랑을 하는 것이었다. 나는 그들의 행동이 너무 유치해서 한마디 충고하였다. 유럽에는 크리스털 예술 제품이 많이 발달되어서 우리들의 기술은 아직도 유럽인들의 기술을 완전히 습득하지 못하고 있는 형편이니 선물에 대해서 너무 자랑하지 말라고 타일러 주었다.

대회 기간 동안 시합이 없는 날 포르투갈 교민회, 스페인과 유럽에서 온 교민회 간부들이 우리 코리아 팀 선수와 임원들을 위한 환영회에 초대하고 싶다고 초청 의사를 밝혀 왔다. 그러나 북측 임원들은 "북한 출신 동포가 없는 환영 모임에 북측 임원은 참가하고 싶지 않다."고 거부했다. 나는 그들을 잘 타일렀다. 결국 남북 선수단 전원이 현지 교포가 주최하는 환영회에 참석하여 푸짐한 불고기 대접을 받았다. 서울을 떠나 처음으로 맛보는 우리 민족의 음식이었다. 임원들은 술을 마시기도 하고 기분이 좋아서 남북 임원 간에 노래자랑을 하기도 했다. 교포들은 임원과 선수 모두에게 선물을 나누어 주었다.

선수와 임원들은 체제와 이념을 떠나서 우리 민족의 분단이 종식되고 하루 빨리 통일이 되어야 한다는 의식이 높아지기도 하였다.

나는 무엇이든지 북측 임원과 선수들 입장이 거북한 일은 삼가고 그들의 요청은 다 들어주었다. 일주일간의 현지 훈련과 연습, 그리고 15일간의 대회 기간 중 작은 마찰이나 불협화음은 있었지만 단일팀의 결성 의지를 깨는 분란 없이 대회를 마쳤다. 해방 후 최초의 남북 단일팀으로 8강의 성적을 올리는 소기의 목적도 달성하였다.

귀국길에 북한 측에서 우리 임원과 선수들에게 유리 꽃병들을 선물로 나누어 주었다. 그래서 한마디 했다. 아니 선물을 줄 바에야 서울에 있을 때 주지 않고 이렇게 큰 유리 꽃병을 포르투갈에 와서 주면 이것이 큰 짐이 되지 않느냐고 했다. 그렇지만 그 유리 꽃병을 여기까지 갖고 온 그들의 수고와 정성은 고맙지 않은가. 나는 혹시라도 유리 꽃병이 깨질까 두려워 현지 통역을 담당했던 교민에게 주었다. 그도 열심히 일하고 우리를 돕느라 정성을 다하였으니 충분히 선물을 받을 자격이 있었다.

귀국길은 북측이 제공하는 북한 비행기를 타고 평양을 통해서 귀국하게 되어 있었다. 그러나 북한은 서유럽 여러 국가와 외교 관계가 없어 비행기가 통과하는 데 외교적 교섭이 쉽지 않아서 출발 일정이 며칠 늦어졌다. 결국 우리들은 모스크바를 경유하여 평양에 도착하였다. 북한 고위 간부와 북한 주민이 열렬히 환영했다. 그리고 평양에서 해단식을 무사히 마쳤다.

평양역에서 개성을 향해 기차를 탔다. 이제 정말로 헤어져야 할 시간이다. 이명성 부단장은 내 손을 꽉 부여잡았다.

"형님, 정말 헤어지기가 싫습니다. 형님이 코리아 팀을 잘 이끌어 주어서 큰 어려움이 없었습니다."

그렇게 말하는 이 부단장의 눈에는 눈물이 글썽거렸다. 나도 형제를 타국에 두고 오는 것처럼 마음이 이상했다. 눈물이 맺혔다. 그와 나는 정이 얼마나 무거운지 새롭게 느껴졌다.

"아우님, 나도 헤어지기가 싫소. 그립고 보고 싶을 때 평양에 오고 싶고, 동생을 서울에 오라고 초청하고 싶은데. 단국대도 한번 구경시키고 학생들이랑 만나게 해 주고 싶어……. 내 생전에 우리의 뜻이 이루어졌으면 좋겠는데……."

석별의 정을 나누면서 흐르는 눈물을 감출 수가 없었다. 그러고보면 벌써 20년이 흘렀다. 김형진, 이명성…… 내 나이 이제 팔십. 하루빨리 그들을 다시 만나고 싶다.

정치에 희생된 적십자 정신

적십자 총재가 되다

나는 제21대 대한적십자 총재로 지명을 받고 2000년 8월 1일 취임하였다. 내가 총재로 임명되자 시중에 단국대 출신인 박지원 수석이 나를 적십자 총재로 추천한 것으로 소문이 났지만 그렇지 않다. 이제

2000년 8월 대한적십자사 총재 취임식에서 정원식 전임 총재로부터 적십자기를 인수받는 중재

와서 밝히지만 나를 적십자사 총재로 추천한 분은 김대중 대통령의 영부인 이희호 여사다. 이희호 여사는 처녀 시절 미국으로 유학을 하려는데 여비가 없어서 곤란을 겪은 일이 있었다. 그때 고려대 학생회장인 김기호 선생이 이희호 여사를 내 선친께 소개하여 내수동으로 찾아뵌 적이 있었다. 사정을 들으신 아버님은 쾌히 승낙하고 이 여사를 도와주셨다고 했다. 나는 그 말을 언젠가 이희호 여사한테서 직접 들었다.

내가 적십자 총재로 취임하기에 앞서서 청와대 한광옥 비서실장이 만나자는 연락이 왔다. 만나자는 요지는 김대중 대통령이 나를 대한적십자사 총재로 지명했는데 의향이 어떠한가 하고 물었다. 나는 처음에 사양했다. 내 능력이 부족한 것을 이유로 사양했으나 한 실장을 내가 노태우 정부 때 남북 관계 일을 많이 성사시킨 경험이 있는 것을 고려해서 대통령께서 특별히 지명하신 일이니 사양 말고 취임에 동의하라고 하였다.

특히 북측 고위급 인사들 가운데 일부가 내가 적십자사 총재직을 맡으면 남북 협력 사업이 잘될 것이라고 해서 우리 정부에 나를 추천한다는 말도 있었다.

나는 이 말이 쉽게 이해되지 않았다. 북한이 나를 좋게 볼 만한 일을 했던 기억이 없었기 때문이다. 그래서 더욱 사양하였다. 그런 일이 있은 후 일주일 정도가 지난 시간에 한광옥 비서실장이 재차 만나자고 했다. "대통령 체면도 있으니 사양하지 말고 받아들이라는 것"이 골자였다.

사실 나는 오래전부터 국제로타리 운동에 적극적으로 참여하고 있었다. 지역사회 개발, 저개발 국가에 대한 의료봉사나 인도적 지원에 앞장서는 로타리의 봉사활동이 나의 신념과도 맞다고 생각해서이다. 적십자사 역시 로타리와는 다르지만 '봉사정신'과 '인도주의'를 실천한다는 점에서는 같았다. 그래서 대통령의 추천을 기꺼이 받아들이기로 한 것이다.

그런데 취임하자마자 몇 가지 문제에 직면했다. 총재로서 적십자사라는 방대한 조직을 솔선하는 데 전제 조건과 같은 일이라 양보하기가 힘든 문제였다. 대한적십자사는 신임 총재가 취임하면 사무총장은 잔여 임기가 있어도 사임하도록 전례가 되어 있다고 했다. 그러

국제로타리 3650지구 총재에 취임하여 로타리기를 흔들어 보이는 중재

나 나는 이런 관행이 비합리적이라 생각했다. 내가 새로 총재에 취임해서 업무를 파악하려면 적어도 반년이라는 시간이 필요할 것 같았다. 적십자는 전국적인 조직이라 각 지방 지사를 다 돌아다녀야 했다. 이렇게 중요한 임무를 맡는데 사무총장이 사임하면 업무에 지장이 있을 것 같았다. 그런 관행이라면 응당 시정해야 한다. 업무의 영속성과 효율성이 먼저이지 누가 자리를 맡고, 마느냐는 다음 문제가 아닌가. 나는 취임하면서 박기륜 사무총장의 잔여 임기를 보장하겠다고 취임사에서 약속하였다.

그런데 내가 총재에 취임한 지 한 달도 되지 않아서 사무총장을 교체하라는 것이었다. 신임 총재가 취임하면 일주일 내에 사무총장을 교체하는 법인데 왜 사무총장의 사표를 수리하지 않느냐고 재촉했다. 그리고는 새로 사무총장으로 쓰라는 사람의 이력서를 보냈다. 그는 청와대 요직에 있는 사람의 후원회장이라고 했다. 이력서를 받고 보니 학력이나 경력이 적십자사 사무총장직을 수행할 사람이 못될 것이라 판단했다. 그래서 내가 반대하자 이번에는 총재 비서실장을 시키라는 것이었다. 물론 나는 적십자사 규정에 비서실장 직제가 없는데 어떻게 비서실장으로 임명할 수 있느냐고 거절했다.

내가 불복하자 이번에는 보건복지부 장관이 장관실로 오라는 것이었다. 장관을 만나 보니 그의 말이 청와대에서 이력서를 보냈으면 현 사무총장을 사임시키고 청와대에서 이력서를 보낸 사람을 사무총장으로 발령하면 되지 않느냐고 했다. 그 말에 내가 장관에게 물었다.

"장관께서 적십자사에 대한 인사권이 있습니까?"

"인사권은 없소."

"그렇다면 잠자코 계십시오. 모든 책임은 내가 질 것입니다."

나는 장관실을 물러 나와서 곧 김대중 대통령께 단독 면담을 신청했다. 3일 만에 청와대에 가서 김 대통령을 만났다. 대통령께 "저에게 새로운 사무총장 후보의 이력서를 보낸 적이 있으십니까?" 하고 물었더니 없다는 것이었다. 그래서 누군가가 대통령 이름을 팔아서 내게 압력을 주려는 것이라 생각하고 그냥 넘어갔다.

다음은 봉급과 자동차 문제였다.

나는 적십자 총재에 취임하자마자 총재에 대한 급여나 수당, 차량 지원을 일절 거부했다. 내 돈으로 일하고, 내 돈으로 차량도 운영할 테니 적십자사는 신경 쓰지 말라고 했다.

나는 다른 봉사 단체의 운영을 하면서도 급여를 받거나 차량 운영을 지원받은 적이 없었다. 하물며 적십자사는 국민의 기부금과 회원들의 회비로 운영되고 특히 적십자 혈액원은 국민이 헌혈한 혈액을 병원에 팔아서 그 수입으로 운영비에 충당하는 형편이었다. 그런데 총재가 월급을 받고, 차량 운영비와 기사까지 지원받는다면 이는 명분에 안 맞는 일이었다. 봉사가 적십자사의 존재 목적이라면 총재는 그 목적을 실현할 최고 책임자가 아닌가. 취임 이후 내가 근무하던 단국대의 제자, 교수, 직원들이 나를 돕겠다며 회비 납부 캠페인을 벌였다. 다른 것은 모르지만 이런 일은 고마운 마음으로 받아들였다. 적십자의 빈약한 재정을 확충하는 데 유익했기 때문이다. 그런 판에 총재인 내가 월급, 수당, 기름값, 기사 월급을 받아들일 수는 없었다.

그리고 적십자사 총재는 비상근직이라고 했지만 산적한 업무로 보아서는 총재가 상근하지 않고는 해결될 수 없는 일이 많았다. 적십자사 일에 매달리기로 하되 총재용 차량은 팔아서 수입을 잡았고, 기사는 다른 일을 하도록 지시했다. 그리고 총재의 수당도 폐지하려 했으나 폐지하면 후임 총재에게 지불할 수당 계정 과목이 없어지니 어렵다고 해서 존속토록 하는 대신에 총무과에 지시해 다른 부족한 비용에 전용토록 하였다.

업무 파악을 해 보니 가장 절실한 일은 적십자사의 재정 건전화였다. 봉사를 하려 해도 돈이 있어야 하는 일이다. 나는 총재직에 앉은 날부터 적십자사 기부자와 회원 증강에 힘을 쏟았다. 많은 사람들이 새로 회원으로 가입해 주었고 고액 기부자도 많이 늘었다.

지금까지는 개인으로서는 천만 원이 넘는 사람은 별로 없었다. 그래서 고액 기부자를 찾아다녔다. 그중 제일 많이 낸 분이 이세웅 신일기업 이사장이었다. 그분이 3억 원을 기부하였는데 적십자 개인 기부로서는 최고의 기부금이었다. 나는 총재로서 열심히 활동을 계속하면 적십자사에 기부할 사람이 많이 늘어날 것이라는 자신이 붙었다.

그러나 골칫거리도 많았다. 그중에서 적십자사 본부 병원과 각 지방에 있는 병원의 부채가 적십자 운영에 암적인 존재였다. 각 혈액원과 병원에는 노동조합이 있어서 매년 봉급 인상률이 전국에서 제일 높은 편이었다. 심지어 적십자 본사의 직원 퇴직 기금 200억 원도 병원 적자에 충당한다고 해서 고갈되었다. 지방 병원은 병원장이 수십

억 원을 횡령해서 문을 닫을 지경에 이른 곳도 있었다. 그런데도 검찰에 고발되어 조사를 받고 있으나 무혐의로 될 가능성이 많다며 병원 간부들이 내게 진정을 했다. 나는 직접 담당 검사에게 전화를 걸었다. 만약 이 사건을 봐주어서 병원 수입금을 변상 받지 못하면 검사가 책임을 져야 할 것이라고 부디 공정한 수사를 해 달라고 하면서 대통령께 이 사건을 보고하겠다고 했다.

소문과는 달리 병원장은 법대로 정리가 되었다. 이렇게 강경하게 나가니 어느 정도 부실 병원의 정리 작업이 진척되었다.

나는 노동조합을 거부하는 사람은 아니다. 노조가 민주적인 시민사회를 만드는 데 중요한 장치라는 것도 충분히 이해한다. 그러나 적십자사에 왜 노조가 있어야 하는지는 의문이었다.

적십자사는 봉사를 목적으로 모인 비영리 단체이다. 그 집행부의 실무 직원에게 물론 급여는 지급되어야 한다. 그러나 직원의 급여나 복지 조건은 적십자사의 존립 근거를 해칠 정도가 되면 안 된다. 총재인 나, 직원인 노조 모두 인도적 봉사를 전제로 한 조직에 몸담고 있기 때문이다. 적십자사가 항상 적자에 시달리는데, 재정의 자립도가 낮아서 회비에 의존하고, 심지어 길 가는 사람들이 희생정신으로 기부하는 피를 팔아서 재정을 충당하는데 노조가 적자는 도외시하고 급여와 복지 향상을 주장하며 투쟁한다면 이를 국민들이 어떻게 받아들일 것인가.

대한적십자사가 국민의 사랑을 받으려면 우선 '봉사'라는 대의에 그 종사자들 모두가 머리를 숙여야 했다. 그러나 현실은 그렇지 않았다. 병원은 병원대로, 사무국은 사무국대로 서로가 제대로 대접해 달라는 외침으로 시끄러웠다. 나는 직원들에게 물었다, 노조가 이런 봉사단체에서도 꼭 필요하는지. 그리고 요구했다, 급여 인상, 근무 조건 개선으로 언제까지 눈앞의 과제를 외면하겠느냐고. 만나서 얘기하면 그들은 나의 주장을 수긍했다. 물론 다른 생각을 가진 이들도 있었다. 그들은 내가 노조를 해체하려 한다고 고성을 질렀다. 누구보다 진보적이라는 김대중 정부가 임명한 사람이 반노조, 반민주라고 비난했다.

지금도 나는 내 생각이 옳다고 믿는다. 그런 생각이 만약 반민주라면 어쩔 수 없지만 나는 민주적이지 못하다는 욕을 기꺼이 감수하련다. 나는 내 돈을 들여 적십자사 총재로 봉사했다. 낙하산 인사로

대한적십자사 총재 취임 뒤 열린 창립 95주년 기념식에서 적십자사의 사명을 역설하는 총재

직원을 넣지도 않았고, 사무총장 사퇴 강요도 거절했다. 지금도 한결 같다. 봉사를 하려면 우선 나를 희생해야 한다. 내 것을 챙기면서 하는 봉사는 봉사가 아니라 사업이다.

가족 상봉을 하며 느낀 북한의 고자세

2000년 6월 15일 있었던 남북 정상 회담의 결과로 이산가족 상봉이 이뤄졌다. 같은해 8월 15일 나는 적십자사 총재로서 남북 이산가족 방문단 단장이 되어 이산가족 138명을 인솔하여 평양을 방문하고 18일에 서울로 돌아왔다. 북한 사람들에게 나는 생소한 얼굴이 아니었다. 1990년 남북 통일 축구 대회를 비롯하여 1991년 제6차 세계 청소년 축구 남북 단일팀 단장으로 평양을 세 번이나 방문하고 TV 화면에 자주 비친 사람이라 북한 사람들한테는 비교적 많이 알려져 있었다. 또한 이에 앞서 수십 차례 남북 체육 회담을 가지면서도 고집을 세우는 성격도 아닌 데다 회담 성공을 위해 많이 양보하는 편이라 평양 고위 간부들은 비교적 호감을 갖는 편이었다.

그러나 이산가족 상봉을 위해 비행기로 평양을 방문하면서 가만히 살펴보니 10년 전에 축구 선수들을 인솔하고 평양에 갔을 때와 분위기가 달랐다. 한마디로 그리 반기는 표정들이 아니었다. 슬쩍 마음을 떠보니 북한 측은 남쪽 이산가족들을 해방 후 공산주의를 반대하여 월남한 반공주의자라고 간주하고 있었다. 그러니 북한 입장에서

남북 교류에 획기적 새 장을 연 이산가족 교류 사업은 적십자사의 주도로 이뤄졌다. 중재는 적십자사 총재로서 한국 측 방문단을 이끌고 분단 50년 만에 역사적인 북한 방문을 하였다. 출국 인사를 하고 있는 중재

는 '분단의 피해자'라기보다는 북한 체제를 등진 이들이니 반가운 사람들은 아니었다. 그런 일들을 보면서 "앞으로 남북한 간의 이산가족 상봉이 장기적으로 지속되기 힘들 수도 있겠다."는 생각이 들었다.

3박 4일 평양에 머무는 동안 북의 이념 사업장에 안내한다면 거부한다는 전제하에 방문하였기 때문에 그로 인한 마찰은 없었다. 예를 든다면 김일성 생가라든가 주체사상탑에 올라가 보는 그런 안내는 처음부터 우리 일행에 강요하지 않는다는 것을 전제한 탓으로 무리한 안내는 없었다.

이산가족 상봉도 원만히 이루어졌다. 단지 정치적으로 다소 교육을 시킨 탓으로 남이 보는 가운데서는 북의 가족들은 남에서 온 부모

형제들을 만나면서도 자기들의 삶의 풍요로움을 자랑하느라 애를 쓰는 모습이 역력하여 보기에 안쓰러웠다. 북의 가족들은 대부분 얼굴이 깡마르고 얼굴이 검게 햇볕에 그을리고 영양이 좋지 않아 피곤한 표정들이었다. 노동과 농사일에 찌든 듯했다.

순간 기쁨과 행복감에 젖지만 이틀 후에는 언제 다시 만난다는 기약도 없이 이별을 해야 한다는 생각에 시름과 슬픔으로 웃기보다는 우는 사람들이 대부분이었다. 북의 가족 중 몇 사람은 남에서 찾아온 부모의 간절한 면회를 거절한 사람도 있었다. 어린 자기를 혼자만 남겨 놓고 혼자만 살겠다고 남으로 도망갔던 아버지를 원망하며 상봉을 거절한 것이었다. 또한 행정 차질로 북에 있는 부모와 형제를 만나

북한의 평양 공항에 도착해 환영 꽃다발을 받고 화동을 격려해 주는 중재

지 못한 사람도 있었다. 남쪽의 어떤 사람은 형제를 만나 보지 못하자 화를 내면서 남으로 돌아가지 않겠다고 고집을 부리는 통에 큰 애를 먹은 적도 있었다. 결국 비행기가 떠날 시간이 됐는데도 자기 형제를 만나지 못해 귀국하지 않겠다던 두 형제에게 그냥 북에 남기고 우리만 떠나겠다고 통고를 하자 그제야 부랴부랴 짐을 싸 들고 따라 나섰다.

남측 가족 138명이 재북 가족 681명을 분단 50년 만에 처음으로 상봉하고 3박 4일 동안 상봉 일정을 마친 후 평양 순안 비행장을 이륙하여 김포로 돌아왔다.

통일 축구가 평양에서 개최된 후 만 10년 만에 평양에 세 번째로

평양 방문을 마치고 귀국 비행기의 트랩을 오르는 중재. 실향민이기도 한 중재는 이산가족 상호 방문 사업에 누구보다도 큰 애착과 열성을 보였다.

가 보았으나 전보다 발전된 모습은 발견할 수가 없었다. 전력 사정도 전과는 달리 많이 부족한 듯 보였다. 평양의 고위층과 회식하는 자리에서 느낀 것은 그들은 남쪽에 대해서 잘못 인식하고 있는 점이 많은 것 같았다. 남한과 북한의 교류를 협상의 산물이나 통일을 향한 공동 노력으로 보기보다는 자신들의 정치력이 남한에 확대되었다는 식으로 이해하는 듯했다. 일례로 북한 측 인사들은 우리나라의 특정 신문의 이름을 내 앞에서 거명하면서 "남북 간 교류를 위해서도 그런 신문은 읽지 말라."고 충고하는 사람도 있었다. 또한 이제부터 남한에서 북한을 비방하는 인사는 더 이상 용납할 수 없다는 식으로 큰소리를 쳤다.

적십자 이산가족 상봉이 처음으로 이뤄진 1차 만남 자리에서 북한 측은 면회 장소 변경을 제의했다. 만찬이나 기타 자리에서 제안하기를 "이산가족이 오고 가는 불편을 덜기 위해서 우리 민족의 유일한 명산인 금강산에 면회소를 조성하여 지정하자."는 것이었다. 의제가 되면 관계 당국이 협상을 해야 하는 일이어서 나는 즉답을 피했다. 내가 대답할 일은 아니었으나 나 개인으로서 금강산 면회소는 반대한다고 주장하였다. 금강산이 경치는 아름답지만 어차피 이산가족들이 관광으로 만나는 것도 아니고 육로로 갈 수 없으니 배편을 이용해야 하는 사정을 고려한 얘기였다. 배를 타면 공해상으로 나갔다가 북한의 장전항에 기항해야 하는데 나이 많은 노인들이 뱃멀미로 고생하면 너무 힘들고 건강도 상할 것이라는 얘기도 했다. 나는 대신에 군사분계선 가운데 면회소를 조성한다면 상징적으로는 분단과 휴전이라는 이미지에 상봉과 평화라는 이미지가 더해져 남북한 모두의 국익에도 도움이 될 거라는 말을 했다. 내 말에 그들은 별다른 대답을 하지 않았다.

북쪽의 눈치를 보는 사람들

내가 평양에서 돌아오고 나서 1차 이산가족 상봉을 결산하는 회의에서 내가 북한의 제의에 조목조목 반대한 것이 큰 틀의 햇볕정책을 추진하는 데 있어서 긍정적이지 않았다는 의견이 있다는 소문을 들었다.

나는 남북 협력을 추진하는 핵심 관계자들의 의견이니 그럴 수 있다고 생각했다. 귀국 이후 나는 적십자 개혁을 좀 더 구체화시켰다. 특히 특정 제약사와 적십자사가 혈액원과 거래를 하는 과정에서 기득권을 지키고자 리베이트를 조성하여 일부 정치인들에게 정치 자금으로 흘러간다는 보고에 주목했다. 나는 이 자금을 적십자사 재정을 확충하는 재원으로 전환하자는 제안을 했다. 아울러 적십자사 노조의 명분 없는 활동을 개선하고자 노조 해체를 직원들에게 요구했다. 이에 대하여 여야 의원들이 발끈하여 장 총재가 엉뚱한 일로 적십자사를 혼란에 빠트린다는 비난이 있었다. 가뜩이나 박기륜 사무총장을 사임시키고 모 건설회사 사장을 사무총장으로 임명하라는 청탁을 거부한 데 대해 이를 주도한 대통령 비서실의 모 수석이 나를 비난한다는 얘기도 들렸다. 나는 애써 이런 소문을 무시했다. 내가 만약 적십자사 총재직에 매력을 느끼고 청와대 비서실이 내려보낸 사람을 사무총장에 임명했었다면 결국 적십자사 운영진의 인사권은 총재가 아닌 관련 권력자의 수중에 있음을 인정하는 셈이니 그런 총재가 되고 싶지 않았다.

이런 와중에 〈월간 조선〉이 인터뷰를 신청했다. 나는 정부와 여당 측 고위 인사들이 조선일보의 논조를 문제 삼아 구독을 사절하거나 〈월간 조선〉을 극우적이라 비판하는 일에 솔직히 무신경했다. 권력이 특정 매체를 거부한다고 내가 그들의 눈치를 본다면 결국 내가 스스로 나의 인권을 제한하는 셈이니 이를 인정할 수 없었다. 총장으로 있을 때도 나는 당시 정권과 첨예하게 대립한 매체들과 자주 만났고, 기꺼이 인터뷰를 했다. 언론에 매명을 하기 위한 것이 아니라 그 매체들은 여야라는 입장을 떠나 결국은 우리 사회의 공기라는 믿음이 있어서였다.

〈월간 조선〉(2000년 10월호)에 인터뷰한 내용은 지금 봐도 북한이 그토록 비난을 하고, 남한이 북한을 자극했다고 할 만한 내용이 없다. 내 발언은 그 전에도 했던 내용이다. 내 인터뷰 요지는 "북한이 지난 10년간 그리 달라진 것이 없다. 상봉 현장에서 북한 측 이산가족을 보니 양복이 다 같더라. 북한으로서는 이산가족 상봉에 이만한 준비를 하려면 상당히 많은 노력을 기울여야 한다. 우리가 북한의 이런 특수성을 이해해 남북 교류 시 신중히 배려해야 한다."는 것이다. 결론적으로 말하면 "북한이 어려우니 우리가 양보하고 참으면서 지원할 건

지원하고 길게 보면서 교류 사업을 진행하자."는 것이 내 뜻이었다.

내 인터뷰에 북한 측은 11월 3일 자 성명으로 공식 비난했다. 한마디로 북한을 매도하였으니 적십자의 상봉 사업을 할 수 없다는 것이다. 북한은 그렇다 치고 이상한 일은 오히려 정권의 핵심에 있다는 이들이 더 흥분하여 나를 비난하는 것이었다. 과거의 예를 보면 이럴 때 발언 당사자는 유감 표시를 하지만 그 주위, 그러니까 남북 협상의 관계 부서는 공식, 비공식적 루트를 이용해 수습하는 노력이 진행되기 마련이었다. 그러나 오히려 남한 내 정부의 핵심 부서나 그 관계자들도 나를 보호하기보다는 "장 총장 때문에 햇볕정책이 무산되게 생겼다."는 식으로 들고 일어났다.

더욱 이해하기 힘든 일은 박기륜 사무총장의 자세였다. 박 총장은 이런 혼란 속에서 느닷없이 일간 신문 모 기자와 나에 대한 인터뷰를 했는데 그것이 신문 인터뷰에서 기사화되었다. 박 총장은 내가 단국대학을 운영하는 식으로 적십자사를 운영한다고 토로하였다. 나는 박 총장의 이런 말에 참으로 놀랍고 부끄러웠다. 내가 적십자사 총재로 취임하자 노조는 박 총장 교체를 요구했고 본사는 물론 지사의 임원들도 사무총장을 교체해 주었으면 좋겠다는 건의를 해 왔다. 그러나 아직 임기가 남았으니 임기를 보장해 주어야 한다는 논리로 나는 사표를 종용하지 않았고 장관과 청와대 비서실이 박기륜 사무총장은 사임시키고 자기들이 내려보낸 인사로 시키라고 지시했지만 받아들이지 않았다.

이렇게까지 하면서 사무총장의 직위를 보장해 주었는데 누구의 지시를 받았는지 모르지만 박기륜 사무총장은 나를, 그것도 북한 측의 억지와 남한 측 당국자들의 혼란 속에서 곤경에 빠진 총재를 공격하고 나섰다. 언론에서는 이런 상황을 보면서 내홍이니 자중지란이니 비판을 했다. 나는 북한의 비난보다 이런 사무총장의 총재에 대한 비난이 더 가슴 아프고 황당했다.

결국 이런 기사를 본 적십자사 각 국장들이 흥분하고 나섰다. 조직을 해치고 신뢰를 저버리는 행동이라 비난하며 박기륜 사무총장을 즉각 퇴임시키라는 건의안을 제출하였다. 나 역시 같은 마음이었다. 박기륜 사무총장을 국장 회의의 결의대로 사표를 받고 처리하였다. 참으로 이런 일에 휘말린 내가 후회되는 순간이었다.

북한 압력에 휘둘리는 정부에 던진 사표

제2차 이산가족 상봉을 앞두고 북한은 비난의 강도를 더 높였다. 북한 중앙 텔레비전에서 "장충식이 적십자사 총재로 있는 한 남북 이산가족 상봉 사업을 중단한다."는 성명을 발표하였다. 물론 〈월간 조선〉의 인터뷰에서 언급한 내용을 트집 잡은 것이다.

2차 상봉은 11월 30일 예정되어 있었다. 그런데 정부에서는 나에게 11월 29일 일본으로 출장을 가도록 했다며 응해 줄 것을 부탁했다. 누구의 시나리오인지 몰라도 최소한의 예의도 없었다. 사전 설명이나 동의도 없었다. 일방적으로 일본 적십자사가 초청하는 형식을 취해서 출국토록 한 것이다. 비행기 예약도 박기륜 사무총장을 시켜서 해 놓았다.

북의 상봉단이 서울에 도착하기 전에 나를 국외로 밀어내려는 의도로 보아 북한과 이면에 어떤 약속을 했음을 충분히 감지할 수 있었다. 나는 일본 적십자사 초청에 응하지 않고 국내에 있으면서 버티고 싶은 감정도 있었지만 초청에 응하기로 했다. 내가 만약 국내에 있으면 나로 인해 수많은 이산가족들의 상봉이 이루어지지 못한다니 내 위신이나 정부의 무분별을 탓할 틈이 없었다. 하는 수 없이 일본으로 가고 말았다. 나는 내 자신의 체면보다 우리나라의 현실이 서글펐다. 우리나라 통일부나 국가정보원이 북한 측 파트너와 협상을 하거나 우리 쪽의 입장을 설득하기는커녕 오히려 북측이 하자는 대로 다 수용을 하고 마치 눈 가리고 아웅 하는 식으로 적십자사 총재를 취급하는 행태를 납득할 수 없었다.

이런 일이 있기 전 나는 이미 사표를 내려고 결심해 놓고 있었다. 겉으로는 나를 임명한 대통령의 위신을 고려해 정부가 요구하는 대로 사퇴는 없다고 공식 입장을 밝혔지만 물러나는 것이 대통령과 나를 위해 유익하다고 생각했다. 일본으로 출국하기 전 보건복지부 장관과 통일부 장관이 만나자는 연락이 왔지만 나는 만날 필요가 없다고 거절했다. 내가 알아서 사표를 제출할 것이니 더 이상 독촉하지 말라고 했다.

물론 정부의 딜레마는 이해되는 측면도 있었다. 북측의 요구대로 내가 사퇴하면 북한의 내정 간섭을 묵인하는 셈이고, 거부하다가 이산가족 상봉이 무산되면 햇볕정책이 위험해지는 셈이었다. 그러나 이를 수습하는 과정은 너무 황당하고 유치했다. 박기륜 씨와 통일부 간부가 만나 내 이름으로 북측에 사과 편지를 보냈는데 이를 북측이 공개하였으니 망신이었다. 이후 남측의 비난 여론이 높아지자 사퇴는 없다고 주장하기도 했다가 이번에는 일본으로 나가 달라고 간청 아닌 간청을 했다.

사태의 전개 과정에서 나를 적십자사 총재로 추천하신 이희호 영부인에 대한 신의를 생각해서라도 나는 정부의 지침을 최대한 수용했다. 그러나 이제는 내가 스스로 거취를 선택하고 싶었고 그 결론은 당연히 사퇴였다.

더 이상 참고 견딜 수가 없었다. 북의 이산가족 상봉단이 서울에 있는 동안 나를 강제적으로 일본에 보내서 서울에 오지 못하도록 하는 정부의 처사는 북의 입맛에 맞추려는 것으로밖에 볼 수 없었다. 북의 상봉단이 돌아간 후에 정부에서 다시 내가 서울에 돌아오기를 기다렸다. 귀국한 후 대통령 비서실장이 관계자를 평양에 보내 그들의 오해를 풀고 내 사퇴 요구는 없던 일로 무마하고 돌아오겠다고 했지만 그런 일도 이제는 너무 한심스러워서 내가 도리어 말렸다.

나는 12월 23일 적십자사 총재직 사표를 통일원으로 보냈다. 김대중 대통령은 이수동 집사를 통해 사직서를 제출하지 말라고 만류했으나 감사하지만 내가 자리에 있으면 대통령께 누를 미칠까 염려된다는 말로 사직의 변을 대신했다.

내심 이런 생각도 했다. "내가 사표를 내면 현 정부의 일부 인사가 북으로부터 칭찬을 받겠군…….” 앞서 말했듯이 나는 이에 앞서 박기륜 사무총장의 사표를 받아 후임자의 인사 부담을 덜었다. 나중에 들리는 말로는 정치권에서는 나의 총재 임명을 달가워하지도 않았고, 제약사들의 혈액원 공급에 대한 내 개혁 의지도 문제가 많다고 비판했다고 한다.

그리고 마침 북한과의 마찰이 일자 정치권의 원로를 후임으로 앉힌다는 각본을 만들었고 이를 위해 장 총재 흔들기가 필요했는데 마침 사내 입지가 약화되던 박기륜 사무총장이 그 일부 역할을 맡았다는 것이다. 그러거나 말거나 나로서는 후회보다는 북한의 한국에 대한 정치적 영향력을 키우게 된 계기가 이 사태였다고 생각한다.

이후 내가 그만두자 후임으로 서영훈 새천년민주당 대표가 임명되었다. 한편 이 일로 자신이 붙었는지 북한은 2001년 11월, 남북 장관 회담을 결렬시킨 뒤 당시 홍순영 통일부 장관이 “국군의 훈련은 당연하다.”고 한 발언을 빌미 삼아 그를 대화 상대가 될 수 없다고 비난했다. 나중에는 홍 장관의 발언이 당연하다고 한나라당이 옹호하자 “한나라당의 칭찬을 받는 걸 보면 야당의 통일부 장관인가 보다.”라고 비아냥거렸다. 그래서일까, 홍 장관은 이듬해 1월 경질되었다.

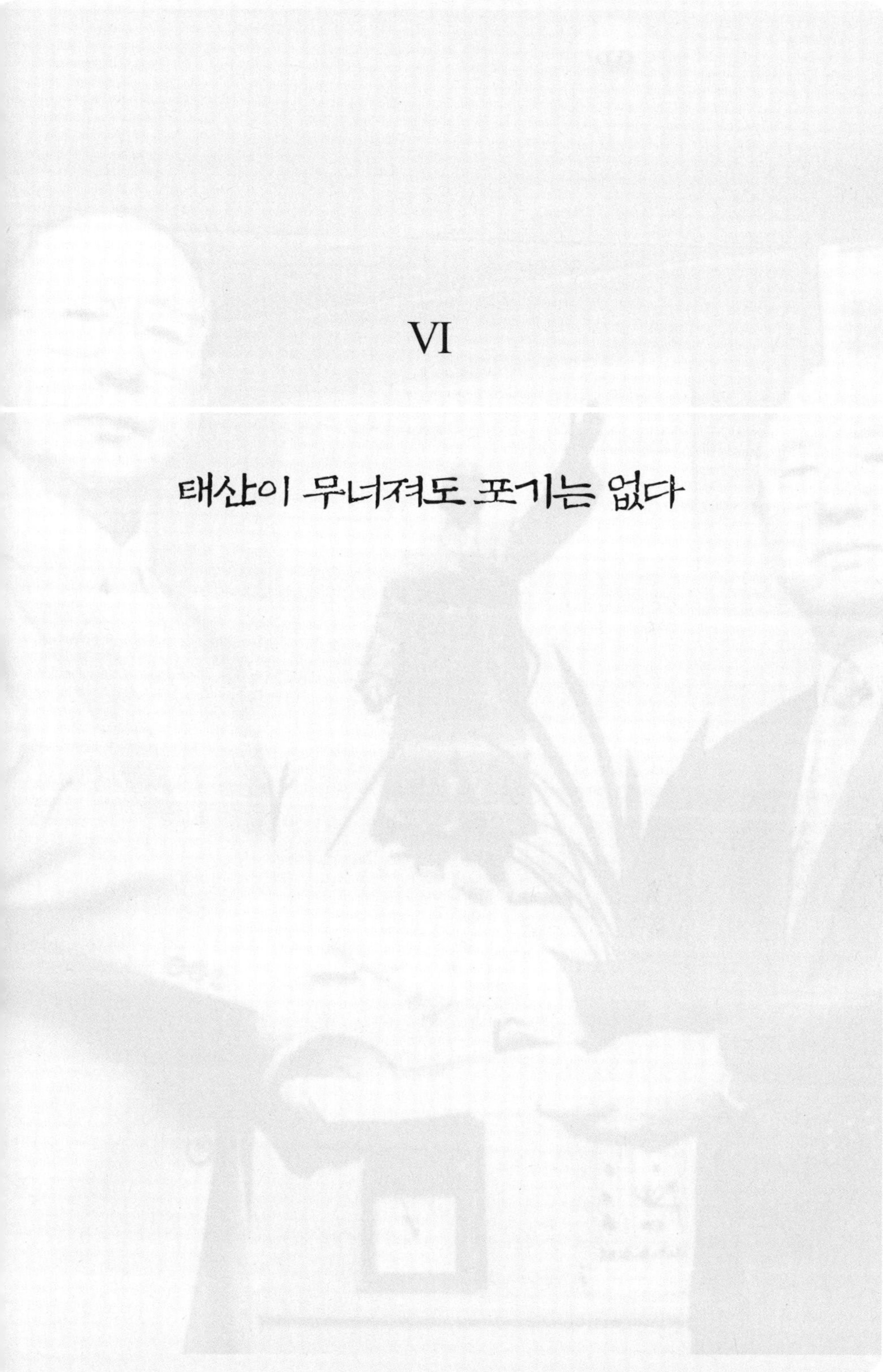

VI

태산이 무너져도 포기는 없다

의과대학 설립의 이면

단국인의 숙원, 의대 설립에 나서다

치과대학과 치과대학 부속병원을 설립한다고 했을 때 반대하는 의견들이 만만치 않았지만 개원 이후 경영 수지나 대학의 교세를 상승시키는 데 성공적인 결과를 보였다. 그러자 이번에는 교직원과 학생들 사이에 의과대학과 의대 부속병원을 설립해야 한다는 여론이 일었고 졸업생들 사이에서도 대부분의 동문들이 모교의 의과대학과 부속병원 설립을 간절히 희망하였다.

하지만 천안 캠퍼스 조성과 치대 및 치대 병원 설립을 위해 많은 투자를 하여서 재정적으로 정말로 힘이 들었다. 나는 종종 한양대 설립자인 김연준 박사님과 경희대 설립자인 조영식 박사님을 만나곤 했다. 대학 경영에 대한 원로의 조언을 받기 위해서였다. 두 분 다 내가 치과병원을 세운다는 얘기를 듣고는 당신들 모두 의과대학과 의대 부속병원을 설립할 때 어려움이 매우 많았다는 얘기를 해 주었다. 나 역시 마찬가지였다. 솔직하게 말하자면 의대 병원 설립의 재정 문제를 해결할 자신이 없었다. 항간의 소문에 의하면 타 대학에서는 의대를 설립하고 병원을 건설하는 데 드는 많은 예산을 일부 학부형한테서 기부금을 받아서 부족한 재정을 메웠다는 소문도 있었다.

나는 빚 없이 대학을 안정적으로 운영하고 싶었다. 그래서 치대와 치대 병원 설립만으로 만족해야 하겠다고 생각했다. 그런데 1987년 내가 6대 총장으로 재선임될 무렵이었다. 당시 박정숙 이사장은 나를 축하하며 이런 당부를 하였다.

"장 총장, 내가 소원이 있어요."

"무슨 소원인데요?"

"우리가 치대 병원도 세웠고, 지금 대학도 입학 성적이 국내 대학의 상위권으로 평판이 좋아지고 있어요. 장 총장이 얼마나 애를 썼는지 내가 잘 알죠. 이제 내가 남은 소원이 있는데, 죽기 전에 의과대를 만들고 의대 부속병원이 문을 여는 걸 보는 거예요."

비단 박 이사장만이 아니라 동문들도 나를 만나면 이런 얘기를 자주 꺼냈다. 학생들도 의대 설립의 필요성을 얘기하곤 했다. 거기에는 그만한 배경이 있었다. 당시 우리 대학의 학사 구조를 보면 서울과 천안에 모두 13개 단과대학, 85개 학과가 있었다. 모집 정원도 3천 950명이 되었다. 종합대학 승격 직후 3개 단과대에 17개 학과, 370명의 입학 정원이었음을 감안하면 20년 만에 외형적으로는 10배가 넘는 고속 성장을 이룬 셈이었다.

교세가 이렇게 욱일승천하는 기세로 발전하니 학생들이나 동문은 이제 대학이 한국 상위권 대학으로 자리 잡으려면 의대와 부속병원 설립이 마지막 남은 과제라는 말을 자주 했다. 현실을 보면 국내 명문 대학들은 모두 의과대를 개설하여 부속병원을 운영하고 있었다. 의과대 개설 여부가 명문 대학을 가르는 기준선으로 사회에서 암암리에 인정되고 있었다.

박정숙 이사장이 '생전의 소원'이라며 의대 설립을 희망하고, 학생, 동문들이 의대 설립을 소망하는 배경에는 "이제 우리 대학도 일류대학으로 인정받아야 한다."는 바람이 담겨 있다고 생각했다. 그 기대와 희망을 읽으면서 나는 스스로에게 다시 한 번 의과대 설립의 과제를 주었다. "그래 해 보자. 도전하자."라는 마음으로 박 이사장에게 약속을 했다.

"이사장님, 그렇게 하겠습니다. 의과대를 설립하고, 부속병원을 건립하겠습니다."

이해, 그러니까 1987년도에 의과대 설립을 위해 일단 의예과를 신설했다. 일개 학과를 신설하는 일이었지만 이 일을 실현하는 것은 쉬운 일이 아니었다. 왜냐하면 우리 대학이 의과대 설립을 원하는 것만큼 다른 대학들도 의대 설립을 대학 발전의 사활적 요건으로 생각하고 있었기 때문이다. 특히, 의사는 전문 직업인이어서 문교부의 국가 인력 수요 정책이 선행되어야 하고, 거기에는 보건사회부(현 보건복지부 전신)와 의사협회의 이해관계가 결정적 요인이 되었다. 의사 정원을 늘리는 데 의사협회나 보사부는 전통적으로 정원 억제의 입장을 취했다. 최근 로스쿨 정원을 둘러싼 변호사협회의 반대 입장과 같은 맥락으로 이해할 수 있다. 거기에 대학들의 물밑 경쟁도 치열해 학과 설립을 둘러싼 암투도 치열했다.

나는 의대 설립 경쟁에서 어느 정도 정부의 긍정적 협조를 받을 수 있다는 자신이 있었다. 거기에는 당시 나와 우리 대학이 정부의 중대 현안인 '86 아시안게임과 '88 서울 올림픽의 성공적 개최에 필요한 사업을 담당하여 많은 투자와 노력을 아낌없이 기울이고 있다는 점이 작용을 했다.

아시안게임이나 올림픽을 주최하는 나라는 부수적으로 스포츠 과학 학술 대회를 개최해야 한다. 스포츠 경기만 중요한 것이 아니라 이를 뒷받침할 스포츠 의학이나 생리학, 경기 지도론 등에서 국제적인 학술 발표가 진행되어야 한다는 IOC의 방침 때문이다. 이를 개최하려면 세계의 스포츠 과학자들을 초청하고, 논문을 발표하는 학술 회의

서울 올림픽 스포츠 과학 학술 대회 위원장인 중재가 천안 캠퍼스 체육관에서 펼쳐진 개막식에서 인사말을 하고 있다.

를 열어야 했는데 이를 준비할 사무국을 우리 대학이 떠맡고 있었다. 나는 이미 올림픽 유치에서부터 대한체육회 부회장이자 대한 올림픽 위원회(KOC) 부위원장으로 적극 참여하고 있었고, 따라서 해당 스포츠 과학 학술 대회 위원장직으로 6년간 심혈을 기울이고 있었다.

이 과정에서 많은 의학계 인사들을 만날 수 있었다. 서울대 정성태 교수와 서울대 의대 이광호 학장, 한양대 체육대 이강평 교수 등이 분과 위원장으로 열성을 다해 실무 준비를 해 주었다. 학술 대회 조직 위원회 사무총장직을 맡았던 이강평 교수가 서울 올림픽 조직 위원회로 옮겨 가는 바람에 한때 조직이 흔들렸지만 한양대 이학래 교수,

'88 서울 올림픽 당시 단국대가 주관한 세계 스포츠 과학 학술 대회 개막식에서 중재, 사마란치 IOC위원장, 조상호 당시 체육부 장관, 박정숙 이사장 등이 자리를 함께했다.

경찰병원의 하권익 원장 등이 더욱 힘을 냈고 이광호 학장, 정성태 교수가 열의를 더해 조직 위원회 운영을 잘 이끌어 준 덕으로 무사히 대회를 준비할 수 있었다. 결국 1988년 9월 천안 캠퍼스에서 열린 올림픽 스포츠 과학 학술 대회는 국내외 1,500명의 스포츠 과학자들이 참가해 성황리에 마쳤다. 독일이 통일되기 이전 동독의 체육부 차관은 시작부터 폐막될 때까지 끝까지 자리를 지켜 주었고 중국은 우리와 국교를 맺기 전이었지만 중국 체육위원회 장백발(張百發) 부위원장(우리나라 체육부 차관)도 참석하여 끝까지 자리를 지켜 주었다.

이런 중요 행사를 치르면서 나는 이광호 서울대 의대 학장의 도움을 크게 받았다. 이광호 교수는 서울대 의대 학장이라는 한국 의학계의 권위 있는 자리에 있었지만 기꺼이 스포츠 의학분과 위원장직을 맡아 주었다. 또한 그는 남성적이고 쾌활한 분으로 매사 정열적이어서 어려운 고비마다 그의 리더십이 돋보였다. 이를 보며 이광호 학장의 인품에 반했고 "이분이라면 모든 일을 함께 의논해서 할 수 있다."는 신념을 가지게 되었다.

이런 좋은 학자들을 만나면서 나는 우리 대학의 의대 설립에 필요한 실질적 절차와 필요한 준비 사항 등을 자문받았다. 그렇다 해도 대한의사협회에서는 국립이든 사립이든, 중앙이든 지방이든 의대 신설에는 절대 반대하였다. 의사협회는 오히려 의사 정원을 줄여 정예화해야 한다는 강력한 주장을 펼치며 보사부와 국회를 상대로 의대생 증원 반대 운동을 한다는 소문을 들었다.

여러 자문을 구한 결과 의과대 전국 입학 정원의 총수를 늘려서 의예과 신설을 해 달라 하면 정부가 거부할 것이라는 생각을 굳혔다. 대신에 의대생 정원이 많은 몇몇 국립대학이 정원을 감축하게 될 것이라는 정보를 들어 이때 우리 대학 의대 신설에 따른 정원 배정을 받으면 의대 신설 가능성이 보일 것이라고 확신하였다. 이 뜻에 적극 협조해 준 분이 바로 서울대 의대 이광호 학장이었다. 서울대 의대는 정원이 너무 많아서 많은 예산이 든다는 것이다. 몇십 명 정도 정원을 감축해서 정예 인원으로 교육하는 것이 서울대 의대 발전에 도움이 된다고 생각한다는 소식을 알려 줬다. 그러면서 우리 대학이 의대를 신설한다면 가능한 한 적극 협조해 주기로 하였다.

나는 여러 해 동안 국제 스포츠 외교를 위해 정부의 지원 요청을 받으면 이를 수용했다. '86 아시안게임과 '88 올림픽 유치를 위해서 활동하고 다섯 번이나 유니버시아드 대회 및 북경 아시안게임 단장으로 봉사한 일을 정부 요로에 상기시켰다. 이처럼 정부에 도움을 줬으니 국립대학 의대 정원을 감축하게 되면 그 감축되는 수만큼 우리 대학 천안 캠퍼스에 신설하는 의대 정원으로 충당해 줄 것을 호소했다. 말하자면 단국대가 정부를 위해 노력을 했으니 이번에는 정부가 단국대의 숙원을 풀어 달라는 논리였다. 문교부와 청와대 그리고 국회에서도 어느 정도 내 희망과 요청에 관심을 가져 주는 것 같았다.

돈의 힘에 좌우되는 의대 설립

호의적 분위기를 감지하고 의과대 설립 인가 신청 준비를 하던 1986년 하반기였다. 당시 정권 교체기와 관련된 뜻밖의 복병을 만났다.

그것은 대재벌이 소유한 대학도 의과대 설립을 추진하는데 여기에 정치적 배경이 얽혀 있다는 것이다. 1987년은 전두환 12대 대통령의 임기가 끝나던 해였다. 당시 전 대통령은 퇴임 뒤 장학 사업과 연구 사업을 지원한다는 취지로 자신의 아호인 일해(日海)를 따서 '일해재단'을 만들고 있었다. 이 재단은 당시 대재벌들이 거의 참여해 대대적인 모금 운동을 하고 있었는데 이 사실은 나중에 1988년 국회에서 조사를 하며 밝혀졌지만 당시는 은밀한 작업이었다.

이 재단을 만드는 과정에서 현대와 대우그룹이 적극 참여하고 있었다. 그 기금 출연의 대가로 대우그룹이 운영하는 아주대학과 현대그룹이 운영하는 울산대학이 의대 설립을 청원하고 있었고, 정부도 이런 민원을 긍정적으로 검토하고 있다는 것이었다. 두 재벌이 내는 기금은 각각 30억 원 정도라는 얘기까지 나에게 들어왔다. 참으로 분개할 만한 일이었다. 도저히 이해하기 힘든 일이고, 한편으로는 마치 애써 정성을 들여 지은 집을 엉뚱한 사람에게 뺏기는 기분까지 들었지만 애써 루머라고 스스로를 달래고 있었다.

아니 땐 굴뚝에 연기 나지 않는다더니 소문은 그 실체를 드러냈다. 문교부 조규향 차관이 나를 문교부로 들어오라고 해 만났더니 정부 방침이 정해졌다고 했다며 "아주대학과 울산대학에 의대 신설을 해주기로 결정되었다."는 것이다. 그러면서 "한 번에 세 개의 의대를 신설할 수가 없어서 이번에 단대는 부득이 허가할 수 없으니 다시 시기를 보자."고 하면서 나를 위로하였다.

나는 "아주대학과 울산대학은 설립한 지도 얼마 되지 않은 대학인데 재벌이 그 운영권을 가졌다고 특혜를 주면서 우리 대학을 그렇게 무시할 수 있느냐."고 항의했다. 내 말에 문교부 차관도 안타까워하면서 아주대학은 김우중 대우그룹 회장이 일해재단에 30억 원을 기부하고, 울산대학은 현대그룹이 역시 일해재단에 30억 원을 기부하는데 이런 지원을 받으면서 해당 대학들이 간절히 바라는 의대 신설을 인가하는 것으로 초고위층 선에서 의견이 모아졌다는 것이었다. 그리고 단대에서는 재단이 거액을 기부할 수 없는 형편이라 제외된 것이니 미안하지만 의대 신설을 포기하라는 설명이었다.

"이 나라의 재벌들은 못 하는 사업이 없구나." 하며 개탄하지 않을 수 없었다. 나는 "일본은 절대로 사업하는 기업들이 사립대학 운영권을 가지지 못하도록 사회구조가 되어 있는데 돈으로 교육을 사는 이런 일을 어떻게 방관할 수 있느냐."고 항의했지만 차관으로서도 이런 현실을 어찌할 수 없다는 표정이었다.

재벌들은 자기 돈이 아니더라도 은행에서 얼마든지 돈을 빌려 운용을 할 수 있었다. 정치자금을 바쳐 권력의 환심을 사고 그 대가로 문어발식으로 수십 개의 기업을 운영한다는 비판이 언제나 사회에 가득했다. 그렇게 기업 활동을 해서 쌓은 수익은 주주인 국민들에게 별로 돌아가지 않고 오히려 재벌 소유주와 권력자들에게 돌아가는 것이 우리나라의 경제 현실이 아니던가. 만약 재벌들이 이 같은 권력이 세운 장학 재단에 막대한 돈을 헌납한다면 이에 앞서 주주들에게 배당금을 챙겨야 하는 것이 아닌가. 나는 흥분을 하여 반박을 했지만 아무런 소용이 없었다.

사실 아주대학과 울산대학은 70년대에 심한 어려움에 처해 있었다. 당시 청와대에서는 나에게 아주대학과 울산대학을 다 맡아서 경영하라고 한 일이 있었다. 그 배경에는 나를 좋게 보던 박정희 대통령의 호의가 있었다. 사학을 운영하며 돈벌이 욕심을 내지 않고 따로 권력도 바라지 않는다는 점에 대통령이 나를 교육기관 경영자로 좋게 보고 있었다.

박 대통령은 사립대학의 재단이 정치가나 기업가의 명예나 돈놀이 수단으로 전락한다고 항상 염려를 하고 있었다. 예를 들어 아주대학은 유신고속 버스 회사를 운영하던 박창원 전 경기도지사가 설립한 대학이었다. 1970년대 후반에 정가에는 박 대통령이 퇴임하면 누가 권력을 승계하느냐 하는 문제가 돌출되어 풍파를 일으킨 일이 있었다. 이때 함경도 출신 기업인과 장성들이 중심이 되어 정일권 국회의장을 영입해서 장차 박 대통령 후임으로 대통령으로 추대한다는 소문이 나돌았다. 이것이 사실인지 모함으로 만들어진 말인지는 몰라도 당시 정일권 국회의장도 입장이 곤란한 지경에 놓여 있었다. 박창원 이사장도 여기에 연루되었다는 소문이 돌았다. 그런 저런 일로 함경도 출신으로 5·16 군사 정변 자금을 후원해서 인쇄업과 해양어업으로 막대한 돈을 벌었다는 이학수 회장과 함께 아주대학을 인수하여 운영하던 박창원 아주대 이사장이 하루아침에 몰락했다.

사실 아주대학은 프랑스의 원조성 차관을 토대로 세워졌는데 일이 이렇게 되니 청와대에서 나에게 인수하여 대학을 운영하면 어떻겠느냐는 제안이 왔지만 정중하게 거절을 했다. 남이 세운 대학을 인수하지 않는다는 내 소신 때문이다.

울산대학도 처음에는 박 전 대통령의 비서실장과 중앙정보부장을 역임한 이후락 씨가 현직에 있을 적에 영국에서 50만 불 차관을 가지고 와서 만든 대학이었다. 현직 권력가가 대학을 운영한다는 소문이 자자하자 이후락씨는 대학 운영권을 포기하고 아무런 조건 없이 문교부를 통해 우리 대학 재단에 넘기겠다고 하였다. 이 역시 나는 아주대학처럼 남이 세운 대학을 맡아 운영하고 싶지 않다는 이유로 거절을 했다.

다른 사립대학 재단들이 울산대학 운영권을 탐내지 않자 청와대에서 고 정주영 회장에게 대학을 운영하도록 만들었다. 이후 산업화에 성공하면서 재벌들이 마치 기업을 인수하듯 군웅할거식으로 운영에 어려움을 겪고 있는 대학들을 하나씩 인수하기 시작하였다.

예를 들어 국민대학은 독립운동가 신익희 선생이 창립했으나 자금난으로 대학이 어려워지면서 한창 성장가도를 달리던 쌍용그룹의 창설자이자 정치인인 김성곤 씨가 운영을 맡았다. 인천에 있는 인하대학은 인천 유지와 하와이 교민 유지가 이승만 박사의 건국 이념을 받든다는 뜻으로 대학을 세웠으나 인천 유지와 하와이 교민들의 재정적 기부가 전무해지자 운영난에 빠져 결국 한진그룹에 운영권을 넘겼고, 성균관대학은 삼성재벌 이병철 씨에게 운영권이 넘어갔다. 리라국민학교 설립자인 권응팔 교장은 수원대학을 설립하고 대학 건물 공사를 삼익건설에 의뢰하였다가 공사비를 제대로 지불하지 못하자 대학 운영권을 삼익건설에 넘겼다.

대학에 돈이 많이 필요한 것은 사실이다. 그러나 돈이 있으니 대학을 만든다는 것은 적당한 일이 아니다. 재벌이 대학에 지원을 하되 운영권을 갖지 않는다면 그것이 가장 이상적인 일이다. 나는 남들이 세운 대학을 인수하는 일도 온당치 않다고 생각하거니와 반대로 재벌이 돈을 앞세워 대학 운영권을 소유하는 일도 달가워하지 않았다. 재물과 권력, 그리고 교육은 서로 불가근불가원의 간격을 유지하는 것이 좋다고 믿는다.

내 소신은 그렇다 해도 현실은 달랐다. 대통령에게 금전적 지원을 하고 대학의 민원을 해결하려는 일에 나는 분노했지만 당장 우리 대학의 사정이 딱했다. 전두환 대통령에게 이런 상황을 설명하고 단국대를 돕도록 하겠다는 승낙을 받기 위해 결심을 새로 추스르고 방법을 찾았다. 동분서주하면서 초조한 시간을 보내는 그때 우리 대학 동양화과 이영수 교수가 나를 찾았다. 이 교수의 말인즉, 자기가 전두환 대통령 사돈과 잘 아는 사이인데 이분의 힘을 빌리면 좋겠다고 조언해 주었다.

대통령 사돈과 서명원 장관의 은혜

이에 앞서 나는 문교부 차관으로부터 의대 설립을 포기하라고 권고를 받았지만 뜻을 포기하지 않고 문교부 장관을 면담했다. 당시 서명원 문교부 장관을 만나서 의대 설립의 뜻을 호소하였다. 국가적 행사인 아시안게임, 서울 올림픽에 단국대가 기여한 점을 강조하고 재벌의 일해재단 기부금으로 의대 설립 허가가 결정되는 현실을 분개했다. 서 장관은 나의 호소에 동정을 갖고 단국대를 돕겠다고 했다. 그러나 이런 일은 보사부나 유력한 단체 등의 입장, 그리고 일해재단 창립이라는 문제도 있으니 대통령의 지지가 필요하다고 알려줬다.

대통령을 설득하면 장관도 긍정적으로 도울 수 있다는 장관의 말에 용기를 얻은 나는 이영수 교수를 통해 전두환 대통령의 사돈과 만나기로 약속을 받았다. 그래서 추석을 얼마 앞두고 여의도에 있는 한식집에서 그분을 처음 만났다. 그동안 의과 설립을 위해서 백방으로 노력하여 왔는데 일해재단에 30억 원씩을 기부하기로 한 두 재벌이 운영하는 아주대학과 울산대학에만 의대 신설을 해 준다는 소식에 실망하고 있음을 호소했다. 특히, 나와 단국대는 나름대로 우리나라 올림픽 유치도 그렇고 스포츠 과학 학술 대회를 위해서 혼신의 노력을 기울여 왔는데 의대 설립이 안 되면 이 노력이 재벌들의 기부금에 비해 가치가 없다는 것과 마찬가지라고 설명했다.

나의 호소를 듣던 전두환 대통령의 사돈 되는 분은 내가 말한 바를 진심으로 이해한다고 했고 나와 단국대의 노력을 전적으로 신뢰하고 있음을 확언했다. 내 말솜씨나 논리에 설득된 것이 아니라 스스로 나의 진면목을 체험으로 알고 있었던 것이다. 이분은 우선 충남 청양이 고향이었다. 그러니 자기 고향인 충남 청양이 어떤 곳인지도 잘 알고 있었고, 그 어려운 여건에서 우리가 전개했던 개발 사업의 시작과 우리가 일군 성과를 너무도 소상히 알고 있었다. 이분은 나보다도 먼저 청양군 개발 사례를 극구 칭찬했다. 또한 단국대학이 천안에 대학을 설립한 취지도 잘 안다면서 그 공로를 인정해서라도 천안 캠퍼스에 의대가 설립되어야 한다고 주장했다. 나보다도 더 우리 대학 의대 설립의 타당성을 강조하는 그분의 열의가 오히려 나를 놀랍게 했다.

그분이 나를 믿는 데는 또 하나의 이유가 있었다. 우리 대학은 그분의 친동생에게 명예박사 학위를 수여한 일이 있다. 그분은 미국에서 조국의 명예를 높이는 일에 기여를 했고 우리 대학은 이를 존중해 명예박사 학위를 수여했다. 대통령의 사돈분은 이 과정에서 내가 아무런 대가를 바라지도 않고 순수하게 명예박사 학위를 수여한 점에 크게 감명을 받았다고 숨은 인연을 밝혔다. 당연한 일이었지만 평생 사업을 해 온 그분은 내가 보인 담백함을 높이 샀던 것이다.

이분은 "내가 장 총장에게 가졌던 고마움을 이제야 갚을 수 있게 되었다."며 "단국대가 내 고향에 세워 준 '시범농장', '시범 농촌 마을'에 담긴 정성이 바로 천안 의과대와 부속병원을 건설하는 마음과 같다."고 극구 칭찬을 하며 무슨 일이든 하겠다고 약속했다.

얼마 뒤에 나는 이영수 교수를 통해 좋은 소식을 들었다. 추석 명절에 내가 만났던 그분의 가족과 전두환 대통령 가족이 만찬을 했는데 그 자리에서 단국대 의대 신설의 타당성을 설명했고 전두환 대통령도 동감했다는 요지였다. 나는 이 소식을 즉시 서명원 문교부 장관을 찾아가 전하니 서 장관은 자신의 일처럼 기뻐하셨다. 그리고 일간 전 대통령을 만나서 확인하겠다고 약속을 하였다. 물론 대통령도 단국대 의대 신설을 허락했다.

당시 의대 신설은 문교부와 보건복지부의 합의하에 이루어지게 되어 있었다. 그러나 서명원 장관은 보건복지부 장관과 의논하지 않고 당시 김정열 국무총리에게 단국대 및 아주대, 울산대의 의대 신설안을 가지고 가서 총리의 결재를 받았다. 의과대 증원에 대한 보사부의 반발과 의사협회의 로비가 심해지면 다시 일이 복잡해지거나 무산될 거라는 생각에서였다. 결국 결재를 받은 그날 오후(1987년 10월 24일) 신문에 국립대 의과 입학 정원 70명을 감축하는 대신 단국대 등 3개 사립대에 의대 신설 허가를 한다고 발표했다. 보건복지부가 나중에 문교부가 자기들과 의논하지 않고 3개 대학에 의대 신설을 해 주기로 한 사실을 언론에 발표하여 논란이 일기도 했으나 어쩔 도리가 없었다. 내 개인에게는 우선 박정숙 이사장께 약속을 지켰다는 기쁨과 함께 종합대학 승격의 과제를 푼 이후 가장 큰 성취감을 가질 수 있었다. 왜냐하면 지금껏 단국대학은 후발 주자로서 '다른 대학이 갖고 있는' 학과와 학문 분야를 물려받듯이 성장해 왔는데 이제부터는 '다른 대학이 갖고 있지 못한' 학과와 학문 분야를 통해 특성화를 추진할 수 있다는 자신감을 가졌기 때문이다.

병원 설립 조직 구성을 둘러싼 갈등

1989년 8월에 의과대 교사동 신축을 위한 기공식을 가졌다. 의예과가 신설되었으니 교사동이 필요해서 우선 부속병원에 앞서 의대 교사를 먼저 짓기로 했다. 이 교사동은 연건평 6천 5백여 평에 지하 2층, 지상 5층의 대형 건물이었다. 공사비로만 170억 원이 투입되었다.

이 공사가 한창 진행되던 1989년 당시 박정숙 이사장은 와병 중이었다. 고혈압으로 인해 병석에 누워 투병을 시작했는데 나를 비롯한 단국대 가족들의 간절한 바람에도 불구하고 언어 기능까지 손상되어 의사소통이 단절되었다. 그토록 어려운 시절을 의연하고 인자한 모

의과대학 및 부속병원 기공식(1989. 8. 25)

습으로 대학 발전에 헌신하셨던 분이 말을 못 할 정도로 중병에 시달리는 모습은 나에게 큰 아픔으로 다가왔다.

재단 이사장을 사임하셔야 했는데 후임이 문제였다. 나는 박정숙 전임 이사장의 외아들인 이용우 교수를 이사장으로 추천하였다. 사립대학으로서 가장 중시해야 할 일은 대학의 정신적 뿌리를 잘 지키는 일이다. 나로서는 당연히 대학 재단을 창립할 때 박 이사장의 모친이신 조희재 여사의 헌신을 기려야 하고, 이제 박정숙 이사장님이 투병 중이시니 그 유일한 혈손인 이용우 교수가 이사장직을 승계해야 한다는 입장이었다. 그것은 내 선친의 유지를 받드는 일이기도 했다.

이런 문제가 갈등을 불러오리라는 생각을 하지 않았는데 뜻밖에도 대학 재단 사무처를 관장하던 여운환 상무이사가 노골적으로 이용우 교수의 이사장 추대를 반대했다. 아예 이를 수용할 수 없다며 사표를 제출하였다.

상무이사가 이렇게 나오니 일을 맡길 수 없었다. 나는 일일이 이사들에게 전화를 걸거나 직접 찾아가서 이용우 교수를 이사장으로 선출해 줄 것을 부탁하였다. 대부분 만족한 편은 아니었으나 나의 간곡한 부탁에 동의하는 쪽으로 기울어졌다. 강순원 이사도 동의하였다. 그러나 여운환 상무는 내 간청에도 불구하고 반대의 뜻을 굽히지 않았다. 김숙현 이사는 더욱더 반대하며 나에게 화를 내며 노발대발하였다.

여운환 상무는 이용우 교수와 오래된 인연이 있다. 내 선친은 이사장으로 계실 때 여운환 상무를 직원으로 채용하였는데 이용우 교

1990년 전임 박정숙 여사의 후임으로 이용우 박사가 이사장에 취임했다. 동문들의 축하연에 참석한 중재와 이용우 박사(주빈석 오른쪽 첫 번째)

박정숙 전 이사장의 고희를 축하하고 여사의 업적을 기리기 위해 펴낸 고희 기념 화집 『사랑과 희생의 한 길』을 봉정하는 중재와 감회 어린 표정으로 책을 살펴보는 아정 박정숙 여사(1993. 1. 29)

수가 서울사대부고에 재학하고 있을 때는 가정교사로 이용우 교수의 진학을 돕기도 했다. 당시 여운환 상무이사는 학생과에 근무하고 있었는데 퇴근 후에 이용우 교수를 지도했던 것이다. 그것이 박 이사장의 부탁인지 또는 내 아버님의 지시인지는 확실히 알 수 없었다.

그런 관계인데 여운환 상무이사는 이용우 교수 지명에 대해 노골적으로 반발하며 반대 의사를 강력히 표시하였다. 그러자 대학 내에서는 이용우 교수 이사장 선임을 반대하는 여운환 상무이사의 태도에 대해 오히려 의혹을 갖는 분위기가 더 강했다. 교직원들의 여론에는 "말단 직원으로 대학에 취직하여 재단 상무이사라는 중책을 맡았다면 박정숙 이사장과 장충식 총장의 덕이 컸을 터인데 장 총장의 부탁에 정면 반대하고 나오는 것을 이해할 수 없다."는 것이었다. 자연스레 잡음이 바깥까지 새어 나가 여 상무를 성토하는 여론이 강하게 흐르고 있었다. 그러니 교무위원들이나 원로 교수들은 대부분 여운환 상무이사의 사표를 수리하라는 의견을 나에게 전했다. 그러나 나는 끝내 참고 간접적으로 사람을 보내 여 상무를 설득하도록 하고 내가 직접 나서서 설득하기도 하여 여운환 상무이사의 사표를 철회하도록 했다. 결국 대부분 이사들의 동의를 얻어 내서 이용우 교수를 이사장으로 선임하는 이사회를 개최하게 되었다.

그러나 김숙현 이사는 나에게 단독으로 만나기를 청해 면담하는 자리에서 이용우 교수의 이사장 선임을 반대한다면서 자기를 이사장으로 선임해 달라고 부탁하였다.

"나는 대학 경영의 모든 권한은 장 총장에게 위임하겠소. 나를 이사장으로 선임해 주면 장 총장 동의 없는 일은 절대로 추진하지 않을 것을 약속할 것이오. 그러니 나를 믿고 이사장으로 선임해 줘요."

그는 여러 차례 간청했고 심지어 정계 인물들을 동원해서 간접적으로 나에게 압력을 가해 오기도 하였다. 그러나 재단 이사들은 전원이 김숙현 이사를 이사장으로 선임해서는 안 된다고 했다.

첫째, 그는 정치인으로 자기의 정치적 이익을 위해서 대학에 손해를 줄 사람이라는 것이 전체 이사들의 생각이었다.

그리고 둘째 이유는 그의 성격이 과격하다는 것이다.

이러한 어수선한 분위기 속에서 이사회가 개최되었는데 이사장 선임 토의 안건에서 내가 이용우 교수를 추천하는 발언을 하자 김숙현 이사는 노골적으로 이용우 교수에 대한 모욕적인 폄하 발언을 연발하였다. 그러나 나는 물러서지 않고 끝내 내 주장으로 맞섰다. 다른 이사들도 나의 의견에 반대하는 사람은 한 사람도 없었다. 분위기가 이쯤에 이르자 김숙현 이사는 나에게 욕설을 퍼부었다. 비록 그분이 나보다 나이는 많으나 내게 하대할 만한 친척도 아닌데 대학의 총장인 나에게 대놓고 욕을 했던 것이다.

"이 XX야, 그래 그 병아리 같은 이용우란 애를 이사장을 시키자는 말인가!"

이러한 말을 수차례 연발하였다. 그의 언동에 누구 한 사람 일어나 제지하는 사람은 없었다. 그러나 나는 굽히지 않고 내 주장대로 표결로 들어갔고 김숙현 이사는 퇴장했다. 표결 결과 만장일치로 이용우 교수가 이사장이 되었다.

나는 이용우 교수가 이사장이 되자 곧바로 의과대학 신설과 의대 병원 건설 계획안을 입안하여 의과대학 설립위원회를 조직토록 했다. 내가 위원장이 되고 여운환 상무이사를 부위원장으로 위촉하였다.

이처럼 몇십 년을 함께 보낸 이사들도 욕설까지 하며 자리 욕심을 내는 것을 보며 나는 새삼 병원이라는 거대 조직을 구성하는 일이 얼마나 어려울지 걱정했다. 의대 설립을 제대로 추진하려면 병원과 의대 교수진 구성이 핵심이었고 이를 위해서는 병원과 의학 교육에 풍부한 경험을 가진 의사를 모셔야 한다는 결론을 내렸다. 나로서는 한국 의학계의 최고라는 서울대의 도움을 받고자 했고, 이에 따라 서울대학교 병원연구소와 공동으로 '병원 건립 기본 계획 및 병원 설계안'을 만들게 되었다. 병원의 병상 규모는 총 600베드에 23개 진료 과목을 운영키로 했다.

병원 설계도 중요한 일이었다. 마침 우리 대학 동문으로 단국대에 재직 중인 김병량 교수가 이를 해결하는 데 큰 도움을 주었다. 김 교수는 일본 쓰쿠바(筑波) 대학에서 박사 학위를 받았는데 그의 지도 교수인 타니무라 히데히꼬(谷村秀彦) 교수가 제자를 돕겠다고 나섰다. 마침 타니무라 교수의 장인은 고베예술공과대학의 요시다케(吉武泰水) 총장인데 그는 당시 일본 병원건축학회 회장을 맡고 있었다. 요시다케 교수가 사위인 타니무라 교수의 사정을 듣고는 병원 설계를 무상으로 해 준다는 호의를 베풀었다. 거기에 그치지 않고 역시 자신의 둘째 사위인 건축가 나가사와 야스다가(長澤泰), 그리고 동경대학 건축학과 출신 제자들을 한 팀으로 묶어 우리 대학 의대병원 기본 설계를 해 주기로 작정했다. 이런 수고로운 일을 모두 무상으로 해 준다니 말로 다할 수 없는 은혜였고 나는 요시다케 총장을 의과대학 설립위원회 일원으로 초빙하였다.

의료진 구성이 핵심인 만큼 이후 여러 경로로 의견을 물으니 일단 서울대 의대 병원에서 원장을 역임한 원로를 모셔 와야 한다고 했다. 그래서 추천받은 이가 서울대 부속병원 부원장을 역임한 김영균 박사였다. 비뇨기과 전문인 김영균 교수는 서울대 의대 학장과 서울대병원 부원장을 역임했다. 1990년 9월, 김영균 박사를 단대병원 초대 원장으로 모셨다.

나는 부속병원 설립에 대한 인적 구성과 설비 및 의료기기의 하드웨어 부분에 있어서 모든 계획을 김영균 박사에게 일임하였다. 그런데 의료진을 구성하는 데 있어서 문제가 생겼다. 의사를 초빙하는 데 있어서 인맥에 따른 호불호가 매우 심하다는 불만이 자주 들리기 시작했다.

공사 간에 다른 자리에서 의학계의 인사들을 자주 만나게 되고 당시 단대가 병원을 세운다 하니 나에게 많은 이들이 이런저런 소식을 전했다. 그 가운데 단대병원 의사들을 초빙하는 데 특정 인맥은 철저히 배제된다는 소문이었다. 그 대표적인 예가 김영균 원장을 이어서 서울대 의대 학장을 지낸 이광호 교수의 제자나 그분과 가까운 서울대 출신 교수와 의사 및 간호사는 완전히 배제한 것이다.

나는 같은 서울대 의대 출신끼리도 이처럼 반목과 갈등이 심화되어 있는 줄을 몰랐다. 사실 우리 대학 천안 캠퍼스에 의대와 부속병원을 설립하는 데 있어서 가장 앞장서서 도와준 분이 이광호 교수였다. 내가 몇 년간 같이 일을 해보면서 이 교수의 인품, 특히 인화하는 성품을 직접 체험했기에 무엇인가 일이 잘 안 되고 있음을 예감할 수 있었다.

그리고 경찰병원의 원장으로 우리나라 정형외과의 권위자 중 한 분인 하권익 박사에 대해서도 마찬가지였다. 스포츠 과학 학술 대회를 열면서 이분의 인품과 능력을 보았던 나는 하 박사에게 나중에 우리 대학에 의대가 설립되면 의대 교수로 와 달라고 부탁해 약속까지 받아 놓았었다. 그러나 의대 설립 과정에서 큰 책임을 맡았던 김영균 교수는 이광호 학장 계열의 교수라면 서울대이든 다른 대학이든 하권익 박사를 비롯해 전원을 스카웃 대상에서 제외하였다. 나중에 하 박사는 삼성의료원 원장과 중앙대 의료원장, 부총장으로 큰 활약을 보였다.

이처럼 의학계엔 학벌과 인맥에 따른 선호도가 뚜렷한데 특히 서울대와 연세대 간의 대립이 심하다는 것을 그때 알았다. 병원을 신설할 경우 서울대와 연세대가 완전히 인맥이 갈라져 있어서 서울대 출신 교수 계열에는 연세대나 타 대학 출신 교수가 올 수가 없다. 반대로 연세대 및 기타 비 서울대 출신 의사 계열에 서울대 출신 의사가 올 수가 없었다.

우리 대학에 처음으로 의대를 세우고 병원이 문을 열고자 하는 마당에 이토록 의사 간에 또는 교수 간에 출신교 문제를 두고 인적 화합

단국대 병원이 1994년 4월 개원했다. 착공 5년 만에 완공된 단대병원은 단국인의 여망에 부응하기 위해 최신 의료 시설을 갖추고 있어 충청 지역 의료 복지 증진에 핵심적 역할을 맡고 있다.

이 이루어지지 않는 사실을 알고 나는 크게 실망하였다.

이런 일도 있었다. 비뇨과 전문의로 매우 유능한 교수가 우리 대학에 오기로 약속을 했었는데 막상 우리 의대 병원이 개원할 무렵 그 분은 오지 않았다. 왜 약속을 지키지 않느냐고 물었더니 새로 병원장이 된 김영균 박사가 자기와 같은 비뇨기과 전공이고 비뇨기과 과장으로 있으면서 자기 아들을 데려다 놓았는데 부자가 같은 비뇨기과 교수로서 아버지는 병원장이고 아들은 비뇨기과 과장으로 함께 있으니 내가 그 밑에 가서 어떻게 의사로서 제대로 일을 할 수 있겠느냐는 것이다. 그는 자기는 이미 이광호 박사의 사람으로 인정받아 단대에 가지 못했다고 불만을 표시하였다.

사람을 살리자고, 천안 같은 작은 도시에도 서울 못지않은 병원을 지어 보겠다는 의욕적 도전이 편 가르기에 묻히는 일이 너무 안타까웠다. 국적이 다른 일본인들은 제 돈을 쓰면서 무상으로 병원 설계를 해 준다는데 정작 같은 한국인끼리 작은 인연으로 한정된 인재를 가려 쓴다면 우리가 언제 선진국을 이길 수 있으랴. 하긴 비단 병원뿐일까. 대학을 운영하면서 부딪치는 가장 큰 문제가 교수들의 학맥에 따른 갈등이니 이를 힘으로 풀 수도 없고, 모른 척 외면하면 후유증이 커지는 일이 다반사여서 언제나 나에게는 힘들고 고단한 난제였다.

권력의 압력과 대학병원 개원

내곡동 부지 안기부에 강제로 팔리다

의과대 교사동을 준공하고, 병원 설계, 의료진 구성을 추진하면서 내게 주어진 가장 힘들고 또 가장 시급한 것이 재원 조달이었다. 처음 병원은 약 600개 병상 규모로 정하고 그에 따른 재원 조달을 구상하였다. 약 600억 원으로 예산을 잡았다. 의료 기자재만도 500억 원이 넘었다.

이는 병원 건물 건축비는 제외된 금액이다. 공사는 극동건설이 시공하고 건축비는 외상으로 지어 주기로 하였다. 극동건설의 회장이 우리 동문이기에 모교의 편의를 돕는 배려가 있었다. 그렇다 해도 대학으로서는 엄청난 재원이 필요했다. 나로서는 1960년대와 70년대에 교세가 미약하고 재단이 불안정하여 실행하지 못한 교육 시설 투자를 가능한 한 빠른 시간 안에 마쳐야 했다. 난파기념음악관, 과학관, 치과대학과 치과대 부속병원, 퇴계기념도서관, 학생회관, 농학관, 체육관, 율곡기념도서관, 의과대 교사동이 모두 1984년부터 6년 사이에 신축되었다. 건축비만으로도 당시 돈 1천억 원이 넘는 예산이 투입되었다.

동문들은 캠퍼스에 들르면 상전벽해로 달라진 환경에 놀라워했다. 대학 교육 시설이 현대화되면서 사회의 평판도 달라졌고, 입학 성적도 최상위권에 육박했다. 심지어 천안 캠퍼스의 경우 우리 대학 수험생들이 소집되는 날이면 천안 시내의 모든 숙박 시설이 동이 나 재학생의 하숙집을 빌려서 숙박하고 시험을 진행해야 하는 소동도 있었다.

대학은 날로 발전하지만 나는 잠시도 쉴 틈이 없었다. 대학 일 외에도 정부의 일을 도와야 했다. 명문대처럼 막강한 동문들이 권력이나 금전적 후원을 하는 것도 아니고, 재벌이 재단에 있어서 대학을 돕는 것도 아니니 내가 죽도록 뛰는 수밖에 없었다. 이때 힘이 되는 것은 "장 총장이 그래도 열심히 한다."라는 평가였다. 학생들은 나에게 5공화국이나 6공화국 정부 일을 돕는다고 손가락질하지만 단국대를 위해서는 유일하게 국가의 행정적 지원을 받는 길이 그나마 단국대가 취할 수 있는 가장 유력한 지원이기에 나는 그런 비판도 기꺼이 감수했다. 내가 권력을 얻으려, 내가 치부를 하려 총장직을 팔아 정부 일을 돕는 것이 아니라는 내 양심의 떳떳함이 나를 뛰고 또 뛰게 했다.

이제 대학병원을 세우려면 800억 원의 재원이 있어야 한다. 공사비는 대학병원을 연 뒤 벌어서 갚는다 치지만 이 재원은 어디서 조달해야 하는가. 물론 내 마음속에는 믿는 구석이 있었다. 바로 그린벨트로 묶인 강남구 내곡동 소재 24만여 평의 부지였다. 이 그린벨트를 풀려고 모든 노력을 했지만 해결이 어려웠다. 이미 그린벨트는 국가정책의 핵심이고, 공익이냐 사익이냐를 떠나 이해 당사자들 모두에게 생사가 달린 민원으로 자리 잡았다. 그렇다면 단국대로서는 대학병원을 세우려는 이때 내곡동 부지를 적절히 활용할 필요가 있었다. 당시 내곡동 부지의 평가액은 약 400억 원이 넘었고 도시계획법에 적합한 수익 사업을 하려는 사업자들은 800억 원을 부르기도 했다.

우리 대학은 이 부지를 팔지는 않아도 은행에 담보로 제공하여 기채를 하면 상당한 재원을 확보할 수 있었다. 치과대 병원 장비 도입에서 배웠듯이 외국의 장기 차관으로 의료 장비를 도입하면 부담도 덜어질 것이라는 계산도 있었다. 그러나 청천벽력 같은 충격적인 일이 있었다.

1990년 중반이었던 것으로 기억된다. 당시 노태우 정부가 임기 하반기를 넘으면서 안전기획부 청사를 이전하는 사업을 추진하고 있었다. 그 불똥이 단국대 내곡동 부지로 튀었다.

어느 날 안전기획부 기조실장인 엄삼탁 씨가 내 사무실에 찾아왔다. 찾아온 목적은 내곡동에 있는 우리 대학 소유인 24만 평의 토지를 안전기획부에 팔라는 것이다. 그래서 값을 얼마나 예상하였는가 물었더니 200억 원을 주겠다는 것이다. 나는 턱없이 부족한 예산이라고 거절하였다. 최소한 600억 원은 받아야 한다고 했다. 그러나 엄 실장은 안기부 예산으로는 200억 원 이상은 더 지불할 수 없다고 딱 잘라 말하였다. 나는 그에게 물었다.

"만약 우리 대학이 불응하면 어떻게 할 것입니까?"

내 물음에 그는 그럴 줄 알았다는 듯, 잠시도 생각하지도 않고 미리 준비된 듯 말했다.

"필요한 만큼 국가가 수용할 수밖에 다른 도리가 없지요."

그러면서 안기부 청사가 국가안보의 핵심 시설이니 만약 나머지 땅을 갖고 있어도 그린벨트에 더해서 안보 관련 용도로 지정되니 나중에도 더 쓸모가 없어지리라는 친절한(?) 설명도 덧붙였다. 참으로 난감한 일이었다.

"만약 필요한 만큼 수용한다면 얼마나 주겠다는 것입니까?"

나의 물음에 그는 60억 원밖에는 지불할 수가 없다고 했다. 그뿐만 아니라 감정 평가는 토지 매매 당사자들이 각각 실시해서 산출하는 것이 도리였지만 이를 안기부가 실시한 것으로 결론 내리라는 요구였다. 60억 원이라니……. 600억 원도 아쉬운데 60억 원이라니…….

앞서 말했지만 이 땅은 비좁은 한남동 교정을 대체할 대학 이전용 후보지였다. 박정희 대통령의 배려로 정부로부터 구입한 것인데 건설부 담당 국장의 착오로 인해 그린벨트에 묶인 탓에 개발도 못 하고 땅값을 갚느라 엄청난 재정적 손실을 보고 있었다. 더군다나 지금은 의과대 부속병원 짓는 데 필요한 재원을 확보하려면 유일한 담보 자산이 되거나 아니면 매각을 해야 하는 형편이었다. 이 땅이 없으면 우리 대학은 어떻게 병원을 짓는단 말인가…….

나는 청와대에 진정을 했다. 도움을 요청할 데가 없었다. 그러나 내곡동 부지가 아니면 안기부 본부 청사가 갈 곳이 없으므로 청와대로서도 우리 대학을 도와줄 수 없다는 회답이 왔다.

울며 겨자 먹기란 이런 말인가. 결국 정부로부터 구입한 내곡동 땅을 200여억 원에 안기부에 넘기게 되었다. 최소한 의대병원 건립에 필요한 경비의 3분의 2에 해당하는 가치로 여겼던 땅이 없어지고 병원 건설비의 4분의 1밖에는 충당할 수가 없게 되었다. 앞길이 캄캄하였다. 내곡동 부지를 매각하고 나자 당장 후유증이 다가왔다. 우선 구 서울은행이 우리 대학의 주거래 은행이었는데 병원 설립 자금을 대출받으려면 추가 담보를 설정하라는 요구가 왔다. 담보가 어디 있단 말인가. 필요한 돈을 어음할인으로 융통하기 시작했다. 이것이 우리 대학 재단이 빚에 시달리기 시작한 가장 큰 타격이었음은 두말할 나위 없다.

김영삼 후보와 맺은 악연

의대 병원 건설과 재정적 어려움이 커지던 1992년 하반기에 대통령 선거가 다가오고 있었다. 이에 앞서 야당 정치인 김영삼 씨가 노태우 대통령과 손을 잡고 여당 대통령 후보자로 공천을 받았다. 3당 합당을 통해 야당 정치인으로는 최초로 여당 대통령 후보로 변신하여 출마한 것이다.

한편 야당에서는 김대중 씨가 대통령 입후보자로 공천을 받아 대통령 자리를 놓고 치열한 경쟁을 하게 되었다. 한 분은 경상도 출신이고 또 다른 분은 전라도 출신이라 영호남의 민심이 또다시 갈리게 되었다. 선거운동이 시작되자 돌과 계란이 난무하는 극심한 갈등이 있었고 나라는 온통 대통령 만들기로 해가 뜨고 지는 판이었다.

그런데 하루는 내 조카 되는 장용국이 김영삼 후보의 큰 동서 되는 사람을 만나 보라며 우리 집으로 찾아왔다. 김영삼 후보의 동서라는 그 사람은 기아 그룹의 한 계열사 전무로 있다고 하며 명함을 주었다. 그는 김영삼 후보의 연설문이나 잡지 등에 김영삼 후보의 글을 대신 쓰고 있다고 자신을 소개하였다. 이런저런 이야기 중에 그는 이번 선거에 누가 대통령이 될 것 같으냐고 지나가는 말처럼 물었다. 나는 별생각 없이 일본 시사 잡지에 난 여론 조사 내용을 설명해 주면서 김영삼 후보가 대통령으로 당선될 것 같다고 말하였다.

그런 일이 있고 한 열흘쯤 지나 김영삼 후보의 동서라는 그 사람이 장용국과 다시 나를 찾아왔다. 그는 내게 말했다.

"제가 총장님이 말씀하신 것을 김 후보께 말씀드렸습니다."

"무슨 말이오?"

"김영삼 후보가 당선될 것이라고 하신 말씀 말입니다."

"그래요?"

나는 무심코 흘려버렸다. 내심 내가 정치권에 향배를 가리며 줄을 이으려 하는 사람도 아니고 김영삼 후보의 동서가 나를 찾아와 예상 결과를 물으니 듣기 좋으라고 한 말이기도 했다. 그러니 그가 그런 말을 김영삼 후보에게 전했다는 것에 별 의미를 둘 만큼 내가 영향력도 없는 일이고 그런가 보다는 식으로 지나간 것이다.

그런 일이 있고 며칠 후 이번에는 김영삼 후보가 나를 좀 만났으면 좋겠다고 하면서 일방적으로 롯데호텔에서 정해진 시간에 만나자는 연락이 왔다. 이때부터 뭔가 복잡한 생각이 들었다. 우선 그 약속의 통보가 기분이 좋지 않았다. 약속이란 서로 사정을 봐서 의논해서 결정하는 것이지 일방적으로 어느 날, 몇 시에, 어디서 만나자고 통고를 하는 것은 약속이 아니라 지시이고 명령이다. 유쾌한 일은 아니었다. 더 염려되는 것은 이때가 선거 국면에 돌입하는 시기라는 것이다.

김영삼 대통령 후보는 영남 사람이고 김대중 대통령 후보는 호남 사람이다. 이 두 분이 대통령 자리를 놓고 싸우는데 내가 김영삼 후보가 정한 날짜와 시간에 맞추어서, 그것도 여러 사람이 있는 롯데호텔에서 단독으로 면담을 했다고 하면 얼마나 큰 오해를 불러올지 뻔한 일이었다. 호텔에서 김영삼 후보를 공개적으로 만나면 여러 정보기관에서 생각하기를 단국대 총장이 김영삼 후보에게 줄을 대고 무엇을 부탁하러 만나는 것이 아닌가 생각할 수도 있고, 더 나가서는 저렇게 호텔방에서 만날 정도면 따로 정치자금이라도 헌납하려는 것이 아닌가라고 추측할 것이다.

나는 이미 권력의 속성을 알 만큼 연륜이 있었다. 이런 미묘한 시기에 내가 자신의 영달을 바란다면 모를까, 대학을 생각해서도 총장으로서 어떤 대권 후보와도 만나지 않아야 함은 물론 중립을 지켜야 한다고 생각했다. 그래서 김영삼 후보가 만나자는 요청에 응하지 않았다. 박정희, 전두환, 노태우 정권을 거치면서 얼마나 많은 정치적 격변이 있었던가. 나는 대학 총장이라는 사람이 공개 석상에서 정치에 민감한 언행을 하거나 절대로 선거에 있어서 어느 특정한 후보를 지지하는 기미를 보여서는 안 된다는 소신을 말하며 내가 면담 요청을 사양하는 이유를 확실하게 밝혔다.

나는 한국전쟁에 학도의용군으로 참전했다. 6·25 당시 대구에 있는 학도의용대 대장은 이철승 의원이었고, 국방부 정훈국 산하에 있는 대한학도의용대 대장은 심영택 씨였다. 나는 한국전쟁 당시 대한학도의용대 숙소인 부산 광복동에 있는 동주여자상업학교 교사에서 한동안 기숙하기도 해서 당시 동지들을 많이 알고 있었다. 이 참전 의용대가 모여서 대한학도의용대 동지회를 만들었는데 나는 모임에서 김재순 의장, 김영삼 후보와 함께 고문으로 추대되었다. 김영삼 대통령 후보와 김재순 국회의장은 어떻게 해서 학도의용대에 등록이 되어 있었는지는 모른다. 그분들이 6·25 당시 참전했는지는 나도 모르

학도의용군에 입대한 중재(1950)

는 일이었다.

어떻든 그런 인연이야 그렇다 치고 나는 정치적 중립을 지킨다는 것을 신조로 삼고 있었다. 당시 얼마나 대선 후보들의 경쟁이 심했는지 일화가 있다. 당시 총동창회 사무실은 우리 대학 재단이 소유한 건물에 세 들어 있었다. 그런데 안응모 총동창회장은 이북오도 도민회 회장직을 겸임하고 있었다. 총동창회야 특정 후보 지지를 하지 않지만 이북오도 도민회는 김영삼 후보를 공개 지지하고 있었다. 자연히 안응모 회장은 김영삼 후보 지지 현수막을 걸어 놓고 있었다. 그러나 외견상 그 현수막은 동창회 사무실의 건물 외벽에 걸려 있고, 그 건물이 단국대 재단 소유이니 문제가 날 수밖에 없었다.

이 현수막을 본 호남 출신 동문들이 가만있지 않았다. 나에게 전

학도의용군 동지회에 참석한 충재와 김영삼 당시 민주당 총재(가든호텔, 1991. 4. 16)

화를 걸어서 강력히 항의하는 것이었다. 왜 단국대 재단 건물에 김영삼 후보를 지지하는 현수막을 걸어 놓았느냐고 항의 하는 바람에 귀가 아프도록 시달림을 받았다.

삼성그룹, 갑자기 단국대 인수 포기

김영삼 대통령이 당선된 후로 나는 청와대 모임에 두 번이나 출석한 일이 있었다. 한 번은 국방부 정훈국 산하 대한학도의용대 출신 간부의 구성원으로 참석하였다. 역시 이 조직을 만든 사람은 6·25 전쟁 당시 대학학도의용대 대장이었던 심영택(沈英澤, 당시 단국대학교 홍보실장) 선생이었다. 나는 김영삼 대통령과 김재순 국회의장과 함께 대한학도의용대 고문 자격으로 청와대 모임에 참석하였다. 김재순 국회의장은 불참하였다.

나에게 냉랭하게 대해 주리라는 예상과 달리 김영삼 대통령은 나에게 전과 다름없이 친절하였다. 만찬 자리에서도 김영삼 대통령은 나에게 말을 많이 건넸다. 그러나 나는 그 웃음의 행간을 읽을 수 있었다. 정치인의 웃음과 듣기 좋은 환담 속에 얼마든지 비수가 가려져 있기 때문이다. 나는 김영삼 신임 대통령의 환대를 받으며 오히려 "아, 이분이 나를 죽이기 위해서 칼을 많이 갈고 있구나." 하는 느낌을 받았다. 만찬 후에 학도의용군 출신들과 김 대통령이 함께 기념사진도 찍었다. 지금도 나는 이 사진을 보관하고 있다.

그런 일이 있은 후 얼마 있지 않아 나는 두 번째로 청와대로 불려 갔다. 체육인들이 그분을 얼마나 지지해 주었는지는 모르나 대통령으로 당선된 후 대한체육회 전체 임원과 대한올림픽위원회 임원 전부 그리고 체육회 가맹 단체장 전원을 청와대로 초청하였다. 그 자리에서 김영삼 대통령은 유독 나에 대해 스포츠 분야에서 공을 많이 세웠다고 칭찬하면서 김운용 체육회장보다도 나에게 많은 질문을 던졌다. 누가 보아도 김영삼 대통령은 겉으로 보기에 나와 각별히 가까운 사이처럼 대해 주었다.

모임이 끝나고 청와대에서 나오는 길에 김운용 회장이 나에게 말하였다.

"오늘 김영삼 대통령이 장 총장에게 하는 언행으로 보아서 정부가 장 총장에게 나쁜 일을 할 것 같지 않아요."

갑자기 그가 왜 이런 말을 하는 것인지, 무슨 말을 들었기에 아무런 압력이 없을 것으로 본다고 위로의 말을 건네는 것인지 오히려 이상했다. 그뿐 아니었다. 또 다른 체육계 지도자 몇 사람도 나에게 엉뚱한 말을 했다. 오늘 김 대통령이 장 총장과 매우 가까운 사이처럼 말을 많이 한 것으로 보아 앞으로 별일이 없을 것이라는 말을 했다. 참 이상하다고 느꼈다.

나는 어느 누구한테도 김영삼 대통령과의 관계에 대해서 말한 적이 없는데 어디서 무슨 얘기를 들었기에 김 대통령이 나에게 말을 건넨 것에 대해서 아무 일이 없을 것이라는 말을 하는 것일까? 참 이상한 일이라고 생각하였다. 일전에 민관식 전 장관이 "김영삼 대통령의 측근들이 장 총장에 대해 달갑지 않은 시각을 갖고 있으니 조심하라." 고 나에게 넌지시 일러 준 적이 있다. 나는 민 전 장관이 나를 걱정하는 취지에서 이런 소문을 체육계 원로들에게 말한 것이 아닌가 하는 생각이 들었다.

나는 이런 말을 들으며 폭풍 전야의 고요함이랄까, 그런 불길한 예감을 받았다. 반드시 김영삼 대통령이 나를 겨냥하고 단국대학에 대해서 모종의 조치를 내릴 것으로 직감하고 있었다.

나는 노태우 대통령 임기 말기에 내곡동 부지 24만 평이 안전기획부로 수용, 매각되는 것을 겪으면서 당시 대통령도 임기 말기에 접어들어서는 아무런 힘을 쓰지 못한다는 것을 느꼈다.

중재는 7년간 백범김구선생기념사업협회 회장을 맡아 백범 선생의 독립 정신을 기르는 데 많은 노력을 기울였다. 백범 44주기 추도식에서 백범 선생의 업적을 회고하는 중재(효창공원 백범묘, 1993. 6. 26)

그뿐 아니었다. 당시 나는 백범김구선생기념사업협회 회장으로 백범기념관 건립을 정부에 건의한 적이 있었고 노태우 전 대통령은 백범기념관을 자기 임기 내에 꼭 완성하겠다고 약속을 하였다. 그리고 김구 선생 가족들을 청와대로 모셔서 만찬이라도 함께 하자고 제안하여 나는 이 사실을 독립유공자 원로들에게 알렸다. 그리고 청와대에서 지정해 준 날 시간을 맞추어서 김구 선생님 아드님인 김신 장군, 그리고 그분의 두 아들과 며느리, 딸과 사위 등 일가족을 초청하여 그분들과 함께 청와대를 방문하여 만찬 대접받고 즐거운 시간을 보냈다. 그 자리에서 노 대통령은 무슨 일이 있어도 자기 임기 내에 장충식 회장이 건의한 백범기념관을 효창공원에 건설하겠다고 공언하였다. 그러나 다음 해, 그러니까 김영삼 대통령 당선 이후 정부 출범을 앞둔 예산안에 백범김구선생기념관 건립 예산은 완전히 빠져 있었다. 이 일로 서면을 통해 청와대에 건의하고 항의해도 소용없었다. 우이독경(牛耳讀經), 꿀 먹은 벙어리처럼 아무런 해명도 설명도 없었다. 결국 포기하고 말았다. 더 이상 무력해진 노태우 대통령을 괴롭히고 싶지 않았다.

내가 남북 체육 회담 남측 대표로 일을 할 적에는 노태우 대통령은 내게 많은 재량권을 주었다. 그래서 극우파 인사들의 편견과 압력이 많이 작용하는 가운데서도 나는 축구 경기를 통해 조국 분단 50년 만에 남북 체육 교류를 성사시켰고 포르투갈에서 개최한 제6회 세계 청소년 축구 선수권 대회에 파견할 남북 단일팀을 구성하여 초대 단장으로 남북한 임원과 선수 60여 명이 함께 서울에서 선수단 결단식

제6회 세계 청소년 축구 선수권 대회를 앞둔 남북 단일팀(KOREA)이 서울에서의 결단식을 마친 후 한자리에 함께 했다.

을 가졌다. 그리고 두 번째는 일본 지바에서 개최한 세계남녀탁구선수권대회에 최초로 남북한 단일팀으로 참석하여 여자 단체전에서 중국을 꺾고 우승하였다.

남북한 체육 교류와 단일팀 구성을 할 수 있었던 배경에는 노태우 대통령이 나에게 북한 체육인들과 화친할 수 있도록 많은 재량권을 주었기 때문이었다. 그러나 노태우 대통령의 임기가 일 년도 남지 않은 시기에 우리 대학 재단의 24만 평을 안전기획부 본부 부지로 단돈 200억 원에 수용한 것에 대해서 서운한 감을 금할 수가 없었다.

앞으로 우리 대학이 어려움에 놓일 것은 뻔하였다. 나는 그것이 너무 마음 아팠다. 실제로 재정난이 심해지고 있었다. 김영삼 대통령이 후보 시절부터 나는 그분이 대통령에 당선되었을 경우 정치적으로 무슨 해를 당할지 모를 일이라는 생각이 머릿속에서 떠나지 않고 있었다. 그런 데다가 노태우 정권 말기에 병원 건설비에 충당할 내곡동 24만 평이 헐값에 안기부에 수용되고 나니 앞이 보이지 않았다.

그래서 내 개인 생각은 하지 말고 단국대학을 구하는 길만을 찾기로 했다. 내가 단국대학을 위해 할 수 있는 일이 한계에 봉착했다는 생각, 그리고 오히려 급증하는 재정 문제를 해결할 수 있는 길이 무엇인지 고민했다. 그 고민의 결과로 대학 재단을 삼성그룹에 맡겨서 우리 대학을 좀 더 큰 대학으로 발전시켜야 하겠다고 결심하였다. 김영삼 정부가 출범하기 전, 그러니까 1992년 중반쯤의 일이다.

일단은 국가안전기획부 엄삼탁 기조실장에게 나의 뜻을 이건희 회장에게 전해 달라고 부탁하였다. 안기부 이전으로 대학의 재정난이 심화되는 시점이었으니 결자해지를 하라는 뜻이었다. 내가 원하는 대학 인수에 따른 조건은 단순했다.

하나, 재단 운영을 넘긴다고 설립자 가족들에게 어떤 경제적 대가도 필요 없다. 둘, 대학의 교명만은 절대로 변경해서는 안 된다. 셋, 단국대학을 한국 정상의 사학으로 발전시켜 달라.

이것이 대학 설립자인 선친에게 도리를 다하는 것이라고 생각하였다. 그리고 의과대학과 부속병원 건립은 내가 시작했으니 내 힘으로, 내 책임하에 완성해서 넘기겠다고 전하였다. 엄삼탁 안기부 기조실장은 자기 책임하에 단국대의 내곡동 부지를 수용하게 된 것에 무척 미안하게 생각하고 여러 번 사과하는 말을 하였다. 그래서 나는 안기부 실무자들이 조사하고 검토해서 한 일이고 땅이란 나와 인연이 없으면 내 것이 아니니까 걱정 말고 삼성그룹과 우리 재단과의 결속이 잘 이루어지도록 협조해 달라고 부탁하였다.

엄 실장은 대구 출신으로 이건희 회장과는 매우 가까운 사이였고 또한 노태우 대통령한테서도 심복으로 인정을 받고 있는 사람이었다. 그는 내가 남북 체육 회담 대표로 일하는 동안 열심히 협조해 준 사람이었다. 그래서 나와 이건희 회장 간에 일이 잘되도록 중간에서 애를 써 주었다.

이건희 회장의 비서실 이수빈 실장(현재 삼성생명 공익재단 이사장)을 통해 기별이 왔다. 나의 제안에 동의한다는 전갈이었다. 삼성과 협의를 하기 전에 재단의 이용우 이사장에게도 나의 뜻을 밝혔다. 핵심은 삼성그룹에 운영권을 넘기겠다는 거였다. 의외로 이용우 이사장 역시 나의 생각에 동의하였다. 일이 여기에 이르자 이수빈 비서실장과 우리 단국대 재단의 여운환 상무이사가 신라 호텔에서 만나 실무적인 접촉을 통해서 우리 대학 재단의 재산 목록을 검토하였다. 나는 우리 대학과 재단의 재무제표, 보유 부동산 목록 등을 가감 없이 그대로 밝히라고 했다. 조사를 해 보니 생각보다 우리 대학 재단에 부동산이 많다는 것을 알 수 있었다. 부채를 집계해 보니 당시 대학 재단의 부채는 총 800여억 원 정도였다.

실무자들의 검토 작업이 일주일 정도 진행되고 나와 이건희 회장의 회동이 정해졌다. 그 장소는 한남동 이건희 회장댁이었다.

이건희 회장은 만나고 보니 굉장히 진지하고 솔직한 성품이었다. 이 회장은 이미 협의 과정에서 들었겠지만 다시 한 번 대학 운영권을 넘기는 반대 급부가 무엇인지 확인하고 싶어 했다. 시작도 그랬지만 나는 한마디로 압축했다.

"조건이라뇨? 교명을 지켜 달라는 것 외에는 아무런 조건이 없습니다."

나의 말에 이 회장은 "대학 총장을 그만두면 무엇을 할 것입니까?" 하고 물어서 나는 삼성그룹이 추진하는 문화 재단에서 문화 사업을 하는 일에 종사하면 좋겠다고 했고 나는 삼성문화재단 이사가 되었다.

노태우 대통령의 퇴임 후 거취

한편 나는 내 후임 총장으로 노태우 대통령을 염두에 두고 있었다. 삼성그룹의 경영 능력에 더해 전직 대통령이 총장으로 취임하면 단국대만이 아니라 우리나라의 정치사에도 새로운 지평이 열릴 것이라는 희망이 있었다. 과거 헌정사를 볼 때 역대 대통령이 퇴임 후 위상이나 금권, 후임 대통령에 대한 영향력을 신경 쓰다가 오히려 국민적 실망을 초래했던 전례를 고려했다. 우선 노태우 대통령에게 서한을 보냈다. 역대 대통령의 전철을 밟지 않도록 노태우 대통령에게 간곡히 권했고 대학 총장으로 와서 정치를 통해 이루지 못한 이상을 교육을 통해 실현하는 길이 더 빛나는 길이라는 뜻을 밝히고 총장으로 추대하겠다는 글을 보냈다. 이 글은 우리 대학 모 교수가 작성하였다.

동시에 좀 더 구체적인 대화를 위해 당시 대통령 공보수석이었던 김학준 박사를 통해서 대통령 면담을 부탁하였다.

물론 이 일은 이사들에게는 비밀에 부쳤다. 이 일을 아는 사람은 이용우 이사장과 모 교수, 그리고 재단의 여운환 상무이사뿐이었다. 노태우 대통령에게 글을 보낸 지 일주일이 지나서 면담 일정이 결정되었다. 비서실장과 여타 비서관도 합석시키지 않고 노태우 대통령과 단둘이 갖는 오찬이었다. 대통령과의 단독 오찬은 드문 일이라 김학준 대변인 외에는 다들 궁금하게 여길 것이었다.

사실 나와 노 대통령과의 인연은 학생 시절부터 시작되었다. 학생 시절 나는 서울대 사대 럭비 선수였고 노태우 대통령은 육군사관학교 럭비 선수로 활약했다. 일 년에 몇 번 육사운동장에서 연습 게임할 때 또는 시합이 있을 때 자연스럽게 조우를 했다. 그 뒤 정치인으로 변신한 노태우 씨가 대통령으로 취임한 후에 육사 골프장에서 함께 골프 친 것이 다였다. 비록 과거 만난 횟수는 많지 않았으나 자연인 노태우와 나는 또 하나의 공통된 인연이 있다. 우리 대학 부총장을 지내신 이광신 박사를 은사로 모시고 있었다는 것이다. 이 박사는 휘문고등학교 시절 나의 은사이셨다. 그분은 한국전쟁 이후에는 육군사관학교에서 법학 교수를 지냈는데 당시 노태우 생도를 가르쳤다. 그래서 노태우 대통령은 이광신 박사를 은사로서 대접했고 이를 통해 간접적인 교감을 갖기도 했다.

그렇다 해도 대통령 임기를 얼마 남기지 않고 2시간이라는 긴 시간을 단둘이 가져 보기는 처음이었다. 나는 노태우 대통령에게 대통령 임기가 끝나면 우리 대학 총장으로 오십사 하고 권하였다. 나는 우선 당시 노태우 대통령이 유엔에서 연설을 한 바 있었는데 이 연설이 많은 사람들에게 감동을 주었다고 말했다. 간선제로 뽑힌 '체육관 대통령'이 아니고, 대통령 직선제를 정착시켜 김대중 선생과 김영삼 선생에게 대통령 후보로 경선에 임할 수 있는 길을 열어 준 것에 대하여 많은 국민들과 세계 지성인들이 찬양하고 있다는 상황을 강조했다. 그러니 더 이상 정치에 미련을 두거나 퇴임 후 권력 유지에 머뭇거리지 말고 우리 대학의 총장으로 오신다면 국민과 세계인이 찬양하고 아울러 단국대학도 빠른 시일 내에 명문 대학으로 발돋움할 것이라고 말씀드렸다.

'90 베이징 아시안게임 종료 뒤 당시 노태우 대통령의 청와대를 방문한 중재(당시 한국 선수단 단장)

노 대통령은 내 제안을 매우 기분 좋게 받아들였다. 진지한 자세로 경청하고 나의 제안에 전적으로 동의하였다. 오히려 "그럼 퇴임 이후 내 거취를 그렇게 정할 테니 절대로 내 임기가 끝날 때까지 비밀로 하자."고 나에게 보안을 요구했고 서로 그러기로 약속하였다. 그러면서 노 대통령은 나에게 "장 총장은 오늘날에 이르기까지 어떤 정당에 가입한 일도 없고 정치에 발을 들여놓은 적도 없는 걸로 아는데 다음 선거를 공정하게 치르기 위해서 국무총리로 들어오는 것이 어떻겠느냐?"고 물었다. 나는 한마디로 '큰일 날 일'이라고 반대했다. 그렇게 되면 내가 대통령에게 단국대 총장직을 헌납하고 국무총리를 얻는 식으로 되어서 결국 국민들로부터 지탄을 받는 일이라고 사양했다. 나는 평생 들새처럼 야인으로 지내는 것이 내 인격과 능력에 맞는다고 거듭 강조하면서 정치계에 뜻이 없음을 간곡하게 말하였다.

이후 예상한 대로 김영삼 정부가 출범했는데 이런 은밀한 약속이 있었기에 나는 노 대통령이 퇴임 후 조만간 단국대 총장 취임에 대한 후속 조치가 있으리라 생각했다. 어차피 나는 이제 단국대를 떠난다는 결심이었기에 진심으로 아무런 대가 없이 단국대의 경영권을 삼성그룹에 넘기려는 일을 서두르고 있었다.

그런데 삼성 이수빈 총비서실장이 황급히 나를 찾아왔다. 요지는 삼성이 단국대 재단을 운영하는 일은 없는 일로 하자는 것이었다. 왜 그러느냐고 물었더니 정치권에서 삼성이 단국대 재단을 맡아서 운영하는 것을 절대로 반대한다는 압력 아닌 압력이 온다는 것이었다. 정치권 누구냐고 반문했지만 이 실장은 누구라고 말할 수 없다는 것이다. 그래서 김영삼 계열 정치인의 맏형으로 불리던 민주당 황명수 사무총장에게 우리 대학과 삼성 간에 추진하는 일을 방해하지 말아 달라고 부탁했었다. 또한 국민당 김영광 의원을 만나 역시 같은 부탁을 했지만 내 뜻은 받아들여지지 않았다.

짐작건대 삼성그룹이 하루아침에 적극적이던 자세에서 갑자기 돌변한 데는 정권의 핵심에서 메시지가 왔음을 방증하는 일이다. 나는 지금도 그 핵심이 김영삼 대통령 당선자가 아니고서야 이런 압력을 가할 사람도 없었다고 생각한다.

결국 삼성은 단국대에서 손을 뗐다. 그 뒤 김영삼 정부 시절인 1996년, 삼성그룹은 성균관대학을 다시 인수했다. 원래 삼성의 창업자이신 이병철 전 회장의 생전에 삼성은 성균관대학을 운영하였다. 그러나 성균관대학 일부 교직원과 학생들이 삼성을 성토하는 데모를 계속하는 등 갈등이 심화되자 결국 삼성은 성균관대학 운영을 포기하였다. 그리고 삼성 이병철 회장이 돌아가시고 삼성은 성균관대학을 다시 인수하였다.

"노태우 돈 300억 원은 어디 있소?"

김영삼 후보가 대통령에 당선된 뒤 내가 알고 지냈던 국회의원들, 특히 여당 의원들은 내가 전화를 해도 받지 않았다. 힘이 있다는 여당 의원들일수록 마치 약속이나 한 듯이 내 전화를 피했다. 나름대로 탐문을 하니 단국대를 손본다, 장충식 총장을 가만두지 않기로 했다는 소문만 가득했다.

당시 우리 대학은 병원이나 의대와 관련해 교육부의 행정적 인가나 승인을 받을 일이 많았고 그만큼 민원도 많았다. 불과 몇 개월 전만 해도 무리 없이 진행되던 일들이 김영삼 정부 출범과 동시에 전부 '올 스톱'이었다. 교육부에 갔다 온 직원들이 교육부 관리들이 우리 대학 직원이 가면 냉대를 한다고 보고했다.

김영삼 정부는 자신들을 '문민정부'로 자칭했다. 그 말 속에는 전두환 정부나 노태우 정부는 '군사정부'라는 뜻이 숨어 있다. 그러면서 사회 전반에 사정과 개혁의 칼을 들이댔다. 출범 직후 대학들의 부정 입학을 사정한다고 대학들을 감사했다. 그 와중에 많은 대학들의 총장이 다치기도 했고 그러다가 김영삼 대통령의 최측근이 아들을 부정 입학시킨 일이 드러나 실각하기도 했다. 우리 대학도 감사를 받았지만 별다른 일이 없었다. 그런 열풍이 한바탕 지나간 뒤 대학은 여름 방학을 맞았다.

방학이 시작되어 직원들이 여유로운 시간을 보낼 7월 갑자기 우리 대학에 교육부의 감사 통보가 왔다. 통례적으로 교육부는 임의의 대학에 감사를 실시하기도 한다. 그러나 얼마 전에 감사를 받았는데 다시 한다는 게 이상했다. 대학에 온 감사반은 과거 정부 시절 고위 인사가 포함된 특정인들의 이름을 제시했다. 그들의 자녀들에 대한 입학 시험 답안지를 보자는 것이다.

나는 방학을 맞아 자매 대학을 방문하느라 해외 출장을 갔다. 보고를 받자니 감사반이 와서 누구누구 등의 답안지를 달라고 하는데 이미 소각해서 줄 수가 없었고 교육부는 감사를 점점 더 확대한다는 얘기였다. 대학으로서는 이미 1학기에 감사를 받고 그때 필요한 입학 사정 자료들을 열람했으니 필요 없다고 판단하여 다 폐기 처분했다는 입장이었다. 교육부는 입시 사정 자료를 폐기한 것이 관련 규정 위반이라며 펄펄 뛰며 강도 높은 감사를 진행했다. 그러더니 입학 관련 행정 감사는 정작 부정 입학에 대한 꼬투리는 잡지 못하고 마침내 우리 대학과 재단 전반에 걸친 종합 감사로 확대되었다.

귀국을 하여 감사 상황을 보고받는데 감사반이 입시 서류를 찾는다면서 교내 도서관 등을 뒤지기도 했다는 것이다. 사무실, 창고, 서고 등을 일일이 뒤진다는데 수만 명이나 되는 입시 서류를 학교 안에 감춘다고 감춰질 일도 아니었다. 나중에 교육부 장관을 만나면서 나는 왜 그들이 입학 행정 감사를 하다가 대학과 재단의 재무 현황을 파악하고 대학을 뒤지는지 이유를 알 수 있었다.

당시 나는 26년간 총장으로 재임하고 있었다. 그 긴 시간을 업무를 보면서 변하지 않는 것은 관청과의 관계였다. 기업도 마찬가지였지만 내가 총장으로 있던 그 시절에 사립대학은 교육부 앞에서 기를 펼 수가 없다. 고양이 앞의 쥐라는 격언이 들어맞는 관계다. 증과, 증원, 자산의 매각, 은행 대출 등이 모두 교육부의 승인이 있어야 가능했다. 심지어 졸업 시즌이 오면 학생들에게 줄 졸업장에 교육부 장관의 직인을 철인으로 찍어야 했다. 상상해 보라. 전국의 모든 대학들이 졸업장을 들고 교육부에 가서 그 철인을 받기 위해 줄을 서 있는 모습을……. 그 철인을 찍는 교육부 담당 직원은 팔이 저리고 아파서 나중에는 발로 밟아서 찍고, 대학 직원은 다시 그 발로 찍는 철인에 한 장씩 졸업장을 갈아 줘야 했다. 그나마 서울 소재 대학들은 낫다. 지방 대학은 이 간단한 철인 작업을 받느라 상경해서 순서를 기다렸는데 이 순서를 배정하는 일 자체가 청탁의 대상이었다. 만약 교육부 직원에게 밉보이면 철인 작업이 늦어지고, 그러면 졸업장을 주지 못하니 졸업식도 못 하는 일이 생길 수 있는 것이다.

감사가 진행되는 와중에 나는 오병문 교육부 장관을 면담했다. 오병문 교육부 장관은 나의 대학 선배이자 교육계 선배로서 내가 존경하는 분이었다. 그런데 김영삼 정권의 초대 교육부 장관으로 부임되어 나를 처음 만난 자리에서 내게 한 첫마디가 어처구니없는 말이었다.

"노태우 전 대통령으로부터 300억 원을 받은 사실이 있는가?"

불문곡직 던지는 그분의 말은 너무나도 터무니없는 질문이라 나는 잘라 말했다.

"그 말씀은 장관님한테서 안 들은 것으로 생각하겠습니다. 상식적으로 생각해 보아도 정부의 보조금이 아니고서는 어떻게 전직 대통령으로부터 3억 원도 아닌 300억 원을 받을 수 있습니까?"

이어서 나는 조목조목 따지듯 말했다.

"장관님 말씀대로 노태우 전 대통령으로부터 300억 원을 받았다면 무슨 명목으로 돈을 받을 수 있으며 또한 전직 대통령이 은밀히 돈을 준다든가 맡긴다면 이는 분명히 부정한 돈인데 내가 공모를 하지 않는 이상 어떻게 그런 거금을 받을 수가 있겠습니까?

딱 한 번 청와대에서 노 대통령과 오찬을 한 적은 있고 그리고 김구 선생 유족들과 저녁 만찬을 한 일이 있지만 두 번 모두 빈손으로 나왔습니다. 비서실을 거쳐 만인이 보는 데서 어떻게 300억 원이라는 현금을 운반할 수 있겠습니까? 그리고 수표로 300억 원을 받았다 해도 이 돈을 은행에 예금을 한다면 당장 그 출처를 알 수가 있는데 아무런 증거도 근거도 없이 어떻게 이런 터무니없는 추궁을 할 수가 있는 것입니까?"

내가 강력히 항변하자 오 장관은 한술 더 떠 사실대로 말하지 않으면 검찰에 고발하겠다고 협박을 하였다. 그 말에 나는 실소를 금할 수 없었다. 대화가 통하지 않았다.

"장관님 맘대로 하세요."

한마디를 던지고 나는 돌아서 나왔다. 부정 입학을 감사한다고 했다가 모든 재무 관련 종합 감사를 하고, 내 개인 통장을 뒤지고, 대학의 사무실, 연구실, 서고, 창고를 뒤진 데는 그런 까닭이 있었던 것이다. 노태우 전임 대통령의 비자금이 단국대에 숨겨져 있을 거라는 단정을 내리고 있었다. 비로소 숨겨진 원인을 알 수 있었다.

감사가 끝나고 예상했던 대로 총장인 나와 이용우 이사장을 해임하라고 교육부에서 지시가 내려왔다. 교육부가 하라는 대로 따랐다. 나는 화가 나서 원칙대로 대결해 보고 싶은 생각도 났다. 그러나 내가 화를 내어 단국대를 더 큰 시련의 벌판에 내놓을 수는 없었다.

이후 청와대의 실세들과 장관이 나에게 하는 대접은 인격적으로 용납할 수 없는 일이었지만 나는 참을 대로 참았다. 그러나 나에 대한 협박과 종용은 그것으로 끝나지 않았다. 며칠 후 이번에는 교육부 차관이 국장을 대동해서 나를 시청 앞 프라자 호텔 객실로 불러내었다. 은밀한 닫힌 공간에 나를 부르더니 "노태우 대통령한테서 받은 액수와 사실을 이실직고하는 것이 신상에 좋을 것"이라고 종용하기도 하고 은근히 협박하기도 하였다.

그래서 나는 그들에게 따졌다.

"제일 쉬운 방법은 노태우 전 대통령을 직접 찾아가서 물어보면 더 좋을 것을 단 한 푼도 받지 않은 사람에게 300억 원을 받았다고 하니 이런 억울하고 황당한 일이 어디 있을 수가 있소? 당신들이 감사하고 조사도 다 하지 않았는가. 그 결과 돈 받은 사실이 없다는 것이 모두 명백히 밝혀졌는데도 또 사람을 불러서 받지 않은 돈을 받았다고 시인하라니 이런 망발이 어디 있단 말이오?"

나는 화를 버럭 냈다. 나는 말이 난 김에 속 시원하게 따져야겠다고 작심했다.

나는 이미 내가 다 책임을 지고 이사장까지 사임하지 않았느냐고 따졌다. 조목조목 말하니까 교육부 차관과 대학국장도 더 이상 나에게 할 말이 없었다.

내가 자리를 물러나도 후유증은 더 심해졌다. 감사가 있던 그해, 그러니까 1993년 우리 대학이 제기하는 모든 민원은 해결되는 것이 없었고, 학과 신설은 물론 단 한 명의 증원도 허용되는 것이 없었다. 다른 대학에 주는 지원금도 우리 대학에는 한 푼도 주지 않았다. 감사 결과라고는 하지만 부정 입학의 사실은 없고, 오히려 대학의 부채가 많다고 문제 삼았는데 정작 형편이 어렵다는 대학에 정부 지원금이 한 푼도 오지 않는 것은 또 무슨 까닭인지……. 그리고 교육부 직원은 사사건건 우리 대학 일이라면 트집 잡기 일쑤였다. 실제로 당시 병원을 착공한 뒤라 자금 조달을 위해 부동산 처분 신청을 해도 이리 미루고 저리 미뤄서 적기에 부동산 매매가 이루어지지 않았고, 원매자를 놓치기 일쑤였다.

금융기관에서 기채를 하려고 승인 신청을 하면 말단 부서에서부터 서류가 돌지 않았다. 결국 돌아오는 것은 부결이었다. 그리고 부동산 판매를 해서 자금을 조달하려고 계약하고 이를 승인 신청하면 그 정보가 정보 기관이나 은행으로 누설되어 우리 재단 부동산을 사고자 하는 원매자의 자금 출처를 조사하는 등 어렵게 하여 매매를 성사시킬 수 없었다. 따라서 이후 우리 대학 재단 부동산은 매매가 성립이 되지 않았다. 분통이 터진다는 말은 이럴 때 쓰는 말이었다.

내가 총장직을 물러나니 가뜩이나 금융기관들부터 몸을 사리기 시작했는데 그나마 보유 부동산의 활용도 협조를 받을 수 없다면 우리 대학이 할 수 있는 일은 없었다. 결국 부속병원 착공도 1993년 8월 이후 중단되었다. 병원 공사가 중단되니 당장 의예과를 끝내고 본과로 올라가는 학생들을 실습시킬 수 없게 되었다. 기껏 스카우트한 의사들도 등을 돌렸다.

이러니 사임을 했다고 손을 놓고 있을 수 없었다. 정말 마음이 내키지 않았지만 해결책을 찾아야 했다. 그때 교회 장로인 내 당질이 김차생 장로님을 추천했다. 이분은 청와대에서 있는 일요일 예배에 동석할 만큼 김영삼 대통령과 가까운 사이라고 했다. 만나 보니 웨스트민스터 신학대학원 대학교의 이사장으로 사학 운영의 실태도 이해가 깊고, 성품이 굉장히 온후하며 교계의 신망이 높았다. 나는 이분을 만나 사정을 얘기하고 일단 재단 이사로 참여해 달라고 했다. 재단 이사를 하면 우리 대학의 실정과 내가 한 일의 충정을 검증할 수 있다고 생각했다.

이후 김차생 장로는 재단 이사로 들어와서 재단 운영에 사적인 비리가 없다는 것과 공익 기관으로서 모범적이라는 사실 등 우리 대학의 실정을 파악하였다. 나를 믿게 된 김 장로는 청와대에 예배를 주관하러 들어갈 적마다 김영삼 대통령에게 오해를 풀도록 말했으나 일절 한마디도 대답이 없었다는 전언을 해 주었다.

죽전 캠퍼스 시대를 열다

무능 관선 이사장을 비판하다

1993년 8월, 교육부는 단국대 재단에 관선 이사를 파견한다고 발표했다. 의도했던 입시 부정이나 노태우 비자금 유입 등을 밝히려 했지만 원하는 목적을 달성하지 못하고 재단과 대학이 부채가 많아 방만한 대학 운영을 했다는 이유로 관선 이사 파견이라는 처방을 내놓은 것이다. 당시 연합뉴스는 이 같은 조치를 놓고 이렇게 의미를 해석했다.

"(전략) 교육부는 그러나 이 같은(주: 부정입학) 심증에도 불구, 물증인 시험 답안지가 폐기되고 없어 의혹을 규명하지 못한 채 감사를 종결하고 답안지 폐기와 재정 문제만을 걸어 전격적으로 관선 이사 파견을 결정했다.

이 같은 결정은 단국대에 대한 교육부의 조치가 부정 입시, 또는 입학 부정 의혹과 방만한 학교 재정 운영 외에 또 다른 배경이 있으며 관선 이사 파견 선에서 그치지는 않을 것이라는 추측까지 낳고 있다.

교육부 관계자는 '학생회 등에서 문제를 삼아 입시 부정 등의 비리가 노출된 다른 대학과는 달리 단국대만은 교직원, 학생 할 것 없이 모두 입시 부정에 대해선 입을 다물었다'고 밝혔다."

이 같은 해설처럼 당시 단국대 교직원이나 학생들은 급작스러운 감사와 연이은 관선 이사 파견 조치를 석연찮은 눈으로 보고 있었고, 대학의 명예를 지키려 단합을 했다. 누가 시키지 않았는데도 노조와 학생회가 앞장서서 관선 이사 파견 방침을 철회하라는 성명을 내고, 동문이나 교수, 직원들, 심지어 학생들조차 구교 기금 모금 캠페인을 벌였다. 내 기억으로 캠페인 시작 10일 정도 만에 17억 원인가를 모금한 것으로 안다. 거기에 더해 수백 명이 교정을 나와 거리로 진출해 관선 이사 파견 철회를 요구하는 가두시위까지 전개했다.

나로서는 감격스럽고 큰 위로가 되는 일이었지만 다른 한편으로는 이런 단국인의 시위가 오히려 정부의 강경 대처를 불러올 수도 있었다. 그러나 이미 사임을 한 내가 달리 취할 조치도 없었다.

정부로서는 다른 대학의 경우 이런 위기가 오면 학생회나 노조가 나서서 이사장이나 총장을 규탄하고 각종 비리들을 폭로한다고 나서는데 오히려 대학을 지킨다고 단합하고 교육부 규탄 시위까지 하니 방침을 재고하지 않을 수 없었다. 결국 9월에 관선 이사 파견을 유보한다고 발표했다. 그러나 형식이 그럴 뿐 이사를 추천하라고 공문은 보냈지만 내용상으로는 6명의 이사는 교육부가 선정하여 임명했다. 재단 측 이사가 5명이니 결국 의결정족수의 과반수를 교육부가 임명한 셈이다.

이사회를 열어 이사장을 선임했는데 교육부 차관을 지낸 장병규 씨가 취임했다. 장병규 씨는 30년이 넘게 교육부에 근무하여 차관까지 지낸 전형적인 관료였다.

장병규 이사장이 취임한 이후 재단 운영은 사실상 교육부의 뜻대로 움직였다. 그런데 문제는 당장 대학의 병원 공사가 중단되고, 내곡동 부지가 매각된 이후 대학 재정이 급속도로 악화되어 큰 위기가 왔는데 이를 풀어 갈 아무런 대책도 세우지 않는 것이었다. 교수, 직원들은 자신들의 급여를 반납하며 대학을 구하자고 나서는데 재단의 이사들은 아무런 자구 조치도 없이 방관하니 나로서는 답답하고 속이 터질 지경이었다. 내가 평이사로 있었지만 의결상 한 표뿐이니 나설 수도 없었다. 대학이나 재단이 자산을 매각해 돈을 구하려 해도 부결, 대출을 받는 것도 부결, 무슨 안을 내놓아도 성사되는 일이 없었다. 빚이 많다고 총장과 이사장을 해임했고, 대학을 정상화하겠다고 이사들을 보냈으면 교육부가 나서서라도 대학을 지원하든 무슨 일을 해야 하는데 그저 시간만 흐르고 있었다.

장병규 이사장은 나와 같이 고향이 평북인 데다 우리 대학 교육대학원에서 석사 학위를 받은 사람이었다. 동향에 동문인 셈이니 학내외에서 단국대에 도움을 주면 주었지 해를 입힐 것이 아닐 것이라고 기대가 높았다. 그러나 이분은 지독한 사람이었다. 돌아보면 장병규 씨는 내가 총장으로 있을 때 우리 대학 금동신 교수와 서울대 법대 동기 동창이라는 인연으로 교육대학원 석사 과정에 입학했고, 등록금 전액을 감면받는 혜택을 받았다. 이 정도면 단국대를 제2의 모교로서 애정을 갖고 대해야 하건만 오히려 취임 직후부터 호통과 권위로 군림하려 했다.

취임 이후 처음 하는 말이 "나는 경기도 안성에 있는 두원공과대학 학장으로 재직하고 있어서 매우 바쁘니 재단에 나와서 결재를 할 수 없다."는 것이다. 그러면서 "단국대 결재는 집에서 할 것이니 사무처장이 내가 출근하기 전에 집에 와서 결재를 받아 가든지 아니면 내가 두원공대에서 퇴근한 후 저녁 늦게 집에 와서 결재를 받아 가든지 하라."고 했다. 그리고 "아주 급한 사안은 경기도 안성에 있는 두원공대 학장실로 결재를 받으러 오라."는 것이었다.

이사장이 이런 식으로 근무를 하겠다니 사무처장은 두원공대로 또는 장병규 관선 이사장 자택으로 문서를 들고 다녀야 했다. 더구나 서울도 아니고 두원공대 학장실이 있는 경기도 안성 부근까지 결재를 받으러 다니는 모양이 참 보기가 딱했다. 그뿐 아니라 더 기막힌 일은 자신의 수당을 요구하는 일이었다. 관선 이사장의 수당을 두원공대 학장에 버금가는 금액으로 책정하라고 지시하였다. 대학 재단에 출근도 하지 않으면서 500만 원에 가까운 수당을 타 가는 관선 이사장을 어떻게 대학 교직원들이 믿고 따르겠는가.

그 원망이 금동신 교수에게까지 돌아갔다. 저런 사람을 뭘 보고 교육대학원에 초청해 장학금까지 주도록 했느냐는 비난이었다. 대학의 자구 노력에는 일체 호응이 없던 이사장은 드디어 속내를 밝혔다. 그의 말은 정말로 나는 물론이요, 우리 단국대 식구들 전체가 충격을 받을 만한 내용이었다.

이사회에서 장병규 이사장이 말하기를 "나는 단국대를 부도나게 하고 서울 캠퍼스를 팔아서 천안 캠퍼스와 합치도록 하라는 청와대의 지시를 받고 관선 이사장직을 맡고 나왔다."는 것이다. 그러면서 자기는 교육부 파견 이사로서 이 방침을 그대로 시행할 것이라 호언장담했다.

나는 하도 어이가 없어서 저런 사람이 어떻게 교육부 차관을 지냈으며 왜 저런 인간에게 장학금을 주어 우리 대학 교육대학원에서 석사 학위를 받도록 했는지 나조차도 애꿎은 금동신 교수가 원망스러울 정도였다. 가만있을 수 없어 결국 내가 나섰다. 재단의 사무처장을 시켜서 다음 날 하얏트 호텔에서 조찬을 하기로 약속을 하고 만났다. 나는 그에게 따끔하게 말했다.

내 말의 요지는 이랬다.

첫째, 장병규 씨가 관선 이사장으로 나온 것이 잘못이라고 지적하였다. 그 이유로 재정적으로 악화 일로에 있는 재단에서 봉급처럼 수당을 받아 간다는 것은 큰 잘못이고 관선 이사장의 본분을 망각하지 않고는 못 할 일이라고 했다.

둘째, 대학의 경영 책임을 질 자격이 없다고 지적했다. 장학금을 받고 학점을 동냥질해 가면서 졸업한 사람이 여기에 와서 대학을 개혁한다는 것도 어불성설이지만 단국대가 원하지도 않는, 서울 캠퍼스를 천안 캠퍼스로 옮겨 합쳐야 한다는 식의 대책을 누구 마음대로 하는 짓이냐고 비판했다.

끝으로 나는 당장 사퇴하지 않으면 내가 내 모든 것을 걸고라도 언론에 관선 이사장의 사리사욕에 찬 행태를 다 밝히겠다고 했다.

나는 이런 사람이 이사장으로 있는 한 대학 정상화라는 교육부의 주장은 실현되기는커녕 오히려 대학을 큰 혼란과 절망의 구렁텅이로 몰아갈 것이라 생각했다. 나는 바로 다음 날 청와대로 가서 김정남 교육문화 수석 비서관을 만났다. 그동안 장병규 관선 이사장의 잘못된 행위를 다 알려 주었다. 내가 대학에 욕심이 있어서가 아니고 제대로 관선 이사진을 운용하려면 그에 맞는 사람을 이사장으로 임명하라고 요구했다. 결국 김정남 수석은 장병규 관선 이사장을 평이사로 돌리고 이사장 자리에서 물러서게 했다.

부지 매입 결의와 김학준 이사장의 인품

장병규 관선 이사장이 물러난 다음에 김학준 박사가 우리 대학 이사장으로 올 수 있도록 교섭하였다. 김학준 박사에게 의사를 물으니 김 박사도 고민 끝에 응낙하였다. 그래서 김정남 수석, 김덕룡 의원과 이를 타진하고 건의를 했다. 이 건의가 받아들여져 이번에는 관선 이사가 아닌 정이사 자격으로 1994년 5월에 이사장으로 취임하였다.

김학준 이사장은 이미 그 능력과 인품을 사회에서 인정하고 있지만 내가 체험을 해 봐도 매우 활동적이고 양심적인 분이었다. 학교에 해가 되는 일은 절대로 할 분이 아니었다. 이에 앞서 교육부 장관으로 김숙희 교수가 부임했다. 단국대 문제가 현안이어서 면담을 하고 교육부의 입장을 재확인했다. 역시나 김 장관 역시 장병규 전 이사장과 같은 의견이었다. 단국대 문제의 해법으로 한남동 캠퍼스를 팔고 천

개교 제47주년 기념식(1994. 11. 2)에서 기념사를 하고 있는 김학준 이사장은 단국대의 죽전 캠퍼스 이전 사업에 큰 힘을 보태었다.

안 캠퍼스와 합치는 것이 제일 좋은 방법이라고 제안하였다. 나는 절대로 있을 수 없는 일이라고 반대하였다. 차라리 천안 캠퍼스에 건설 중인 의대 부속병원을 팔아서 빚을 갚을지언정 빚을 갚으려 서울 캠퍼스를 팔고 천안에 합칠 수는 없다고 했다.

어쩌면 그것이 쉬운 방법일 수는 있다. 하지만 48년의 역사를 가진 서울 소재 대학이 천안 캠퍼스로 합치면 보나마나 재학생들의 불만이 폭발할 것이고 동문, 학부모들도 가만있지 않을 일이었다. 또 각종 시설들을 수용할 만큼 천안 캠퍼스가 넓은 부지를 가진 것도 아니었다. 그런데도 김학준 이사장과 나 두 사람을 제외한 모든 재단 이사들은 서울 캠퍼스를 처분하여 빚을 갚고 천안에 가면 좋을 것이라고 주장하였다.

K 이사와 장병규 이사가 이 주장을 주도했다. 내가 서울 캠퍼스를 대체할 지역으로 수도권을 주장하고 신 캠퍼스 건설을 주장하자 이를 더욱 강력히 반발하며 감정적으로 나왔다. 끝까지 천안으로 대학을 옮겨야 한다고 주장했다. 나는 서울 근교로 새 교지를 물색해서 이전하겠다는 제안을 강력히 주장했다. 나는 이사들을 설득했고 결국 내 의견은 받아들여졌다. 그래서 모든 이사들이 수도권인 죽전으로 이전키로 결의했다. 그런데도 오직 장병규 이사만이 반대하였고 자기 의견이 좌절되자 "나는 절대 반대한다."며 자기의 반대 의견을 이사회 기록에 남겨 달라고 주장했다.

이로써 천안 캠퍼스로의 통합은 일단 무산되고 서울 인접의 수도권으로 이전 사업을 시작할 수 있게 되었다. 위기에 빠진 단국대학이 새로운 역사를 열게 된 것이다.

나는 우리 대학이 한남동 부지를 매각해야 한다면 그 대가로 좀 더 넓은 땅에 더 아름답고 쾌적한 캠퍼스를 조성하고 싶었다. 나는 단국대학에 들어온 이래 언제나 좀 더 넓은 교지를 확보해야겠다는 생각을 가지고 있었다. 대형 버스 한 대 제대로 출입하지 못하는 서울 캠퍼스, 4만 평 정도의 협소한 한남동 부지에 바람직한 교육 환경을 조성한다는 것은 기대하기가 어려웠다. 그래서 내가 총장이 된 지 2년 만에 대통령에게 청원을 넣으면서까지 내곡동에 24만 평의 땅을 구입했다. 정부의 그릇된 행정으로 인해 내곡동 땅은 안전기획부에 수용되고 이로 인해 급격히 재정이 어려워졌다. 병원을 짓는 일이 겹쳐 재원이 달리는 데다가 이를 빌미로 김영삼 정부로부터 온갖 박해를 받는 처지였으니 당시로는 정말 앞이 보이지 않았다.

내가 정부에 의해서 총장직에서 해임이 되었고, 이렇게 어려운 위기 상황에 대학이 빠졌지만 김학준 박사가 이사장으로 부임한 것은 정말 불행 중 다행인 셈이었다. 김학준 이사장은 아무런 힘이 없는 나를 대신해서 내 구상에 적극 찬동하고 진심으로 열성을 다해 열심히 뛰어 주었다. 단국대 일을 떠나 그동안 내가 많은 인사들을 접해 보았지만 김학준 박사만큼 거짓을 모르고 순수한 생각으로 일하는 분은 흔치 않았다. 대학 이전 사업이 개시되자 그는 혼신의 노력을 기울였다. 내가 총장직에서 물러나고 김학준 이사장이 앞장서서 일을 하자 정부의 압력도 중단되었다.

김영삼 정부의 생각에는 관선 이사 파견이 되면 우리 대학이 이전 사업도 추진하지 못하고 혼란에 빠져 스스로 자멸하고 장충식이라는 사람과 단국대의 연도 없어지리라 기대했을 수도 있었다. 그러나 다행히 김영삼 정부에는 김학준 이사장의 서울대 동기를 비롯하여 후배, 제자들이 요소에서 활약하고 있었다. 사심 없는 김학준 이사장의 설득과 호소가 주효해서 이전 사업의 행정적 인허가 절차도 순조롭게 이루어졌다. 그 전까지 있었던 한남동 캠퍼스를 매각하고 천안 캠퍼스와 합치라는 압력도 그 강도가 줄어들었다.

당시 단국대의 어려움을 헤쳐 가는 일에 당시 국민대학교 총장으로 있던 현승일 박사의 도움도 컸다. 그는 나와 별다른 인연도 없었고 이해관계도 없음에도 우리 대학을 열심히 도와주었다. 현승일 국민대 총장과 김학준 이사장은 서울대 동창인 데다가 우리 대학 임영재 교수하고는 언론사 기자로 여러 해 동안 함께 일을 했던 친분이 있었다. 또한 현승일 총장은 6·3세대의 대표적 인물이고 당시 김영삼 정부에는 이들이 중책을 맡고 있었다. 한때는 현승일 총장이 김영삼 대통령 비서실장으로 갈 것이라는 소문이 있기도 하였다. 그런 만큼 김학준 이사장, 현승일 총장, 임영재 교수의 오랜 인연과 교분은 단국대에 대한 정부의 강경 입장을 완화하는 힘이 되었다.

무엇보다 이전을 하려면 적당한 부지가 전제되어야 했다. 나는 서울 근교에 대학을 이전할 만한 땅을 보러 다녔다. 그러나 대학이 들어설 만한 땅은 별로 없었다. 어지간히 좋은 땅들은 재벌이나 땅 투기꾼 그리고 많은 기업들이 소유하고 있었다. 개인들이 가지고 있는 땅들은 대부분 개발하기 어려운 조건들을 가지고 있었다.

그래도 쉬지 않고 인맥을 동원해 탐문하고 경기도 일대를 답사하는 중에 내 밑에서 재무처장으로 근무하다가 베어스타운 리조트를 운영하던 석두성 회장이 용인시 죽전 땅에 대한 정보를 주었다. 나는 도시개발학을 전공한 김병량 교수를 대동하고 죽전에 있는 그 부지의 산 중턱에 올라가서 사방을 돌아보았다. 내 안목으로는 이 이상 좋은 땅은 구할 수가 없을 것 같았다. 뒤로는 우거진 수목으로 꽉 찬 산이었고 앞에는 넓은 들이 보이면서 집 한 채도 없었다.

교통 조건도 좋았다. 그 땅에서 경부고속도로가 차로 10분 정도로 멀지 않은 곳이라, 언제고 이 지역은 많은 인구가 들어설 개발 가치가 큰 땅이었다. 거기에 분당 신도시와는 이웃 동네로 가까웠다. 이 정도라면 아주 아름다운 캠퍼스를 조성할 수 있을 것으로 판단하였다.

나는 산 중턱에 앉아서 기도를 했다. 당시 나는 기독교로 개종하여 신앙생활을 하고 있었다. 대학에 몸담은 이래 최대의 시련기였지만 동시에 단국대의 미래가 결정되는 갈림길에 서 있었다. 그 간절한 마음에 저절로 기도가 나왔다.

"이 땅을 가르침과 배움의 터전이 될 수 있도록 우리들에게 주십시오. 하나님이 보시기에 아름다운 젊은 인재들을 길러 내는 배움의 터전을 마련하겠습니다."

기도 중에 나도 모르게 눈물이 하염없이 흘렀다.

그러고 난 후 한 달이 지나서 이 땅의 주인인 신용술 옹을 만나게 되었고 수차례 만나서 비교적 큰 어려움 없이 땅을 살 수 있었다. 처음 이 땅에 대한 정보를 얻은 후에 석두성 회장이 지주인 신용술 옹을 찾아갔으나 돈이 없으면서 떠보는 사람으로 보았는지 단번에 퇴짜를 맞았다. 석두성 회장은 원매자가 아니라는 판단에 다음부터는 만나 주지도 않았다.

결국은 원매자로서 나와 김학준 이사장이 직접 나서기로 하고 일단 이 땅의 지적도를 준비하여 이사회에서 제안했다. 구입 결정을 의결해 주어야 매매 협상을 진행할 수 있기 때문이다. 그러나 이번에도 장병규 이사는 끝까지 반대를 했다. 그 반대 발언의 정도와 자세가 너무 극단적이어서 이러다가 다른 이사들도 다시 수도권 부지 매입 자체에 대한 지지를 부정적으로 생각할까 염려가 되었다.

일이 이렇게 되니 회의가 제대로 진행되지 못했다. 김학준 이사장이 더 이상 보다 못해서인지 "이번 신캠퍼스 부지 매입은 우리 이사들보다 단국대의 사활이 걸린 문제이고 나 역시 내 성의와 진심을 다해 일을 진행할 테니 이사들의 지지를 부탁드린다."면서 바닥에 엎드려 큰절까지 했다. 나로서도 깜짝 놀랄 정도로 김 이사장의 말에는 사람의 마음을 움직이는 겸손함과 진실이 담겨 있었다. 그러나 장병규 이사는 요지부동이었다. 이성적인 반대 논리나 대안을 제시하는 것이 아니라 흥분하여 반대를 위한 반대로 일관하고 있었다. 나는 그 모습을 보면서 "저 양반이 단국대와 무슨 원수를 진 일이 있나?"라고 걱정할 정도였다. 다행히 다른 이사들은 이성을 잃은 장병규 이사의 언행에 오히려 화를 내며 전원이 죽전 부지 매입 추진을 동의해 주었다.

부지 매입과 은인, 그리고 잊고 싶은 사람들

이제 이사회의 지지를 얻었으니 자신 있게 부지 매입을 추진하게 되었다고 안심했다. 땅 소유주를 만나려 준비하는 판에 느닷없는 악재가 터졌다. 우리가 매입할 후보지에서 학생회 간부와 일부 학생들이 시위대를 조직해 피켓을 들고 집단 시위를 한 것이다. 서울 캠퍼스 이전 반대 시위였다.

아직 땅 주인을 만나 우리의 목적이나 용도를 말하지도 않았고, 가격 흥정을 하려면 무엇보다 보안이 협상의 핵심 조건인데 일이 이렇게 되면 땅 주인이 우리보다 더 유리한 위치를 선점할 수 있었다.

더 나아가서는 협상 자체가 시작도 못 한 채 무산될 수 있었다. 물론 당시 서울 캠퍼스 이전을 반대하는 학생회 간부들은 이런 의도로 기습 시위를 벌였던 것이다.

문제는 이런 중대한 일, 그러니까 후보지의 정확한 위치를 어떻게 학생들이 알 수 있었느냐는 것이다. 이사회에 참석한 이사들도 신캠퍼스 후보지의 정확한 위치는 알 수 없었다. 회의석상에서 후보지의 지적도는 공개했지만 지번이나 세부적인 위치는 밝히지 않았기 때문이다. 이는 아직 매입 계약도 안 된 땅이거니와 공개에 따른 불필요한 잡음을 방지하려는 뜻이었다. 물론 이사들도 이를 이해했다.

그러고 보니 짚이는 것이 있었다. 하루는 K 이사가 땅이 어디 있는지 자기는 알아야 하지 않겠느냐면서 현지 답사를 하자고 요구했다. 이를 거절하면 이사회에서 "당신 부친 때부터 인연을 맺은 나마저 못 믿냐?"며 따지고 이사회에서 감정적으로 반대를 할 가능성이 있었다. 나는 그분의 선의를 믿고 K 이사의 사무실에서 만나 후보지 현장을 답사하기로 했다. 그런데 출발 당일 뜻밖에도 K 이사 사무실에 식객처럼 출입하며 무위도식하는 강재훈, 임조규, 장경순 씨 등이 따라나섰다. 참으로 당혹감을 감출 수가 없었다. 이들이 어떤 사람들인가? 선친의 제자, 대학의 원로 동문이라는 명분을 앞세워 정치자금을 바쳐라, 누구 누구의 이권을 따도록 도와줘라, 용돈을 달라 하며 나를 힘들게 했던 이들이다. 내 아버님이 세상을 떠나신 이후 이 건달 같은 졸업생들은 생업이 없다 보니 대학 일에 간섭하지 않는 일이 없었으며 밥 한 끼라도 제대로 대접하지 않는 후배 교직원들에게 온갖 방법으로 모질게 대하기 일쑤였다.

후보지 답사에 K 이사가 이들을 데리고 온 것이 아무래도 심상치 않았다. 절대로 도움을 주려고 온 것은 아니라고 짐작이 갔다. 대학 후보지로 땅을 봐 둔 나로서는 보안이 생명인데 K 이사가 이런 무위도식하는 사람들을 현지에 데리고 왔으니 앞으로 온갖 장난을 하고 방해를 하며 많은 돈을 뜯어 낼 궁리를 할 것이 뻔하였다.

"이게 아닌데……." K 이사가 원망스러웠지만 그렇다고 이들을 데리고 갈 수 없다고 거절하기 힘들었다. 가뜩이나 서울 캠퍼스 이전을 놓고 학생들의 반대 시위로 학내가 어수선한데 이들이 무슨 분탕질을 할지 모르는 일이었다. 이렇게 불안한 현장 답사를 하고 나서 얼마 안 있다가 바로 학생들의 후보지 현장 기습 시위가 이뤄진 것이다. 나중에 알아보니 학생회 간부의 말이 동문 선배라는 분이 회의장에서 제출한 지적도 사본과 함께 정확한 현장 위치를 알려 주었다는 것이다. 그러하니 학생들이 현장 시위를 한 것은 오히려 당연한 일이었다.

학생들이 갑자기 용인의 한적한 임야에서 시위를 하니 경찰들이 우선 난리가 났다. 정보과 형사들이 들락거리고 학생들은 그들대로 시위의 강도를 높여 학교도 어수선해졌다. 거기에 더 불리한 일은 후보지 땅값이 올라간 것이다. 당초 이 땅을 매입할 때 대학이 이전한다는 사실은 감추고 협상을 시작하려 했다. 왜냐하면 땅 주인으로서는 대학이 이전하려 한다면 그 사업 일정의 촉박함을 고려해 사정이 다급한 단국대 재단 측이 매달리게 된다는 것을 협상에 활용할 수 있기 때문이다. 거기에 부지 전체를 한 명의 땅으로 조달할 수 있는 것도 아니니 단 몇십, 몇백 평의 지주라 해도 쉽게 매입 협상을 하기 힘들어질 것이다.

일이 이렇게 되고 보니 우선 처음부터 이 부지의 소재를 알려준 석두성 회장이 땅 주인인 신용술 옹에게 퇴짜를 맞았다. 석 회장은 처음에 이 땅에다가 스키장을 세우려 한다고 하며 협상을 시작했는데 학생들의 시위 소식을 전해 들은 신 옹이 핀잔만 하고는 아예 면담을 거절한 것이다. 대학이 들어온다면 개인 사업자들보다 달리 자금력이 더 좋을 것이라는 기대를 갖는 것은 당연한 생각이었다.

난감한 지경이었다. 이와 같은 시기에 나와 가까운 사이인 정동성 전 체육부 장관도 신용술 옹과 통하는 사이라는 것을 정 장관 본인이 알려 왔다. 정 전 장관이 신 옹의 절친한 친구의 사위여서 전부터 친분이 있다는 것이다. 그래서 나는 정 전 장관에게 "사정이 여기에 이르고 보니 단국대 재단이 원매자라는 것을 감출 수도 없고, 이제는 나와 김학준 이사장이 직접 나서야겠는데 정 장관이 같이 가서 옆에서 좋은 말로 설득해 달라."고 부탁했다. 정 전 장관도 쾌히 승낙하여 함께 땅 주인 신용술 옹을 찾아갔다.

그러나 만나고 보니 정동성 전 장관하고 같이 간 것이 오히려 화를 불러왔다. 신용술 옹은 정동성 전 장관을 만나자마자 "너 여기 왜 왔느냐!" 하고 표정이 굳어졌다. 전 장관이 웃으면서 정중히 인사하고 무슨 오해가 있으신 것 같은데 화를 푸시라며 나를 소개하였다. 신용술 옹은 화를 가라앉히고 앉더니 책상 서랍에서 한 뭉치의 서류를 정

전 장관 앞에 내던지며 말했다.

"이봐, 내가 죽전에 땅을 산 건 골프장 만들기 위해서였어. 십수 년을 이 땅 사 모으는 데 이만저만 애를 먹은 것이 아니지. 이 땅을 확보하는 데 수십 명의 땅 주인과 실랑이를 벌여서 산 땅이라고……. 평생 소원이 골프장을 운영하는 거였단 말이지. 그런데 여기 보라고. 정부에서 내 땅 이웃에는 여러 곳에 골프장을 허가해 주면서 유독 이 땅에만 허가를 안 해 주었으니 내가 한이 풀리겠나. 그런데 자네가 체육부장관이 되었다고 해서 크게 기대하고 기뻐했지. 그런데 자네도 골프장 허가가 불가라니 자네가 나에게 이렇게 대접할 수 있어! 그리고 이제 와서 뭐, 단국대학에 땅을 팔라고? 에잇 고얀 사람!"

정동성 전 체육부 장관을 대동하고 간 일이 오히려 일을 그르쳤으니 좌불안석이었다. 매매 가부는커녕 흥정도 붙이지 못하고 돌아오고 말았다. 그때 마침 동양화과의 이영수 교수가 신용술 옹을 잘 안다고 하며 얘기를 해 보겠다고 했다. 두 사람이 만나더니 '적당한 값'만 쳐준다면 거래를 하겠다는 의향을 이 교수 편으로 전해 왔다. 물론 대학이 나선다면 땅값을 더 받겠다고 밝혔지만 거래에 대한 가능성은 가지게 되었다. 일단 이영수 교수는 팔겠다는 다짐을 받아 온 것이다. 이것만도 성공이었다.

신용술 옹이 연락을 했다. 다른 사람은 다 필요 없으니 제치고 나하고 김학준 이사장만 자기 사무실로 와 달라는 것이다.

나를 보더니 신용술 옹은 말했다.

"내가 나름대로 몇십 년을 사업을 했는데 석두성이란 사람은 돈도 없고 이렇게 큰 땅을 살 만한 필요도 없다는 걸 알고 있었어요. 여기 스키장을 한다니 누구를 바보로 압니까? 그런 사람을 보내면 될 일도 안 돼요. 정동성 전 장관은 내 친구의 사위인데 이 사람이 체육부 장관이 되면 내 필생의 희망을 잘 아니 골프장 허가를 해 줄 줄 알았는데 그때는 외면하고는 이제 와서 단국대에 땅을 팔라고 하면 내가 정동성 전 장관의 거간 노릇을 이쁘게 보겠소. 그래서 내가 쫓아 버린 거예요."

신 옹은 자신의 마음을 털어놓더니 말을 이었다.

"이영수 교수 말을 들으니 두 분 다 교수 출신이라고 하는데 교육자라는 분들이 나를 속일 사람도 아니고 나 또한 학자들을 속일 수가 없지요. 실은 이 땅은 정주영 회장이 여러 번 나에게 팔라고 졸랐던 땅이오. 그런데 나하고 정주영 회장하고는 사이가 아주 나빠요. 여기 우리 땅 옆에 현대그룹이 30여만 평의 땅을 사서 거기다 연구소를 만들었거든. 그런데 자기 땅 앞으로는 큰길을 낼 수가 없으니까 내 땅을 사서 여기에 큰 도로를 만든다는 거요. 땅값은 평당 20만 원을 준다고 하는데 내가 정 회장에게는 절대로 안 판다고 다짐했어요. 정 회장은 말요, 내가 땅을 사는 데만 따라다니더니 이번에도 내가 먼저 사 놓은 땅 옆에 자기도 사서는 뭘 한다고 해서 나더러 팔라 하는 거잖소. 이러니 오히려 내가 골프장을 만들려는 일이든 뭐든 방해만 받게 되는 거예요. 내가 평당 200만 원을 준다고 해도 정주영 회장한테는 절대로 안 팔지요."

그는 잠시 말을 끊고 생각하더니 잘라서 말했다.

"좋소, 내가 대학이 들어온다면 반대할 이유가 없소. 그러니 두말 말고 평당 16만 원만 내요. 정주영이 20만 원 준다고 해도 그가 미워서 안 팔겠다고 했던 거요. 지금 내 마음이 움직일 때 사 놓지 않으면 나중에 기회는 없을 거요."

옆의 김학준 이사장을 보았다. 현장을 이미 둘러본 김 이사장도 입지가 좋다는 것을 알고 있었다. 말은 꺼내지 않지만 그 눈길에서 거래를 성사시키려는 뜻이 전해졌다. 이심전심이었다. 나는 두말하지 않고 말했다. "좋습니다." 인사를 나눈 뒤 돌아오는 길에 다시 한 번 부지 거래를 성사시키겠다고 결심하였다.

나는 속으로 다시 한 번 김학준 박사가 우리 대학 이사장으로 부임한 것이 얼마나 다행인지 생각했다. 그 고마움은 지금도 똑같다. 만약 그때 김학준 이사장이 정부의 방침에 따라서 천안 캠퍼스로의 통합을 추진했다면 지금 단국대학의 현실은 어떠했을까. 2만 명의 학생들이 천안 캠퍼스에 몰리면 시설이 당장 부족해지고 교육 환경은 급속도로 악화되어 학생들이 먼저 등을 돌렸을 것이다. 설사 통합이 안 되었다 해도 좁은 캠퍼스에서 연구실도 모자라고, 기숙사도 짓지 못한 채 치열한 경쟁 시대를 맞이하였을 것이다. 김학준 이사장이 대학의 미래를 생각하고, 단국대를 사랑하는 마음이 있었기에 위기를 새로운 도전의 기회로 반전시킬 수 있었다.

죽전 캠퍼스의 부지는 33만 평이 훌쩍 넘는다. 재정이 허락한다면 연구실이든, 기숙사든, 강의동이든 더 지을 수 있다. 지금 용인시 일대는 베드타운에서 벗어나 국가 교통의 중심축으로 발전했고, 한국 첨단

용인구 구성면 수지읍에 부지를 매입한 후 입체 조감도를 보며 공사 계획을 논의하는 중재(1994. 11)

산업의 중심 기지로 도약하고 있다. 천안 캠퍼스는 세종시 개발과 맞물려 한 차원 높은 도약을 이루게 될 것이다. 죽전과 천안, 양 지역의 거시적 발전은 결국 단국대의 미래를 여는 원동력이 되고 죽전 캠퍼스와 천안 캠퍼스의 교육적 환경은 어디에 내놓아도 손색이 없는 시설을 갖출 것이었다.

이처럼 복잡하고 고단한 시간을 보내며 신 캠퍼스 건설을 시작하던 그때 개인적으로 많은 이들에게 배신감을 느끼고 힘겨워했다. 어차피 공무원들이야 권력의 지침을 외면할 수 없는 한계가 있다. 그들 중 일부는 대통령과 청와대가 장충식을 미워한다니까 더 앞질러서 단국대와 나를 짓밟고 괴롭혔다. 내가 그 사람들의 이름을 여기에는 하나하나 밝히고 싶지 않다. 잊고 싶을 뿐이다.

학내에도 그런 이들이 있었다. 나는 총장으로 있을 때도 교수나 직원들이 "충성한다, 충성하겠다."는 식으로 말하는 이들을 싫어했다. 오랫동안 대학 일을 하면서 겪어 보니 이런 말을 자주 사용하는 사람들의 공통점은 배신의 달인이라는 것이다. 물론 무인다운 체육인과 군인들이 충성한다고 하는 말은 그 신분상 특성의 대변이라고 보겠으나 공부하는 대학인들이나 무인의 기질을 갖지 않은 사람들이 충성하겠다는 말은 거의 아첨에 가까운 속임수라고 생각한다.

아첨은 배신의 속성과 독성을 함께 갖고 있는 것이라 생각한다. 대학에서도 이런 일은 드물지 않다. 내가 어려움을 겪자 제일 먼저 나를 공격하는 위치에 서는 사람들도 나에게 충성한다는 말을 한 사람들이었다.

예를 들어 서울 캠퍼스 이전을 발표하자 제일 먼저 나를 공격하고, 어렵게 만드는 일에 앞장선 교수들은 대부분 정치권의 청탁에 의해서 채용된 사람들이었다. 그들 역시 대학에 들어올 때 나에게 인사를 하면서 "은혜를 잊지 않고 충성을 하겠습니다."는 말을 누가 시키지도 않았는데 덧붙였던 이들이다.

잊고 싶지만 지금도 기억나는 이가 홍기용 교수였다. 이전을 발표하고 교수 전체 회의를 시작했는데 그는 나를 향해 대뜸 공격의 화살을 날렸다. 공식 회의인 만큼 서울 캠퍼스 이전을 결정하기까지 많은 배경과 사정을 다 공개할 수 없었다. 일단은 재단과 대학 당국의 입장을 듣고 면담을 하든, 토론을 하며 전후 사정과 대책을 청취할 수 있을 것이었다. 그럼에도 홍 교수는 거두절미하고 규탄성 발언을 하였다. 홍 교수는 이후 유인물을 만들어 배포하면서 대학 이전에 정면으로 반대하고 나섰다. 또 잊고 싶은 이는 김유남 교수였다. 역시 시절이 좋을 때는 내 사무실에서 항상 듣기 좋은 말을 하던 이였다. 그러나 제일 나를 괴롭힌 사람은 김종표 교수였다. 대학 행정직으로 있다가 교수가 된 김 교수는 참으로 나에게 속상하고 억울한 일을 많이 만들었다. 그 역시 잊고 싶지만 뒤에서 좀 더 자세히 전모를 밝히고자 한다.

그러나 대학 이전이 발표된 후 많은 교수들은 신중한 자세로 대학의 미래를 걱정했다. 나는 오히려 침묵 속에서 이전 사업을 주시하는 그들의 눈길이 고맙고 부담되었다. 그들이라고 왜 나에게 따지고 싶지 않았겠는가. 정든 캠퍼스를 떠나는 일이 누군들 쉽겠는가. 이제 이전을 해야 한다면 오히려 전화위복의 계기로 만들어야 할 것이라는 의지가 그들에게 있었다. 그 의지를 알기에 나 역시 지치고 힘들더라도 쓰러지지 않겠다고 나를 추스르고 다짐했었다.

축하와 반대의 혼란 속에서

1994년 들어 의과대 부속병원이 막바지 공사에 박차를 가하고 있었다. 이전 문제가 겹쳐 어려운 시기였는데 서울 캠퍼스가 이전 반대 시위로 몸살을 앓고 있는 와중에 천안 캠퍼스 교직원과 학생들은 나를 지지해 주는 편에서 큰 힘이 되어 주었다. 빚을 내서라도 천안 캠퍼스에 대한 시설 투자를 지속하여 끝내 천안시 최고 수준의 종합병원을 개원하기에 이런 노력을 공감했기 때문이라 생각한다.

병원 신축 공사를 마무리하면서 필요한 돈은 더 늘어났다. 이를 충당하고자 교육부에 자금 기채 승인을 요청해도 승인을 해 주지 않았다. 병원 건물은 올라가고, 병원의 의료 기자재들이 항구에 도착하여도 행정적인 도움을 받을 수 없었다. 병원 문을 열려면 이 시설들을 설치하여 시험 가동도 해야 하고, 의사들이 테스트하며 진료 준비를 해야 한다. 그러려면 월급을 줘야 하는데 이를 대출하려 해도 기채 승인이 나지 않았다. 기가 막히고 가슴이 미어질 지경이었다. 우리 대학이 스스로 좌초되기를 바라고 있는 것 같았다. 단대가 병원을 짓지 못하고 무너지면 의대에 배정한 정원을 다른 대학 의대에 충원해 주는 계획을 갖고 있다는 소문까지 돌았다.

그뿐 아니었다. 우리 재단의 부동산을 처분해 재원을 마련하려니 구입하고자 하는 사람들에 대해 자금 출처를 묻는 통에 계약했다가는 취소하는 일이 있어 어려움이 더 커졌다.

결국 사채를 동원하는 길 외에는 다른 방도가 없었다. 내 아내를 비롯하여 몇몇 동문 교수들이 자금 마련을 위해 동분서주하였다. 개인의 신용을 보증 서 돈을 구해 왔다. 나에게 진 신세를 갚겠다고, 은혜를 갚는다고 보증을 서며 돈을 구해 오다니……. 심지어 자기 집을 담보로 제공해 주는 교직원들도 있었다. 그분들은 앞장서서 집을 내놓았다. 내 집 역시 이미 담보로 들어가 있었지만 만약 재단이 부도가 나면 담보로 제공한 집이 통째로 날아갈 것인데도 운명을 학교와 함께하겠다는 것이 동문 교수, 직원들의 마음이었다.

내 평생 제자나 직원들에게 "내가 어려우니 나 좀 도와 다오."라는 식으로 신세를 진 적이 없었다. 그러나 이때만큼은 재단과 학교 모두 사정이 급하니 모르는 척하고 말리지 못했다. 그러나 말리지 못하는 내 마음은 아프면서 동시에 따뜻해졌다. 눈물겹도록 내 마음에 큰 힘이 되었다.

내가 걱정하면 그들은 오히려 웃음을 지으며 태연한 표정으로 "총장님이 당한 일에 비하면 이 정도야 대수롭지 않습니다."며 나를 위로했다. 지금도 그 일을 생각하면 안쓰럽고 고마운 마음뿐이다.

그 어려운 시련 속에서 나는 의대 부속병원을 완성하였다. 나는 그들을 기억하고 싶다. 혹시라도 잊을까 여기에 기록한다.

우선 내 두 사위의 집은 이미 모두 다 담보로 제공하였다. 아들은 자기 집을 갖고 있지 못해 전셋집에서 살고 있어서 담보물로 내놓을 것도 없었다.

강영철 교수, 권용우 교수, 김도수 교수, 김세중 교수, 백경태 직원, 성의제 교수, 신두휴 교수, 안광옥 직원, 안규채 직원, 오만영 감사, 윤내현 교수, 이순재 직원, 이종철 교수, 임영재 교수, 임정평 교수, 장철호 직원, 정일현 교수, 정주환 교수, 정진석 직원, 조기용 교수, 조장환 교수, 표건웅 직원, 한재민 직원 등이었다.

이는 내 머리에 남은 기억일 터이다. 어쩌면 내가 잊은 이들도 있을 수 있다. 만약 그가 지금 이 지면을 읽는다면 내 기억의 소홀함을 이해해 주길 바란다. 그뿐이랴. 병원 설립을 하느라 재정난이 심해져 개인 신용으로 사채를 빌려 온 이들은 얼마나 많은지, 급여를 반납한 교수, 직원들은 우리 대학에 소속된 거의 전체에 해당할 것이다. "우리가 나서서 대학과 장충식을 지키겠다."고 나선 그들의 자존심과 애정을 나는 진심으로 감사하고 기억하고자 한다.

천안 캠퍼스에 있는 단국대 의대 부속병원의 위용

대학 밖에서도 부속병원 건립을 도와준 이들이 많다. 가장 큰 신세는 극동건설의 창립자이신 김용삼 회장이다. 이분의 자제가 우리 대학을 나왔으니 김 회장은 학부형이기도 하다. 보통 공사비는 공정에 따라 기성고에 맞게 지불해야 하지만 극동건설은 공사를 맡을 때 일단 외상으로 한다고 했다. 그러나 중간에 병원 공사가 중단되어 기간이 길어졌고 공사비도 늘어나 극동건설 입장도 힘들었을 것이다. 최소한의 공사비는 지급을 해야 했지만 그나마도 밀려 있었다. 병원 공사비로 700억 원을 산정했는데 그나마 다는 지급하지 못해도 벌써 200억 원 정도는 미지급 상태로 남아 있었다.

그런데도 김용삼 회장은 병원을 못 짓고 개원이 되지 못하면 200억 원의 외상 공사비도 받을 수가 없을 터이니 나머지 500억 원의 공사비 모두 외상으로 지어 주어서 병원이 개원하도록 하겠다고 약속했다. 그뿐 아니었다. 교육부가 기채 승인도 안 해 주면서 정히 병원 준공이 힘들면 매각을 하라는 채근을 하자 김용삼 회장은 공사비 지급을 받지 못하더라도 우선 개원을 하도록 책임지고 완공시키겠다는 각서를 써서 교육부에 제출해 주기까지 했다.

김용삼 회장은 사회의 여러 요로에 단국대 총장이나 이사장은 단 한 푼도 돈을 요구하거나 뇌물 따위는 생각하지도 않는 사람들이라고 나를 옹호해 주었다. 그분은 "내가 이런저런 공사를 많이 했지만 단국대 간부들은 일절 부정한 대가를 바라지 않아 그 청렴한 인품에 반했다."며 병원 완공을 적극적으로 도와주었다.

정부가 자금줄을 틀어막고 있는 가운데 내가 공사비 미지급을 미안해하면 그분은 “이제 병원이 개원되니 그때 벌어서 갚으면 된다.”고 오히려 나와 단국대 관계자들을 격려해 주었으니 그 넓은 도량과 도움을 잊을 수 없다.

병원 설계는 앞서 밝힌 바와 같이 김병량 교수의 일본인 교수와 요시다케 총장과 그의 수제자들이 앞장서서 무상으로 해 주었다. 이 역시 국적을 초월한 우정의 상징이니 감사할 일이다.

내가 총장직에서 해임되고 전광현 교수를 총장 직무대리로 내세웠다가 황명수 교수를 총장 직무 대행으로 임명하고, 이용우 교수가 이사장에서 해임되자 김익보 이사와 김숙현 이사를 이사장 직무 대행으로 임명하여 교육부에서 파견한 장병규 관선 이사장이 임명될 때까지 재단 이사장 직무를 수행하도록 하였다. 비록 나는 총장직에서 물러났지만 병원 건설과 대학 이전 사업에 대한 지휘는 내 책임하에 움직였다.

드디어 1994년 4월 29일 천안 의대 부속병원이 완성되어 개원식을 가졌다. 그 자리에는 자매 대학인 미국 남오레곤 대학의 총장을 역임했던 사워즈 박사 내외분도 참석하였다. 또한 많은 분들이 참석해 병원 개원을 축하해 주었다.

그런데 이 개원식에 서울 캠퍼스 학생회장과 대학 이전 반대 운동을 하는 학생 간부들이 식장에 난입해서 마이크를 잡고 대학과 나를 성토하였다. 그러자 천안 학생회장이나 천안 학생들이 천안 캠퍼스의 새 역사가 열리는 날에 왜 서울 캠퍼스 이전 반대로 난장판을 만들려 하느냐며 거칠게 항의를 했다. 자칫 축하 행사장이 학생들의 몸싸

의대 부속병원 개원을 맞이하여 미국 남오레곤 대학의 총장을 역임한 사워즈 박사 내외와 기념식수를 마친 중재

움으로 이상해질까 염려되는 순간이었다. 그보다 더 걱정되는 문제는 같은 대학의 학생들끼리 몸과 마음이 상하는 일이었다. 나는 우선 천안 캠퍼스 학생들을 설득하여 서울 캠퍼스 학생들이 나름 자신들의 주장을 하고자 하니 행사가 무산되지 않는 한 참으라고 설득했다. 개원의 기쁨보다 충돌을 막았다. 학생들 간의 충돌을 막고자 고심했던 그날의 기억이 새롭다.

의대 부속병원이 잘 지어졌다고 소문이 나자 많은 병원 관계자들이 견학차 방문하였다. 환자들도 개원 벽두부터 몰려오기 시작하였다. 그러나 이것으로 병원 건설이 완전히 해결된 것은 아니었다.

여러 가지 어려운 여건을 극복하고 병원이 완성되자 이번에는 정부에서 병원을 팔아서 빚을 갚으라는 것이었다. 재벌들이 기업을 일으키기 위해서 은행에서 빚을 얻는 것은 조장해 주면서 대학이 부속병원을 짓기 위해 금융기관에서 융자를 하는 데는 허가를 해 주지 않아서 하는 수 없이 제2금융기관과 사채금융을 이용하여 겨우 병원을 완성하였다. 이제 병원을 잘 운영하여 빚을 갚는 일만 남았는데 정부는 병원을 팔아서 빚을 갚으라고 하였다.

의대가 있는데 부속병원을 팔아 버리면 부속병원이 없는 의과대학을 어떻게 운영하라는 것인지 도저히 교육부 당국의 지시를 이해하기가 어려웠다. 그래도 교육부의 지시를 외면할 수 없어서 하는 수 없이 국제 금융계에 병원을 사 가라고 광고를 냈다. 여러 기관이 와서 보고는 흥정을 하였으나 당시 우리나라 법에 병원을 외국에 팔 수는 없었다. 지금 와서 보면 오히려 일이 성사되지 않은 것이 다행이라고 생각한다.

죽전 시대 개막을 앞둔 고통

이제 대학을 죽전으로 이전하기 위한 계획이 완성되었고 이것만 추진 완성되면 한남동 캠퍼스 매각 대금으로 죽전 캠퍼스도 완성할 수 있었다. 김학준 이사장이 온 후로는 정부의 탄압은 없어지고 대학 이전 사업에 대한 민원도 해결될 수 있었다. 그러나 대학이 나가는 길에는 언제나 복병이 있었다.

홍길영(가명) 교수는 내가 총장을 그만둔 후에 새로 이전할 죽전 땅은 이전 허가가 나지 않을 땅이라는 내용의 유인물을 교수들에게 돌리면서 억지를 부렸다. 홍 교수의 전공이 지역개발학이라 건설부와 인연이 많았다. 홍 교수는 심지어 건설부에 가서 자기가 아는 공무원들에게 우리 대학 이전 사업에 대한 개발 허가를 해 주어서는 안 된다고 주장하며 다녔다고 들었다. 홍 교수가 건설부에 다니면서 대학 이전 사업을 방해하고 다닌다는 얘기를 건설부 공무원들이 "어떻게 단국대 교수가 단국대 사업을 방해하느냐?"고 비웃으며 이를 우리 대학 교수들에게 알려 주었다.

이처럼 황당한 일을 당했지만 김학준 이사장과 김강웅 대학법인 사무처장, 김병량 교수 세 사람이 열심히 뛰었다. 수십 건의 행정 절

단국대학교 신캠퍼스 기공식(1996. 7. 19)

차를 하나씩, 하나씩 풀어 가 결국 우리 대학의 이전 허가는 떨어졌다. 그러자 홍 교수는 이번에는 대학 이전 후보지에 근접한 땅을 확보했다. 그것도 혼자가 아니라 주위의 교수, 직원들을 설득하여 공동으로 돈을 모아 땅을 사기로 하였다. 그리고는 자기들이 산 땅에도 주택을 건축할 테니 신 캠퍼스 건립과 동시에 개발 허가를 받을 수 있게 대학 당국이 시청이나 도청에 민원을 제기해 달라는 것이다. 그러나 나는 대학이 개인의 재산 문제에 대해서 관여하는 것은 온당치 않다고 생각하여 동의하지 않았다. 이전 반대는 반대대로 하고 자신의 이익은 또 대학을 앞세워 취하려는 이율배반적인 태도가 이해하기 힘들었다.

외부 언론들은 대학 교직원들이 산 땅을 대학 측이 사주하여 매입한 것이라 의혹을 가졌다. 거기에 당시 용인 난개발 문제가 국가적으로 불거지면서 마치 대학이 앞장서 땅투기를 하는 것으로 몰아세워 한바탕 큰 곤욕을 치르기도 했다. 학내에 이런 언론의 의혹이 전해지자 이번에는 학생들이 들고일어났다. 가뜩이나 서울 캠퍼스 이전을 반대하는 학생들의 여론이 컸는데 불난 곳에 기름을 붓는 꼴이었다. 죽전에 대지를 구입했다는 얘기에 더해 땅장사를 한다는 식으로 몰아가 운동권 학생들은 극렬히 반대하고 나섰다.

내 기억으로는 사회과학 계열의 학생들이 가장 심하게 반대 시위의 선봉에 나서고 있었다. 학생들은 교육부 청사나 시청 앞으로 몰려가 대학 이전 반대 운동을 전개하면서 대학이 땅장사를 하니 이전 사업 인가를 철회시키라 항의하고 시위를 했다. 나를 천하에 둘도 없는 땅투기꾼으로 몰아가 이전 사업 전체를 커다란 의혹 사업으로 만들려는 생각이었다.

운동권 학생들 입장에서는 이전 반대를 명분으로 했지만 이전 자체는 이미 백지화되기 어려운 문제였다. 그러니 공무원들은 학생들이 제기하는 의혹에 휘말릴까 두려워 각종 행정적 제한이나 전제 이행 조건들을 더하고, 또 더했다. 결과적으로 서울 캠퍼스의 사업성이 낮아지고, 매각 대금도 낮아지는 불이익으로 돌아왔다.

서울 캠퍼스 부지에 대한 서울시의 고도 제한 조치가 그 대표적인 일이다. 원래는 이미 1980년대에 한남동 교정의 뒷산을 넘어 있는 옥수동이 풍치 지구로 지정되어 있었다. 슬그머니 이 지역에 아파트가 들어서는 대신에 우리 캠퍼스 뒷산으로, 그러니까 음악관, 박물관 등이 있는 지역으로 풍치 지구 지정 조치가 이뤄졌었다. 당시는 이전 사업이 실행되지 않던 때였으니 별문제가 아니었다. 그러다가 한남동 교정의 부지 매각이 화두가 되니 풍치 지구 보존 문제가 쟁점화되면서 오히려 고도 제한이 가중되게 되었다. 풍치 지구는 건물의 용적률에 중점을 두지만 고도 제한은 아예 건물의 높이를 제한토록 하는 조치이다. 그러니 한남동 땅을 사 봐야 풍치 지구로 50%는 제대로 집을 짓기 어렵고, 거기에 풍치 지구가 아니더라도 캠퍼스 부지 전체에 별도로 12층 이상은 건물을 짓지 못하게 된 것이다.

이 땅을 사서 개발 사업을 해야 하는 건축 사업자 입장에서는 수지타산이 맞지 않게 되고 그러니 부지 매각대금도 대폭 줄어야 하는 일이다. 그러나 죽전 캠퍼스를 짓기 위한 예산은 한남동 부지 매각대금에 전적으로 의존해야 하고, 이로써 병원 건축 과정에서 쌓인 부채도 갚아야 했다. 이렇게 시작된 죽전 캠퍼스 건설 사업의 난항은 실로 복잡하고, 지루한 수난과 역경의 연속이었다.

만약 1995년 당시 고도 제한 조치가 없었다면, 아니 그 전에 학생들이 서울시에 개발 허가 조치를 철회하라는 가두시위를 벌이며 이전 사업 특혜 의혹을 부풀리고 비난하는 일이 없었다면 어땠을까…….

당시 이전 반대를 진리처럼 설파하던 학생회 간부들은 후배들에게 당시 강남구 논현동에 있던 재단 사무실을 습격하거나 항의 방문토록 했다. 그뿐 아니라 하루가 멀다고 우리 집이 있는 아파트 입구에 와서 대학 이전 반대 시위를 하면서 나에 대한 욕설과 명예를 실추시

대망의 캠퍼스 이전 사업을 성공리에 끝마치고 죽전 캠퍼스 준공 및 이전 기념식에서 그동안의 소회와 앞으로의 대학 비전을 제시하는 충재(2007. 8. 30)

키는 온갖 구호를 외치고 유인물을 아파트 주변에 살포하였다. 마치 내가 돈을 벌려고 한남동 땅을 팔아먹고는 대학을 시골로 이전시키는 악덕 모리배로 광고했다. 이런 과정에서 사무실 집기가 부서지고, 직원들이 다치기도 했다. 나를 잘 아는 이들이야 그렇지 않지만 모르는 이들은 이렇게 학생들이 그 대학 총장까지 지낸 사람을 비난하는 걸 보면 무슨 알려지지 않은 곡절이 있으려니 생각했을 것이다. 내가 깊은 밤에 홀로 이런 생각을 하다 보면 마음이 아프고, 내 삶의 여정이 이렇게 나락으로 빠지게 된 일이 나를 고민케 했다.

심지어 나중에는 내가 대학 등록금을 횡령했다고 나를 검찰에 고

죽전 캠퍼스 준공 및 이전 기념 테이프 커팅을 앞둔 박석무 이사장, 중재, 이희호 여사(이희호 여사는 중재의 부친이신 고 범정 장형 선생과의 각별한 인연으로 단국대의 죽전 캠퍼스 준공을 축하해 주기 위해 기념식에 참가해 주셨다.)

발까지 하였다. 나는 검찰에 들어가 수사를 받아야 했다. 물론 무혐의로 결론이 내려졌지만 학생회 간부들은 모든 수단을 동원하여 나와 재단의 몰락을 위해 돌진하였다.

일이 이쯤 되니 학교에서도 이처럼 극단적으로 개인의 명예를 해치는 일이나 기물 파손을 하는 학생들에게 법적 책임을 묻겠다는 의지를 밝혔다. 내가 대학 학사 운영을 책임지는 자리에 있지는 않더라도 학생 처벌을 방관할 수는 없었다. 교무위원들을 만나 내가 총장 당시 가졌던 학생 지도의 소신을 지켜 달라고 설득했다. 비단 이전 사업 추진만이 아니더라도 나는 학생들이 자신의 생각을 거칠게 표현한다고 해서 이를 법과 학칙의 힘을 빌어 처리하지 않았다. 심지어 대학의 기물이 좀 부서졌다 해도 나는 절대로 학생들을 처벌하거나 관에 고발하는 일이 없었다.

학생들이 나를 검찰에 고발해서 무혐의로 일이 끝났으니 나와 대학의 명예를 훼손했다고 학생들을 무고죄로 고소하자는 제안은 더욱더 있을 수 없는 일이었다. 나를 욕보이려 달려든 그 학생들은 모두 아들딸 같은 학생이고 손자, 손녀 같은 학생들인데 학생들을 검찰에 고발한다는 것은 상상도 할 수 없는 일이었다.

"학생들이 정든 캠퍼스를 떠나는 마당에 나한테라도 분풀이를 하여 그나마 대학의 안정을 기할 수 있다면 그걸로 됐습니다. 학생들이 다치고 학부모들이 걱정하는 일이 생기면 오히려 그게 더 아픈 일이니 그저 참으세요."

학생들의 단체 시위, 고발, 또 이해관계자들의 무고나 압력…….

나만이 아니라 대학과 재단이 당시에는 시련을 겪으며 한 발, 한 발 앞으로 걸어 나갔다. 모든 어려움을 견디며 그리고 많은 어려움을 겪으면서 마침내 2007년 7월에 대망의 이전 사업도 성공리에 끝마치게 되었다. 지금 그 험난한 시간을 돌아보건대 이 모든 일이 나와 단국 가족의 힘만으로 이뤄진 것이 아니라는 생각을 한다. 나는 이 모든 과정에서 간절한 기도에 응답해 준 하나님의 사랑이 있었다고 믿는다.

죽전 캠퍼스 건설을 둘러싼 권력의 개입

2003년 1월, 나는 세종문화회관 이사장에 취임했다. 문화예술계의 발전에 이바지하는 명예로운 자리였다. 그러나 내 마음은 상당히 고통을 받고 있었다. 1996년 7월에 죽전 캠퍼스 신축 기공식을 했지만 2년 뒤 불어닥친 외환 위기와 금융 구조조정으로 한국 경제가 휘청거리면서 급기야 그 후폭풍이 죽전 캠퍼스 신축 사업에 들이닥쳤다. 공사는 중단되고 시행사, 시공사가 모두 부도를 당하여 공사 체제 자체가 무너졌다.

이를 재개하려면 기존 투입된 공사비의 정산, 새로운 시행사의 유치 등이 선행되어야 했는데 모든 일이 여의치 않았다. 당시 우리 대학 이전 사업 참여를 희망하는 3개 업자가 치열한 경쟁을 벌이고 있었다. 공통점은 그들 모두 제각기 정치권과 정부 고위층의 강력한 지원을 받고 있다는 점이었다.

한 업자는 당시 집권당이었던 열린우리당 고위 간부인 국회의원의 후원이 있었다. 다른 업자는 김대중 전 대통령의 핵심 참모 중 한 사람이었던 이의 후원을 받고 있었다. 또 다른 업자는 우리 대학의 교수 출신 국회의원과 손을 잡고 노무현 정부에서 매우 높은 지위에 있는 인물의 지지를 받고 있었다. 이들은 사업권을 둘러싸고 대립을 했는데 이들 3개 업체 모두가 나를 흔들어서 자신들의 손을 들어 주도록 사업을 추진하고 있었다. 중단되기 전까지 시행권을 가진 업체의 기득권을 떨어내기 위하여 마치 종전 사업 체제에 무슨 큰 비리라도 있는 듯이 세 업자가 나에게 온갖 압력과 모함을 더하고 있었다.

당시 노무현 정부가 출범한 직후였는데 정권 교체기가 그렇듯 또 한 번 사회가 크게 흔들렸고 나에게도 권력의 압박이 들어왔다. 특히 당시 안병영 교육부 장관은 임기가 3년이나 남은 나를 단국대학 이사장직에서 물러나게 조치했다. 그러고 나서 대우건설 사장을 지냈던 이를 이사장직에 앉히라고 압력을 넣었다. 명분은 캠퍼스 신축 공사가 중요하니 건설업 전문가가 필요하다는 것이다. 안 장관이 그렇게 나오는 데는 장관 위의 고위층의 지시가 있었다는 소문이 돌고 있었다.

실제 총리실 사무관이라는 자가 직접 나를 찾아와서는 앞의 3개 업체 중 우리 대학 교수 출신 국회의원과 손을 잡고 있는 업자에게 사업권을 주는 것이 개인 신상에도 좋다는 등 협박을 해 왔다. 심지어 국정원의 요원이 찾아와서는 정부 고위층의 모 고등학교 동창들이 자신들의 후배인 우리 대학 교수를 시켜서 정부가 나를 사법 처리하고자 하니 이전 사업을 양보하는 것이 좋을 것이라고 내 아들에게 공갈 협박을 해 오기도 하였다.

나는 성격이 그런 명분 없는 압박을 받으면 강하게 나가는 편이다. 일절 응답을 안 하자 내가 미국 대통령 취임식에 참석하는 미국 정부의 초청장을 받았는데도 출국 금지를 시켰다. 본격적인 수사가 시작되었다. 가택수색을 비롯하여 단국대학, 재단, 병원, 심지어 내가 운영하는 장학재단의 회계장부를 일체 압수해 가서 온 대학의 행정이 마비되는 등 근 6개월간 고통을 받아 왔다. 그뿐인가, 나와 가족의 금융거래는 물론이요, 심지어 비서들의 통장도 현미경으로 들여다보듯 뒤졌다.

그러나 나는 담담한 마음으로 수사를 받았다. 당할 만한 일이 없다는 자신이 있었다. 법을 어기면서 내 개인의 이익을 챙긴 적이 없으니 사필귀정이 되리라 생각했다. 누군가의 압력을 받아서 두려움에 떨며 대학 이전 사업을 맡길 수 없다고 거절하였다.

이런 상황에서 세종문화회관 노조에서는 여러 매체를 통해 온갖 중상모략을 하고 노동조합원들을 동원하여 나로 하여금 세종문화회관 이사장에서 물러나도록 요구하는 시위를 하였다. 세종문화회관 뒷마당에서 나를 물러가라고 시위를 전개하자 이를 지켜보다 참지 못한 단국대학 직원노동조합장이 세종문화회관 노동조합장을 찾아가 따져 묻기도 했다. 도대체 우리 대학 이사장이 무엇을 잘못하였기에 물라가라고 시위를 하느냐 항의했더니 기가 막히게도 윗선에서 시켜서 할 뿐이라고 대답하더라는 것이다.

나는 권력이 이렇게 나를 몰아세우는 일이 오히려 유치하다고 생각했다. 예를 들어 그렇게 해서 공사권을 갖고 가면 어떤 일이 생기겠는가. 여러 도움을 준 권력자들에게 답례를 해야 하지 않겠는가. 그 돈은 결국 공사비로 조달할 것이고 그러면 자연히 캠퍼스 신축 공사는 부실에 빠질 수 있다. 나를 둘러싼 이러한 상황은 단국대를 걱정하고 나를 진정으로 위해서 만들어지기보다 부정한 방법으로 공사를 단행하여 엄청난 정치자금을 만들고자 하는 음모의 시작으로 보였다. 내가 뜻을 굽히지 않자 결국 아무런 실권도 없고 단지 명예직에 불과한 세종문화회관 이사장직마저도 사표를 내도록 수단과 방법을 가리지 않은 것이다.

나는 정말 더 이상 세종문화회관 이사장직에서 수모를 당하는 것이 곤혹스러워서 서울시장에게 사표를 제출하였다. 이명박 시장은 시장 임기가 끝날 때까지 후임을 임명하지 않고 공석으로 놔두었다.

내가 단대 이사장직에서 임기 3년을 남기고 물러나도록 한 것이나, 세종문화회관 이사장직에서 물러나도록 퇴진 시위를 촉발한 일은 전적으로 노무현 대통령 밑에 있는 어느 권력자의 주도에 의해서 압력을 넣어 이뤄진 일이라고 본다. 절대로 노무현 대통령과 청와대 비서진과는 아무런 관련이 없다고 본다.

이사장 임기가 3년이나 남은 나를 사퇴하도록 한 안병영 교육부 장관하고는 원하든 원하지 않든 악연이 이어졌다. 안 장관은 김영삼 대통령 시절에도 문교부 장관을 한 적이 있었다. 당시 안 장관은 내가 대학 일로 면회를 신청했으나 단 한 번도 기회를 주지 않았다. 설사 내가 아무리 잘못을 했어도 주무 장관으로서 대학 경영자의 말은 들어볼 수 있으련만 이해하기 힘든 태도였다. 내가 대학 총장직에 있는 동안 많은 인사들이 문교부 장관을 역임했지만 대학 일로 장관에게 면회를 요청해서 면회가 받아들여지지 않은 적은 단 한 번도 없었다. 유독 안 장관만이 나에게 면회를 허락하지 않았다. 부정한 청탁을 하려 하지도 않았는데 민원인의 면담을 일고도 하지 않고 잘라 내는 이가 과연 행정학을 전공한 교수였던가 하고 탄식을 금할 수 없었다.

김영삼 정부에서 장관을 할 때 그는 빚을 갚으려면 서울 캠퍼스를 팔아서 천안 캠퍼스로 통합하라 했다. 나중에는 단대 병원 설립을 위한 채무를 청산하기 위해서는 병원을 팔라는 지시를 했다. 그때도 대학 문제를 풀어 가기 위한 방안을 가지고 장관을 면담하고자 하였으나 끝내 장관직을 물러날 때까지 면회를 허락하지 않았다.

이런 악연이 있었던 안 장관이 노무현 정권에 들어서서 다시 교육부 장관이 되어 이번에도 단국대 이전 문제를 해결한다며 열을 올리고 나섰다. 그가 장관이 되자 처음 한 일이 나를 이사장직에서 해임한 일이다. 그리고 우리 대학 재단 이사 세 사람을 불렀다. 당시 이필우 이사, 김승국 이사 외 다른 이사 한 분 등 도합 세 명의 이사를 불러서 하는 말이 대우건설 사장과 국민일보 사장을 지내다 중간에 물러난 사람을 단대 이사회 결의를 통해 이사장으로 추대하라는 것이다. 만약 그렇게 안 하면 관선 이사장을 보내서 단대 재단 이사회를 장악하여 이전 사업을 직접 완료하겠다는 것이다.

이전 사업에 끼어들려는 김종률 의원을 정부의 실력자가 뒤에서 후원하고 있다는 항간의 소문이 사실로 나타났다. 김종률 의원은 우리 대학 법대 교수로 오기 전에는 변호사였다. 당시 야당인 한나라당 모 의원 소개로 내 비서가 대학에 소개해서 법무실장으로 발령하였다. 이전 사업이 얽히자 제대로 실력 있는 변호사를 초청해 상근시키며 법률 자문을 받자는 비서의 건의를 받아들인 결과이다. 그리고 그는 대학과 재단의 법률문제를 전담하는 역할을 맡았고 법학과 교수로 강단에도 섰다.

그런데 그는 우리 대학에 특정 업자를 소개하고 그 회사로부터도 법률 고문료라는 명목으로 1억 원을 받았다는 소문이 시중에 파다하게 퍼져 있었다. 그런 사실을 알고 나는 김종률 교수를 우리 대학 법률실장직에서 해임을 하였다. 그리하여 이전 사업에 손을 대지 못하게 하였다. 그 후 그는 열린우리당에서 공천을 받았다는 소문이 돌았고 공천 교섭을 할 당시 우리 대학 교수 신분을 가지고 행동하면서 내 이름을 팔아 실권자에게 공천 교섭을 했다는 소문도 나돌았다.

김종률 의원이 교수직을 사임하고 공천을 받고 출마했을 때에 우리 비서실의 실장이 나에게 왜 김종률 교수를 법률실장직에서 해임하였느냐고 하면서 매우 서운한 심기를 토로하는 것이었다. 그래서 실장과 김종률 실장과는 이 이전 사업에 모종의 밀약이 되지 않았는가 의심하던 차에 그 비서실장이 내가 한참 고생을 하고 있는 가운데 공부하겠다며 미국으로 가 버렸다. 결국 김종률 의원이 추천한 업자는 우리 대학 이전 사업에 참여하지 못하게 되었고 그 회사의 간부가 김종률 변호사를 뇌물 수수 혐의 등으로 고소하기도 했다. 나중에 이런 사실을 인지한 검찰이 김 의원을 기소했다.

기소 내용을 보면 이전 사업과 관련해 김 의원은 당시 단국대 법무실장으로 있음에도 시행 업체에서 1억 원의 돈을 수수료로 받아 챙긴 것으로 밝혀졌다. 그 결과 일심에서 무죄가 되었으나 고법에서 유죄 판결이 나고 대법에서 유죄가 확정되어 국회의원직도 상실하고 구속 수감되었다. 법률적 판단 이전에 내가 그의 변호사로서의 능력을 믿고 법무실장에, 법학과 교수에 임명한 것은 우리 대학 이전 사업의 법적 문제를 잘 살피고 예방하라는 것이었지 시행사를 선정하는데 개입해서 우리 대학에 이해 당사자인 시행사로부터 돈을 받아 챙기라는 것은 아니었다.

이는 나중에 밝혀진 얘기이고 2003년 당시에는 이런 비밀스러운 행각을 펼치던 김종률의 말을 믿은 실권자가 안 장관을 시켜 나를 이사장직에서 물러서게 하고 대우건설 사장직을 역임한 사람으로 하여금 우리 대학 이사장직을 맡도록 압력을 가하고 있었던 것이다. 그래서 나는 안 장관 지시에 응하지 않았던 것이다.

아무리 부총리급의 교육부 장관이라 하지만 그대로 방관할 수 없었다. 나는 누가 안병영 씨를 교육부 장관에 추천했는가를 알아보았다. 그리고 그분을 만나 상황을 설명했고 도움을 받아 안 장관이 우리 대학에 자신이 지명한 이를 이사장으로 보내려는 강요를 중단하도록 부탁했다. 결국 안 장관이 천거한 사람은 우리 대학 이사장으로 올 수가 없었다.

나는 대신에 박석무 전 의원을 소개 받아서 우리 대학 이사장으로 영입하여 부당한 개입을 저지하고 정상배들이 개입 못 하게 배제하면서 순리대로 대학 이전 사업을 완성하였다. 박석무 전 의원은 정치인 이전에 다산 정약용 연구에 정통한 국학자이다. 성실하고도 공정하게 이전 사업을 성공시키는 데 주력하였다. 사필귀정이라는 말대로 훼방꾼들을 물리치고 대학 이전 사업을 성공하는 데 박석무 이사장의 도움이 매우 컸다.

당시 내가 정치적 배경을 등에 업은 수사와 압력을 받는 가운데서도 노무현 전 대통령은 카자흐스탄에 거주하고 있는 고려인들이 8·15 경축 행사를 하는 식전에 나를 정부 대표로 파견해서 대통령 경축사를 대독하도록 했다. 그뿐만 아니라 중국 중경에서 우리 교포와 조선족들이 모여 광복절 행사를 하는 자리에도 노무현 대통령의 광

죽전 캠퍼스 준공 및 이전 기념식장에서 내외빈에게 인사말을 하고 있는 박석무 당시 이사장은 단국대학의 죽전 캠퍼스로의 이전에 많은 도움을 주었다.

복절 기념 축사를 나로 하여금 대독하도록 배려하였다. 이런 일은 비록 상징적이었지만 단국대 재단 이사장을 사업 이권에 연루되는 학원 장사꾼으로 몰려던 이들에게는 무언의 압력이자 나의 진실을 알리는 증거가 되기도 했다.

마침내 실현한 『한한대사전』의 꿈

학문의 뜻을 일깨워준 두 은사님

나를 대학인으로서 공부의 소중함을 알게 해 주시고 한 걸음 더 나아가 『한한대사전(漢韓大辭典)』 편찬이라는 대역사에 도전하도록 한 데는 두 분 은사님의 영향이 컸다. 정재각 교수님, 김성근 교수님이 그분인데 모두 작고하셨다. 나는 총장이 되면서 강의를 할 수가 없었다. 강의에 대한 미련이 있었지만 자주 회의에 참석해야 하고 관공서 출입도 많아져서 주간에 강의한다는 것은 불가능했다. 그래서 야간에 강의할 수 있는 길을 찾았다.

고려대의 정재각 교수님은 내가 총장이 된 후에도 자주 찾아가서 인사를 드린 분이었다. 정재각 선생님은 동양사를 전공하신 분으로 석사 과정 재학 중 나의 논문 지도교수였고 특히 1958년경, 고려대 대학원에 재학할 때 『한한대사전』 편찬의 꿈을 꾸고 있다는 것에 대해서 가장 기뻐하시고 격려해 주신 분이었다. 그리고 증권회사에 다니면서 대학원 공부를 하는 나에게 단국대에 들어가 아버님을 도와 드리라고 권한 분도 정재각 교수님이었다.

그뿐만 아니라 고려대 대학원을 마치자 단국대에서 강의를 할 수

중재를 격려하는 정재각 박사

있도록 당신이 맡아 하시던 과목을 나에게 물려주신 분이었다. 나는 논문을 작성할 때 우리나라에 제대로 된 한한사전이 없어서 고충을 겪었다. 중국의 고문헌들을 보다가 이해할 수 없는 글자나 어려운 단어를 만나면 이를 풀어 갈 한국어로 만든 한자 전문 사전이 없었다. 일본이 만든 사전은 있었지만 한국의 고유 한자, 또는 한국식 용례는 담겨 있지 않기에 그때마다 교수님을 찾아가서 물어보곤 하였다. 그때 나는 한한대사전을 기어이 내 손으로 만들어 내겠다고 결심하게 되었다.

사실 내가 당시에는 단국대를 책임지리라는 생각은 하지 않았으니 "돈을 많이 벌어 여유가 생기면 내가 편찬 사업을 해서 사회에 바친다."는 의지를 갖고 있었다.

또 한 분의 은사님, 김성근 교수님은 서울대학 시절의 은사였다.

서울대 재학 중 나를 제일 많이 아껴 주신 교수님이 서울대 사대 교양학부장을 지내신 김성근 교수님이었다.

내가 2학년 재학 중 선친께서는 생활 현장에서 사회 밑바닥의 인생을 겪어 보아야 한다고 나를 생활현장인 택시 조수 일을 하게 한 일이 있었다. 1950년대 당시 택시는 운전 기사 외에 조수를 따로 두고 영업을 했다. 택시 조수는 시동을 걸 때 수동용 핸들을 돌려야 하는 일이 주요 임무였다. 거기에 택시는 서민용이 아닌 부자들이나 귀빈이 주로 이용을 하니 이들의 시중을 드는 일도 해야 했다. 말하자면 운전 기사의 조수이자 고객의 급사 역할을 병행해야 하는 셈이다. 그러다 보니 온갖 잡일은 물론이요 자존심을 뒤로 버리고 술 취한 손님

부친인 범정 선생은 중재에게 택시 기사 조수를 시켜 고학을 하도록 했다.

뒷바라지에 술주정을 받아 주는 일까지 그야말로 하인 노릇을 마다하지 않아야 했다.

물론 이런 일을 하다 보니 자연히 공부에 전념할 수 없었고 심지어 일의 고단함에 눌려 학교를 못 가는 일까지 생겼다. 은사이신 김성근 교수님이 나를 불러 꾸짖고 면학을 채근하셨지만 아버지의 뜻을 앞세워 해명하기도 뭐해서 제대로 말씀을 드리지 못했다. 평소와 달라진 나를 이상히 여긴 김 교수님은 내 친구들을 통해 내 처지를 알아보셨다. 결국 이런 사실을 알고 김성근 교수님은 직접 아버지를 찾아뵙고 나의 택시 조수 생활을 중단하고 대학으로 돌아가서 공부만을 하도록 아버지를 설득하시기도 했다. 나에 대한 애정과 기대가 컸던 분이셨다.

그러나 아버지는 대학 수업 일 년 정도 중단하고 사회 경험을 쌓아 두는 것이 더욱 중요하다고 하셨다. 아버지는 "내가 내 아들을 알아서 교육시킬 것"이라고 하시면서 김성근 교수님의 충고를 받아들이지 않으셨다. 결국 조수 생활을 계속하도록 했고 오히려 4학년 2학기에 나의 학적을 서울대에서 단국대로 옮겨 놓으셨다. 김성근 교수님은 그때 서울대를 떠나는 나를 보고 무척 아쉬워하셨다.

그래도 나는 선생님을 자주 찾아뵙고 서양 역사에 대하여 많은 것을 배웠다. 김성근 선생님을 통해서 새로이 관심을 가진 것이 십자군 전쟁과 아랍문화였다. 선생님은 나에게 영국의 세계적 사학자인 아널드 J. 토인비의 저서 『역사의 연구*(A Study of History)*』 원서를 주시면서 읽어 보라고 하셔서 재학 중 그것을 다 읽어 보았다. 이때 나는 중동에 관하여 새롭게 관심을 가지게 되었고 이후 단국대에 아랍문화 연구소를 세운 계기가 되었다.

선생님은 내가 대학 총장이 되자 서울대 교육대학원에 와서 강의를 하라고 하셨다. 당시 선생님은 서울대 교육대학원장이셨다. 당시 서울대 교육대학원의 학생들은 대부분 중고교 교사들이었다. 거의 서울대 출신들이고 교육행정 관료나 교감, 교장도 있었다. 나는 서양사 전공이 아닌데도 '서양근대사 영어원서 강독'과 동양사 중 '청나라사 한문강독'을 담당하였다.

총장으로 낮에는 학교 일을 감당해야 했기에 야간 강의를 맡았지만 이미 교육 일선에서 쟁쟁한 경력을 쌓은 수강생들에게 소홀할 수는 없었다. 학생 시절에는 김성근 교수님의 기대에 걸맞은 제자 노릇을 못했지만 강사로서는 그럴 수 없다고 결심했다. 시간이 날 때마다 새롭게 전공 서적을 읽고, 퇴근 뒤에도 공부를 하며 강의 준비를 했다. 다행히 업무에 시달리고, 강의 준비도 부담이 되었지만 나에게는 서울대 재학 시절 럭비를 하면서 다져진 체력이 뒷받침이 되었다. 또 하나 새로운 사실은 아버지의 강요로 억지 춘향 격으로 해 본 택시 조수 일이지만 이런 경험이 내가 강단에 서는 일이 얼마나 소중하고 보람 있는 일인지를 깨우쳐 주고 투지를 길러 주었다는 것이다.

재학 시절 운동하느라, 거기에 택시 조수를 하느라 공부를 소홀히 해 선생님의 꾸지람을 받았지만 역설적으로 그런 경험에서 얻은 체력과 정신력이 강의에 숨은 밑거름이 된 셈이다. 총장이자 강사라는 두 가지 과업을 나는 3년간 감당했다. 이 기간 동안 나는 처음 결심한

대로 단 한 차례도 휴강을 하지 않았다. 1단위 3시간 강좌를 맡아야 했지만 휴강은 물론 오후 10시까지 시간을 꽉 채워 강의를 했다. 사실 3시간 강좌는 중간에 쉬는 시간을 줄이거나 임의로 조정을 해 2시간 정도로 강의하는 것이 공공연한 관례였다. 그러니 3시간 강좌를 다 채워 오후 10시에 강의를 끝내는 일은 희귀한 일이었다.

이런 일은 당연히 대학원장이신 김성근 교수님의 귀에 들어갈 수밖에 없었다. 교수님은 총장인 제자가 열과 성을 다해 강의를 하는 모습이 흡족하셨는지 나를 칭찬해 주셨다. 그러면서 "자네 같은 사람이 서울대에 남아 있어야 하는데……."라며 아쉬워하셨다. 선생님만 그러하셨겠는가. 나 역시 은사님의 옆에서 더 공부를 하고, 더 많은 강의를 하고 싶었다. 그것이 내가 역사를 전공한 이유이기도 했다. 나는 이런 바람을 간직하고 있다가 김 교수님이 서울대 교육대학원 원장직을 마치신 후에 찾아뵙고 한 가지 부탁을 드렸다. 은사님을 우리 대학에 모시고 싶다는 마음을 밝힌 것이다.

"선생님, 저는 선생님의 부르심을 받고 서울대 교육대학원에서 열심히 강의를 하였습니다. 이번에는 선생님이 제가 근무하는 단국대 대학원장으로 와 주셨으면 합니다. 선생님을 모시는 것이 제게는 큰 영광입니다."

그렇게 말씀드렸더니, 선생님은 난처하신 듯 망설이셨다.

"아직 정년이 1년 이상 남았는데 정년이 되면 내가 서울대 명예교수가 되는데……."

"선생님, 서울대에서 정년 후에 오시면 특별한 의미가 없습니다.

제자인 제가 총장으로 있는 대학의 대학원장으로 오셔서 단국대를 도와주십시오."

나는 간곡히 청을 드렸다. 결국 선생님은 나의 끈질긴 간청에 못 이겨 서울대 정년 1년을 앞두고 단국대학교로 옮겨 오셔서 대학원장 보직을 맡아 주셨다. 이런 소문이 나자 이번에는 고려대의 왕학수 교육대학원장이 나를 오라고 부르셨다.

"장 총장, 정말 용한 사람이야. 아니 총장직이 얼마나 어려운 자리인데 서울대 교육대학원에서 3년간 휴강 없는 강의를 했어? 강의를 잘했다고 소문이 자자하던데 이번에는 고대에 와서 강의를 해 주어야겠어."

당시 나는 바쁜 업무 때문에 쫓기는 입장이었지만 우리 대학을 종합대학으로 승격시키는 데 결정적 도움을 주신 분이라 거절할 수 없었다. 그 후 3년간 고대에서도 강의를 열심히 했다. 그리하여 나는 총장직에 있으면서 단대가 아닌 서울대와 고대의 교육대학원에서 6년간 동양학 강의를 하였다. 그리고 고대 김준엽 교수님(고대 총장 역임)께서 미국 하버드 대학에 교환 교수로 가시면서 1년간 고려대학교 사학과에서 대강을 해 달라고 하셔서 총장으로 재직하면서 주간에 고대 학부에서도 강의를 하였다.

이처럼 외부 강의를 하는 과정에서 내 나름대로는 고생을 하기도 했지만 의외의 소득도 얻을 수 있었다. 그것은 젊은 나이에 총장으로 취임하는 데 뒤따를 수 있는 단점, 즉 일천한 대학 강단 경험을 보완할 수 있었던 점이다. 우리나라의 일류 대학들이 어떻게 교과과정을 운영하는지 경험을 하고, 다른 한편으로는 그들이 갖고 있는 교직원 사회의 강점이나 문제점도 경험할 수 있었다. 말하자면 대학 경영의 노하우를 일선 강사의 입장에서 공부를 하는 수련의 기회였던 셈이다.

그 후로 이 같은 경험은 총장인 나에게 교육 현장을 대학 교육의 중심으로 생각하게 하고, 또한 우리 단국대학이 어떻게 한국 사학의 정상으로 나가야 할지를 구상하는 데 큰 도움이 되었다. 『한한대사전』의 구상과 사업 결정이 바로 이 같은 와신상담의 첫 결실이었다.

청년 실업가 시절부터 간직한 사전 편찬의 포부

총장 취임 이후 대학 발전의 활로를 열어야 한다는 부담을 고민하던 나는 다양한 방안을 찾고 있었다. 물론 아무런 대책 없이 고민만 하는 것은 아니었다. 나에게는 한 가지 원칙이 있었다.

"다른 대학이 이미 해 놓은 일을 따라 하면 우리 대학이 한국의 사립대학에서 고유한 위상을 차지할 수 없다. 다른 대학이 할 수 없는 일, 우리 대학이 한 일을 다른 대학이 따라 하고 싶어 할 일을 해야 한다. 그래야 우리 대학 교직원이나 학생들이 자신의 대학이 가진 우월성을 자신하고 진취적으로 나설 것이다."

이러한 전략을 달성할 분야는 무엇일까? 고민을 거듭한 결과 내린 결론은 동양학연구소와 아랍문화연구소를 통한 특성화 사업이었다.

동양학연구소는 기존까지 중국 중심의 사료 수집과 일본에 의존하던 문헌 해석의 연구 틀을 한국 중심으로 바꿔야 한다는 의지를 실천하려는 취지를 담고 있다. 아랍문화연구소는 서서히 달아오르는 중동과의 경제 협력 사업이 경제에만 치우쳐서는 안 되고, 우리 민족사의 중세나 고대사에서 이미 교류가 이루어졌던 중동과의 관계를 역사학으로 복원, 재인식하자는 목적을 담고 있었다.

역사학을 연구하는 데 있어서 가장 핵심적인 방법은 문헌 수집과 분석이다. 그러나 불행히도 우리는 이 문헌 분석의 가장 기본적 수단인 '사전(辭典)'부터 제대로 된 것이 없는 실정이었다. 중국식 자전(字典)은 있지만 한국어로 풀이한 한자사전이 없으니 전문 연구자들은 일본이나 중국 것을 사용할 수밖에 없었고 그나마 열악한 재정으로 해적판을 빌려 쓰는 형편이니 어찌 보면 연구의 기초부터 온전치 못한 셈이었다.

나는 중국사를 전공하였기에 이런 현실과 불편함을 누구보다 실감할 수 있었다. 한국인이 스스로의 힘으로 제대로 만든 한자사전을 만들자는 것은 학자로서 내 소망이자 한국학 발전에 단국대학이 기여할 최적의 핵심 사업이 될 수 있다는 확신이 있었기 때문이다. 물론 이 아이디어는 총장이 되기 이전, 내가 석사 과정을 이수하던 1957년도부터 실마리를 갖고 있었던 숙원 가운데 하나였다.

당시 나는 중국사를 공부하고 있었기에 중국 서적을 봐야 했는데 주로 연구한 책이 중국의 정사(正史)인 『이십오사(二十五史)』였다. 그런데 우리나라가 만든 한한사전(漢韓辭典)이 없다 보니 다른 나라, 특히 일본이 만든 사전에 전적으로 의존하고 있는 실정이었다. 그 사전은 『대한화사전(大漢和辭典)』이었다. 이 사전을 펼칠 때마다 나는 불편한 마음이 들었다. 역사적으로 보면 백제의 왕인(王仁) 박사가 일본에 건너가 천자문과 논어를 가르쳤다는 사실(史實)이 엄연한데 정작 그 나라의 후손들이 본격적인 한자사전 하나 제대로 만들지 못하는 현실이 부끄러웠다.

더군다나 『대한화사전』은 한자, 한자 단어를 일본어로 풀이하였으니 일본말을 모르는 사람은 이를 이용할 수 없었다. 더 우려스러운 일은 한국학 연구자들 중 해방 이후 학계에 뛰어든 후배들이 이 사전을 이용하고자 일본어를 새로 공부하는 형국이니 한국학을 공부하려다 일본어와 일본식 어투, 어법을 무의식적으로 선행 학습하는 것이

고려대 대학원에서 석사 학위 이수 중 제주도로 답사를 간 중재(검은색 양복 상의를 입은 이)

었다.

앞에서 언급했듯 나는 대학원 재학 시절 주말이면 지도교수이신 정재각 박사님 댁을 찾아가곤 하였다. 정 교수님은 특히 중국의 『이십오사』 문헌 중 『당서(唐書) 식화지(食貨志)』에 대해 매우 박식한 분이셨다. 선생님한테서 문헌에 대한 한문 지도를 받을 때 선생님은 한한사전에 관한 말씀을 자주하셨다.

"우리나라에서도 『대한화사전(大漢和辭典)』을 편찬한 일본의 모로하시 데쓰지(諸橋轍次) 같은 인물이 나와서 일본말이 아닌 한국어로 풀이한 한자대사전을 발간해 주었으면 좋을 텐데……." 하시며 모로하시데쓰지에 관한 말씀을 들려주셨다.

모로하시 데쓰지는 중국 유학 중 독자적으로 한자와 일본어 사전을 편찬키로 결심하고 사전 편찬 사업을 추진했으나 제2차 세계대전 중 원고가 불타고 출판사가 도산되는 등 위기에 직면하였다고 한다. 그러나 그 후 그의 아들, 손자가 대를 이어 그의 제자들과 힘을 합쳐 드디어 32년 만에 『대한화사전』을 발간하였다는 것이다. 나는 정재각 교수님에게 모로하시 데쓰지에 대한 말씀을 듣고 그의 남다른 사명감과 끈질긴 노력에 감탄하였고 한편 충격을 받았다.

그래서 선생님 앞에서 생각나는 대로 말씀드렸다.

"서울대, 연대, 고대 그리고 유학 교육을 중심으로 해서 설립된 성균관대학과 불교 교육을 중심으로 해서 설립된 동국대학 등이 있는데 이런 대학 총장 등이 모여서 힘을 합치면 우리말로 된 한한사전은 충분히 편찬할 수 있을 터인데요."

"자네 말처럼 쉽지는 않지. 우선 대학 총장들이 이런 사전의 필요성과 그 가치를 얼마나 높이 생각하는가가 문제야. 내가 몸담고 있는 고려대 자체도 이런 생각을 하는 사람이 없는 것 같아."

선생님은 사전 편찬은 지난한 문제라고 탄식하셨다.

그래서 그때 내가 정 교수님에게 제안을 하였다.

"선생님 올해 제 나이가 27세입니다. 제가 우리말로 된 『한한대사전(漢韓大辭典)』을 꼭 편찬할 것입니다. 적어도 30년이면 제가 회갑 전이 됩니다. 그 안에 끝을 맺겠습니다."

나의 결심을 말씀드렸더니 정재각 선생님은 미소를 지으셨다.

"자네 정말인가. 그런데 지금 자네는 증권회사에 다니고 있지 않은가. 그런데 어떻게 사전 편찬을 한다는 것인가?"

"네. 지금 제가 나이는 어리지만 증권회사 평사원이 아니라 감사

대학 졸업 직후 사회 생활을 시작할 무렵의 중재

역을 맡고 있는 중역입니다. 앞으로 돈을 많이 벌어 한한대사전을 기어이 편찬해서 국가와 국민의 자존심과 체면을 세울 작정입니다. 아울러 우리 고려대 사학과의 위상을 높일 것입니다."

"듣기만 해도 기분이 좋네. 그런데 이 일은 매우 어려운 일이야. 학자들의 공감대가 형성되지 않으면 어느 누구도 이 일을 도와줄 사람은 없을 것이야."

선생님은 나의 말을 대견해하시면서도 미더워하지 않는 표정이셨다. 나는 나름대로 자신이 있었다. 당시 대학을 졸업하자마자 나는 '명동 증권가'에 투신하였다. 그리고 만 2년 만에 많은 돈을 벌었다. 그 돈을 6·25 전쟁으로 폐허가 된 서울과 지방의 공장과 각 기업, 기관들의 복구 사업에 투자를 해서 다시 불렸는데 나름대로 20대 청년이 수완을 발휘해 돈을 버니 명동에서는 청년 실업가로 이름이 났었다.

그래서 나의 사무실에는 각종 전기와 통신 기술자를 비롯해서 건설, 보일러 기술자들이 많이 모여들었다. 그리고 자기들이 벌이고 있는 사업에 투자해 줄 것을 요청하여 합자 형식으로 사업을 전개하였다. 나는 고리대금은 절대로 하지 않았다. 투자하되 이익의 많은 부분은 기술자들이 갖게 해 주었다. 다른 자본가가 순이익의 50%를 가져갔다면 나는 자본을 투자한 사람으로 기술자들과의 이익 배분에서 3분의 1 이상을 요구하지 않았다. 그러니 투자 제의도 더 많이 들어왔다.

나는 서울을 중심으로 경찰 통신망 복구 사업에 참여했다. 또한 당시 공장이 밀집해 있는 영등포 일대 공장들이 폭격으로 폐허가 되어 있었는데 이들 공장의 보일러 설비 및 사업 복구에 전적으로 투자하여 자본이 없는 기술자들이 사업에 성공할 수 있도록 해 주었다. 당시 조선주택공사가 주관이 되어 건설하는 한남동과 이태원 일대에 지어지던 외인 주택 단지 건설에 있어 전기 시설 부분은 거의 내가 투자해 준 기술자들의 손에 의해서 완성되었다. 나는 명동 요지에 꽤 알찬 부동산을 확보하고 있었다. 특히 군부대 막사 건설에 있어 필수적인 벽돌을 자동으로 제작하는 기계를 갖고 있었는데 자연히 공기를 단축할 수 있어서 수요가 밀려들었다. 이로 인한 수익은 기하급수적으로 불어났다.

나는 돈을 많이 벌었지만 기업과 돈에 별로 흥미를 가지지 못했다. 나는 번 돈을 아버님에게 드렸다. 스물일곱 살의 나보다 대학 이사장인 아버지가 더 돈이 필요하리라는 생각에서였다.

그런데 아버님은 투자를 하시는 대신 평북에서 온 기업가들한테 돈을 빌려 주셨다가 거의 사기당하거나 투자한 돈을 회수 못 하는 경우가 많았다. 그런 것을 보면서 사업하는 사람들 중에는 대체로 마음이 시커먼 사람들이 많은 것을 알게 되었다. 그래서 나는 실업가가 되는 것을 탐탁지 않게 생각하게 되었다.

그 와중에 군사정부가 들어서고 증권파동이 일어났다. 여기에 투자자들이 많이 몰락하였다. 나도 그중의 한 사람이었다. 내가 알던 사람들 중 자살한 사람도 여럿 있었다. 증권가는 몇몇 재력가와 정부의 핵심이 이번 증권파동에 개입해 있다는 소문이 돌았다. 사실 여부를 떠나 돈이란 결코 깨끗한 물건이 아님을 절실히 깨달았다. 아버지가 여러 번 사업가들에게 사기를 당하는 모습을 보고, 증권파동의 파란을 겪으면서 크게 손해를 본 다음부터는 나는 더욱 사업에 흥미를 느끼지 못했다.

실업계와 관계가 온통 도둑과 부패한 공무원들에 의해서 더럽혀지는 것 같았다. 그래서 고대 대학원에 적을 두고 공부하는 쪽으로 생각을 돌렸다.

정재각 교수님은 내가 증권회사에서 손을 뗀 것을 기뻐하시면서 "자네는 대학으로 가는 것이 좋을 것이야."라며 내게 대학으로 가서 아버지를 도와 드리라고 적극 강조하셨다.

주말이면 성북동 정재각 교수님 댁에 가서 중국의 정사인 『이십오사』를 교수님 지도로 강독하였다. 그때마다 교수님은 한한사전에 대한 편찬 사업을 추진하도록 격려하셨다.

내가 29세가 되던 해, 정재각 교수님은 단국대학에서 강의를 하시던 것을 나에게 물려주셨다. 고대에서 석사 학위를 받고 난 후였다. 당시 나는 이종흡 단국대 부학장님의 배려로 사학과에서 강의를 하게 되었다. 아버지는 학사 내용에 대해서는 자세히 알지 못하셨고 각 과에 어떤 분이 강사로 나오는지, 그리고 전임 교수가 누구인지 잘 모르고 계셨다. 내가 사학과에서 한 과목 강의를 얻은 것도 이종흡 부학장을 통해서 이루어진 것이라 아버님은 전혀 모르고 계셨다.

내가 출강하기 시작한 얼마 후에 4·19 학생 의거가 일어나고, 또 5·16 군사 정변이 일어났다. 장도영 장군의 반 군사혁명 사건에 아버지가 연루자로 모함을 받아 단국대는 주간부 폐교의 비운을 맞이했다.

나는 미국으로 뒤늦게 유학길에 올랐다가 아버지의 중병으로 귀국하였고 이후 얼마 안 있어 아버지는 세상을 떠나셨다. 이것이 내가 대학 총장으로 가는 길로 이어진 것이다.

앞서 말한 바와 같이 나는 대학 총장이 되면서 제일 신경을 많이 쓴 일이 한남동 부지를 대체할 부지를 확보하는 것과 그다음으로는 동양학연구소를 설립하여 한한대사전을 편찬하는 일이었다. 일단 1970년에 동양학연구소를 설립하여 한한대사전 편찬을 위한 환경 조성에 들어갔다.

당시 사전 편찬을 둘러싼 외국의 흐름을 보자면 일본에서 『대한화사전(大漢和辭典)』이 발간되자 이에 자극을 받은 대만은 정부 기구인 국방위원회가 주관을 하여 중국학술원에 실무 작업을 맡겼다. 말하자면 '국가안보'에 버금가는 국책 사업으로 국력을 기울인 것이다. 범국가적 노력 끝에 만 10년 만에 『중문대사전(中文大辭典)』을 발간하였다.

일본과 대만에서 한문 사전이 발간되자 이에 위기 의식을 느낀 중국도 국학의 중심이라고 할 수 있는 산동성, 안휘성, 절강성, 강소성, 복건성 등 5개 성(省)과 상해시가 연합해서 그 지역 45개 대학과 연구소가 유관 학자를 총망라한 인력을 투입하여 1975년에 착수해서 15년 만에 『한어대사전(漢語大詞典)』 전 12권을 완간하였다.

일본에 이어 대만이 사전 편찬을 완성했고, 공산 중국도 사전 편찬에 착수했다는 소식을 듣고 나는 매우 마음이 초조해졌다. 그런데 우리 정부에서는 사전 같은 것은 안중에도 없었고 필요 없는 사업으로 생각하고 있었다.

정부에서 한한사전에 대해서 별로 관심도 없는데다 대학들마저 자기들이 할 수 있는 일이 아니라고 생각하고 있었다. 그렇다면 나만이라도 해야 한다는 사명감이 더욱 분명하게 다가왔다. 그런데 내 경륜을 가지고 이 사업을 한다는 말을 세상에 내놓을 수가 없었다. 그래서 여러 교수들과 의논한 결과 당대의 석학인 일석 이희승 박사님을 초빙하여 동양학연구소 소장으로 모시고 한한사전 편찬 사업을 하자고 뜻을 모았다.

일석 선생님과 동양학연구소

1970년 9월 28일 동양학연구소 개소 당시부터 1년 동안 소장으로 있던 이승욱 교수 대신 이희승 박사를 모셔 오기로 합의하였다.

그래서 당시 국문과 교수인 김석하 교수와 이승욱 교수를 대동하고 이희승 박사님 댁을 방문하였다. 그 자리에서 우리들이 찾아간 목적을 설명하였다. 박사님은 '한한대사전'을 발간한다는 뜻에는 찬동하나 고령임을 내세워 동양학연구소 소장직은 맡을 수 없다고 고사하셨다. 당시 일석 선생님은 75세의 나이로 일선에서 은퇴해 계셨다.

이 박사님은 "한한사전 편찬은 정부에서 인력과 자금을 동원해서

중재가 학생회관 개관 뒤 리셉션장에서 일석 이희승 선생에게 설명하고 있다.

할 일이지 일개 사립대학만의 힘으로 편찬한다는 것은 여간 어려운 일이 아닌데 어쩌자고 그렇게 큰 일을 벌이겠다는 거요?"라고 오히려 걱정하셨다. 뜻은 좋으나 중도에 편찬 사업이 중단되면 어떻게 할 것인가 하는 염려도 하셨다.

"그 일은 처음부터 막중한 책임감이 따르는 일이니 다른 분을 찾아보는 것이 좋겠어요." 하시며 이 박사님은 끝내 사양하셨다.

물러나 다시 생각해도 다른 분을 모셔 와서 일을 성공할 자신이 없었다. 그래서 얼마 있다가 다시 이 박사님을 찾아가 사정하였다. 역시 첫 번째 찾아뵙던 때 하신 말씀대로 고령을 내세워 사양하시고 이

사업이 10년이나 20년 내로 완성하기 어려운 사업인데 80이 얼마 남지 않은 고령에 이러한 방대한 사업을 어떻게 맡겠느냐며 전보다도 더 강하게 사양하셨다.

두 번째 방문도 성과를 거두지 못하고 돌아왔다. 결국 소장직을 맡으시겠다는 확답을 받을 때까지 몇 번이고 찾아뵙겠다는 말만 남기고 돌아왔다. 돌아와서 교수들과 의논한 결과 역시 편찬 사업만은 이희승 박사가 아니면 안 된다는 생각이 더욱 굳어졌다. 이희승 박사님이 걸어오신 학문의 길, 그분의 삶을 통해 보여 주신 학자로서의 지조와 책임감 등은 다른 분이 따를 수가 없다고 생각하여 세 번째 다시 찾아가서 사정하였다.

"선생님, 한한사전 편찬 사업에 저의 일생을 걸겠습니다. 어려워도 결코 포기하지 않고 반드시 완성하겠습니다. 도와주세요."

나는 박사님 앞에 굳은 결의를 보이며 다짐했다. 그때서야 이희승 박사님은 나를 격려해 주시면서 정말 정부가 해야 할 일을 대신 맡아 고생하겠느냐고 하시며 이 뜻있는 편찬 사업에 참여하시겠다고 마침내 승낙하셨다. 그리고 조건을 전제하셨다.

앞으로 10년만 소장직을 맡으시겠다는 것이다. 그리고 편찬 사업의 첫 번째 과제로 '한한대사전' 편찬에 앞서 중국과 일본에는 없고 오직 우리 선조들이 만들어 쓴 한국식 한자와 한자어 중심으로 이를 엮어서 『한국한자어사전(韓國漢字語辭典)』을 우선 편찬해야 하니 그 약속을 먼저 하라고 하셨다.

이 역시 어차피 만들어야 할 사전이니 나로서도 공감이 가는 과업이었다. "꼭 그렇게 하겠습니다."

약속과 동시에 동양학연구소 소장직을 맡으신다는 확답을 받고 돌아왔다. 그 소식을 들은 우리 대학 교수들은 이 일을 놓고 유비가 제갈량을 세 번 찾아가서 모셔 온 '삼고초려(三顧草廬)'의 고사에 비유하며 다들 기뻐했다.

한한대사전을 편찬하는 데 예산이 얼마나 들겠느냐고 묻는 사람들이 많았는데 당시 화폐 가치로 보아서 최초 30억 원은 있어야 한다고 막연하게 생각하고 있었고 그렇게 말했다. 기간은 약 30년은 걸릴 것이라고 대답했다. 사람들은 나의 대답에 놀랍다는 표정을 지었다. 그 사람들은 대체로 이 사전 편찬 사업이 잘될 것인가 걱정을 하는 사람이거나 나의 젊은 혈기와 만용만으로 되겠는가 하는 냉소적인 반응을 보이는 사람들이었다.

일석 이희승 박사님이 동양학연구소 소장으로 부임하자 사전 편찬을 하기 위해서 도서관 옆에 있는 새 건물을 이희승 박사님의 아호를 따서 일석기념관이라 명명하고 도서관 한편에 있던 동양학연구소를 일석기념관으로 옮겼다. 바로 이 새 건물에서 한한대사전 편찬 사업이 시작되었다.

그리고 편찬 사업이 공신력을 갖고 진행된다는 사실을 널리 알리기 위해서 학계의 원로인 이병도 박사, 박종화 선생, 신석호 박사, 석주선 박사 등 국학계의 원로 석학들을 모신 자리에서 정식으로 『한한대사전(漢韓大辭典)』 발간을 선언하였다. 전 국민을 향해 약속을 한 것이다.

중재가 학계 원로들에게 『한한대사전』 편찬 계획을 설명하고 있다. 중재와 이희승 선생, 이병도 선생, 박종화 선생, 한 사람 건너 석주선 선생(시계 방향으로).

한편 앞으로 단국대학 재단의 이사가 되는 분이나 또는 내가 총장직에서 물러난 후에 새로이 임명되는 총장은 『한한대사전』 편찬 발간은 반드시 중단 없이 이어 나가게 하겠다는 것을 학계 원로들 앞에서 약속하고 다짐한 것이다.

그런데 이희승 박사님이 소장이 되신 후에 몇 달 동안 봉급을 타가지 않으신다는 보고가 들어왔다. 참 이상한 생각이 들었다. 월급이 적다고 하실 분이 아니란 것을 알고 있는 나로서는 우리 대학에서 최고 수준의 봉급을 책정해 드렸는데 어찌된 일인가, 이상한 생각이 들어 회계과 직원을 시켜서 봉급을 직접 전달해 드리라고 했다. 그랬더니 월급을 사양하시는 이유가 이 대학에서 제일 연령이 많은 사람이 자신이지만 젊은 교수들에 비해서 일하는 분량이 적은데 어찌 이 대학에서 최고의 봉급을 타 갈 수가 있느냐며 다시 조정해서 주면 받으시겠다고 하셨다는 것이다. 말하자면 월급을 깎아 달라는 뜻이었다. 몇 번을 찾아가 설득해도 요지부동이셨다. 하는 수 없이 월급을 다시 책정해서 드렸다. 승용차도 공무가 아닌 일에는 절대로 학교의 공용차를 이용하지 않으셨다. 참으로 대학의 스승으로 범접하기 어려운 인품을 보이셨다.

이희승 박사님과의 약속대로 나는 『한한대사전』 편찬에 앞서서 우리나라 고유의 『한국한자어사전』 편찬부터 시작했다. 편찬원은 전형을 통해서 우리나라 각지에서 한문 지식에 자신이 있다는 사람들을 공모하였다. 그리고 서울대, 고대, 단국대 등의 국어학자와 국사 전공 학자, 동양사 전공 학자들의 자문을 받아 가면서 편찬 계획을 세웠다.

그러던 중에 박 대통령이 단국대학의 동양학연구소와 한한대사전 편찬 사업에 대한 보고를 듣고 매우 기뻐하며 "한한대사전 발간 사업을 적극 지원해 주라고 문교부에 지시하였다."는 소식을 비서관이 알려왔다.

그런데 어찌된 일인지 문교부 C 국장이 대통령의 지시를 어기고 한한대사전 편찬 사업에 지원할 상당한 예산을 다른 대학에 돌렸다는 소문이 들어왔다. 조용히 경위를 알아보았다. 단국대가 자신에게 제대로 인사치레가 없음에 불만을 품어 생긴 일이라 했다. 처음부터 나는 정부의 지원을 기대하고 사업을 시작하지 않았다. 나는 사업비 지원을 로비하는 일 자체가 한한대사전 편찬의 취지를 손상하는 일이라 생각했다. 나중에 C 국장은 다른 뇌물 사건으로 구속되고 관직에서 파면되었다.

만약에 문교부 C 국장이 박 대통령 지시대로 한한대사전 편찬 사업을 충분히 지원해 주었다면 어땠을까. 아마도 30년에 걸쳐서 완성한 사전 편찬 사업을 최소한 몇 년은 앞당겨 완성할 수도 있지 않았을까 생각한다.

나중 얘기지만 1999년 『한한대사전』 제 1권이 출간되고 이어서 후권 작업이 순조롭게 진행되던 어느 해 나는 체코의 찰스 대학(Charles University)을 방문했다. 이 대학에는 동양학연구소가 있었고 또한 한국어학과도 있었다. 그 대학 동양학연구소 소장은 여성으로 중국 상해에 있는 푸단(復旦) 대학에서 동양학으로 박사 학위를 받은 사람이었다. 그래서 우리는 서로 중국말로 여러 가지 일에 관해서 토론하였다. 그분은 자기들이 자랑할 것이 하나 있다고 하면서 서고에서 최근 한국에서 사 온 귀중한 사전을 보여 준다며 한한대사전 몇 권을 들고 나와서 자랑하는 것이었다. 그래서 나는 그 책의 발간사를 쓴 사람이 누구인가 살펴보라고 하였다. 그분은 발간사 맨 밑에 내 이름이 있는 것을 보고 무척 놀라워하며 반가워했다.

지금 세계 유명한 대학 중 한국학연구소나 혹은 한국어과가 있는 대학에는 우리 대학에서 발간한 한한대사전을 거의 다 소장하고 있다. 작은 출발이었지만 이렇게 세계의 문화와 학술 발전에 기여할 수 있다는 일만으로도 새삼 보람을 느낄 수 있는 일화였다.

그리고 이런 큰 보람을 거둔 편찬 사업의 첫 단추를 일석 이희승

일석 선생의 작고 뒤에 세운 추모비를 보며 고인을 회고하는 중재

박사님이 끼워 주신 일은 지금도 나에게는 자랑스러운 일이다. 그분의 인품만으로도 유능한 학자들은 기꺼이 힘과 슬기를 모아 주었다. 이희승 박사는 부임 초 약속하신 대로 정확히 임기 10년이 되자 소장직을 사직하셨다. 선생님 연세 85세 되던 1981년이었고 이후 1989년에 영면하셨다. 나로서는 단국대의 스승을 잃는 슬픈 일이었다.

중단할 수 없는 편찬 사업

편찬 사업은 10년이 되었지만 사전 출간은 아직 요원하였다. 뒤

이은 소장으로는 우리 대학 국문과 황패강 교수, 연세대 교수 출신인 김동욱 교수, 한문학과 박천규 교수, 그리고 국사를 전공하는 송병기 교수를 임명하였다.

그러나 한한사전을 편찬하고 발간하는 데 가장 공을 들인 사람은 도서 출판에 대해서 잘 알고 있는 김상배 교수였다. 김 교수는 처음부터 이 사업 기획에 참여하였다. 20년간 소장이 여러 사람으로 대를 이어 바뀌어 왔지만 조금도 흔들리지 않고 편찬 사업이 진행될 수 있었던 것은 편찬 사업에 기술적으로 기획을 담당한 김상배 교수의 노고가 있었기 때문이었다.

나는 내가 총장과 이사장직에서 떠나 있을 동안에도 후임 총장과

동양학연구소 발족 22년 만에 한국 초유의 『한국한자어사전』 첫째 권을 발간한 후 그간의 소회를 말하는 중재(1992. 9. 23)

후임 재단 이사장에게 한한대사전 편찬 사업에 역점을 두겠다는 다짐을 받고 총장 또는 이사장직에 추천하였다. 나는 대학 총장 또는 재단 이사장직에서 물러난 후에도 한한대사전 편찬 사업만큼은 김상배 교수를 통해 진행 현황을 계속 보고 받으면서 편찬 사업을 이면에서 지도하였다.

그리하여 동양학연구소가 발족한 지 22년 만에 한국 초유의 『한국한자어사전(韓國漢字語辭典)』 4권 중 첫 권이 1992년 9월 28일에 처음으로 발간되었다. 그러나 이희승 박사님은 『한국한자어사전』 첫 권의 발간을 보지 못하고 이미 세상을 떠나셨으니 아쉬움이 더 컸다.

한한대사전을 편찬하는 동안 대학은 평탄하지 않았다. 대학의 재정난이 심해지면 우선 도마 위에 오른 것이 사전 편찬 사업이었다. 이 같은 부담은 김영삼 정부 때가 제일 무거웠다. 앞서 말한 내용이지만 김영삼 정부가 들어선 후로는 무엇 하나 우리 대학의 민원이 해결되는 일이 없었고, 특히 병원을 건설하는 데 있어 정부의 지나친 간섭과 방해가 있었다. 병원을 완성한 후에는 병원을 외국에 팔아 버리라는 압력이 가해지기까지 했다. 그러니 학내에서는 이처럼 비상 시기와 위기가 왔는데 편찬 사업을 유지해야 하는가라는 여론이 비등할 정도였다.

사전 편찬은 약 350억 원 이상의 비용이 들어야 하는 큰 사업이라 자금 압박을 받을 수밖에 없었다. 그런 가운데 교내의 일부 간부와 교수들 사이에 사전 편찬을 중단해야 한다는 의견이 제기되고 있었다. 그러나 나는 조금도 뒤로 물러서지 않았다. 이희승 박사님이 소장직에서 물러나시자 앞서 밝혔듯이 한한대사전 편찬에 열의를 가진 교수 중 황패강 교수를 동양학연구소 소장으로 임명하고 이어 황 교수가 물러난 후로는 연세대 국문학과 교수인 김동욱 박사를 모셔 왔다.

김동욱 박사는 본인이 소장하고 있는 전 장서를 동양학연구소에 기증하고 여생을 한한대사전 편찬에 바칠 각오로 일을 하였다. 그러나 건강했던 김 박사는 임기 도중 세상을 떠나셨다. 그리고 그 뒤를 한학자 박천규 교수가 대를 이었고 박 교수가 정년으로 퇴임하자 송병기, 차주환 교수가 소장직을 맡았으나 사전 편찬에는 기술적인 경험이 많지 않은 분들이었다. 그래서 줄곧 김상배 교수로 하여금 이면에서 모든 편찬 기획을 담당하도록 하였다. 대학 일부 간부들의 사전 편찬 사업을 중단하자는 목소리가 높아지자 편찬원들은 교내의 곱지 않은 시선과 신분상의 어려움 때문에 갈등도 적지 않았다. 그러나 가장 좋은 사전을 우리의 힘으로 만들어 보자는 사명과 강한 자부심을 가지고 이를 극복하고 작업에 정진하였다.

편찬원들의 지성과 노력으로 사전은 소기의 목표대로 진행되었다. 모든 사람이 불가능하다고 했던 한국 초유이고 세계 최대 규모의 사전이 단국대학에서 드디어 완성된 것이다.

사전은 의미, 전거(典據)와 쓰임새가 분명해야 한다. 사전에서 오류는 용인될 수 없다. 그러나 사람이 만들기 때문에 뜻하지 않은 실수를 범하고 제작 시점을 지나 '생성하고 변화되는 언어'에 대한 추가 수록도 사전의 필요 조건이 된다. 다시 말하면 어떤 사전이든 수정과 보완이 따르지 않을 수 없다.

그러니 했던 일을 뒤집어 다시 수정하고 보완하느라 몇 곱절의 수고가 들어야 했다. 기술적으로도 난제가 겹쳤다. 우선 사전에 쓰일 인쇄용 한자 폰트가 국내에는 없었다. 결국 이 사전을 만들기 위해서는 새로운 활자를 개발하고 제조해야만 했다. 즉 시각적으로 가장 아름답고 적합한 한자, 우리만의 고유한 디자인의 한자 6만여 자를 새로 만들었다. 이것은 중국, 대만 일본에서 간행한 사전에서 사용한 한자보다 많은 숫자다. 이 고유체를 도안하고 사용에 편리하도록 제작한 것도 우리 대학이 유일하였다.

이 일을 완수하는 데 서울시스템 이웅근(李雄根) 회장의 공로가 지대하였다. 그분은 전력을 다해 이 일을 맡아 주었다. 처음에는 우리 사전에 사용할 한자체를 개발하는 데 일본 회사에서 자기들이 하겠다고 끈질기게 우리를 설득하였지만 나는 우리 힘으로 만들어야 한다는 사명감으로 버티었다. 더구나 여러 해 이런 문제를 연구하고 개발한 이웅근 회장의 노고를 무시할 수 없었다. 그러나 이웅근 회장도 한한대사전의 완간을 보지 못하고 세상을 떠났다.

병원 건립 때문에 대학이 재정적으로 어려울 때 나를 찾아와서 이 사전 편찬을 중단하고 정부나 다른 기관에 넘기자고 주장하는 간부도 있었고, 은근히 이런 여론을 교직원에게 유포하는 간부도 있었지만 나는 이런 사람들을 탓하지 않고 편찬 사업을 추진했다. 편찬 사업에 더욱 박차를 가하기 위해 김상배 교수를 동양학연구소 소장으로 임명하여 사전 편찬이 중단되지 않을까 염려하고 불안해하는 편찬원들을 격려하며 편찬 작업을 계속 밀고 나가도록 했다. 부족한 예산은 학술진흥재단에서 지원을 받도록 독려하였다. 김상배 교수는 정년이 되는 날까지 이 일에 전념하였다. 김상배 교수가 정년으로 물러나자 이번에는 동양학 전공자인 윤내현 교수를 소장으로 임명하여 사전 편찬을 완간하도록 하였다. 실은 이 사전 편찬에 착수할 당시만 해도 재정적으로 도와준다고 확답한 분이 여러 분이 있었지만 그분들에 대해서는 마음만으로 감사하게 생각하였다. 나는 사전 편찬 사업을 위해 개인이나 회사에 기부금을 요구한 적은 한 번도 없었다. 내가 총장직에서 물러난 후에 나는 후임 총장을 추천하는 데 있어서 반드시 한한대사전 편찬을 지속적으로 추진하겠다는 약속을 받은 후에 추천한 것은 앞에서 밝힌 대로였다.

마침내 1996년 11월 3일 『한국한자어사전』 전 4권이 완간되었다.

『한국한자어사전』 완간(1996. 11. 3)

최대 위기 속에 달성된 사전 완간의 감회

김영삼 정권 시절 어려움을 겪는 가운데서도 김학준 이사장은 많은 도움을 주었다. 내가 해낼 수 없는 일은 김학준 이사장이 잘 해결해 나갔다. 대학이 다시 안정되면서 한한대사전 편찬 사업도 외풍을 받지 않고 진행되었다.

그러던 중 김학준 이사장이 인천대학교 총장으로 자리를 옮긴 후 나는 단국대 재단 이사장직에 취임하였다.

대학 이전 사업과 한한대사전을 추진하는 가운데 K 이사와 전 재무처장 S가 빌려 간 어음을 개인적으로 사용함으로써 재단에 큰 위기가 닥쳐 왔다.

S 전 재무처장과 K 이사가 약속을 어기고 재단이 발행한 어음을 개인적으로 사용해 돌리다가 어음 사기 사건에 휘말린 것이다. 나는 대학 등록금으로 이를 결제하지 않고 1998년 3월, 부도를 결행하였다.

당시 만약 이 어음 사건이 김영삼 정권 시절 발생하였다면 아마도 재단 이사진이 전원 교체되었을 것이고 재단과 대학은 결국 남의 손에 넘어갔을 것이다. 그러나 김대중 대통령이 취임한 후 이런 어음 부도 사건이 일어났을 적에도 김대중 대통령은 나를 믿고 우리 대학과 재단 운영을 나에게 맡기라고 교육부 장관에게 지시함으로써 한한대사전 편찬 사업과 대학 이전 사업을 계속 추진할 수 있었다.

김대중 대통령이 취임하고 김중권 씨가 비서실장에 취임했다. 이분은 우리 대학에서 박사 학위를 받은 동문이어서 어려움에 빠진 대학의 위기 극복에 큰 도움을 줄 것으로 기대했다. 그런데 김 실장은 당시 교육부 장관을 통해 우리 대학의 법학과 소속인 장 모 교수를 총장으로 임명하라는 메시지를 교육부 장관을 통해서 전해 왔다. 그저 권유라고 받아들이기에는 그 강도가 세고 압박감을 느낄 정도였다. 거기에 덧붙여 나에게 대학이 어렵고 하니 2년간 대학 운영에서 손을 떼고 해외에 나가 있으라는 요구도 있었다. 나는 그런 지시성 요구를 거부하고 김도수 교수를 총장으로 추천하여 의결하고 교육부에 보고하였다.

그렇게 하니까 교육부 장관이 나를 불러서 하는 말이 대통령 비서실장이 장 아무개 교수를 단국대 총장으로 임명하도록 자꾸 고집하는데 장 아무개 교수가 어떤 사람이냐고 물었다. 나는 장 모 교수를 우리 대학 총장으로는 임명할 수 없는 인물이라고 분명히 말하고 몇 가지 이유를 들었다.

나는 "장 모 교수는 자신을 북파 공작원 출신이라고 스스로 과시하는 사람입니다. 지금 김대중 대통령이 대북 관계에 있어서 햇볕정책을 내세우는 마당에 북파 공작원 출신이라고 자기 입으로 떠들고 다니는 사람을 어떻게 우리 대학 총장으로 임명하라는 것입니까?" 하고 반문했다.

동시에 나는 김 실장의 압력을 피하려 김도수 교수를 선임하였던 것이다. 당시 김대중 정부의 첫 국가정보원 원장으로 임명된 이 모 의원과 처남 매부 사이였다. 일이 이렇게 되자 김 비서실장이 함부로 대학 인사 문제에 간섭하기가 어려워지게 되었다. 그렇게 되자 김 실장은 다양한 경로로 나에 대한 불만을 전달했다. 이미 김영삼 정부 시절을 통해 권력의 속성을 너무도 힘들게 겪었던 나는 직접적인 충돌을 피하기 위해서 장 모 교수를 부총장으로 임명하겠다고 내가 한 발 후퇴하였다.

비서실장은 그 후 청와대에 있는 자기 사무실로 나를 오라고 했다. 이 자리에는 당시 민주당 K 의원과 당시 우리 대학 S 부총장과 함께 방문했다. 이 자리에서 장 아무개 교수를 총장으로 임명하지 않고 부총장으로 임명하고 김도수를 총장으로 임명한 일을 가지고 끝내 불쾌한 감정을 드러내며 큰 소리로 호통을 치는 것이었다.

"그 따위로 일처리를 하면 앞으로 장 이사장을 절대로 봐주지 않을 것입니다."

나도 큰 소리로 항변하고 싶었으나 자리가 청와대이고, 대통령 비서실장의 사무실이라 화가 치밀어 올라오는 것을 꾹 참았다.

장 아무개 교수는 김 실장이 우리 대학 박사 과정에 수학 중일 때 지도 교수로 논문 작성 지도를 하고 있었다. 그런 개인적인 관계로 대통령 비서실장의 직권을 남용하는 것에 대해 나는 분개하지 않을 수 없었다. 나는 김 씨가 대통령 비서실장이라는 중책을 맡고 있기는 하지만 인격적으로는 좋은 평을 할 수 없었다. 그는 다른 정권이 집권했을 때 청와대 비서로 근무하고 있었다. 그때 내가 모 야당 의원에게 부탁할 일이 있었는데 그가 그 사실을 알고 청와대로 나를 오라고 해서 한다는 말이 "그 빨갱이 같은 X들한테 무슨 부탁을 하는가?" 하고 호통을 친 일이 있었다. 그처럼 당시 야당에게 손톱을 드러내던 그가 언제부터 자신이 경멸하던 야당 출신 대통령의 심복이 되었단 말인가? 인간의 표변에 환멸을 느끼지 않을 수 없었다.

정히 대통령 비서실장으로서 국정의 공정한 운영보다 사학 운영에 감 놔라 배 놔라 식의 집착을 한다면 나도 그만한 대우를 해야겠다고 결심했다. 공직에 있는 분을 함부로 욕보이지 않는 것이 내 나름의 소신이지만 이를 미뤘다. 그래서 이런 사실을 대통령의 측근에게 그대로 알려 줬다. 대통령으로 하여금 당신의 비서실장이 대학 행정과 인사 문제에 대해서 간섭을 하지 않도록 해 달라고 청원하였다.

나는 총장직이나 이사장직에서 물러나는 일이 있을 때마다 내가 잃은 자리에 대해서 미련을 가진 적은 없었다. 그러나 재단이 부도를 내서 재정을 정상화시키고 실타래처럼 얽힌 서울 캠퍼스 이전 사업을 마무리지으려면 내가 필요했다. 내가 만약에 자리를 버리면 이런 사업은 물론이요 한한대사전 편찬 사업이 취소되거나 발간이 중단되면 어떻게 하나 하는 걱정이 늘 앞섰다.

나도 입각 교섭을 안 받아 본 것은 아니다. 전임 대통령으로부터 직접 문교부 장관이나 국무총리 제의도 있었다. 그때마다 나는 대학을 떠날 수 없음을 간곡히 설명했다. 대통령의 자존심이 상하지 않도록 정중하게 입각을 사양하였다. 장관이 아니면 대한체육회회장직을 맡으라고 하였을 때에도 나는 이미 입각을 거절했는데 이마저 거부하면 어쩌나 하는 마음으로 대통령의 동생을 찾아가 오로지 단국대학 내에서 한한대사전 편찬 일을 마무리하는 게 희망이라고 사양했었다.

권력은 어려운 일을 푸는 열쇠가 될 수 있으나 사람의 인품을 수양하는 데 같은 역할을 하는 것은 아니다. 나는 대학인이고 그저 대학인으로서, 단국인으로서 내 소망하는 바를 이루고 싶었고, 그 하나가 한한대사전이었다.

이런저런 곡절, 돈과 권력의 우환거리를 피해 나가며 사전 편찬에 더욱 주력하였다. 마침내 1999년 4월 16일 『한한대사전』 제 1권이 출간되었다. 이로써 나는 안도의 숨을 내쉴 수가 있었다. 이희승 박사님과의 약속을 못 지키면 어쩌나 하는 걱정도 한숨 놓을 수 있게 되었다. 1권이 나왔으니 이제는 누가 총장이 되든 또는 이사장이 되든 편찬 사업 자체를 중단하지는 못할 것이라고 안심하였다. 내가 총장과 이사장직에서 물러난 후에도 후임 총장과 이사장 추천은 나에게 맡

윤내현 동양학연구소장이 중재에게 『한한대사전』을 헌정하고 있다.(2008. 10. 28)

『한한대사전』 전16권 완간을 기념하는 헌정패를 받고 기뻐하는 중재(2008. 10. 28)

겨졌다. 그래서 후임자를 추천할 때마다 반드시 한한대사전 간행을 중단 없이 추진해서 완성시켜 줄 것을 당부하였던 것이다.

그리하여 제1권을 발간한 후에 2권에서 9권까지 연차적으로 발간하다 2007년에 10, 11, 12권까지, 2008년에 13, 14, 15권과 색인을 발간함으로써 마침내 2008년 10월 28일 세계 최대 규모의『한한대사전』전 16권을 완간하었다.

편찬 사업이 시작된 지 만 31년 만에, 동원 인원 22만 명, 예산 350억 원 이상을 투입하여 완간하였다. 내가 김영삼 정부 출범 이후 총장에서 물러나자 한때 사업 자체의 존폐 위기도 있었다. 어려운 재정 형편에 욕심껏 인원 충원을 하거나 자료 조사를 못 해 안타까운 적도 많았다. 그래도 끝내 약속을 지켰다는 것이 나는 기뻤다.

2009년 중국의 베이징 대학(北京大學)과 랴오닝 대학(遼寧大學)을 방문하였을 때 그곳 총장들은 한한대사전 편찬에 성공한 우리 대학의 학구적 업적을 높이 평가하면서 이러한 사업을 할 수 있는 대학과 좀 더 깊은 교류를 하고 싶다고 찬사의 뜻을 밝혔다. 일본의 동경 대학, 센슈 대학, 게이오 대학, 와세다 대학 등의 학자들도 많은 찬사를 보냈고, 미국과 유럽의 한국학 학자들도 한한대사전 완간에 깊은 축하의 뜻을 표해 왔다.

그러나 정작 허전한 일은 우리나라의 정부였다.『한한대사전』이 완간되었음에도 간단한 축하의 말이나 노고를 위로하는 형식적 말조차 들을 수 없었다. 이명박 정부가 출범한 첫해였는데 발간 기념 행사에 초청하였지만 정부 측 인사는 참석한 사람이 없었다. 국무총리가

2008년 10월 28일 완간한 『한한대사전』 전 16권의 모습

축사를 영상으로 보내 준 것이 전부였다. 과연 『한한대사전』의 학문적 가치와 역사적 의미를 알고 있는지조차 의심스러웠다. 그래도 정원식 전 총리와 이홍구 전 총리께서 참석하셔서 축사를 해 주신 것이 이 일에 30여 년 긴 세월 몸을 던져 일해 온 관계자와 편찬원들에게 큰 위로가 되었다.

완간 기념식을 마치고 돌아가는 길에 "그동안 내가 단국대학 총장으로 또 이사장직에 있으면서 여러 사람에게 빚도 많이 지고, 그 빚을 어찌 다 갚으려나 걱정했는데, 이제는 내가 세상을 떠나도 여한이 없겠다."는 감회가 마음을 적셨다. 그리고 잊지 못할 일석 선생님께 마음속으로 완간을 보고드렸다. "선생님, 감사합니다."

글을 마치며

이제 내가 걸어온 길을 되돌아보는 이 작업을 마무리할 때이다. 1년여에 걸쳐 글을 쓰다 보니 어느덧 원고지로 치면 2천 2백 장에 달하는 분량이 되었다. 가뭇가뭇해진 기억들을 하나씩, 하나씩 꺼내어 먼지를 털어 내고 지면으로 옮기다 보니 이렇게 할 말이 많았던가 새삼스럽기도 했다. 많은 사람들의 얼굴이 떠오르고, 희노애락의 파노라마가 지나가면서 나는 '그랬었지, 맞아 그랬었어…….' 식의 감회에 빠지기도 했다. 그러고 보면 사는 일이란 이렇게 1년의 시간, 아니 읽는 이에게는 단 몇 시간으로 간추릴 만큼 간소한 것이다. 오히려 쓰고 보니 별일 없이 바쁘기만 했던 인생은 아니었는지 다른 이에게 내보이기가 망설여진다.

그렇다. 내 인생이 무엇이건대 "내가 이런 사람이오." 하며 책으로 엮을 생각을 했겠는가. 나이 팔십을 넘으며 인생을 돌아보는 일이 무에 그리 즐겁기만 하겠는가. 내가 이 일을 하고자 했던 데는 사실 다른 이유가 있었다. 그 가장 큰 이유는 내가 걸어온 길을 통해 우리나라 '사학(私學)의 이면(裏面)'을 헤아려 보기를 원했기 때문이다.

우리나라 고등교육을 과일 바구니에 비교하면 그 바구니의 80%는 사립대학으로 채워진다. 국가가 나랏돈으로 세운 국립대학이 아니라 개인이 재산을 기증해 세운 대학이 고등교육을 맡고 있다고 해도 과언이 아니다. 그렇지만 국가가 지원하는 돈은 사립대학 예산의

10% 정도이다. 기부금은 3% 정도이다. 국민소득이 2만 달러를 넘어 선진국이 모였다는 OECD에 가입한 나라의 실정이 이렇다. 40년 전은 어땠는지, 그 긴 시간 동안 사립대학이 어떤 방식으로 대학을 육성했는지 말하고 싶었다.

나는 대학의 총장으로, 이사장으로 내 청춘과 장년기를 보냈다. 단국대는 나의 선친이 세운 대학이다. 내가 책임질 일도 아니고, 내가 생애를 바쳐 번뇌와 불면의 날을 보내며 매달려야 할 까닭도 없었다. 나는 역사를 공부하고, 내 사업을 하면서 자유롭고 활기찬 삶을 꾸미고 싶었다. 내 삶을, 내 인생의 가치를 스스로 만들고 자유롭게 살고 싶었다. 그러나 나는 단국대와 인생을 보냈다. 단국대 총장이기에 권력의 불의를 봐도 모르는 척했고, 내 마음에 일렁거리는 불길을 가라앉히며 현실을 포용했다. 평생을 빚쟁이로 살면서도 나에게 도움을 청하는 사람들에게 기꺼이 가진 것을 내놓고, 모자라면 다른 사람에게 아쉬운 청원을 하여 힘을 보태 주었다.

나는 음악을 좋아한다. 내가 신혼이었을 때 선친은 내가 아끼던 피아노를 갖고 가셨다. 당시 천재 피아니스트로 유명해지기 시작한 중학생에게 내 피아노를 주셨다. 아버지는 마치 당연하다는 듯 나에게 말씀하셨다.

"너는 피아노를 취미로 치지만 저 아이는 장차 우리나라를 빛낼 아이야. 내놓으라고."

나는 대꾸하지 못했다. 선친의 일생이 그러했고, 그런 삶을 바라보았기에 당연히 그렇게 해야 한다고 생각했다. 피아노를 주고 나서 나중에 들리는 소리는 그리 아름답지 않았다. 피아노를 받는 쪽에서 말하기를 "우리 아들에게 새 피아노도 아니고 헌 피아노를 주었다."는 불평이 들렸다. 나는 서운했다. 피아노가 귀하던 1960년대 초였다. 나에게는 귀한 재산이었다. 누구 집에 라디오가 있으면 동네 사람들이 그 집에 다 모여서 뉴스고, 드라마고 같이 듣던 그런 시대였다. 나보다 더 재능 있는 아이에게 피아노를 줘야 한다던 아버지의 생각, 중고 피아노를 줬다고 서운해하는 천재 피아니스트 아버지의 불만. 나는 그 두 개의 대척점 어느 한쪽에도 치우칠 수 없다. 왜냐하면 나는 교육자이니까.

교육이란 결국 그렇다. 인간의 잠재력을 믿고, 그 가능성이 개화하도록 도와주는 일이다. 물론 내가 그런 도움을 주었다고 감사 인사를 기대해서는 안 되거니와 오히려 비난과 무시를 당할 수도 있다. 그래도 시간이 흐르면 반드시 성과는 있다. 그 성과는 나에게 오지 않는다. 작게는 교육의 혜택을 받은 그 자신, 크게는 우리 사회 혹은 국가에게로 돌아간다. 그래서 교육은 고귀하고, 교육자는 숭고하다. 내가 아닌 남에게 모든 찬사와 성공이 돌아가고 이름 없이 그 밑거름이 되는 것이 교육자의 숙명이다.

단국대 총장이라는 중책을 맡을 때 나는 36세였다. 이른 나이에 총장이 되었으니 다들 부러워할 수 있다. 그러나 나는, 내 깊은 마음의 한구석에서는 또 하나의 목소리가 있었다. 약소한 사립대의 총장이 아니라 자유롭게 드넓은 세상을 활보하는 자연인이 되고 싶다고. 나는 총장이 되면서 수십억 원의 부채를 떠안았다. 교직원의 월급을 책임져야 하고, 황무지나 다름없던 대학을 환골탈태시켜야 했다. 언젠가 대만에 출장을 마치고 돌아오던 때였다. 비행기에서 바다를 바라보다가 이대로 비행기가 추락했으면 좋겠다는 생각을 하기도 했다. 쌓여만 가는 부채와 누구의 도움도 기대할 수 없는 고독감……. 세상이라는 넓은 바다에 홀로 떠 있는 듯한 단절감의 소산이었으리라.

단국대라는 나무를 어떤 바람과 가뭄에도 흔들리지 않도록 키우는 방법을 고민했다. 선친은 자유당과 대립했고, 민족의 대의를 위해 단 한 포대의 원조물자도 용납하지 않았다. 독재정권에 고개 숙이지 않고, 항일운동 경력을 가진 정치인을 후원했지만 그 결과는 거센 역풍으로 돌아왔다. 동문, 재단, 교세가 미약한 대학이 거센 풍파를 견디려면 국가에 의지하는 수밖에 없다는 결론을 내렸다. 권력이라는 바람을 역풍이 아닌 순풍으로 이용하겠다고 결심했다. 단국호를 명문사학이라는 항구로 이끌어 가려면 정부의 지원이라는 순풍을 만들어 내야 했다.

박정희 대통령을 만나 단국대라는 사학을 이처럼 척박한 땅에 팽개칠 바에는 차라리 국가가 가져가 키우라고 읍소했다. 대학의 본령이 사회봉사라는 점에 착안하여 새마을운동에 헌신했다. 전두환 정권이 들어서면서 학원 안정이 국책 과제였을 때 기꺼이 대학과 정부의 중간에 서서 극단의 대립을 피하도록 중개 역을 맡았다. 올림픽 유치를 위한 스포츠 외교에 봉사했다. 노태우 정권 때는 남북 화해와 북방 외교의 전진을 위해 동분서주했다. 정부에 내 힘을 보태면서 천안 캠퍼스를 열고, 치과대 부속병원을 세우고, 의대와 부속병원을 만들고, 대학의 외형을 키웠다. 김영삼 정부는 그런 나를 의심하여 모욕을 주었다. 그 압박을 받으면서 10년을 넘게 노심초사하며 서울 캠퍼스 이전 사업을 추진하여 끝내 성공의 결실을 맺었다. 적십자 총재로 김대중 대통령의 남북 화해 사업에 동참하고, 위기의 단국대 재단을 정상화할 수 있는 힘을 키웠다. 그 과정에서 총장이라는 직함보다 더 힘있고 중대한 자리를 구할 수 있었지만 나는 '대학인'의 경계를 넘지 않고자 나름대로 애썼다.

학생들이나 역사의식이 있다는 이들은 이런 나의 행보를 놓고 어용이라 비웃고, 자리를 탐내는 소인배라 손가락질했다. 나는 기꺼이 감수했다. 내 슬하에 있는 제자들을 감옥에 보내고, 퇴학을 시키려는 이들에게 고개를 쳐들고 기꺼이 맞섰다. 나에게 지탄을 보내는 학생들에게 남몰래 유학을 가게 하고, 감옥을 간 학생들에게는 영치금을 보내 격려했다. 도움을 바라는 젊은이, 역경에 좌절하려는 이에게 기꺼이 도움의 손길을 내밀었다. 취업도, 장학금도, 유학생 지원도 부탁을 받으면 외면하지 않았다. 기성인들이 만든 부조리와 모순에 맞서는 젊은이들을 도울 수 있기에 나는 희망을 가질 수 있었다. 누구에게 하소연할 길 없는 고립무원의 젊은이가 절망하지 않도록 성원할 수 있기에 나는 즐거웠다.

단국대는 이제 뿌리 깊은 큰 나무가 되었다. 아마도 어지간한 바람이 불어도 과거처럼 뿌리째 흔들리는 일은 없을 것이다. 죽전과 천안, 양 캠퍼스를 가면 넘치도록 가득한 젊음의 활력을 느낀다. 인연을 맺은 제자들은 어디에서든 나의 건강과 장수를 기원한다. 머리가 허연 제자들이 "선생님, 다음 주말에 식사를 모실 테니 시간 좀 내세요."라며 전화를 한다. 이제 내가 노인이라 생각하는지 딴에는 배려를 한다고 단 과자를 들고 인사를 온다. 바로 그들, 긴 세월을 한결같이 나에게 정을 주는 그들이 내 삶을 말해 준다. 내가 누구인지도 모르는 저 활기찬 젊은이들이 내가 만든 삶의 가치를 말해 준다. 저 희망찬 젊음이 있는 한 여전히 나는 '백세 청년'을 자부할 수 있다.

결국 인생은 사람이다. 사람을 만나서 일하고, 싸우고, 화해하고, 또 힘을 모으는 끝없는 순환이 인생이다. 나는 그 순환의 기록을 남기고 싶었다. 사람을 기르는 일이 교육이라면 사람을 만나는 일은 교육자의 임무이다. 그 임무를 어떻게 감당했는지, 사립대학 경영자로서 교육과 대학 존립의 갈림길에서 나에게 도움을 준 사람을 기억하고 싶었다. 나에게 가장 큰 빚은 돈이 아니라 바로 그런 사람들이 준 선의와 호의가 아니겠는가. 그들이 있어서 나는 외롭지 않았으니 그들에 대한 감사의 마음이 혹시라도 단국인의 뒤안길로 잊힐까 두렵다.

여전히 세상은 혹독하고 시대의 바람은 거세다. 그 혹독한 바람에 씻겨 내 삶의 흔적도 희미해질 것이다. 그러나 나는 더 이상 두렵지 않다. 눈을 들어 바라보면 구국, 자주, 자립의 깃발을 들고 학창(學窓)을 여는 단국의 젊은이들이 있기에. 그들이 힘차게 전진하는 새로운 시대를 그리며 나는 여전히 희망가를 부른다. 그대들이여, 단국인이여 늘 푸르게 빛나라…….

부록

中齋 張忠植 年譜

1932년 〈1세〉

7월 25일 국내와 만주 지방을 오가며 독립운동을 하던 범정 장형(張炯) 선생과 양인식(梁仁植) 여사의 삼남으로 중국 텐진(天津)에서 출생. 유년시절을 주로 텐진 친척집에서 지냄.

백범 김구 선생(左)과 범정 장형 선생

1938~1944년 〈7~13세〉

7세 때 학교 입학을 위해 아버지가 계시던 중국 요령으로 가려 했지만, 왜경에 검거돼 서울로 압송된 아버지를 따라 서울에 들어옴. 이후 서울 매동보통학교에 입학하여 작은어머니 집에서 학교를 다님. 한때 중국에 계신 부모님을 찾아가 오룡배소학교를 다니기도 했음.

중재의 유년 시절

1945년 〈14세〉

2월 서울 매동보통학교를 졸업하고 중국으로 건너가 3월 오룡배중학교 입학. 학교를 다니다 조국 광복 후 9월 가족과 함께 환국해 평북 남시중학교에 입학. 곧 월남하여 서울중학교 편입 시험에 합격했으나 '일본인들이 다닌 학교에는 보낼 수 없다'는 아버지의 뜻에 따라 협성소학교 6학년으로 편입.

1946년 〈15세〉

3월 휘문중학교(5년제) 입학(휘문중학교는 1946년 7월 6년제로 변경). 재학 시절 문예 활동과 송구 선수로 활동하는 한편 휘문애교동지회 간부를 맡아 정치 투쟁을 하는 좌익계 학생들을 상대로 학생 정화 운동.

1947년 〈16세〉

11월 1일 재단법인 단국대학과 단국대학의 설립이 인가(남조선과도정부 문교부장 유억겸 명의의 문고발 제51호 및 제52호)되고 장형 이사장이 취임함. 3일 낙원동 교사에서 2학부 5학과로 개교, 설립자 조희재 여사 별세. 30일 초대 학장에 장도빈 취임.
12월 휘문중학에서 단국대학 제1회 입학식.

1949년 〈18세〉

12월 단국대학, 서울 성동구 신당동 (주)조선전기 조선전업협화장으로 교사 이전.

1950년 〈19세〉

6·25전쟁으로 부산으로 피난, 학도의용군 입대. 군생활을 마치고 대구중학교 편입학. 다시 경주중학교로 편입학(1976년 경주고등학교 명예졸업장 받음).
6월 6·25전쟁으로 단국대학 무기 휴교.

학도의용군 복무 시절의 중재(左)

1951년 〈20세〉

9월 대구 덕산국민학교에서 단국대학 제1회 졸업식이 열림.

1952년 〈21세〉

1월 부산 대청동 가교사에서 단국대학 임시 개교.
2월 6·25 전란의 와중에 부산 피난 교사에서 휘문고등학교 제44회 졸업(1951년 학제 개편에 따라 6년제 휘문중학교는 중·고 각 3년제로 분리) 후 고려대학교 경제과에 지원하여 합격했으나 아버지의 권유로 서울대학교에 지원.
4월 서울대학교 사범대학 물리학과에 입학. 재학 시절 럭비 선수로 활동.

서울대 재학 중 럭비부 팀원들과 함께 한 중재(왼쪽 두 번째)

1953년 〈22세〉

서울대 사범대학 역사과로 전과. 2학년 재학 중 범정의 뜻에 따라 택시 조수 일을 함. 서울대 사대 은사인 김성근 교수가 공부에 전념하도록 범정을 설득했으나 사회 경험이 필요하다는 범정의 뜻으로 1년여 동안 일을 계속하며 고학.
8월 단국대학, 부산 피난교에서 서울 신당동 교사로 복귀.

1955년 〈24세〉

5월 서울대학교 사범대학 역사과 4학년 재학 중 신동순 여사와 종로 천도교회관에서 혼인. 4학년 1학기 재학 중 아버지의 뜻에 따라 단국대학 정법학부 정치학과로 편입학.

천도교 회관에서 열린 결혼식

1956년 〈25세〉 2월 단국대학 한남동 신교사 신축 정초식 거행됨.

1957년 〈26세〉 3월 단국대학 정법학부 정치학과 제7회 졸업 후 4월 고려대학교 대학원 사학과에 입학, 남사 정재각 교수 지도를 받음. 건설회사와 증권회사에서 일을 하고 6·25전쟁 복구 사업에 투자하는 등 청년 사업가로 활동. 증권파동으로 큰 손해를 본 후 사업에서 손을 떼고 대학원 학업에 전념.
7월 단국대학, 한남동 교사로 완전 이전.

1958년 〈27세〉 고려대 대학원 재학 중 우리나라에 한한사전(漢韓辭典)이 없어 학문 수행에 어려움을 겪자 한한대사전(漢韓大辭典) 간행을 구상.

1959년 〈28세〉 2월 단국대학 학생과장으로 대학의 학사 행정 업무를 시작.

1960년 집무 당시의 중재

1960년 〈29세〉 2월 고려대학교 대학원 사학과를 졸업하고, 문학 석사 학위 수위(학위논문은 「명 태조의 농업정책고」). 3월 대학원 은사인 정재각 교수의 단국대학교 강의를 물려받으며 첫 대학 강의. 이후 동덕여자대학, 수도여자사범대학, 고려대학교에서 강사로 활동.

석사 학위 취득 후 신동순 여사와 함께한 중재

1961년 〈30세〉 3월 단국대학 교수(전임강사)로 임용.
5월 5·16 군사 정변 발발.
11월 군사정부에 의해 단국대학 주간부 폐교령이 발표됨.

1962년 〈31세〉 7월 재단법인 단국대학 이사 취임.

1963년 〈32세〉

1월 도미 유학과 교수직 복귀를 위해 재단법인 단국대학 이사직을 사임.
3월 장형 선생, 대한민국건국공로훈장 수훈.
7월 단국중·공업고등학교, 한남동 교사로 이전.
9월 미국으로 건너가 브리검 영 대학교 대학원 입학. 대학원에 적을 두고 공부하면서 종교학과 스펜서 팔머(Spencer Palmer) 교수의 한국 선교 역사 연구를 도움.
12월 단국대학 주간대학 부활, 병설초급실업대학 폐지.

1964년 〈33세〉

6월 미국 브리검 영 대학교 대학원 박사 과정 수료 후 팔머 교수의 협조로 미국 이민 수속을 밟는 도중 9월 잠시 귀국했다가 아버지와 아내의 건강 악화 소식을 접함. 3개월 후인 12월 단국대학 설립자이자 엄친인 범정 장형 선생 영면. 미국에 가지 말고 학교와 박정숙 이사를 끝까지 지켜야 한다는 아버지의 유언에 따라 대학 업무에 진력.

범정 선생 영결식

1965년 〈34세〉

단국대학 부학장으로 취임, 대학 개혁과 재정 개선에 힘씀.
1월 단국대학 이사회, 박정숙 이사장 직무대리를 이사장으로 추대.
2월 대학배드민턴협회 회장 취임을 시작으로 이후 각종 스포츠계에 중추적인 역할을 하며 대학 스포츠 발전과 스포츠 외교에 이바지.

1966년 〈35세〉

10월 단국대학 제9대 학장에 취임해 최대의 숙원 사업으로 종합대학 승격을 추진. 당시 박정희 대통령과 독대하는 등의 노력 끝에 학장 취임 70여 일 만에 '단국대학 종합대학 승격안'의 국무회의 통과를 이끌어 냄.

종합대학 승격 후 현판식

1967년 <36세>

3월 종합대학으로 승격한 단국대학교의 초대 총장에 당시 전국 대학 총장 가운데 최연소로 취임, 1993년 8월까지 재임하며 대학 발전에 헌신.
대학육상경기연맹 회장 취임.
9월 단국대학교 사학회 사학지에 학술논문「明代棉業考」발표.

총장 발령장을 받는 중재

1968년 <37세>

국내 대학 최초로 단국대학교 스키부를 창설하고 동계 스포츠 인재 육성.
2월 부산대학교 명예 문학박사 학위 수위.
8월 파월 장병 위문단 단장으로 전국 대학 교원 및 대학생 대표들을 이끌고 2주간 월남을 방문, 월남전의 참상을 경험하고 전쟁이 끝난 후 월남 원조 사업을 결심. 후에 우리나라 대학 최초로 베트남 대학(하노이 공대)과 자매결연, 월남 학생 학업 지원 등이 토대가 되어 국가 차원의 수교를 맺는 데 일조함.
9월에 열린 1968년 제49회 전국체전에서 대학생 매스게임을 최초로 실시한 공로로 문교부장관 표창과 박정희 대통령 하사금 받음.

부산대 명예 문학박사 학위를 받는 중재

월남 방문 중인 중재(앞줄 왼쪽 네 번째)

1969년 <38세>

번역서 『十八史略1』(한국자유교양추진회) 출간. 1971년 『十八史略2』(한국자유교육협회), 1974년 『十八史略3』(한국자유교육협회)을 차례로 번역 출간.

1970년 <39세>

대학의 시급한 현안으로 확장 부지를 마련하는 일에 본격적으로 착수하고 대정부 교섭 등 외부 활동으로 인한 행정 공백을 차단하기 위해 부총장제 신설.
한편으로는 총장직에 있으면서 김성근 당시 서울대 대학원장의 권유로 서울대학교 교육대학원, 왕학수 고려대학교 교육대학원장의 권유로 고려대 교육대학원에서 각각 3년간 강의.

3월 대학스키연맹 회장에 취임, 현재 고문으로 활동.
4월 박정희 대통령이 새마을운동을 시작하자 이후 대통령과 전국 대학 총장 간담회 도중 대학의 새마을운동 전개에 대한 뜻을 밝히고 실천 방안 마련 착수.
6월 미국 남오레곤 주립대학(South Oregon State University)과 개교 후 첫 해외 자매결연을 맺으며 대학 국제화에 물꼬를 틈.
9월 단국대학교 동양학연구소를 개설해 국내 최초로 세계 최대 규모의 『한한대사전(漢韓大辭典)』 편찬을 기획.

남오레곤 주립대학과 자매결연

1971년 〈40세〉

1월 동양학연구소 소장으로 일석 이희승 박사를 초빙. 이듬해 학계 원로들이 모인 자리에서 『한한대사전(漢韓大辭典)』 편찬 착수.
3월 단국대학교 제2대 총장으로 취임.
서울시 내곡동 문화재관리국 소유 24만여 평 부지로의 이전을 추진하고 4월 부지를 매입해 종합 설계를 완성했으나 이듬해 건설부 담당 국장의 실수로 그린벨트로 지정돼 대학 이전 유보.
11월 대만 행정원장을 지낸 대만 문화학원 이환 교수에게 명예 법학박사 학위 수여.
12월 미국 남오레곤 주립대학을 방문해 사워즈 총장에게 명예 법학박사 학위 수여.

1972년 〈41세〉

4월 새마을운동 전개의 일환으로 당시 전국에서 가장 낙후된 지역이었던 충남 청양군 대치면 장곡리 장곡 마을과 자매결연을 맺고, 지역 발전을 위해 각종 지원에 힘씀.
8월 정부, 단국대학교가 이전 예정으로 매입한 내곡동 부지에 그린벨트 지정.
10월 미국 북오하이오 대학에서 명예 법학박사 수위.
12월 국민훈장 모란장 수상

1973년 〈42세〉

2월 법률 문화 향상 공로로 서울변호사회 명예 회원 추대.

1974년 〈43세〉

5월 청양농장의 모범적 운영에 대한 공으로 박정희 대통령으로부터 지원금 300만 원과 문교부장관 표창 수상. 청양 지역 개발 공로로 국회 법제사법위원회, 충청남도, (사)충남개발위원회 등 여러 기관으로부터 감사패를 받는 등 지방 발전에 이바지. 이후 청양농장의 성공을 계기로 지방 중형 도시의 대학 건설을 구상하고 천안에 대학 분교 건립을 추진, 천안 캠퍼스 10년 장기 계획 수립.
12월 수필집 『위대한 유산을 위하여』(신흥출판사) 출간.

1975년 〈44세〉

3월 단국대학교 제3대 총장으로 취임.
자유중국 국방부 차관인 왕승 대장에게 명예 법학박사 학위 수여.
5월 범정 장형 선생 묘소, 국무회의에서 순국열사 및 애국지사 묘소로 지정.
12월 석학 일석 이희승 선생을 기리는 일석기념관을 신축하고 『한한대사전』 편찬을 본격화하기 위해 도서관에 있던 동양학연구소를 일석기념관으로 이전.

1976년 〈45세〉

4월 경주고등학교 명예졸업장 수위.
8월 충남 청양군 대치면 주정리에 단국기간농민학교 교사와 기숙사를 신축하고 청양군 농업 지도자들을 대상으로 새마을운동과 농업기술 무료 교육. 전국 대학생 새마을봉사활동 회장교 총장으로 새마을 봉사에 참여하는 학생들 지휘.
9월 석주선 박사로부터 조선시대 민속 문화재 4천 점을 기증받고 석주선기념 민속박물관 건립 등 석·박사의 연구와 민속품 수집 활동을 위해 아낌없는 지원을 약속.

석주선 박사 소장품 증정식

1977년 〈46세〉

3월 대학축구연맹 회장 취임.
대한체육회 이사 겸 대학체육위원회 위원장(~1983)을 맡아 대학 스포츠 발전을 주도.
6월 충남 천안시 안서동 산26번지 일대

천안 캠퍼스 공사를 점검하는 중재

6만여 평 매입, 천안 캠퍼스 신축 공사 진두 지휘, 생명과학 중심 대학 육성을 계획하며 농대-치대-의대-약대 설립 구상.
7월 한성로타리 회장 취임(현재 고문).

1978년 〈47세〉

3월 국내 대학 최초로 충남 천안시 안서동에 지방 캠퍼스(단국대학교 천안 캠퍼스 산업대학) 개교.
9월 수필집 『착한이들의 땅』(일지사) 출간.
일본 메이지(明治) 대학의 아소 헤이하치로 총장을 초청해 명예 법학박사 학위 수여.

천안 캠퍼스 개교식

10월 자유중국 정부로부터 문화훈장 수상. 휘문교우회 부회장 위촉. 대학태권도 연맹 회장 취임.

1979년 〈48세〉

2월 대학농구연맹 회장 취임.
3월 단국대학교 제4대 총장 취임.
8월 치과대학 설립을 위해 일본의 치과대학 시찰.
9월 서울 강서구 화곡동 소재 개인 소유의 대지 및 건물을 대학에 출연해 외국인 유학생의 기숙사로 활용, 가족은 워커힐 소재 전세 아파트로 이주.
10월 10·26사태와 비상계엄령에 의한 단국대학교 휴교.

1980년 〈49세〉

서울시 문화상 체육부문 심사위원장으로 활동(~1995).
1월 단국대학교 종합개발위원회 발족시키고 위원장으로 5년간 재직.
4월 군부독재 반대 및 민주화 등을 요구하는 학생 소요 사태와 관련 단국대학교 교무위원 전원 보직 사표 제출.
5월 인도네시아의 파자자란 대학교(Padjadjaran State University)와 자매결연 체결.
5월 학생과 시민의 소요에 따른 비상계엄령으로 인해 단국대학교 휴교.
9월 단국대학교 114일간의 휴교를 끝내고 개강.

1981년 <50세>

KOC 부위원장 겸 대학스포츠위원회 위원장(~1997)과 '88서울올림픽 조직위원회 이사(~1989.4)에 선임. 대학테니스연맹 회장 취임.
5월 지하 1층, 지상 2층, 연 800평 규모의 석주선기념 민속박물관 개관.
7월 루마니아 하계 유니버시아드 대회 대한민국 단장으로 파견되어 공산권 국가를 상대로 서울 올림픽 유치 및 홍보 활동에 힘씀. 1987년까지 4차례 연속으로 하계 유니버시아드 대회 단장 역임.

하계유니버시아드 한국대표선수단 결단식

1982년 <51세>

4월 번역서 『감방의 소리(The Prison voices from the Inside)』(대양출판사) 출간.
7월 IOC 부위원장 Louis Guirandou N'diayc(코트 디부아르국)에게 명예 법학박사 학위 수여.
8월 단국중·공업고등학교, 강남구 대치동 1013번지로 이전.
9월 한국에스페란토협회 회장(~1991.2)을 맡으며 몽골, 헝가리 등 국교가 없던 사회주의 국가와 교류를 확대하는 데 큰 역할을 하고 단국대학교에 에스페란토 강좌 개설.
10월 적십자사 포장증 수위(유공장 은장).
독일 요하네스 구텐베르크 대학교-마인츠(Johannes Gutenberg-Universitat Mainz)와 자매결연 체결.
12월 단국중학교를 단국대학교 사범대학부속중학교로 교명 변경.

1983년 <52세>

3월 단국대학교 제5대 총장으로 취임.
4월 가봉공화국을 방문해 오마르봉고 대학교(L'Universite Omar Bongo)와 자매결연.
7월 캐나다 하계 유니버시아드 대회 대한민국 선수단 단장.
8월 독립유공자 유족중앙회 고문으로 추대되어 독립유공자 유족 지원 계승에 대한 선친의 뜻 계승, 확대.
12월 단국대학교 사범대학 부속고등학교 개교.

1984년 <53세>

4월 한국대학교육협의회 제2대 회장(~1986.4.7)에 취임. 임기 중 군사정부가 '학원 안정법'에 대한 대교협의 지지 결의 요청을 하자 제자들을 체포하는 법에 찬성할 수 없다며 군 당국자를 설득하여 저지.

4월 난파 홍영후 선생의 미망인 이대형 여사로부터 난파 유품 117종 995점을 기증받아 난파기념음악관을 건립하고 음악관에 난파 동상과 유품 전시실 설치.
5월 사단법인 헌정회 이사 선임.
7월 '84 올림픽 스포츠 과학 학술 대회의 한국 대표단 단장으로 도미.
8월 미국 조지 메이슨 대학교 행정대학원(George Mason University-Graduate School of Public Administration)과 자매결연 체결.
9월 '86 아시안게임과 '88 서울 올림픽 스포츠 과학 학술 대회 조직 위원회 위원장(~1989. 3)을 맡아 두 대회 모두 천안 캠퍼스에서 성공적으로 개최.
일본 쓰루미 대학과 일본 모리다 회사, 독일 마인츠 병원 등의 도움으로 국내 최신의 치의학 시설을 마련해 치대와 국내 최초의 치과 전문 종합병원 건립.
독일 마인츠시를 방문, 구텐베르크 대학과 자매결연 체결.
10월 프랑스 몽펠리에 대학교(L' Universite De Montpellier)와 자매결연 체결.

스포츠 과학 학술 대회 조직 위원회 현판식

치대 병원 개원식

1985년 〈54세〉

서울올림픽 방송자문위원회 위원장으로 선임.
실향민호국운동중앙협의회-한국이산가족후원회 회장 취임.
5월 국제문화협회로부터 아세아평화상 교육 부문 대상 수상.
7월 일본 고베 하계 유니버시아드 대회 대한민국 선수단 단장.

1986년 〈55세〉

1월 스위스 로잔에서 열린 제2차 남북체육회담 한국 대표 선임.
2월 프랑스 몽펠리에 대학에서 명예 경제학박사 학위 수위. 국제퇴계학회 초대 회장 취임. 미국 캔자스 주 위치타 주립대학교(Wichita State University)와 자매결연 체결.

위치타 주립대학교와 자매결연

3월 페루 국립 뜨루히요 대학교(Universidad Nacional de Trujillo)와 자매결연 체결.
4월 제24회 대한민국체육상 공로상 수상.
8월 국제스포츠심리학 학술대회 개최.
9월 '86아시안게임 스포츠 과학 학술 대회를 '스포츠를 통한 보다 나은 삶'을 주제로 천안 캠퍼스에서 개최.
국내 대학 최대 규모급으로 지하 1층 지상 5층의 단국대학교 퇴계기념중앙도서관 준공.

퇴계기념중앙도서관 개관식

10월 쉐이크 파하드 IOC 위원에게 명예 법학박사 학위 수여.
11월 일본 센슈 대학(日本 專修大學, Senshu University)과 자매결연 체결.

1987년 〈56세〉

대학 구성원들의 숙원 사업인 의과대학과 의대 부속병원 설립을 재정적인 어려움으로 망설였으나 박정숙 이사장의 요청으로 설립하기로 다짐하고 추진.
3월 단국대학교 제6대 총장에 취임.
7월 유고 하계 유니버시아드 대회 대한민국 단장.

근속 30년 기념패를 수상하는 중재

10월 대한적십자사 유공장 금장 수상.
일본 쓰루미 대학(鶴見大學, Tsurumi University)과 자매결연 체결.
11월 단국대학교 개교 40주년 기념식에서 근속 30년 기념패 수상.

1988년 〈57세〉

4월 서울 캠퍼스에 4·19 기념비 건립.

서울 올림픽 스포츠 과학 학술 대회

9월 '88 서울 올림픽 스포츠 과학 학술 대회를 58개국 3,800여 명의 체육학자 및 관계자들이 참석한 가운데 '체육의 새로운 전망'을 주제로 천안 캠퍼스에서 개최.

1989년 〈58세〉

2월 헝가리 부다페스트 공과대학교(Budapest University of Technology and Economics)와 자매결연 체결.
3월 단국대학교 법대동창회 고문으로 추대.
4월 범은장학재단 설립.
'88서울올림픽 유공장 맹호 훈장 수상. 남북체육회담 한국 수석대표로 남북 단일팀 단가, 단기, 선수단 호칭, 선수단 공동단장제, 선수단 구성 및 실무를 위한 공동사무국 설치 등의 합의를 이끌어내며 남북 스포츠교류를 통한 민족 화합 시대를 개척.

남북체육회담 수석대표 시절의 중재

한·몽 친선협회 초대 이사장으로 취임해 양국 교류를 이끌고 미수교 국가인 몽골과의 국교 수립에 기여. 한국에스페란토협회 회장 재직 당시 제44차 서울세계성체대회를 성공적으로 개최한 교황 요한 바오로 2세에게 감사패 수여.
9월 러시아 과학아카데미 극동연구소(Russian Academy of Sciences Institute of the Far East)와 자매결연 체결.
11월 일본 쓰루미 대학 이시가와 이사장에게 명예 이학박사 학위 수여.
12월 러시아 과학아카데미 경제연구소(Economic Institute of the Russian Academy of Sciences)와 자매결연 체결.

1990년 〈59세〉

1971년 대학 이전 후보지로 매입한 내곡동 땅을 재정적 손실을 보며 안기부에 200억 원에 넘기고 병원 건립에 따른 재원 조달에 어려움을 겪음.
3월 체육훈장 청룡장 수상.
페루 까톨리까 대학교(Universidad Catolica de Perúu)와 자매결연 체결.
6월 미국 네브래스카 링컨 주립대학교(University of Nebraska-Lincoln)와 자매결연 체결.
7월 '90 북경 아시안게임 한국 선수단 단장으로 종합 2위의 성적을 이끌어 냄. 대회 기간 북한 선수 단장과 수차례 접촉 끝에 1991년도 세계 청소년 축구대회에 남북 단일팀을 파견한다는 합의문 발표.
대한학도의용대 동지회 고문으로 추대.

북경 아시안게임 개회식 선수단 입장 모습

9월 미국 남오레곤 주립대학에 동양학 연구 홍보를 위한 아시아문화연구소 개원.
11월 몽골 울란바토르 국립대학교(National University of Mongolia)와 자매결연 체결.
12월 미국 오레곤주 성빈센트 병원(St. Vincent Hospital and Medical Center)과 자매결연 체결.
한·중·소협회 창립을 주도해 사회주의 국가인 소련, 중국과의 교류를 넓혀 우리나라의 북방 교류 정책에 이바지.
(1992년까지 협회 회장 역임.)
몽골 울란바토르 국립대학 명예박사 수위.

한중소협회 창립총회

1991년 <60세>

1월 장씨 대종회 회장을 맡아 문중 사업 활성화에 노력(~1998). 한국장애인문인협회 이사장으로 추대.
2월 백범김구선생기념사업협회 회장(~1998. 3월, 현재 고문)으로 취임해 백범일지 중국어 번역 출판, 상해시와 중경시의 임시정부 청사 복원, 백범 동상 건립 등 추진. 또한 백범선생시해진상규명위원회를 활성화하여 진상 규명 추진 국회 청원.
3월 단국대학교 제7대 총장에 취임.
4월 일본 지바 세계 탁구선수권대회와 5월 포르투갈 세계 청소년축구대회 남북 단일팀 구성을 이끌어 내며 남북한 화해 분위기 조성의 기틀 마련. 포르투갈 세계 청소년축구대회에 선수단 단장으로 참가.
7월 민주평화통일자문회의 제5기 통일자문위원(~1993. 6. 28) 위촉.
미국 워싱턴 대학교 치과대학(School of Dentistry, University of Washington)과 자매결연 체결.
10월 몽골인민공화국 푼살마긴 오치르바트(Punsalmaagyn Ochirbat) 대통령에 명예 경영학박사 학위 수여.

한국장애인문인협회 솟대문학 출판기념회

백범 44주기 추도식에서의 중재

코리아 청소년 축구팀 결단식

11월 베트남 하노이 국립공과대학교(Hanoi National University of Technology)와 자매결연 체결.

1992년 〈61세〉

6월 서울대학교 동창회 이사로 선임.
7월 수필집 『큰 삶, 작은 이야기』(문학마을) 출간.
9월 동양학연구소가 발족한 지 22년 만에 『한국한자어사전(韓國漢字語辭典)』 전 4권 중 1권 발간.
미국 캘리포니아 주립 폴리테크닉 대학교(California State Polytechnic University, Pomona)와 자매결연 체결.
10월 단국대학 이사회, 서울 캠퍼스의 천안 캠퍼스 이전안 의결.
11월 가나국 가나 대학교(University of Ghana)와 자매결연 체결.

가나대학교와 자매결연

1993년 〈62세〉

부정 입시 의혹 관련 교육부 특별 감사 후 단국대학교 총장직에서 물러나는 등 당시 정부의 각종 박해로 시련을 겪음.
2월 김영삼 정부 출범.
7월 단국대학교 부정 입시 의혹 관련 교육부 특별 감사.
8월 교육부 특별 감사 후 61명 징계, 관선 이사 파견 방침의 감사 결과 발표. 단국대학교 교수·직원 비상 총회 개최. 범단국인구교추진협의회 구성. 교육부, 단국대학교에 대해 실험실습비 확충·증과 증원·차관 도입 불허 결정.

단국학원 정상화 학생총회에서 학교 방침을 설명하는 중재

1994년 〈63세〉

단국대학교의 재정난 해법으로 서울 캠퍼스를 팔고 천안 캠퍼스와 통합하자는 이사진들의 제안에 강력 반대. 이사진을 설득해 서울 캠퍼스를 수도권인 용인 지역으로 이전키로 함.
2월 관선으로 장병규 학교법인 단국대학 이사장 취임.

이전 공사 계획을 논의 중인 중재(左)

3월 단국대학 법인, 서울 캠퍼스 이전 계획 승인에 대해 철회를 요청하여 취하.
4월 정부가 단국대학교의 자금줄을 틀어막고 있는 어려운 여건을 극복하고 의대 부속병원 완성.
7월 김학준 학교법인 단국대학 이사장 취임.
9월 서울 캠퍼스 이전 계획 수립 착수(서울의 강남에서 20~30km권 내의 수도권 지역).
10월 서울 캠퍼스 40,857평을 (주)세경진흥에 2,870여억 원에 매각하는 서울 캠퍼스 부지 매매 약정 체결.
11월 신 캠퍼스 부지(용인군 구성면·수지면 일대 315,384평) 매입.

1995년 〈64세〉

2월 단국대학교 신 캠퍼스 설립추진위원회 위원장을 맡아 대학 이전 사업 지휘.
3월 휘문교우회 회장(~1999. 3월) 취임.
4월 서울시, 단국대학교 서울 캠퍼스 부지에 대해 건축물 고도 제한 조치.
5월 러시아 상트페테르부르크 공과대학에서 명예박사 학위 수위.
6월 교육부, 단국대학교 서울 캠퍼스 이전 계획 승인.
10월 충남포럼을 결성해 이사장을 맡으며 충청 지역 발전을 선도, 1997년 대선을 앞두고 정치인 초청 정책 토론회 개최.

충남포럼 이사장 시절 김대중 총재 초청

1996년 〈65세〉

4월 세계 올림픽 운동 발전에 기여한 공로로 IOC 올림픽 훈장 수상.
4월 단국대학 법인, (주)한국부동산신탁·(주)세경진흥과 신 캠퍼스 관련 부동산 매매 약정 및 신탁 계약 조인.

올림픽 훈장 전수식

7월 경기도 용인에서 32만 평 규모의 대학 신 캠퍼스 기공식.
11월 한한대사전 편찬에 앞서 중국과 일본에는 없고 오직 우리말로만 된 『한국한자어사전(韓國漢字語辭典)』 전 4권 완간.
12월 학교법인 단국대학 이사장에 취임, 2004년 9월까지 재임.

1998년 〈67세〉

3월 단국대학 법인 부도, 교육부 특별 감사, 구교대책위원회 발족.
4월 교육부 단국대학 법인 특감 결과 발표, 관선 이사 파견·총장 해임·부동산 매각 허용.
단국대학교 긴급교무위원회에서 부총장을 비롯한 전 교무위원 사표.

1999년 〈68세〉

2월 『동서양문화사』(단국대학교출판부) 출간.
3월 1970년 동양학연구소 발족 29년 만에 『한한대사전(漢韓大辭典)』 1권 발간.
4월 대학병원 설계자 요시다케 야스미 교수에게 명예 의학박사 학위 수여.
7월 자선 연주 단체인 아마레앙상블을 창설해 소외된 계층을 대상으로 음악회를 할 수 있도록 지원.

2000년 〈69세〉

3월 오치르바트 전직 몽골 대통령과 한·몽골 문화 교류 협의.
8월 대한적십자사 총재에 취임하여 적십자사 기부자와 회원 증강에 노력.
제1차 남북이산가족상봉단 단장으로 138명의 남측 이산가족을 이끌고 방북.
10월 러시아 극동 국립대학에서 명예 교육학박사 학위 수위.
11월 이봉창의사장학회 설립.
12월 〈월간 조선〉 인터뷰 내용을 문제 삼은 북한 측의 이의 제기에 따라 대한적십자사 총재직 사임.

적십자사 총재로 이산가족과 북한 방문길에 오르는 중재

2001년 〈70세〉

3월 (사)대한프로태권도연맹 고문으로 추대.

2002년 〈71세〉

4월 (사)국제해동검도연합회 및 (사)한국해동검도협회 명예총재로 추대.
6월 몽골 국립대학교에 단국치과병원 개원.
아마레앙상블과 6·25 51주년 맞이 미국 자선 순회 공연.
9월 고희기념 화문집 『빈들에 씨를 뿌리며』 발간.
동문 6명과 천안 캠퍼스 예술대 기자재 구입 기금 총 1천 8백여만 원 기탁.

2003년 〈72세〉

1월 제3대 세종문화회관 이사장 취임.
2월 자전적 대하소설 『그래도 강물은 흐른다』(세계사, 어떤이의 꿈)를 2007년 6권까지 출간, 인세 수입 전액을 (사)한국로타리장학문화재단에 쾌척.
7월 국제로타리 3650지구 총재 취임.

국제로타리 3650지구 총재 취임식

2004년 〈73세〉

9월 범은장학재단 이사장 취임(~현재).

2005년〈74세〉

10월 25일 한국과 몽골 간 우호 친선 관계와 몽골 교육 부문 발전에 기여한 공로로 남바린 엥크바야르 몽골 대통령으로부터 몽골국 최고위 훈장인 '북극성' 수훈.
12월 문학·과학·의학 등의 발전에 공헌하고 스웨덴과 한국 간 문화 교류에 기여한 공로로 스웨덴 노벨재단 총재 주최 노벨상 수상식의 한국 인사로 공식 초청.

북극성 수훈

2006년 〈75세〉

소설 『그래도 강물은 흐른다』(어떤이의 꿈, 번역 朱都子) 일본어판 출간.

2007년 〈76세〉

8월 30일 단국대학교 죽전 캠퍼스 준공식 및 이전 기념식.
11월 3일 단국대학교 개교 60주년 기념식.

죽전 캠퍼스 준공식

2008년 〈77세〉

8월 1일 단국대학교 명예총장 취임.
10월 세계 최대 규모 한자사전인 『漢韓大辭典』을 전 16권으로 완간.
10월 24일 단국대학교 천안 캠퍼스 개교 30주년 기념식.

한한대사전 헌정패 수상

2009년 〈78세〉 5월 스포츠를 통한 남북한 화해 무드 조성과 세계 최대의 『漢韓大辭典』 출판 공로로 서울대학교 사범대학 동창회가 제정한 제1회 청관대상 공로상 수상.

2010년 〈79세〉 7월 학교법인 단국대학 학원장 취임.(~현재)

2011년 〈80세〉 1월 천안 캠퍼스 약대 유치 및 약학관 준공.
6월 인재육성과 장학사업에 기여한 공로로 국제로타리가 수여하는 '초아의 봉사상(Rotary Service Above Self Award)' 수상.
7월 '스포츠 영웅 명예의 전당 헌액대상자 선정위원회' 위원장으로 선임.

초아의 봉사상 수상